內聖與外王：
儒家思想的完成與開展

國家講座教授

黃光國　著

作者簡介

黃光國

　　臺北市人，1945 年 11 月 6 日出生。美國夏威夷大學社會心理學博士，現任高雄醫學大學心理學系特聘教授，致力於結合東、西方文化，以科學哲學作為基礎，發展本土社會科學。著有中英文學術論文近百篇，曾獲得國科會傑出研究獎三次、優良研究獎十餘次，曾任臺灣大學終身特聘教授，臺大講座、傑出人才講座、教育部國家講座教授、總統府國策顧問、海峽交流基金會顧問、亞洲社會心理學會會長、亞洲本土及文化心理學會會長。

相關著作

1. 《中國人的權力遊戲》。臺北：巨流圖書公司，1988。
2. 《儒家思想與東亞現代化》。臺北：巨流圖書公司，1988。
3. (Ed.) Easternization: Socio-cultural Impact on Productivity. Tokyo, Japan: Asian Productivity Organization, 1995.
4. 《知識與行動：中華文化傳統的社會心理詮釋》。臺北：心理出版社，1995。
5. 《儒家關係主義：哲學反思、理論建構與實徵研究》。臺北：心理出版社，2009。
6. 《反求諸己：現代社會中的修養》。臺北：洪葉文化，2010。
7. 《心理學的科學革命方案》。臺北：心理出版社，2011。
8. Foundations of Chinese Psychology: Confucian Social Relations. New York, NY: Springer, 2012.

9. 《倫理療癒與德性領導的後現代智慧》。臺北：心理出版社，2014。

10. 《盡己與天良：破解韋伯的迷陣》。新北：心理出版社，2015。

11. 《儒家文化系統的主體辯證》。臺北：五南圖書公司，2017。

12. 《社會科學的理路》（第四版思源版）。新北：心理出版社，2018。

13. 《內聖與外王：儒家思想的完成與開展》。新北：心理出版社，2018。

自序

本書題為《內聖與外王：儒家思想的完成與開展》。在本書中，我將綜合過去三十幾年的研究成果，以西方的科學哲學為基礎，建構「含攝文化的理論」（culture-inclusive theory），說明儒家的倫理與道德，希望能解決華人社會中「良知理性」分裂的難題，同時作為在「儒、釋、道」三教合一的文化中發展社會科學的基礎。

本書的主要論點為：儒家的「仁、義、禮」倫理體系是支撐華人生活世界的「先驗性形式架構」（transcendental formal structure），是華人與西方（或其他）社會根本的差異所在，它儲存在漢語系統裡，會彰顯在任何使用漢語進行社會互動的場合，是我們建構華人本土社會科學的「機制」，也是我們在華人社會中從事道德教育的基本素材。然而，華人追求「內在超越」的文化傳統卻無法將它轉化成客觀的知識體系，我們必須借助西方的科學哲學，建構「含攝文化的理論」，才有可能說明清楚儒家倫理與道德的特色。

▣ 「關係論」的形成

儒家思想的內容，主要包含「關係論」、「天道觀」和「心性論」三大部分。歷史上，儒家諸子對這三部分發展的步調並不相同。孔子是春秋戰國時期中華文化的集大成者，他周遊列國 14 年，68 歲時回到魯國，跟弟子一起寫《易傳・文言》，希望把自己平日講學的內容，建立在堅強的形上學基

礎上。但還沒把話說清楚就過世了，所以子貢說：「夫子之文章，可得而聞也；夫子之言性與天道，不可得而聞也」《論語・公冶長》。

孔子逝世之後，曾參寫《大學》，子思著《中庸》，孟子提出「四端」之心，並跟當時的學者展開有關「心性論」的辯論，希望把儒家的「關係論」建立在「心性論」的基礎之上。及至秦始皇焚書坑儒，相關問題的討論也因而中斷。

到了漢代，董仲舒將孟子的「四端」擴充成為「仁、義、禮、智、信」的「五常」，完成儒家「關係論」的初步建構。他希望把儒家的「關係論」建立在「陰陽五行」的「宇宙論」之上，但他這部分的思想並沒有被後世儒者所接受。

▣ 「心性論」的開展

到了唐代，禪宗六祖慧能和《壇經》的出現，開啟了大乘佛教「儒佛會通」的契機；中唐時期，韓愈提出「道統」之說、李翱著《復性書》，為宋明時期儒學的復興創造了有利的條件。但這樣的發展並沒有解決孔子當年留下的難題，儒學第二期的發展，也因此分裂成為程朱一系的「理學」和陸王一系的「心學」。

由先秦儒家諸子對「天道」抱持「存而不論」的態度，有關「心性」的討論，又是在走一條「內在超越」的路，它跟西方文化追求的「外在超越」正好形成明顯的對比。「內在超越」的文化，並沒有辦法完成它自身，而必須藉助於「外在超越」的西方文化。

五四運動之後出現的「港臺新儒家」是儒學第三期的發展，其方向即在於此。牟宗三（1909-1995）窮畢生之力，企圖在哲學的層次上會通中西；基本上就是想借用康德（Immanuel Kant, 1724-1804）哲學的助力，解決「心學」和「理學」分裂為二的難題。劉述先（1934-2016）從朱熹（1130-1200）當年提倡的「理一分殊」，看出中西會通需要精通「兩行之理」。所謂「兩行之理」中的「一行」，是指中華文化傳統；另「一行」則是指西方的科學

哲學。2017 年，我出版《儒家文化系統的主體辯證》一書，說明我以「多重哲學典範」（multiple philosophical paradigms）分析儒家文化系統的知識論策略；本書則是要以一系列的理論建構，具體說明我的論點。

☐ 良知理性的分裂

本書分為四大部分，第一部分「中西文化的交會」包含三章，分別說明中國和西方文化交會以來，各自面對的難題。在中國是「良知理性的分裂」；在西方則是「人類中心主義的危機」。我寫這本書的基本信念是：任何一種文化傳統都有長處，也有短處；更值得注意的是：它最大的長處，也往往就是它最大的短處。

儒家的倫理與道德是支撐華人生活世界的「先驗性形式架構」，它會展現在華人社會生活的每一個面向。在任何一個時代，那個時代的知識分子如果不能依照當代知識的格準，建構出完整的理論，來說明儒家倫理與道德，作為品德教育的基礎，則該時代的「良知理性」便是分裂的。

中國文化中素有「內聖外王」的說法。儒家思想是一種追求「內在超越」的「內聖」之學；「外王」則是指各種「治國之道」，即是指控制外在世界的智慧和行動，包括法家和兵家思想。在中國傳統政治思想裡，外王的理論和實踐，各有其獨特的成就。

☐ 新「外王之道」

然而，十九世紀中國和西方文化接觸之後，傳統「外王」之道則顯得明顯不足。在中英鴉片戰爭之後，中國經歷「百年羞辱」，致使「內聖」之學也受到了根本的懷疑。對於「儒家人文主義」的復興，牟宗三曾經提出道統、學統、政統「三統並建」之說。李明輝（1994）認為，當代儒學在自我轉化的過程中，始終保有其「內聖外王」的思想格局。由於本書關注的焦點在於建立華人社會中的「學統」，從這個角度來看，對儒家文化未來的發展而言，西方的科學哲學可以說是一種最重要的新「外王」之道。

從 1905 年清廷宣布廢止科舉，並採取西式教育以來，源自西方的科學哲學已經成為華人學術社群從事學術活動最重要的格準。倘若華人學者對西方科學哲學有相應的理解，能夠運用「多重哲學典範」，發展文化分析的策略，建構「含攝文化的理論」，說明儒家的倫理與道德，這樣建構出來的理論，不僅有助於「良知理性」的修復，而且可以用來建構更多適用各個不同範疇的理論，以建立華人自主社會科學傳統。

理性主義的高度發展，猶如雙刃之寶劍，它一方面使西方人在物質文明的開創上，取代了「上帝」的位子；另一方面，它也使西方陷入「人類中心主義」的重大危機。「知其雄，守其雌」是我們吸納西方文明菁華時，所必須具備的基本態度，因此本書第三章將以一章的篇幅，說明我如何以科學哲學的新「外王之道」，發展文化分析的策略。

▣ 破解儒家的「千古難題」

「人」是萬物的尺度。對於傳統的任何詮釋，都必須以「人」作為基礎。第二部分「傳承儒家的科學進路」包含三章，其內容蘊涵著我建構「含攝文化的理論」之步驟；第四章首先說明：我如何以「後實證主義」的科學哲學作為基礎，建構「自我的曼陀羅模型」（mandala model of self）及「人情與面子的理論模型」（theoretical model of face and favor），它們都是普世性的，分別涉及個人的「自我」與「社會關係」這兩個層面。第五章再以這兩個普世性的理論模型作為架構，用詮釋學的方法，分析儒家經典的內容，建構「含攝文化的理論」，說明儒家文化中「四端」、「三綱」、「五常」，以及「一貫之道」等核心理念的理論意義。然後提出「五常」模式，對儒家的「關係論」作科學的詮釋。

由於儒家倫理與道德會展現在華人社會生活中的每一個不同面向，以認知心理學的語言，建構「含攝文化的理論」，說明儒家倫理與道德的核心理念，便可以此作為基礎，建構更多的理論，建立華人自主社會科學的學術傳統。但這樣的研究策略既不能滿足臨床及諮商心理學對於了解「整全之人」

的要求，也不能說明宋明儒者對於「心」、「性」的討論。因此，本書第六章則以榮格（Carl Jung, 1875-1961）的心理分析作為基礎，提出「自性的心理動力模型」。

宋明儒者拒斥「陰陽五行」之說，其論學焦點，從先秦儒家的「關係論」轉為「心性論」。然而，由於傳統儒家的論述及思維方式無法完成它自身，因此本書第三部分「儒家思想的完成」包含四章，旨在以我所建構的一系列理論，說明宋明儒者的「天」、「道」觀，以及朱熹對「自性」看法，並為朱子學與陽明學重新定位，以破解儒家的「千古難題」。

▣ 「中庸理性」和「離根理性」

我一向認為：華人學者對於自己的文化傳統如果沒有系統性的理解，便很難和西方學者展開平等對話。從 2009 年《儒家關係主義：哲學反思、理論建構與實徵研究》一書出版之後，我便開始以我所建構的理論和西方進行對話，並將研究成果發表在國際學術期刊之上。本書第四部分「形塑現代人的認同」包含五章，其主要內容是用我對儒家文化傳統的理論分析，和加拿大哲學家泰勒（Charles Taylor, 1931- ）的道德哲學進行對話，藉以說明「中庸理性」和西方「離根理性」（disengaged reason）的根本差異。這一部分所討論的問題包括：儒家修養的「道德空間」；「知識」與「行動」在儒家修養中的意義；儒家「仁道」中，「忠」與「孝」兩種社會認同的差別；「中庸理性」如何可能幫助現代中國知識分子走出他所認同的「道」。

二次大戰後的臺灣歷史，可以分為兩個明顯的階段，從 1949 至 1994 年，是由中華民族第三次人口大遷徙的「遯」卦，逐步走向東亞經濟奇蹟的「飛龍在天」。1994 年的「教改」則是「亢龍有悔」，使臺灣由盛而衰，走向今天的「渙」卦。我個人的學術，在第一階段逐步成長；到了第二階段末期，才經由榮格所說的「共時性」（synchronicity）現象，體會到《中庸》第二十九章所說的：「故君子之道，本諸身，徵諸庶民，考諸三王而不繆，建諸天地而不悖，質諸鬼神而無疑，百世以俟聖人而不惑。」

　　「千年暗室，一燈即明」。在兩岸關係面臨轉捩點的關鍵時刻，我希望這本書的出版對於中華民族未來的發展，能發揮一定的槓桿效果。

　　這本書的許多內容，是在跟「思源學會」的同道反覆辯證中發展出來的，對於同道們所奉獻的智慧，以及老友何懷碩為本書封面所提的墨寶，謹致最誠摯的謝忱，更希望將來在復興中華文化的事業上，能夠攜手共進。

國家講座教授

黃光國

2018 年 9 月

目次 Contents

第一部分：中西文化的交會　　　　　　　　　　001

　第一章　良知理性的分裂　　　　　　　　　　　003

　第二章　人類中心主義的危機　　　　　　　　　035

　第三章　新「外王之道」：文化分析的知識論策略　059

第二部：傳承儒家的科學進路　　　　　　　　087

　第四章　「自我」與「關係」的普世性理論　　　089

　第五章　「四端」與「五常」：儒家的倫理與道德　111

　第六章　自性的心理動力模型　　　　　　　　　145

第三部：儒家思想的完成　　　　　　　　　　189

　第七章　儒家的「千古難題」　　　　　　　　　191

　第八章　宋明儒者的「天」、「道」觀　　　　　229

　第九章　「心」與「性」：朱子學與陽明學的定位　263

第四部：形塑現代人的認同　　　　　　　　　297

　第 十 章　「中西會通」中的「離根理性」　　　299

　第十一章　儒家的「道德空間」　　　　　　　　327

　第十二章　「自我」與「自性」：認同的形塑　　351

　第十三章　忠與孝：「仁道」中的兩種社會認同　371

　第十四章　「中庸」理性：行道天涯　　　　　　391

　參考文獻　　　　　　　　　　　　　　　　　　425

中西文化的交會

第一章　良知理性的分裂

本書內容分為四大部分，第一部分「中西文化的交會」包含三章，前兩章分別討論中西文化交會後，各自展現的困局：在中國是「良知理性的分裂」，在西方則是「人類中心主義的危機」。在展開本書的論述之前，首先必須要先清楚地界定：什麼是「良知理性的分裂」？

儒家的倫理與道德是支撐住華人生活世界的「先驗性形式架構」（transcendental formal structure）。任何一個時代中國的知識分子，如果無法依照當時的學術格準，提出一套能夠讓人信服的理論，來說明到底什麼是儒家的倫理與道德，則該時代的「良知理性」便是分裂的。

由於儒家的倫理與道德是支撐住華人生活世界的先驗性形式架構，它會展現在華人社會生活中的每一個面向之中。良知與理性分裂的問題，首先會展現在社會心理學的領域，因此本章要以此作為切入點，從「大歷史」的角度（黃仁宇，1988），來說明儒家文化中良知理性分裂的原因。

第一節　兩種心理學傳統的分裂

我從臺灣大學心理學系退休之前，曾經主動邀請對華人本土心理學發展長期關注的幾位資深學者，對我過去所作的研究工作提出批判，並由我逐一回應。在我的學生為我所舉辦的退休研討會上，陳復首先提出「黃光國難題」的概念，事後並寫成一篇相當精彩的論文〈黃光國難題：如何替中華文化解開戈迪安繩結〉。由於這篇論文提綱挈領地握住我過去研究所要闡釋的核心觀念，我特地將其摘要列於此處：

　　黃光國從「多重哲學典範」（multiple philosophical paradigms）的角度展開對科學哲學的詮釋，賦予華人本土社會科學發展過程中無法繞開的「黃光國難題」（K. K. Hwang's grand question）。其主題：「儘管中國曾經創造豐富的思想，對人類文明的永續發展做出巨大貢獻，但中國的思想如果要再創輝煌的新一章，重新成為引領人類文明發展的引擎，就需要通過對科學哲學的認識與釐清，創造性地展開華人本土社會科學的詮釋工作」。該主題面臨方法論層面的巨大困難，就在於如何將中華文化本質具有「天人合一」的思想傳統，傾注「天人對立」的階段性思辨過程，從「生命世界」（life world）中開闢出具有科學哲學意義的「微觀世界」（micro world）。黃光國希望把握住儒家思想做主體，統合三教並吸納西洋社會科學的菁華，從嶄新的概念詮釋裡拓展「中學為體，西學為用」的向度，重塑「儒家人文主義」的學術傳統，將具有「普遍性」的儒家價值理念建構成形式性的理論，意即從多重哲學典範的角度來建構「含攝文化的理論」（culture-inclusive theory），使用「自我的曼陀羅模型」（mandala model of self）與「人情與面子的理論模型」（theoretical model of Face and Favor）來重新詮釋儒家思想，繼續由「文化衍生學」（morphogenesis）的層面來發展有關先秦儒家思想的「文化型態學」（morphostasis），終至完成儒家思想的第三次現代化。（陳復，2016，頁73）

　　陳復說得一點不錯。我過去所要破解的「黃光國難題」，主要是在「科學哲學的認識與釐清，以便利用西方科學中各種不同的典範，來克服發展華人心理學所遭遇到的各項難題」。其中最大的難題之一，就是如何整合中國和西方兩種心理學傳統的分裂。

▣ 兩種心理學的傳統

　　楊國樞教授是在臺灣推動「心理學本土化運動」的旗手。1992 至 1999 年間，他曾經組織臺灣的心理學者，到大陸辦了六期的「社會心理學高級研討班」，試圖透過大陸的研究生及年輕學者，推廣此一運動。參加過這個研討班的許多學員後來都成為大陸心理學界的中堅骨幹，在南京大學社會學院心理學系任教的翟學偉教授即為其中之一。

　　2010 年初，他寫了一篇論文〈中國與西方：兩種不同的心理學傳統〉，投稿給《本土心理學研究》（翟學偉，2014）。我看了之後認為，它涉及未來本土心理學發展的大方向，很適合作為「靶子論文」，邀請對這個問題作過深入思考的學者一起參與討論。在本書中，我們也可以用翟學偉的論文作為切入點，討論華人心理學者共同面臨的問題情境，然後敘說臺灣的心理學本土化經驗，再鋪陳我破解這些難題的方法。

　　翟教授這篇論文一開始便提到，中國心理學者共同面臨的一個問題情境，這個問題情境是由中國老一輩心理學家——潘菽、高覺敷、燕國材和楊鑫輝等人所提出，且被心理學界廣泛接受的：

　　　　即中國文化傳統中沒有心理學，但有心理學思想（高覺敷主編，1985；楊鑫輝，1994；潘菽，1985，1987；燕國材主編，1999）。這類主張承認現代心理學所具有的學科性質、標誌（實驗）及其定義（標準），而根據這些性質、標誌和定義，中國傳統文化中顯然沒有這樣的學科。由此，中國心理學史應該分為兩大部分，一部分是西方心理學未進入中國前的古代心理學思想，一部分是西方心理學進入之後的近代發展情況。（翟學偉，2014，頁 5）

　　翟教授很敏銳地指出：主張中國有「心理學思想」者所面臨的兩難困境：

如果同意中國傳統中有心理學，那麼對於一個接受了心理科學訓練的學者來說，是不能接受的，因為中國傳統中，無論哪種思想，實在不是今天意義上的心理學，但為此就否認中國傳統有心理學，中國心理學家在認知和情感上都不能接受。（翟學偉，2014，頁7）

⊡ 兩個不相干的傳統？

為什麼呢？翟教授說：翻開中國古代經典，有太多關於心性、情感、才智等方面的精闢見解，可是如何來消解這樣的困境呢？一種取得共識的方法就是用現代心理學的框架、概念或分類來處理中國古籍文獻：

雖然各個學者閱讀典籍時，確立的取捨標準略有不同，但都構造了中國心理學所具備的宏大的思想體系（車文博主編，2009；高覺敷主編，1985；楊鑫輝，1994；燕國材主編，1999）；……它們共同具有的致命問題就是這樣的梳理方式讓我們看不到中國心理學思想的貢獻率，也就是說，所謂中國心理學思想就是被整理出來的資料、彙編與評述，至多也是用概念分類來統領這些資料。結果，中國心理學思想永遠就是中國心理學思想，它和現代心理學分屬於兩個不相干的領域。（翟學偉，2014，頁7-8）

既然如此，為什麼還有那麼多的中國心理學史方面的專家學者要花費許多力氣來整理和認識中國自己的思想呢？翟教授說：「那目的只好解釋為『古為今用』，為建立中國特色的心理學服務」（潘菽，1987），但他也很坦率地說：「儘管迄今為止，我們尚未看到古代心理思想是如何為現代心理學服務的。」

基於這樣的見解，翟教授認為，要想在心理學學科內部、方法論及文化比較的視角下，論中國的心理學文化，首先可以形成這樣的認識：

　　中國文化中的心理學體悟與實踐並非什麼學科，也非某類思想，而是一種傳統；而西方的心理科學即使是學科，也有思想，卻依然根植於自己的傳統。……兩種傳統在各自文化中，各有自己的偏重和特點。只是由於歷史的機遇，西方的心理學發展借助於其自然科學而產生的強大威力雄霸於天下，並將中國的心理學傳統在尚未壯大之際便扼殺於搖籃之中。（翟學偉，2014，頁9）

☑ 西方心理學的分裂

　　中國心理學思想的傳統和西方心理學傳統的分裂是非常明顯之事。在此我要強調的是：西方心理學發展的過程中，它也不是一個同質的傳統，而是分裂成為「科學心理學」和「人文主義心理學」兩種不同的傳統。

　　1879年，馮特（Wilhelm Wundt, 1832-1920）在德國萊比錫設立第一個心理學研究室，開始用「科學方法」研究基本認知功能，而成為「科學心理學之父」。他很清楚地了解到這種研究方法的局限，所以在出版自己的研究成果《生理心理學原理》時，便以此為書名（Wundt, 1874/1904）。為了要研究「人類智力與創造的高級形式」，他又以歷史學的方法，研究了相關文化議題，出版了二十卷的《民族心理學》（Wundt, 1916）。

　　在「科學心理學」創立後不久，深受西方思潮影響的蘇聯心理學者維果斯基（Lev Vygotsky, 1896-1934），為了區分人類與其他動物在種族發生學上的不同，他先區分「基本」與「高等」心理歷程的差異。接著，他又根據狄泰爾（Dilthey）和謬思特堡（Munsterberg）在「自然的解釋」和「人類行動的理解」之間所作的區分，將心理學區分為兩種：「因果心理學」（causal psychology）是一種探討因果關係的自然科學；「意圖心理學」（intentional psychology）則是以探討人類意圖為主要內容的「靈性心理學」（spiritual psychology）（Vygotsky, 1927/1978）。

　　維果斯基以38歲之齡英年早逝；由於他的作品遭到蘇聯共產當局的禁止

達二十年之久，直到 1960 年才得以在西方世界中出版。他雖然跟巴伐洛夫
（I. Pavlov, 1849-1936）、弗洛伊德（Sigmund Freud, 1856-1939）和皮亞傑
（Jean Piaget, 1896-1980）屬於同一時代的人物，但他的知名度以及對心理學
的影響力，卻遠遠不如他們。

◙ 兩種心理學

　　即使是在西方的心理學界，這兩種心理學的分裂，其實也非常明顯。在
翟教授的論文中，曾經引述馬斯洛（Abraham Maslow, 1908-1970）在《科學
心理學》一書中的說法：

> 在我個人的歷史中，這一科學世界觀的衝突，起初表現的形式
> 是同時和兩種互不相干的心理學一起生活。在我的實驗室實驗生涯
> 中，我覺得很安逸且很勝任，因為我接受了科學傳統的知識。實際
> 上是華生的樂觀信條把我和許多人帶進了心理學領域。他的綱領性
> 的著述，展示前方有一條光明大道。我極為興奮地覺得進步有了保
> 證。可能有真正的心理學的科學，有某種堅實可靠的東西可以依
> 賴，能使我們從一個確定不移的基地，穩妥而不會逆轉地前進到下
> 一站。它提供了一種技術（條件作用）有希望解決一切問題，和一
> 種極有說服力的哲學（實證主義、客觀主義），既容易理解又容易
> 應用，使我們不致重蹈覆轍。但是，當我成為心理治療醫師、分析
> 家，成為一位父親、教師和人格研究者——即當我研究整體的人
> 時，「科學的心理學」逐漸證明自己沒有多少用處了。……（翟學
> 偉，2014，頁 33）

◙ 科學哲學的傳統

　　在對翟學偉論文的評論中，我特別指出：在這兩種心理學的傳統之外，

其實西方還有一種更為重要的傳統，就是科學哲學（黃光國，2014）。

我從 1980 年代初期開始參與「心理學本土化運動」以來，便不斷思索跟「社會科學本土化」有關的各項問題。不久之後，我便發現：乍看之下，所謂「社會科學本土化運動」，似乎是國內社會科學界對盲目移植西方學術研究典範不滿，所引起的一種學術反動；其根本原由，卻在於華人學術界對西方科學哲學的演變缺乏相應的理解，無法真正掌握西方近代文明中獨特的精神意索。

在西方，從十七世紀啟蒙運動發生之後，各門學科和科學哲學的發展之間，便存有一種「互為體用」的關係。隨著各種科學的發展，總有一些哲學家不斷思考：到底什麼是科學？而成為所謂的「科學哲學」。科學哲學可以說是西方文明的菁華，本書標題為「內聖與外王：儒家的開展與完成」，未來中華文化想要繼續往前發展，科學哲學可以說是我們必須吸納的「外王之道」。更清楚地說，中華文化傳統中雖然也有所謂的「外王之學」，譬如法家和兵家思想，但整體而言，「儒、釋、道」三家思想主要是在追求「內聖」的境界，和西方文化接觸之後，我們可以很清楚地看出：華人文化中，「外王之學」的發展遠遠不足。

本書第三章將仔細說明：我以科學哲學此種「外王之道」分析儒家文化傳統時，所提出的知識論策略。本書第二部分所包含的三章，則將以實例說明：我如何以此種知識論策略，建構「含攝文化的理論」（Hwang, 2015a, 2015b）。這裡我要強調的是：從這個角度來看，「科學」的發展固然是造成心理學分裂的主要原因，但「解鈴還需繫鈴人」，今天我們要想整合西方心理學內部的分裂，或中西兩種心理學傳統之間的分裂，還是得藉助西方科學哲學的傳統。

第二節　儒家文明的起源

以科學哲學為基礎，來研究「儒、釋、道」三教合一的文化傳統，對於

本書的主題「內聖外王」有其特殊意涵。用新儒家自己的概念來說，以儒家為主的「儒、釋、道」三教合一的傳統，旨在追求「內在超越」的「內聖」境界，而西方的科學哲學則是要以「外在超越」的精神，追求客觀的知識，以控制外在世界。未來中華文化發展的主要方向必然是「中西會通」，兩者結合。我們可以從一個比較宏觀的「大歷史」角度來分析這個問題。

⊡ 四大文明

德國哲學家雅斯培（Karl Jaspers, 1883-1969）於 1949 年出版了《歷史的起源與目標》一書，提出了「軸樞時期」（Axial Age）的哲學發展理論，認為當前世界上主要宗教背後的哲學，都是在西元前八世紀到前二世紀的六百年之間發展出來的。在那段期間，不論是西方、印度及中國，都湧現了許多革命性的思想家，造成這三個地區文化的蓬勃發展。在那個「軸樞時期」，西方文化的代表人物是「希臘三哲」：蘇格拉底（Socrates, 470-399 B.C.）、柏拉圖（Plato, 428-348 B.C.）、亞里士多德（Aristotle, 384-322 B.C.）；印度文明對應的是釋迦牟尼；而中國的聖人是孔子、孟子、老子、莊子等人；耶穌基督的誕生，則是西元紀年的開始。雅斯培因此將佛陀（560-480 B.C.）、孔子（551-479 B.C.）、蘇格拉底和耶穌四人並稱為「四大聖哲」（paradigmatic individuals），他們分別在世界上四個不同地區，開啟出四種完整且獨立的文明。

在這四大文化系統裡，儒家文明的根源是《易經》。《漢書‧藝文志》謂：《易》之作，乃「人更三聖，世歷三古」，道家的魏伯陽在《周易參同契》第十三章說：「若夫至聖，不過伏羲，始畫八卦，效法天地。文王帝之宗，結體演爻辭。夫子庶聖雄，十翼以輔之。」

高懷民（1986）所著的《先秦易學史》一書將《易經》在中國歷史上的發展，分為三個時期：第一時期自伏羲氏畫八卦至周文王的「符號易時期」；第二期自周文王演易至孔子的「筮術易時期」；第三時期則是自孔子贊易以後的「儒門易時期」。伏羲氏以超時代的智慧創八卦，作為自然界中

記事之符號，但他之所以能夠揚名後代，是由於他「王天下」，「作結繩而為罔罟，以佃以漁」，開展了畜牧時代。《易傳‧繫辭傳》中一章說：

> 古者包犧氏之王天下也，仰則觀象於天，俯則觀法於地，觀鳥獸之文，與地之宜，近取諸身，遠取諸物，於是始作八卦，以通神明之德，以類萬物之情。

◉ 「朕志先定，詢謀僉同」

伏羲氏畫出八卦之後約三千五百年，八卦符號並沒有任何進展。司馬遷在《史記‧五帝本紀》中提到：黃帝在征服四方，成為部落氏族聯盟的首長之後，曾經「順天地之紀，幽明之占，死生之說，存亡之難」；唐代張守節的《史記正義》曰：「幽陰明陽也。占，數也。言陰陽五行，黃帝占術而知之。」

舜與禹統治期間，很少用占卜之法。舜讓位給禹時，曾經授禹以十六字真言：「人心惟危，道心惟微；惟精惟一，允執厥中。」他對大禹的建議是「枚卜功臣，惟吉之從」：

> 官占，惟先蔽志，昆命於元龜。朕志先定，詢謀僉同。鬼神其依，龜筮協從。卜不習吉。《書經‧大禹謨》

官占，就是指占卜之官。龜卜取象，筮蓍取數。在他看來，相信「官占」是會「蔽志」的，他自己的做法是「朕志先定，詢謀僉同」、「枚卜功臣，惟吉之從」、「鬼神其依，龜筮協從」。

大禹繼位之後，將十六字真言傳之子孫，並告誡其子孫：

> 民可近，不可下。民惟邦本，本固邦寧。內作色荒，外作禽

荒；甘酒嗜音，峻宇彫牆，有一於此，未或不亡。《書經·五子之歌》

夏代尚儉，反對「色荒」和「禽荒」，不好色、不打獵，因此夏代很少留下這方面的史料。

▣ 羑里演易，憂患之思

易學發展的第二期是「周文王羑里演易」。周原本是商朝屬下的一個諸侯國。周文王姬昌（1152-1056 B.C.）在父親季歷死後，繼承西伯昌侯之位，商紂時期，建國於岐山之下，積善行仁，禮賢下士，政化大行。

根據《史記·殷本紀》的記載，紂王「以西伯昌、九侯、鄂侯為三公。九侯有好女，入之紂。九侯女不熹淫，紂怒殺之，而醢九侯。鄂侯爭之疆，辯之疾，並脯鄂侯。西伯昌聞之，竊嘆。崇侯虎知之，以告紂，紂囚西伯羑里」。

《史記·周本記》並記載：「崇侯虎譖西伯於殷紂曰：西伯累善積德，諸侯皆嚮之，將不利於帝，帝紂乃囚西伯於羑里。」

殷商時代，神道思想鼎盛，天神、地祇、人鬼的地位至高無上，殷人以甲骨卜吉凶，卜時灼龜甲成兆，兆成則吉凶立判。姬昌被囚於羑里的七年期間，看到紂王逆天暴物，決心有所圖謀於殷。在古代，王者踐位，君臨天下，傳說中是受命於天。為了要向天下召告天命革新，所以必須在卜法之外，另立一種求神問天的方式。他看到古聖伏羲氏傳下的這一套符號系統，正可利用，所以潛心研究，總結夏商兩代八卦的思想，將伏羲八卦演繹成六十四重卦，三百八十四爻，每卦有卦辭，爻有爻辭，成為對後世影響深遠的《易經》。《易傳·繫辭傳》云：「易之興也，其當殷之末世，周之盛德邪？當文王與紂之事耶！」「易之興也，其於中古乎！作易者其有憂患乎！」「憂患」一詞，其實就是指羑里之思。

▣ 謀及乃心，謀及卿士

由於文王的重卦以及用卦象於筮術，六十四卦與八卦在形態和思想上都有了極大的改變。在形態上，八卦原只是八個三畫的象，單純地代表著天、地、雷、風、水、火、山、澤八種自然現象，卦與卦彼此間沒有互變的關係，本卦中也不講爻位上下。重卦以後，每卦成了六畫的象，卦與卦間有了貞悔變占之關係，相反相錯之關係，本卦中也產生了爻位上下，乘、承、比、應等關係，因而也有了時、位、中、應等要義。

由八卦演變而成的「易經六十四卦」，變成西周時期人與「神」或「天」溝通最重要的象徵符號。而古代中國社會中的「巫」或「覡」，則是在卜筮後，解釋這些象徵符號的「巫師」。

周代的卜筮制度，記載於箕子傳給周武王的「洪範九疇」中之第七疇「稽疑」。首先要選擇禮聘聲望卓著的卜筮人，「乃命卜」卜有五兆：「曰雨、曰霽、曰蒙、曰圛、曰克。」分別代表五行水、火、木、金、土。占卦有二：「曰貞、曰悔。」內卦為貞，外卦為悔。但周人並不盲目相信占卜的結果，「三人占，則從二人之言」，若有大疑：「謀及乃心，謀及卿士，謀及庶人，謀及卜筮。」卜筮的結果是最後的考量。如果眾人之謀與龜筮一致者，是謂大同，萬事大吉。如果有所不從，則可擇吉而行。

▣ 百姓日用而不知

《易傳》提出了「一陰一陽之謂道」的基本命題，並用陰陽對立的衍生變化，來說明宇宙間萬事萬物運作的根本道理：

> 一陰一陽之謂道；繼之者善也，成之者性也。仁者見之謂之仁，知者見之謂之知，百姓日用而不知，故君子之道鮮矣。

「道」是宇宙萬物之生化原理，屬於形而上的超越層次，唐君毅所著的

《哲學概論》認為，「道」是不可知、不可見的；「道」之呈現其大用，為陽之生，陰之化；繼續此生生化化，化化生生，以至於無窮無盡者，即是「善」，其流注於個體生命而終有所成，則謂之「性」。「道」雖然隨時踐履於百姓的日常生活之中，人們在觀念上卻不會清楚覺察到「道」的運作。人們經常覺察到的是「陰／陽」，以及由此衍生而出的「日／月」、「天／地」、「柔／剛」、「仁／義」等對比。

由於對於用《易》卜筮的解釋是「仁者見之謂之仁，智者見之謂之智。百姓日用而不知，故君子之道鮮矣」，因此《易傳》的作者認為，有必要對占卜的結果重新解釋，如此才能夠：

> 顯諸仁，藏諸用，鼓萬物而不與聖人同憂，盛德大業至矣哉。
> 富有之謂大業，日新之謂盛德，生生之謂易。成象之謂乾，效法之
> 謂坤，極數知來之謂占，通變之謂事，陰陽不測之謂神。《易傳・
> 繫辭上傳・第五章》

第三節　先秦儒家詮釋《易經》

在說明孔子及其門人如何詮釋《易經》之前，我們必須先介紹孔子這個人的家世和背景。

孔子的先祖微子是殷紂王的庶兄。周武王伐紂克殷時，微子持其祭器，造於軍門，周公乃命微子代殷後，封之於宋。後來宋國發生戰亂，孔氏子木金父被迫去宋投魯，成為魯國人。木金父之孫任魯國臧孫氏采地防邑之宰，故稱孔防叔。防叔之孫叔梁紇，即孔子之父，孔武有力，作戰勇猛，曾替魯襄公兩次對外作戰，建立戰功，而名聞諸侯。他「與顏氏女野合，而生孔子」。

孔子3歲時，父叔梁紇死，故孔子幼時隨母親生活。顏氏以禮殯為專業，

所以他自小好設祭祀禮容。由禮知識而通達社會知識，再加上他好學不倦，到處拜師求知，故能精通六藝、六經，後來乾脆開設「私學」，吸引眾多弟子向他學習。

孔子 51 歲時，曾經擔任魯國中都宰，二年後升為司空，並攝朝事，隨定公會齊侯於峽谷，齊侯歸還汶上三田之地。

> 前仕三月及齊平，後仕三月及鄭平，務以德安近而綏遠。當此之時，魯無敵國之難，鄰境之患。強臣變節而忠順，故季桓隳其都城。大國畏義而合好。《鹽鐵論》

孔子相魯，政績斐然，因此引來齊國的忌恨。齊景公刻意饋女樂予魯，「季桓子受之，三月不朝」，孔子因此辭離相職，55 歲開始周遊列國。

▣ 周遊列國，晚而喜易

57 歲，孔子將適陳，過匡，匡人以其貌似陽虎，困之五日。59 歲，到曹國、宋國訪問，宋司馬桓魋要殺孔子，孔子微服去之。適鄭，與弟子散失，鄭人諷之曰：「如喪家之犬。」7 月，季桓子卒，遺命其子季康子曰：「我死汝必相魯，相魯必召孔子。」季康子立，乃重用冉有，並召孔子自衛返魯。

魯哀公四年，孔子 60 歲，自陳過蔡，在蔡國三年，孔子 63 歲，楚王使人聘孔子，欲重用之。路出陳蔡，陳蔡大夫相與謀，圍以兵，拒孔子入楚。子貢到楚求救，楚昭王以師迎孔子。楚昭王將使孔子執政，封以魯社七百里地。令尹子西諫止，終不用孔子。

孔子 64 歲，自楚返衛。吳王夫差要求與魯會盟，季康子不知如何應付，遣人要求孔子使子貢往，孔子許之。子貢一出，存魯，破齊，破吳，強晉，霸越，「十年之中，五國各有變」。

孔子 68 歲，齊伐魯，侵魯邦，冉有掛帥，與齊戰於郎，大敗齊軍。哀公十一年冬，魯君以重幣迎孔子返魯，賜享退休大夫待遇，予以養老。他開始

整理詩、書、禮、樂等教材，自謂：「吾自衛反魯，然後樂正，雅頌各得其所」《論語・子罕》。

70歲寫《春秋》，九個月完成。而後寫《易傳・文言傳》，《史記・孔子世家》記載：「孔子晚而喜易，序、象、繫、象、說卦、文言。」直到73歲去世。

□ 《易》學發展史的轉向

1973年10月，在湖南長沙馬王堆漢墓出土的文物中，有手抄帛書《易傳》全文，其中有一段重要紀錄：「夫子老而好易，居則在席，行則在囊。有古之遺言焉，予非安其用，而樂其辭。後世之士，疑丘者或以易乎？子貢問：夫子亦信其筮乎？子曰：我觀其義耳，吾與史巫同途而殊歸。」《易傳》（十翼）之作，不僅使孔子與卜筮同途殊歸，而且也使他與文王、周公的《周易》同途殊歸。他們之間的差別何在？這是中華文化史上的一個重大轉折，必須作仔細的交待。

根據《易傳》的解釋，《易經》中的每一卦都是由「陰／陽」衍生出來的，每一卦的結構都分別代表了天、地、人，也就是宇宙間特定時空中「人」的狀態或遭遇：

> 是故《易》有太極，是生兩儀，兩儀生四象，四象生八卦，八卦定吉凶，吉凶生大業。昔者聖人之作易也，將以順性命之理。是以立天之道曰陰與陽，立地之道曰柔與剛，立人之道曰仁與義。兼三才而兩之，故易六畫而成卦；分陰分陽，迭用柔剛，故易六位而成章。《易傳・說卦傳》

《易傳・繫辭下傳》說：《易經》這本書，「廣大悉備；有天道焉，有人道焉，有地道焉」。在前述《易傳・繫辭傳》和《易傳・說卦傳》的這兩段引文中，則說明：《易經》八八六十四卦中，每一卦的結構都兼備天、

地、人三才之道，而以六畫之爻象之。六畫之卦，以初、三、五為陽位，以二、四、六為陰位，再更迭六爻之柔剛以居之，由交錯的卦象，則可以看出天地間之文理。

> 昔者聖人之作易也，幽贊於神明而生蓍，參天兩地而倚數，觀變於陰陽而立卦，發揮於剛柔而生爻，和順於道德而理於義，窮理盡性以至於命。《易傳・說卦傳・第一章》

▣ 「天道」與「人道」

在八卦「正位居體」的思想中，仁義位三爻和四爻。以「既濟」的卦位為例來說，六爻皆得其位，圓滿而和諧，兩儀一陰一陽偶配為三對。從上向下數，上爻是陰，五爻是陽。四爻是仁，三爻是義。二爻是柔，初爻是剛。天、地、人三才均得正位。而人是位居於內卦上爻與外卦下爻，即位居於地之上和天之下，而含有地坤之陰與下乾之陽，所以孔子說：「立天之道曰陰與陽，立地之道曰柔與剛，立人之道曰仁與義。」仁義就是「陰陽柔剛結構體」。

> 孔穎達的《周易正義》曰：「先儒以易之舊題分，自咸以上三十卦為上經，以下三十四卦為下經。序卦傳至此，又別起端首。先儒皆以上經明天道，下經明人事。」「乾坤明天地初闢，至屯乃剛柔始交，故以純陽象天，純陰象地。則咸以明人事人物既生，共相感應。若二氣不交，則不成於相感。此卦明人倫之始，夫婦之義，必須男女共相感應，方成夫婦。」
>
> 《易傳・序卦下傳》說：「有天地，然後有萬物。有萬物，然後有男女。有男女，然後有夫婦。有夫婦，然後有父子。有父子，然後有君臣。有君臣，然後有上下。有上下，然後禮義有所錯。夫

婦之道，不可以不久也，故受之以恒，恒者久也。」

《易經》「上經」明天道，最後一卦為「咸」卦，「必須男女共相感應，始成夫婦」；「下經」明人事，而以「恒」卦為首，因為「夫婦之道，不可以不久也」；其餘各卦，則分別象徵人生的不同處境。整體而言，「乾、坤、咸、恒」四卦以「人道」去接通「天道」，可以說是儒家思想的根源。

孔子作《易傳・文言傳》最重要的貢獻，就是將《易經》轉變成為一本道德修養的經典。因此，他在質疑：「易之興也，其於中古乎？作易者，其有憂患乎？」之後，對《易經》各卦的意義，重新提出了自己的解釋：

是故：履，德之基也。謙，德之柄也。復，德之本也。恆，德之固也。損，德之修也。益，德之裕也。困，德之辨。井，德之地也。巽，德之制也。《易傳・繫辭下傳》第七章

朱子註曰：「九卦，皆反身修德，以處憂患之事也。而有序焉：基所以立，柄所以持，復者心不外而善端存，恆者守不變而長久，懲忿窒欲以修身，遷善改過以長善，困以自驗其力，井以不變其所。然後能巽順於理，以制事變也。」

第四節　《中庸》的未解之謎

用前述「正位居體」的「既濟」卦位來說，對於儒家而言，所謂「立天之道曰陰與陽，立地之道曰柔與剛，立人之道曰仁與義」，就是不管外在客觀環境發生任何「陰、陽、剛、柔」的變化，個人都必須堅持「仁義」，泰然處之。所以《中庸》第十二章的結尾說：「君子之道，造端乎夫婦，及其至也，察乎天地。」這一段話能夠說明：孔子以《易傳・文言傳》詮釋《易

經》時，企圖「立仁道於天道」的精神。然而，該章前半部的說法又頗令人
費解：

> 君子之道，費而隱。夫婦之愚，可以與知焉；及其至也，雖聖
> 人亦有所不知焉。夫婦之不肖，可以能行焉；及其至也，雖聖人亦
> 有所不能焉。天地之大也，人猶有所憾。故君子語大，天下莫能載
> 焉；語小，天下莫能破焉。詩云：「鳶飛戾天；魚躍于淵。」言其
> 上下察也。《中庸・第十二章》

　　如果說「君子之道」就是實踐孔子所主張的「仁義之道」，那麼所謂
「君子之道」究竟是指什麼？為什麼「夫婦之愚，可以與知焉；及其至也，
雖聖人亦有所不知焉」？「夫婦之不肖，可以能行焉；及其至也，雖聖人亦
有所不能焉」？要理解這些謎樣的說法，我們必須先說明：《中庸》和《大
學》在先秦儒家經典中的特殊地位。

▣ 儒家的修養論

　　孔子「有教無類」，門下弟子三千，賢者七十，得其真傳者「顏曾思
孟」四人而已。曾子作《大學》，講「止於至善」；子思作《中庸》，講
「致中和」，兩者相輔相成，構成儒家修養論的核心。

　　開創儒家「三省六步」修養工夫的曾參，是孔子年紀最小的學生之一。
他的父親曾晳也是孔子的學生。曾子比孔子小 46 歲，孔子逝世時，他才 27
歲，但他卻是傳揚孔子「一貫之道」的人。孔子晚年作《易傳・文言傳》與
《春秋》，曾子「隨事省察」，得其真傳，並將《易傳》中的思想傳給子
思。子思名孔伋，是孔鯉之子、孔子之孫，他「直達天德」，作《中庸》以
授孟子，形成儒家「性命之學」的一脈相承，跟孔、孟、荀三人所講的「仁、
義、禮」互為表裡，構成先秦儒家思想的整體。

　　在《盡己與天良：破解韋伯的迷陣》一書中（黃光國，2015），我認

為，倘若我們用德國古典社會學大師韋伯（Max Weber, 1864-1920）關於宗教理性化、世俗化和除魅化的觀點來定義所謂的「現代化」，則儒家思想在中國歷史上已經經歷了三次現代化。

孔子及其門人解釋《易經》，使它由一本占卜的書轉變成華人修養的經典，開啟先秦儒家的「文化型態學」，但他們並沒有深入探討儒家道德的形上學基礎。《論語‧公冶長》曾經記載子貢說的一句話：「夫子之文章，可得而聞也。夫子之言性與天道，不可得而聞也。」意思是說：孔子平常講授的詩、書、禮、樂等文章，大家都聽得懂；他平常講課提到「性」與「天道」，大家就聽不懂了。

▣ 儒家道德的形上學基礎

《大學》號稱四經之首，其實它是一篇只有五百餘字的短文。曾子在提出「三省」的修養工夫之後，又在《大學》中提出「三綱領」、「八條目」、「三省六步法」，成為儒家修養的重要文獻。

所謂「三省」，是指曾子所說的：「吾日三省吾身：為人謀而不忠乎？與朋友交而不信乎？傳不習乎」《論語‧學而》；所謂「三綱領」是指大學之道：「在明明德，在親民，在止於至善」；「八條目」是「正心、誠意、格物、致知、修身、齊家、治國、平天下」；「六步法」則是指《大學‧首章》所說的：「知止而後有定，定而後能靜，靜而後能安，安而後能慮，慮而後能得。物有本末，事有終始，知所先後，則近道矣。」

儒家修養工夫的六個步驟和佛家的「修行」和道家的「修練」十分相似，但其「三綱領」和「八條目」則是儒家所獨有，可以用來區辨「儒佛之分」，或「儒道之別」，所以成為儒家學子入門必讀的經典。

子思繼承曾子的思想，在這些修養工夫上進一步寫作《中庸》。在《中庸》一書中，第二十一章是很特殊的一章。該章之後，特別註明：第二十一章是「子思承上章，夫子天道人道之意，而立言也」，自此以下十二章，都是「子思之言」，其目的在於「反覆推明此章之意」。但「天道」與「人

道」之間的關係，並沒有因此而徹底釐清。

◨ 「良知理性」的分裂與整合

　　孔子死後，儒分為八，孟子雖然繼承了曾參和子思的思想，和告子展開辯論，但這個問題並沒有獲得根本的解決。佛教在漢明帝（西元 28-75 年）時代傳入中國，它所主張的「出世」和儒家的「入世」思想原本互不相容，而在隋唐時期受到士大夫的排斥。中唐時期，韓愈著〈原道〉、〈原性〉，李翱著《復性書》，為儒學的復興埋下了伏筆。開元貞觀年間，禪宗的發展，使佛家思想和中華文化傳統互相結合，發展成漢傳大乘佛教，塑造出「儒、釋、道」三教合一的東亞文明。

　　宋太祖趙匡胤以「杯酒釋兵權」的方式取得政權之後，採取「重文輕武」、「強幹弱枝」的政策，鞏固趙家江山，卻導致外患頻仍、無力抗拒。但卻為儒學第二期的發展，創造了有利的條件。

　　北宋時期，程朱一系的儒家學者試圖說清楚「性」與「天道」之間的關係，發展出以「道問學」作為中心的「理學」。陸王一系的儒者卻認為他們論述過於支離瑣碎，而主張「知行合一」，發展出以「尊德性」為主的「心學」，這可以說是儒家思想的第二次現代化。中國人對其「良知理性」的理解，也從此分裂為二，一是王陽明（1472-1528）所講的「致良知」，另一則是朱熹的「理學正宗」。

　　朱熹可以說是儒學第二期發展的集大成者，他一方面和陳亮（1143-1194）、陸九淵（1139-1193）進行學理上的辯論，一方面又受到外戚韓侂冑政治勢力的打壓，而「落祠罷官」。南宋覆亡後，儒家思想分裂為程朱一系的「理學」和「陸王一系」的心學。明朝滅亡之後，清儒們又責怪「王學末流」是導致亡國的罪魁禍首！

第五節　儒家的歷史實踐

　　我們要了解：宋代以後，為什麼每次朝代更替，知識分子都要歸罪於儒家，而新的統治者一上臺，又不得不借助於儒家，這就不得不探討：中國歷史上各朝代實踐儒家思想的方式，以及它跟政治與社會結構之間的關係。

　　漢代從八王之亂之後，即廢除分封制度，並加強皇帝中央集權。皇帝為選拔人才來幫他管理國家，採取察舉制，由各地地方政府推薦德才兼備的人才，由州推舉的稱為秀才，由郡推舉的稱為孝廉。發展到後來，經常出現地方官員徇私，薦舉者不實的現象。

▣ 科舉制度

　　魏文帝時，接受吏部尚書陳群的建議，創立九品中正制，由中央特定的中正官，按出身、品德等各種條件，考核民間人才，分為九品錄用。後來世族勢力強大，經常影響中正官對人才的考核，後來甚至演變成以門第出身作為判斷人才的標準，造成「上品無寒門，下品無士族」的弊端。

　　為了改革九品中正制，隋文帝於開皇七年（西元 587 年）命各州「歲貢三人，應考『秀才』」；隋煬帝增設「進士」和「明經」兩項名目，為科舉制度之開端。

　　唐代的科舉分為常科和制科。常科每年舉行，制科則是不定期舉行，由皇帝親自主持。常科名目很多，依應舉人條件和考試內容分為秀才、進士、明經、明書、明算等科。在國子監和各地學館入學考試合格的學生稱「生徒」；通過府試、州試的人稱「鄉貢」或「舉人」，考頭名者稱「解元」；通過尚書省的「省試」者，稱為「進士及第」，其榜首稱為「狀元」。

　　由皇帝親自主持的制科，科目多達百種，如博學鴻詞科、文經邦國科、達於教化科等。唐代宰相有 80% 是進士出身，但新科進士則僅授予九品小官，頗類似於近代基層公務員考試。

▣ 「官無封建，更有封建」

為了保證制度的公平性，宋代進一步改善考試規則，以免考試或考官作弊；為了減少考官及士子聯黨結派的可能性，錄取的進士一律要經過皇帝親自主持的殿試，名次也由皇帝欽定，號稱「天子門生」，凡於殿試中進士者，皆即授官，不必再由吏部選試。

元代蒙古人入主中國，對於科舉興廢問題曾經展開反覆討論。到了皇慶二年（西元 1313 年），才接受王約的建議，下詔以朱熹注的《四書》作為所有科舉考試的指定用書；並以朱熹和其他宋儒所著的《五經》，作為漢人科舉考試增試科目的指定用書。此一決定確立程朱理學在此後六百年內，成為國家正統學說的地位。

晚唐之後科舉制度的嬗變，使中國的官僚政治出現「官吏分途」的特殊結構。胥史是協助官僚處理文牘、司法、財政的專業工作人員，由於他們是為人民服勞役而產生出來的，國家依例不發俸給，而聽任他們從辦事中獲取利益，以解決生活問題。宋代以後，胥史的職位演變成為師徒相授、父子相傳、遇缺還可以出租、轉讓，韓毓海（2013）因此指出：宋代以降的中國社會結構是「官無封建，而吏有封建」。這樣的官僚體系，配合中國傳統農業社會「地主／農民」社會結構跟同一時代的歐洲正好形成明顯的對比。

第六節　西方崛起與殖民帝國主義

古羅馬共和國是實行奴隸制的貴族專制國家，原本信仰多神教。西元第一世紀，大約是中國的西漢時期，羅馬由共和國變成羅馬帝國，實行奴隸制的君主專制。到了帝國後期，由於北方蠻族的入侵，統治階級發生內訌，人民發動起義，基督教迅速發展，政治動盪不安，五十年內換了 26 個皇帝。戴克里先（Diocletian, 243-313）結束了羅馬帝國的長期動亂後，以鐵腕壓制基督教，並將帝國分為四個部分，設立兩個正皇帝〔奧古斯都（Augustus）〕

及兩個副皇帝〔凱撒（Caesar）〕。

◻ 黑暗時期

然而，這種「四帝共治」的安排再度引起內戰，而由君士坦丁一世（Constantine, 274-337）取得勝利。他看到信奉一神的基督教有一股團結一致之精神力量，故於西元 313 年和李錫尼共同簽署「米蘭敕令」（Edic of Milan），承認基督教的合法地位，又召開尼西亞會議，通過「尼西亞信經」，確立「三位一體」的信仰。然後，將國都移往拜占庭，並改名為君士坦丁堡，並在死前受洗，成為基督教徒。

但這並不能根本解決奴隸制所造成的危機。西元 380 年，迪奧多西一世（Theodosius, 346-395）訂基督教為國教，在他逝世前，羅馬將帝國分給兩個兒子，遂形成東、西羅馬帝國，分別以羅馬與君士坦丁堡為首都。此後，雙方即因文化差異、教義教儀，乃至於世俗轄區的衝突，而紛爭不斷。西元第四世紀以後，北方日耳曼蠻族大舉進攻羅馬，國內人民起義不斷，西元 476 年，西羅馬帝國滅亡，西歐分裂成許多封建王國。

西元第九世紀，基督教傳入東歐，俄羅斯斯拉夫人大批皈依基督教，使東部基督教形成希臘和斯拉夫文化的混合體。西元第十一世紀，東、西方教會正式分裂為希臘正教（東正教）和羅馬公教（天主教）。天主教受羅馬法學傳統的影響，傾向於從法學的角度看待基督教。東正教受希臘傳統的影響，傾向於用哲學觀點演繹基督教。

1453 年，鄂圖曼土耳其帝國以二十萬大軍和兩百艘戰艦圍攻君士坦丁堡，雙方激戰五十六天，城被攻陷，改名為伊斯坦堡，東羅馬帝國滅亡。自西羅馬帝國滅亡的西元 476 年至西元 1453 年，將近一千年的這段期間，是歐洲歷史上的「黑暗時期」（dark age）。

在這段期間，對日後歐洲影響最重大的事件是：從西元 637 年起，新興的回教勢力掌控了耶路撒冷。到了十一世紀，基督教徒以奪回聖城為名，發動十字軍東征，前後八次（西元 1096 至西元 1291 年），將希臘文明帶回到

基督教世界，兩者互相結合，導致十四世紀歐洲的文藝復興。

　　中古世紀的歐洲社會，主要分為皇室、教士、貴族和騎士組成的上等階級，以及農奴和平民組成的下等階級。文藝復興運動發生後，隨著工商業的發展，產生出新的中產階級，並發展出由中產階級主導的銀行和商業行會。貧富差距造成的階級對立日益明顯，人民除了向政府交稅之外，連參加教會的聖禮和儀式也都要付費，導致社會和宗教的各種對立與矛盾。

▣ 馬丁路德的宗教改革

　　1453 年，鄂圖曼土耳其帝國消滅東羅馬拜占庭帝國後，許多學者逃亡到西歐，並帶來大量的經典，包括希臘文的《新約聖經》。1512 年，馬丁路德（Martin Luther）在威登堡大學獲神學博士後，隨即在該校講授《聖經》。當時教會為了紓解財政壓力，不僅出賣聖職、贖罪券，而且鬧出許多醜聞。有一天，馬丁路德研讀希臘文版的《新約聖經》，看到「義人必因信得生」（羅馬書 1：17），突然醒悟到：人的得救，是因為對上帝的信仰，而被神「稱」為義人。這是出自神的恩賜，但人仍帶有原罪，在根本上還是個罪人。奉行一切的律法，都無法保證人得以「稱義」，購買贖罪券，當然更屬無效。

　　這種「因信稱義」（justification by faith）的主張，跟拉丁文《聖經》翻譯的「因信成義」並不相同，後者的意義：是人因為信仰上帝而「變成」為「義人」。他根據這樣的理念，寫成《九十五條論綱》，並於 1517 年 10 月 31 日，將之張貼在威登堡大學門口，嚴厲批判教會販售贖罪券。這時候，宋仁宗時代畢昇發行的印刷術已經傳入歐洲，並發展成為古騰堡活字印刷。馬丁路德的主張因此得以在德國迅速傳開，並且傳遍西歐。

　　1521 年 1 月 3 日，教宗良十世（Leo X）下令革除馬丁路德的教籍。他所代表的教派因此稱為「新教」，與之相對的東方正教和西方天主教，則稱為「舊教」。受他直接影響的教會稱為「路德會」或「信義會」；除此之外，基督新教還因為教義解釋的不同，而衍生出包括加爾文派在內的許多教

派（林鴻信，2014），使歐洲陷入長年的宗教對立和紛爭。

◙ 三十年宗教戰爭

在中世紀，神聖羅馬帝國由兩百多個邦組成，皇帝是信奉天主教的奧地利哈布斯堡家族成員。宗教改革運動把神聖羅馬帝國的宗教分裂成三個主要派教：天主教、路德派和加爾文派，彼此不斷發生衝突。1555 年，查理五世（Charles V）邀集各邦簽署「奧格斯堡和約」（Augsburger Reichs-und Religionsfrieden），訂下「教隨國立」的原則，允許改信新教的貴族在天主教轄區內保有自己的信仰，但人民都沒有選擇宗教信仰的權利。

這樣的約定並沒有根本解決歐洲貴族因為宗教信仰和世俗利益所造成的各種緊張和矛盾。十七世紀初期，他們分別組成新教聯盟和天主教聯盟，彼此互不信任，最後終於爆發了一場持續三十年的宗教戰爭。

這場戰爭的導火線，是哈布斯堡家族任命的波希米亞國王斐迪南二世（Ferdinand II），強迫關閉兩座路德派教堂，引發新教教徒不滿。1618 年 5 月 28 日，他們衝進布拉格王宮，將斐迪南二世派來的兩名欽差大臣從窗口擲入壕溝，並宣布波希米亞獨立。翌年 2 月，波希米亞起義軍攻抵奧地利王國的維也納，斐迪南二世向天主教聯盟求助。在白山戰役中，天主教聯盟發動了一次猛烈的進攻，新教聯盟大敗，信仰基督新教的貴族在布拉格市集被處決，波希米亞各地新教徒的財產全部被充公，並由天主教徒瓜分。

◙ 威斯特伐利亞和約

在其後三十年間，丹麥、法國、荷蘭、西班牙和瑞典先後捲入這場戰爭，歷史學者通常把這場戰爭分為四個階段，每個階段都以皇帝的主要敵國命名——波希米亞階段、丹麥階段、瑞典階段、法國階段。宗教衝突演變成為國際間的權力鬥爭。

樞機主教黎賽留（Richelieu），在 1624 至 1642 年間出任法國首相。他為了要把法國發展成為歐洲霸權，不惜向德意志各邦、丹麥、荷蘭和瑞典的

基督新教軍隊提供資金，讓他們跟哈布斯堡家族對抗；而瑞典則是最大的軍火商。

在戰爭期間，士兵衝上戰場，投入戰鬥，不是高呼「聖母瑪利亞」，就是呼喊「上帝與我們同在」；軍隊把大城小鎮洗劫一空，又濫殺敵軍和平民。歐洲許多城市的人口減少了 30%至 60%。到了十七世紀 30 年代，執政的歐洲貴族終於明白：他們不能藉由武力達成制服敵人的目標。最後神聖羅馬帝國皇帝斐迪南三世（Ferdinand III）、法王路易十三（Louis XIII）和瑞典女王克莉絲蒂娜（Kristina），一致同意在德意志威斯特伐利亞省的兩個城鎮召開和平會議。

經過五年的談判，參戰各國終於在 1648 年簽訂了「威斯特伐利亞和約」（Peace of Westphalia）。簽屬和約的各方都同意：互相尊重領土主權，也不干預別國的內政，由主權國家組成的近代歐洲從此誕生。神聖羅馬帝國變成空殼，哈布斯堡家族的權力限縮在自己的領地；海戰、陸戰皆敗的西班牙，將海上霸主的地位讓給了荷蘭；法國在戰爭中取得亞爾薩斯和洛林，成為歐洲霸主。瑞典則因為獲得巨額賠款，而成為北歐強國。

◻ 殖民帝國主義的崛起

文藝復興運動發生後，歐洲人開始探索外在世界，現代科學開始萌芽；東羅馬帝國滅亡，歐洲進入大航海時代。葡萄牙人開始對外殖民。1492 年，哥倫布發現新大陸，西班牙人入侵南美洲，消滅土著的兩個帝國，掠奪黃金和銀礦，奴役當地土著，導致數千萬土著死亡。1521 年，麥哲倫帶領的探險船隊來到菲律賓；他因為捲入一場跟土著的衝突，而命喪宿霧。四十年後，西班牙派船隊征服了菲律賓。1619 年，荷蘭人攻佔爪哇島上的雅加達，改名巴達維亞，並以東印度公司的名義對印尼進行長達 350 年的殖民統治。明萬曆期間，這兩個國家先後來到臺灣建立根據地，展開勢力競逐。

南明時期，志在「反清復明」的鄭成功，率兵攻打南京失利，接受商人何斌的建議，於 1661 年 4 月 30 日攻下鹿耳門，經過將近一年的苦戰，終於

打敗荷蘭駐軍，並於次年 2 月 1 日，與荷蘭人簽訂十八項協議，取得臺灣的統治權，漢人自此開始大批移入臺灣。

在歐洲三十年宗教戰爭期間，孤懸於歐洲大陸之外的英國致力於擴張他們的海外殖民地，到了十八世紀初期，他們已經建立了包括北美洲、澳洲和南亞的「日不落帝國」。

十八世紀中葉，北美十三州為了抗拒殖民母國的經濟剝削，在法國軍隊的協助下，打了八年的獨立戰爭（1775 至 1783 年），但這並沒有改變英國向外擴張的野心。在歐洲啟蒙運動時期，中國仍然是歐洲知識分子欽羨的對象，到了清代，英國人看清楚中國社會和政治制度的弱點之後，終於決定對中國下手。

▣ 百年羞辱時期

中國自從第一次鴉片戰爭（1839 至 1842 年）失敗之後，開始進入「百年羞辱」（century of humiliation）的時期，對於西方列強所發動的侵略戰爭，幾乎毫無抵抗能力。而獨立戰爭結束後的美國，趁著墨西哥和德克薩斯共和國發生領土爭議的機會，發動美墨戰爭（1846 至 1848 年），獲得了德克薩斯、新墨西哥以及加利福尼亞的大片土地，領土大為擴張；接著又趁著英法聯軍在克里米亞戰爭中打敗沙俄，俄國國庫空虛的機會，於 1867 年以 720 萬美元的代價，購得面積比德克薩斯州大兩倍的阿拉斯加。同時美國也在遠東努力尋求發展的機會，1853 年 7 月，美國海軍准將培里（M. C. Perry）率領由四艘船艦組成的艦隊，駛入東京灣，強迫幕府政府改變「鎖國政策」，並簽下一連串的不平等條約。

號召尊王攘夷的武士原本深受陽明學影響，但在這段期間，他們看到清廷積弱不振，又懍於西洋人的船堅炮利，因而決定以「和魂洋才」的大政方針，推動明治維新，並且提出所謂「征臺」、「征韓」論，並於 1874 年藉口「牡丹社事件」，發動「征臺之役」。

二十年後的 1894 年，朝鮮發生東學黨之亂，朝鮮政府向宗主國清朝乞

援，日本也趁機出兵，因而爆發甲午戰爭。清軍大敗，被迫簽訂「馬關條約」，將臺灣割讓給日本。臺灣人民群起反抗，官紳階級發起組成的「臺灣民主國」潰敗後，各地民眾紛紛組成義勇軍，浴血抗日，歷時約 6 個月，乙未戰爭才暫告一段落。嗣後日本殖民統治期間，原住民部落的武力抗爭，持續長達二十年。

▣ 五四意識型態

1898 年，美國在美西戰爭中打敗西班牙，也採取殖民地主義的策略，不僅佔領波多黎各、關島和菲律賓，更將太平洋諸島逐步納入勢力範圍，使自己成為當時太平洋周邊國家唯一的海上霸權。

日本在明治維新之後，經過一個世代的勵精圖治，不僅打敗中國，更在中國的領土上，發動「日俄戰爭」（1904 至 1905 年），打敗俄國，迫使俄羅斯帝國不得不將它在滿州的權益讓給日本。人為刀俎，我為魚肉，這種「任憑宰割」的切身之痛，使得中國知識分子對自己的文化信心全失。

1916 年，袁世凱陰謀恢復帝制，通令全國尊孔讀經，激起了一波「新文化運動」。1919 年，第一次世界大戰結束，在巴黎和會上，中國代表妥協，將德國在山東的權益轉讓給日本。消息傳來，輿論大嘩，北京學生上街頭抗議，新文化運動轉變為以「內除國賊，外抗強權」作為主要訴求的愛國運動。

在救亡圖存的時代要求下，五四之後的中國知識界普遍盛行著三種意識型態：社會達爾文主義、科學主義和反傳統主義。在國共內戰時期，親國民黨的知識分子主張學習英、美的議會政治；親共產黨的知識分子主張學習十月革命後的蘇聯。然而，他們對於這三種意識型態的堅持，卻沒有兩樣。

抗日戰爭勝利後，國共之間立即爆發了慘烈的內戰。中共在 1949 年獲取政權，國內情勢底定之後，旋即發起「三反」、「五反」等一系列的社會改造運動，最後演變成「文化大革命」的十年浩劫。

◱ 文化中國與「去中國化」

對於中華文化的發展而言，1949 年（民國三十八年）是十分重要的一年。那一年，跟隨國民政府撤守到臺灣的兩百萬人中，包括六十萬大軍，以及一群來自全中國各地的文化菁英。這些人在各種因素的因緣際會之下，被歷史洪流陸續送到了臺灣，成為中國歷史上繼五胡亂華、北宋南遷之後第三次的「士族大遷徙」。1945 年，第二次世界大戰結束時，在臺灣各級學校任教的日籍教師都被遣返回國。大陸來的文化菁英迅速填補了日籍教師在各級學校所留下的空缺，開始在臺灣社會中播下「文化中國」的種子。

在蔣經國主政的時代，跟隨國民政府播遷來臺的文化菁英，像孫運璿、李國鼎、趙耀東、尹仲容等人，和臺灣企業界的優秀人士，像王永慶、張榮發、高清愿等人，再加上臺灣民眾的共同努力，不僅塑造出「亞洲四小龍」的東亞經濟奇蹟，更把臺灣的民間社會塑造成一個「比中國更中國」的「文化中國」。

「文化中國」（cultural China）是哈佛大學教授杜維明在 1980 年代提出的一個概念，原本是指離散於大陸之外的華人文化區。1994 年李登輝在國民黨內掌權之後，為了從根剷除國民黨的勢力，開始借助李遠哲的「諾貝爾獎」光環，發動一批所謂「自由派」的學者，啟動「410 教改」，叫出「廣設高中大學、消滅明星高中、打倒升學主義」等的民粹式口號，毫無章法地盲目移植美式教育。陳水扁執政之後，又全力推動「去中國化」，在臺灣搞出一種沒有「品管」的教育。經過一個世代的荼毒，不僅塑造出一個看不到願景的「缺德」世代，而且將技職教育摧毀殆盡；自中研院以降的高教體系，也面臨全盤崩潰的危機。

◱ 三統並建

面對這樣的危機，臺灣學術界最重要的反省力量，先有「新儒家」，後有「社會科學本土化運動」。二次大戰後，臺灣學術界在國際上擁有一席之

地而能吸引西方學者，唯有「新儒家」。新儒家的基地先在香港（新亞書院），後來移師臺灣，其代表人物牟宗三（1982）認為，對於形塑中國人「普遍的精神實體」而言，影響最大的，莫過於儒家文化傳統，他將儒學思想的發展分為三個大時代：

1. 先秦儒學：以孔、孟、荀為代表。
2. 宋明理學：以周、張、程、朱、陸、王為代表。
3. 當代新儒家：由熊十力先生開出，以唐（君毅）、牟（宗三）、徐（復觀）為代表。

　　牟宗三耗用一生的心血，獨立將康德的三大批判書翻成中文，以之作為參考架構，整理宋明理學，寫成三巨冊的《心體與性體》，這是要確立「儒家人文主義」的「道統」。在「全盤反傳統主義」席捲中國知識界的五四時代，他非常明確地指出：要完成「儒家人文主義」的三統並建，「道統之確立」僅只是第一步，除此之外，還必須吸納西方文明之長，建立自主的社會科學傳統，這就是他所謂的「學統的開出」。在這個基礎之上，我們才能確知中國需要什麼樣的政治體制，這就是所謂的「政統的肯定」。

☑ 三大斷裂的格局

　　牟宗三所謂的「學統的開出」，其實就是我所說的「建立自主社會科學的學術傳統」。我們可以再從大陸社會科學界的現況，進一步說明：建立自主學術傳統的重要性。

　　2012 年 3 月 16 日、17 日，世新大學社會心理學系舉辦「第五屆《社會學與心理學的對話》國際研討會」，南京大學社會學院心理學系的翟學偉教授發表〈從本土視角看社會學與心理學的融合〉這篇論文，將中國社會心理學的發展分成三個不同的三十年。第一個三十年是少數學成歸來的中國心理學家將西方心理學帶入中國學界，並從事實證研究的過程。第二個三十年大約從 1949 至 1978 年，大陸的學術先是一面倒，學習前蘇聯，後來社會心理學在大陸則是處於相對停滯狀態。從 1978 至今的第三個三十年，又由「海歸

派」帶頭，一面倒學習美國，呈現出三大斷裂的格局。他提到：

> 「今天發展起來的社會心理學同初創時期的三十年幾乎沒有關係。」
>
> 「一些當年留美的學者已經故去或進入髦耋之年，他們經歷了從西方引進知識，重學蘇聯與再回到自我否定的起點。」
>
> 「這點很容易導致中國社會心理學沒有傳統，沒有發展線索，沒有傳幫帶，甚至沒有帶頭人。而從頭起步的研究者缺少積累，往往是個人只顧做個人的研究，外加個人興趣也在不停地轉移，持續性的研究則更少。」
>
> 「研究興趣乃至專業的不停變動，帶來的最大問題就是研究上的泛泛而談，或東一榔頭西一棒，照搬西方概念與方法與不斷跟隨社會特點，是中國內地社會心理學的基本特徵。」
>
> 「三十年的斷裂期導致了一種研究學統的喪失，如果不重建良好的學統，這樣的情況還會繼續下去。」

他認為，進入上世紀 80 年代後，在一批跨學科學者的支持下，臺灣社會心理學界開始了「社會與行為科學本土化」進程。但由於大陸社會心理學界並未形成本土化研究的氣候，也少有實質性的研究成果問世，至少在一些有苗頭的領域缺乏積累與跟進。

本章小結

《中庸》第二十七章上有一段話說：「君子尊德性而道問學，致廣大而盡精微，極高明而道中庸，溫故而知新，敦厚以崇禮。」對於先秦儒家而言，「尊德性」和「道問學」是一體之兩面，不能拆解為二。今天我們要想解決當前華人社會中「良知理性分裂」的難題，必須認識到：造成此一難題的原

因是多重的，在儒家思想發展史上，宋明儒學即已分裂為程朱一系的「道問學」，和陸王一系的「尊德性」。到了清末民初，在西方文化的強力衝擊之下，儒家文化更是花果凋零，殘破不堪。

以牟宗三為首的港臺新儒家雖然很清楚地看出：要完成「儒家人文主義」的「三統並建」，必須藉助西學。然而，在時代的限制之下，「三統並建」的任務並沒有達成。翟學偉所講的「三個斷裂」，說明當前大陸學術界只想學習西方的「理性」，卻不知道如何處理「良心」的問題，更不知道如何用「良心」來駕馭「理性」。

今天我們要想修復華人社會中的「良知理性」，必須清楚認識到：此一任務的完成，本質上就是一種「中西會通」。它是日本明治維新時期，主張「尊王倒幕」的武士所謂的「和魂洋才」，也是清朝維新變法時期，張之洞所說的「中學為體，西學為用」。放置在本書的論述脈絡中來看，本章第一節所提破解「黃光國難題」的策略，就是以儒家由《易經》所發展出來的「中庸理性」，來吸納西方啟蒙運動之後，所發展出來的「離根理性」（disenga-ged reason），來說清楚它自己的文化傳統。我們必須抽絲剝繭，分析「良知理性」分裂的原因，同時了解西方文明的菁華及其局限，「知其長，守其短」才能一步步解開這些難題，完成華人社會中「良知理性」的修復工作。下一章我先將從西方文明發展出來的「離根理性」，討論「人類中心主義」的危機。

第二章　人類中心主義的危機

　　本書第一章指出，在西元 1000 年之前，信仰基督教的歐洲處於「黑暗時期」，和同一時期的非洲並沒有太大差異。到了十一世紀，十字軍東征，前後八次（1096 至 1291 年），將希臘傳統帶回到基督教世界，兩者互相結合，導致後來十四世紀歐洲的文藝復興。

　　在西方文明轉變的過程中，最值得我們注意的是，十字軍東征時期傳入基督教世界的希臘文明。柏拉圖是蘇格拉底的學生，也是亞里士多德的老師，他們師生三人被認為是西方哲學的奠基者，史稱「希臘三哲」。柏拉圖還創辦了著名的柏拉圖學院，成為西方式學院（Academy）的開端，他的著作大多以對話的形式呈現，其中《理想國》（*Republic*，又譯為《共和國》）一書，是柏拉圖大約在西元前 380 年前後寫成的作品，共分十卷。

　　在《理想國》一書中，柏拉圖以蘇格拉底作為主角，跟不同的雅典人與外邦人進行對話。對話的內容旨在探討：究竟什麼是「世事的道理」？探討的領域包含經濟學，以及政治社會學中的政治哲學、倫理學、正義及知識。對後來的學者有巨大的影響，成為政治學領域的基本經典。

第一節　蘇格拉底的對話

▣ 爾的生死箴言

　　蘇格拉底《理想國》對話的中心問題是：「什麼是正義？」從這個基準點出發，柏拉圖希望透過蘇格拉底的思想，建造一座理想的城市，這個城市的司法是公正而完美無缺的。

　　令人感興趣的是，柏拉圖竟然以「爾的生死箴言」（The Myth of Er）這個傳奇故事作為《理想國》一書的結尾。故事的開始，是一位名為「爾」（Er）者戰死沙場。在他死後十天，當有人來清理戰場時，爾的屍體仍然未腐化。兩天後，他從準備火化屍體的柴堆上復活，並告訴世人他死後的生命之旅，包括輪迴轉世以及星界天體的敘述。

　　蘇格拉底敘說爾的故事，是為了向他的提問者格勞孔（Glaucon，柏拉圖的侄子）解釋，靈魂定是不朽的，不可能被摧毀。

　　在《理想國》卷二中，蘇格拉底告訴格勞孔，即使是神明也可能被聰明的騙子唬弄，這些騙子表現得很正直，其實他們的心靈（psyche）是歪曲的。眾神會歡迎虛假偽裝成捍衛「人民的人」，卻拒絕或懲罰真正剛直而被誣告的人。

　　在「爾的生死箴言」中，眾神將那些虛假的虔誠者，以及違反道德常規的人，都送去選擇下一世的生命。當他們後來選擇當暴君時，這些人的真實性格才暴露出來。

▣ 「最高的善」

　　在「爾的生死箴言」裡，我們得到的啟發是，哲學理念可以開啟智慧，真正賢德的人是具有偉大心靈的人，這個人擁有「eudaimonia」，也就是「真性完全流露的美德」，可以破除獎勵和懲罰的迷思與惡性循環。

　　無論生命如何對待一個人，或是一個人用各種方式變得多麼成功、有名或有權，甚至如「爾的生死箴言」中所言的那樣，無論一個人經歷了多少暫時的天堂果報或地獄懲罰，這些美德將始終是一個人最大的優勢。

　　「Eudaimonia」這個字在英文裡通常被翻譯成「happiness」或「well-being」，這兩個字其實都很難適切地表達出其原意；在中文裡，我們更難找到恰當的翻譯詞。在亞里士多德的《尼各馬可倫理學》中，有關「Eudaimonia」的論證可以歸結出：「最高的善」（the highest good）應當是一切活動的最終目的（telos），其他如健康、財富、快樂、美貌、友誼等的「善」，都不

是目的。以「智慧」（phronesis）真誠地實現「德性」（virtue）的活動，就是「eudaimonia」。它以「德性」作為必要條件，本身具有完備性（complete）和自足性（self-sufficient）。

第二節　理性主義的興起

　　希臘文明傳入基督教世界，與基督教義相結合，促成了歐洲文藝復興運動的發生。理性主義的興起，使得西方的許多知識菁英不再以「理性」思考「三位一體」（Trinity）的問題，而把他們追求「位格」的熱忱轉向探索大自然。其中做出最重要突破的哲學家是笛卡爾（Rene Descartes, 1596-1650）。他出身於一個地位較低的貴族家庭，1 歲多時，母親患肺結核去世，他也體弱多病。父親再婚後，把他交由外祖母帶大。但父親卻一直提供資助，讓他接受良好的教育。

▣ 理性主義

　　當時拉丁文是學者的語言，因此，他的著作通常用他的拉丁姓氏 Cartesius 屬名。他在數學上的最大貢獻，是將代數和幾何學連在一起，創立了解析幾何。幾何中的笛卡爾座標軸（Cartesian coordinate system），便是以他的拉丁姓氏為名。

　　在哲學方面，笛卡爾是個堅定的理性主義者。他認為，人類應該可以用數學方法來進行哲學思考。他相信，理性比感官的感受更為可靠，例如：在作夢時，我們以為自己是在一個真實的世界中，其實這只是一種幻覺而已。

　　他在邏輯學、幾何學和代數數學中，發現了一條重要的規則──「對於我完全不懷疑的事物，才可以視之為真理」；除此之外，絕不承認任何事物為真。他認為，懷疑是獲得知識的第一步。感官知覺的知識是可疑的，所以他絕不會說「我看故我在」或「我聽故我在」。他也認為，我們無法懷疑的，是我們正在「懷疑」這件事的「懷疑本身」。由此他推出著名的哲學命題：

「我思故我在」（Cotigo, ergo sum）。並據此建立「主／客對立」的「二元論」（dualism）哲學：「我」必定是一個獨立於肉體，而且正在思維的東西。

▣ 本體論

笛卡爾認為，現實世界中有諸多可以用理性來察覺的特性，這就是它們的數學特性（如長、寬、高等）。當我們的理智能清楚地認知一件事物時，該事物一定不會是虛幻的，而是如同我們所認知的那樣。

笛卡爾還試圖以此作為出發點，來證明上帝存在。他認為，我們都具有完美實體的概念。由於我們不可能從不完美的實體上得到完美的概念，因此，一定有一個完美實體（即上帝）存在，來讓我們得到這個概念。

笛卡爾主張的二元論認為，宇宙中有兩個不同的實體，即思考的（心靈）和外在的世界（物質），兩者的本體都來自於上帝，而上帝是獨立存在的。人是一種二元的存在物，只有人類才有靈魂，既會思考，也占有物質空間；而動物只屬於物質世界。

本書第十章將引用加拿大哲學家泰勒（Charles Taylor）的論點，將笛卡爾所主張的「理性主義」稱為「離根理性」（disengaged reason）。從笛卡爾「主／客對立」的二元論中，我們可以很清楚地看出：西方「本體論」和中國「天人合一」或「天人合德」之「體用觀」的根本差異。以這種二元論的哲學作為基礎，西方人發展出「機械論」的科學，跟中國傳統「有機論」的科學也有根本的不同。不僅如此，本書第十章之後，將逐步論證並說明：西方「離根理性」和儒家「中庸理性」的根本差異，而以第十四章做總結。

▣ 上帝的絕對意志

啟蒙運動時期以「理性主義」的態度探索大自然，因而作出最重要突破的科學家是牛頓（Issac Newton, 1642-1727）。牛頓出生於英國林肯郡，是早產的遺腹子。2 歲時母親改嫁，由祖母帶大。10 歲時繼父去世，母親連同三

個異父弟妹歸來同住。他與家人關係緊張，養成了孤僻的個性。

牛頓在 19 歲中學畢業後，進入劍橋聖三一學院，充分感受到啟蒙運動時期新思想、新方法、新發現的衝擊，開始努力向學，並激發出雄心與創造熱情。1665 年夏季他文科畢業時，因為瘟疫流行，劍橋停課，他回到林肯郡舊居躲避。此後一年多的這段期間，他日夜不休地專注於研究工作，日後他所有的重大發現，包括微積分、萬有引力定律、運動三定律，以及三稜鏡的折射和散射實驗，都在這段期間獲得突破性進展。

1667 年春天，他回到劍橋。此後二十年，他專注數理研究工作。但因為劍橋和三一學院作風保守，他雖然早在 1669 年便因為親自磨製出小巧的高倍單鏡反光望遠鏡，而獲選為英國皇家學會會員；然而他最重要的著作《自然哲學的數學原理》卻遲至 1687 年 7 月才正式出版，並且因為他的許多重要發現未曾出版，而在 1711 至 1716 年之間與萊布尼茲（G. W. von Leibniz, 1646-1716）發生微積分的發明權之爭（Hall, 1996; Westfall, 1994）。

牛頓本人篤信上帝，他和十七世紀的大多數科學家一樣，都認為，科學研究就是要發現上帝所訂的自然規律。英國數學家和哲學家寇特斯（R. Cotes, 1682-1716）在他為牛頓《自然哲學的數學原理》所寫的序言中，說道：

「毫無疑問的，這個世界是由上帝絕對的自由意志才得以出現。從這一本源中，湧現出我們稱之為自然法則的那些東西，其中確實顯露出許多最聰明的設計創造的痕跡，但我們卻看不到任何必然性的跡象。因此我們絕不能從不可靠的推測中去找尋這些法則，而要從觀測和實驗中去瞭解這些法則。」（Newton, 1833）

牛頓去世之後，蒲柏（Alexander Pope, 1688-1744）為他所題的墓誌銘則為：「大自然及其規律為夜幕遮蔽，上帝命牛頓出世，天地遂大放光明」（Nature and nature's law lay hid in night; God said: 'Let Newton be, and all was light'）（陳方正，2009，頁 577）。

第三節　康德的知識論和道德哲學

歐洲啟蒙運動發生，繼笛卡爾之後出現的最重要思想家是康德（Imma-nuel Kant）。康德的知識論對西方科學哲學的發展有極其重要的影響，而他的道德哲學又深刻地影響到牟宗三的哲學思維，因此，我們必須對他的知識論和道德哲學作比較仔細的介紹。

康德生於德國哥尼希堡。1746 年大學畢業後，曾在家鄉各處充當大學教師。他的生活極其簡單樸素，起居如時鐘般地井然有序，一生足履未曾離開鄉土，九年後回到母校任教，到了 1970 年才升為邏輯學與形上學教授。

康德哲學的發展曾經有三次的轉變。第一個階段是從 1755 至 1762 年之間的「獨斷論時期」，他在自然哲學方面接受牛頓式力學機械觀，在自然宇宙的形上學基礎方面，則遵循萊布尼茲的單子論觀點。在那個時代，歐洲人都普遍相信：宇宙秩序是上帝所訂的，人只能「發現」上帝所訂的宇宙秩序，不能「發明」。

牛頓如此，青年時期的康德亦復如此。從 1762 至 1769 年之間，康德對前期的理性形上學見解開始懷疑，受了英國經驗論〔尤其是休姆（David Hume, 1711-1776）〕的影響，主張形上學的探求亦應採用牛頓自然哲學所使用的方法，從確實的經驗出發，逐步形成普遍的原則，認為，「*確信上帝之存在雖是必然之事，證明祂的存在卻無甚需要。*」他在 1766 年發表《通靈者之夢》，否定傳統形上學對於上帝與精神的一切主張有其客觀的理論根據，開始將形上學的關心問題擺在實踐的信仰基礎上面。

◻ 感觸界與智思界

從 1770 至 1781 年，是其「批判哲學」的準備時期。康德在 1770 年發表的教授就職論文〈感觸界與智思界之形式與原理〉中，將人類認知思考活動所能及的範疇分為感觸界（sensible world）與智思界（intelligible world）兩

種，前者是指人類感覺器官所能感受的現象界，也是自然科學家們所探討的範疇；後者是人類感覺器官無法觸及的領域，也是形而上學家所關懷的世界。這超越世界中的事物雖然不可觸及，但卻可尋思。

在康德看來，對於人類而言，這兩個世界都是十分重要的。他認為，人類的認知思考活動，可以依其思考領域的不同，分為兩種：「理論理性」（theoretical reason）的目的是要探討自然界中各事物間的邏輯關係，它在感觸界進行探索與思考工作，然後根據個人經驗的內容建構出客觀的知識體系，使人類能夠以一種機械式的觀點來了解自然宇宙中的因果秩序；「實踐理性」（practical reason）的目的是在處理本體界中的問題，它根據人類精神的要求，在智思界中創造宗教或倫理價值體系，以導引人類在經驗世界中的活動，使其趨向於康德所謂的「目的王國」（ein Reich der Zwecke）。

◙ 康德的知識論

從 1781 年開始，康德逐步推出了他的先驗哲學。他依據知、情、意的三分法出版他著名的三大批判書，分別討論理論哲學、實踐哲學與美學（及目的論）的問題。他經過十多年的沉思與醞釀，在 1781 年初出版《純粹理性批判》這部劃時代的巨作。由於這部著作篇幅太過龐大，所探討的問題又極為複雜，其中用了許多新的名詞與表述方式。康德自己早已預見到《純粹理性批判》不容易為人所理解，該書出版不久後，康德又出版了一本較為通俗的著作《一切能作為學問而出現的未來形上學之序論》，來闡明《純粹理性批判》的要義。

康德的知識論稱為「先驗的理念論」（transcendental idealism）和「經驗的實在論」（empirical realism）。在《純粹理性批判》一書中，康德以一種所謂「先驗演繹」（transcendental deduction）的方法逐步論證：整個自然宇宙中的事物都受制於某種自然法則（Kant, 1781/1965）。認知主體以先驗的「形式法則」將其感官在感觸界中之經驗整理成為「現象」，作為個人認識外界的基礎。因此，先驗的形式法則具有普遍有效性，能夠使認知主體對經

驗客體作出必然且有效的判斷。人類之所以能夠建構出有關客體的客觀知識，其根本緣由即在於此。

◙ 知識建構的步驟

具有普遍有效性的科學知識雖然是先驗的綜合命題，然而，人類要從他感受到的種種經驗現象中，統一經驗內容，而成為嚴謹的科學知識，必須經過三個步驟：

1. 在感覺層次上，個人必須藉由「領受作用」（apprehension），將他在不同時間系列上經由各種感官對某些特定事物所經驗到的許多蕪雜經驗表象，綜攝成一定的形式。

2. 在想像的層次，個人必須藉由遵循某些心理規則的「再生作用」（re-production），將業經「領受作用」過濾的經驗表象再加綜合整理。經過想像力的再生作用整理過後，經驗表象才可能具有初步的先驗性質。

3. 然而，要從原有的經驗材料建構出具有先驗形式的知識內容，還必須將各種概念經過「再認作用」（recongnization），在「先驗統覺」（transcendental apperception）的層次上予以統一。

◙ 先驗統覺

康德說：「統覺原理是整個人類知識領域中最高的原理。」然而，「先驗統覺」只是康德為了說明知識的普效性與必然性，不得不提出的一種知識論的絕對預設。康德主張：知識的成立基礎不在外界對象，而在悟性主觀的自發性思維形式（範疇）。對康德而言，「先驗」與「先然」（a priori）一詞幾乎是同義。所謂「先驗的方法」，是分析知識的性質，檢驗其普效性成立的基礎。康德稱他的方法為「批判的方法」。他認為，知識的成立，必須藉由感性（直觀）與悟性（思維）兩種心靈能力的協力合作。直觀表示接納性（receptivity），而思維則表示自發性（spontaneity）。假設只有直觀，則

我們僅能獲得雜亂無章的知識材料（經驗內容），不能構成統一的知識體系；又若只有思維，我們雖然能夠具有建構知識的統一形式，但缺乏任何經驗內容。因此，康德宣稱：「不具內容的思維是空洞的，不具概念的直觀是盲目的。」

▣ 康德的道德哲學

1785 年出版的《道德形上學原論》首次展示出康德對道德哲學的根本理念，亦為 1788 年問世的《實踐理性批判》作一體系化的奠基工作。1790 年問世的《判斷力批判》則從美學問題的探求，設法溝通第一批判書關涉的機械化自然宇宙（物理科學的對象）與第二批判書所建立的道德、自由與信仰的超越世界（道德形上學的對象）之間的鴻溝。

對康德而言：道德形上學的首要課題，是要找出作為道德之根本——「善」的純粹形式條件。而依循「善的意志」所表現出來的行為，必須具備三項形式條件：

1. 純粹來自義務，並非源自個人對外在功利的好惡傾向。
2. 純粹義務性的行為，係由意志上的形式原理所規定，絕不帶有任何現實動機。
3. 義務是尊敬道德法則而導致的「行為必然性」。

▣ 定然律令

康德認為，所有道德法則都是以「定然律令」（categorial imperative）表述的，他將這個道德的無上律令陳述為：「你應當依『被意志轉化為普遍自然法則的行動箴規』而行動」（Act as if the maxim of thy action were to become by thy will a universal law of Nature）（Kant, 1788/1963）。在這個陳述裡，「箴規」（maxim）和「法則」（law）之區別在於：前者為主觀的原則，後者為客觀的原則。當「箴規對每一理性存有者皆普遍有效時，即為法則」；當「法則被理性存有者視為行動時，即為箴規」。這個「定然律令」

的意義為：如果你心中有一行為準則，而你的意志又認為這準則是人人必須奉行的，那麼你就應該照著去做。

「定然律令」或者譯為「斷言律令」，它和「假言律令」（hypothetical imperative）有所不同：前者不附帶任何經驗性的條件，純粹是先驗的形式律令，是「為義務而義務」可以施諸於一切的理性者，具有強制性與「箴規」的普遍性；後者是條件式的陳述，告訴行動者其行為可能導致的經驗性後果，例如：「你若想致富，便應當努力工作」，敘述特殊手段與特殊目的之間的關係，是以不具任何道德意義。

人以其「善的意志」規律自己的行為，為義務而義務地實踐「斷言律令」的道德法則，這種行為是「自律」的（autonomous）。反之，依「假言律令」而做的行為，則是依「善的意志」之外的因素所做出的行動，所以是「他律」的（heteronomous）。依照康德「善」的形式條件來看，任何快樂主義與功利主義所建立的道德理論，都是他律性道德，缺乏普遍而先驗的道德意義。

▣ 實踐理性的設準

然而，道德法則自身為什麼能提供決定意志的動力？道德法則自身為什麼能夠成為意志的決定原則？康德認為，人的理性在感觸界中無法找到這個問題的答案；能夠「自為立法」的「自由意志」，純粹至善而不受感性影響，所以屬於智思界。為了說明道德法則具有永恆的實踐可能性，康德又提出「純粹實踐理性之三大設準」，即靈魂不朽、意志自由及上帝存在（Kant, 1788/1963）。第一設準（靈魂不朽）使人有恆長的時間實踐道德法則；第二設準（意志自由）使意志能夠脫離感觸界而獨立，並能依循智思界的法則做出決定；第三設準（上帝存在）則保證超越的道德和永恆的幸福能夠合而為一。如果用理論理性在感觸界中思考這三大設準，它們皆無法在感觸界中獲得證明，而且會導致「二律背反」。但它們卻能滿足人類「福德合一」的願望，具有最高的實踐性意義。換言之，理論理性所否定的三大理念（靈魂、

自由、上帝），透過實踐理性的三大設準，又復成為康德道德哲學的根本信念。

第四節　上帝之死與人類中心主義

啟蒙運動時期，西方幾位有代表性的科學家和哲學家一面以理性主義的態度探索大自然，一面又相信宇宙秩序是由上帝絕對的自由意志所決定的。可是，當其他的思想家繼續以「理性主義」思索上帝的時候，他們卻得到了不一樣的結論。

最早宣告「上帝已死」的人，是德國哲學家尼采（Friedrich W. Nietzsche, 1844-1900）。他在 1883 年出版的《查拉圖斯特拉如是說》（Nietzsche, 1883）中敘說了一則寓言：一個一早闖進鬧市的瘋子，大聲喊道：「我找神！我找神！」當旁觀者問他，要他想像：「神到哪裡去了，是跑掉了呢？還是移民了呢？」這個瘋子瞪著他們。「神到哪裡去了呢？」他大叫：「讓我告訴你們，我們已經把他殺死了，你和我，我們都是謀殺者！」

這是一個西方人無法想像而且不可逆轉的事件。它把人類從根拔起，把地球扔出軌道，讓它從此漂浮在沒有軌跡的宇宙中。從前賦予人類方向感的所有事物都消失無蹤。神之死將導致前所未有的絕望與焦慮。「世界還有上下之分嗎？」這個瘋子悲痛的嚷著：「我們難道不是在無盡的虛空中徬徨無措嗎？」

▣ 「人」成為自己的神

尼采十分了解：啟蒙運動發生之後，西方人的意識已經歷了一次激烈的轉變，使得它愈來愈難相信多數人稱為「神」的現象。科學使得我們不可能以字面意義理解創世的故事，它同時讓「人」擁有更大的控制與力量，而無法接受神聖監督者的概念。人們正在目睹一個新的開始。尼采寓言中的瘋子堅稱，神的死亡將帶來一個新的、更高的人類歷史階段。「人」把「神」殺

掉之後，「人」便必須自己成為神。

在《查拉圖斯特拉如是說》一書中，尼采宣告：將取代神的「超人」誕生了。新覺醒的「人」將對古老的基督教價值宣戰。嶄新且有力的人性即將到來，其中沒有愛與憐憫這類的基督教軟弱德性。既然神已死，那麼這個世界便可取代他的地位，作為最高的價值。凡逝去的會再回來；凡凋萎的會再盛開；凡破裂的又再重新復合。我們的世界可以被尊崇為永恆與神聖，以前這些屬性只能用來描述超越而又遙遠的神。

尼采說基督教的神既可憐又荒謬，而且犯了「反對生命」的罪行。「祂」鼓勵人們恐懼自己的身體、熱情與性慾，而且鼓吹哭哭啼啼的慈悲道德，使我們個性軟弱。人生沒有終極意義或價值，而且「神」沒有提供人類放縱的選項。在這個批判下，西方的神也變得非常脆弱。人們利用「祂」來支持否定生命的苦行，讓人們從自己的本性和性熱情中疏離。「祂」也曾被當作廉價的萬靈丹，或替代凡塵俗世的選項。

▣ 登上「巴別塔」

在《聖經》第十一章〈創世紀〉中，有一則「巴別塔」的故事，可以用來說明：基督教信仰中，超越的上帝跟人之間的關係。有一群人有著一樣的口音，他們來到一個大平原，商議建造一座可以通天的塔，並宣稱「為了要傳揚我們的名，免得我們分散在全地上」。上帝知道後說：「他們成為一樣的人民，都說一樣的言語，如今既做起這事來，以後他們所要作的事，就沒有不成就的了。」因此，上帝以變亂口音的方式，來干擾他們的計畫，導致他們彼此之間無法溝通，最後大家分散，只留下那座未完成的「巴別塔」。

「巴別塔」的意思是「變亂口音」。「通天塔」變成「巴別塔」具有一層重要的寓意：「語言」象徵一種創造的能力。「通天塔」一旦蓋成，意味著人有了無限的可能，變得像神那樣的無所不能，可以把神徹底遺忘。「為要傳揚我們的名」表示人的自信變成了蠻橫和自大，曾慶豹（2008）認為，這代表高揚主體有無限可能的「主體主義」和人類中心主義。

◙ 歐洲文明的危機

　　從本章的析論中，我們可以看出：「Person」這個字由「三位一體」轉變成為「人」，象徵著西方文明的大轉變。當「人」變成了他自己的「神」，西方文明也面臨了「主體主義」或「人類中心主義」的危機。

　　最早提出這個警告的西方思想家之一，是德國哲學家胡賽爾（Edmund Husserl, 1859-1938）。他在第一次世界大戰中痛失一個愛子，戰後德國因「凡爾賽和約」而必須承擔巨額的戰爭賠款，導致經濟陷入嚴重的通貨膨脹。到了 1924 年，華爾街爆發了金融危機，立刻延燒至德國，導致德國經濟崩潰，因而引發一連串的政治危機，納粹的法西斯勢力趁機崛起。

　　當時，高齡 70 的胡賽爾已經自弗萊堡大學退休。然而，身為猶太後裔，他仍然無法逃過納粹黨的迫害。目睹歐洲文明所面臨的危機，1936 年，他將兩篇演講稿加以擴充，提出「生活世界」（lifeworld）的概念，希望找到抒解歐洲文明危機的辦法。

　　要了解歐洲文明的危機，必須先說明歐洲精神的特質。最能夠代表歐洲精神的特質在於他們相信：藉著「理性」的力量，人類能夠獲得絕對的自主性，承擔起創造歷史的使命，並自由地創造自己的歷史。

　　然而，在《歐洲科學的危機及超驗現象學》（Husserl, 1936/1992）一書中，胡賽爾指出，自然科學與古典理性其實是完全異質的兩種知識。古典理性主義努力要找尋什麼（what）是宇宙的本質；但自然科學家所要探求的，則是大自然萬象到底是如何（how）運作的規律。自然科學家相信：只要找到自然運作的普遍性規律，人類就可以對自然現象之發生進行某種「預測」或「控制」。自然科學的這種理性，其實是一種偏頗的片面理性，它不僅欠缺古典理性追求「理論」那種「為學問而學問」的性格，而且把人生中的信仰、美感、意義全部排除在外。這種盲目而不具合理性目標的學問，根本不可能引領人類發展出一種合理的生活方式，這才是歐洲文化危機的根源所在！

◙ 生活世界

和科學世界對比之下，生活世界是以具體的「人」作為中心，所直接知覺到的世界。一個有活動能力、能知覺事物的人，對這個世界能夠作出各種不同的情意反應，並開發出各種不同的行動經驗，它是一種未經抽象化的世界，包含眾多豐富的社會及文化現象。

自然科學的世界則是人類在「生產」這個主題指引之下，所建構出來的一種「主題化」的世界。除了自然科學的世界之外，人類還會因其各種需求與目的建構出不同的主題世界，包括：倫理世界、美感世界、宗教世界等。人類由於其知、情、意的不同需求所產生的各種目標、主題、趣味，這類主題化的世界可以並存於生活世界之中。沒有任何主題可以成為一種壟斷性的存在，沒有任何一種解釋方式可以單獨展現這個世界。

因此，對於個人而言，生活世界是由變動不居的具體事物組構而成的世界，也是環繞著具體的人而存在的全面性的世界。在我們的生活世界中，任何人都不是一種孤立的存在，相反地，每一個人都會經常接觸到他人。由於每一個人都有他的知覺、他的表現方式，以及他的整體性的經驗系統；由於每一個人都必須參與別人的生活，都必須與別人共同生活，我們的世界是為整個人類社群而存在的，而不是為孤立的人而存在的。

◙ 「人類中心主義」的危機

海德格（Martin Heidegger, 1889-1976）是胡賽爾的學生。他在擔任胡賽爾助教的期間，便發現了現象學方法的內在矛盾：現象學方法的基本主張是：「回到事物本身」，不要把一個事物歸納為另外的事物，或者用一個事物來解釋另一事物，而要對這個事物本身的特徵進行描述和分析。可是，胡賽爾在遇到「存在」的問題時，卻沒有堅持現象學的方法，沒有對「存在」本身進行分析，而是把「存在」歸結為意識的活動，因而重蹈了歐洲兩千年形而上學的覆轍。

　　1922 年，海德格接受馬堡大學的邀請，前往任教。在馬堡大學，他不斷地與當時著名的學者們交流，充實自己的學識，他的講課也深受學生歡迎。他在其「存在學」的課堂上，不但對胡賽爾的現象學進行批判，同時也提出了自己的哲學構想。他指出，哲學研究的內容，應該把「本體論」提到首位；哲學研究的「方法」，則應該用「解釋」的方法，來詮釋「存在」的意義，對人的生存結構進行詮釋。後來他將這一系列講演加以整理，刪除了對胡賽爾的批判，出版了舉世聞名的《存在與時間》一書。

▣ 《存在與時間》

　　在「變異」中找尋不變的「存有」，是源自希臘的西方文化傳統。海德格在他的名著《存在與時間》中指出，在西方哲學傳統中，「存在」一直被視為是現象背後永世不變的本質，與時間不相干。《存在與時間》這本書把「存在」和「時間」連在一起，是要旗幟鮮明地表示：存在是有時間性的。從柏拉圖開始，西方哲學家便將精力集中在探索「存在物（者）」（beings）的屬性和用途，笛卡爾的學說以一種「主／客」二元對立的態度，不斷地對自然進行算計和度量。這種思考方式蘊涵了一種對「存在」的誤解：它把「存在」看作是一種永恆的現存狀態，一種可以讓我們觀察的客觀實體。反倒忽略了亞里士多德最先提出來的一項根本問題：「存在」（being）是什麼？

　　我們平常在思考什麼是「存在」時，往往是在思考「存在者」，而不是在思考「存在」自身。要破解「存在」的意義，必須從一種特殊的存在者入手。這種存在者是「為存在本身而存在」，而不是為成為什麼東西而存在。海德格因此而賦予「人」一個特定的名稱，叫做「親在」（Dasein）。人是被「拋入」這個世界的，沒有人挑選過自己的父母，人生的起點就像是投骰子一樣，有無法逃避的偶然性，也毫無自主性可言。「存在於世」的每一個人，在這個世界上的一切都是被「給予的」，他必須以此為前提，進入自己的實存之中。

▣ 存在的意義

人類最基本的特性在於他不僅「存在」，而且能夠思索並理解「存在」的意義。為了要繼續存在，「親在」必須不斷地蛻變成為「異於其所是」，而不會只停留於其所是。這時候，「親在」不僅要反思自己的存在，而且要以自己的存在狀態為基礎，來探究其他各種存在者的屬性。這樣探究的結果，便構成了各門不同的科學。各種「存在者」有時會因此而走出遮蔽，進入澄明（真理），有時又會退回到遮蔽狀態。

為了尋求「存在」，「親在」必須先行於它自身，並且在期待之中，處理自己無法控制的某些事務，這些事務是由其過去的歷史所決定的。「親在」必須為「過去」做過的事情承擔後果和責任，並為其「將來」尋求各種可能性；並陷於「現在」的行動中。

對於「死亡」的理解，是使人由「非本真的」的存在，通向「本真」存在的唯一途徑。「面對死亡的存在」（being-towards-death）使所有現世的東西都喪失掉原有的價值。這時候，人才能夠定下心來，嚴肅思考存在的本質，而去追求「本真的」存在狀態。海德格指出，「面對死亡的存在」迫使人對時間進行新的思考，「親在」理解到「存在」的本質在於「虛無」時，才頓悟「虛無」才是自己真正的「家」。

▣ 給「人類中心主義」的信

1927 年，海德格出版《存在與時間》，此書被譽為德國三大哲學著作之一，他也一躍而成為德國最重要的哲學家之一。

一年之後，胡賽爾打算從弗萊堡大學退休。退休前，他推薦海德格擔任他的繼承人。退休後，他有機會仔細研讀海德格的《存在與時間》，才發現兩人之間哲學思想的嚴重分歧，因而開始批判海德格的觀點，兩人之間的關係也瀕臨破裂。

在這時候，德國政治形勢發生劇變。希特勒上臺後，對猶太人展開迫

害，胡賽爾也深受其害。在胡賽爾備受折磨的時候，海德格於 1933 年出任弗萊堡大學的校長，並加入了納粹黨。事後海德格承認：他加入納粹黨是基於兩個考量，一是為了大學前途，二是他當時確實相信：希特勒能使德國強大。他數度演講，公開支持納粹黨的政策。可是，後來他在對待猶太人的態度上，卻經常和納粹當局發生衝突。當教育部要求他解除包括一名猶太人在內的兩名院長的職務時，他因此憤而辭職。十個月的校長生涯宣告結束後，他本人的行動也受到嚴密的監視。

戰爭結束後，他因為曾經出任納粹校長而受到法國佔領軍的審查。1947年，海德格發表〈論人類中心主義的信〉，此信長達三萬多字，其實是一篇相當有分量的論文。在論文中，海德格提出許多反人類中心主義的論點，可說是其思想發展歷程中的一個重要里程碑。

在西方的各個不同時代，人類中心主義都有不同的表現方式。它有時以人道主義的面目出現，有時以人本主義的面目出現，不論其表現方式為何，西方的人類中心主義者，都把人置於世界的中心，認為人從事的一切活動，都應該圍繞著人自身而旋轉。自笛卡爾之後，這一趨勢得到進一步的加強：人們把自己稱為「主體」；人之外的世界稱為「客體」，兩者相互對立，人成為世界的征服者和擁有者，世界和自然則成為被征服者和被擁有者。

▣ 形上學思考

在海德格的哲學裡，「人」作為「親在」，不僅能夠思索「存在者」，而且能夠思考「存在者」的存在。當然，他也能夠以己身為對象；反思自己的「存在」。海德格將「親在」的思考方式分為兩種：一種是「形上學思考」（metaphysical thinking），另一種是「原初性思考」（originative thinking）。

在西方人類中心主義的傳統裡，所謂「形上學思考」，總是站在「存在者」的角度，去表象「存在者」。由於「形上學思考」僅只把「存在者」當做是「存在者」，所以它無法看到「存在」，也無法直接掌握作為「存在

者」之基礎的「存在」。

根據海德格的觀點，「形上學思考」必須以「基礎律」（principle of ground）作為原則（陳榮華，1992，頁 151-159）。所謂「基礎律」的意思是：一切東西，無論在任何一種方式下存在，皆有一個基礎。它源自希臘文的「axioma」，依照希臘人的原意，「axioma」是指最有價值或非常值得珍惜的東西。不過，古希臘人尚未有主體基礎性的概念，他們所謂的「價值」，是出自於事物本身，而不是人所賦予的。

然而，自從萊布尼茲將「axioma」翻譯成「基礎律」之後，這個概念的內涵逐漸轉變而具有了現代的意義。所謂「基礎律」，是指在命題的領域內，作為始端的命題（first proposition）。更清楚地說，「基礎律」是任何真理的基礎。我們要判斷一項命題是否為真，一定要給出理由，以確認其基礎為真。然而基礎律本身也是一個命題，它是否又必然有一基礎？如果這個問題的答案是肯定的，則此一基礎的基礎又是什麼？

▣ 無限退後的困境

在古希臘，基礎不是指理由或確證，基礎是「存在」。「存在」就是任由事物自然而然的「自然」（physis）。然而，從笛卡爾之後，人經驗到他自己是一個「表象者」，世界則是一個站立在他之前的對象。在這種表象的過程裡，人只有在獲得充足的理由或完備的確證之後，才能肯定他的對象是真正的。於是，「存在者」變成在表象中可被計算的對象；在基礎律的支配下，現代人總是不斷地提出理由，在計算中確證他自己及其世界。結果人的本性成為「理性」（reason），在理性的表象中，世界成為對象，人和世界分裂為二。現代人對於「基礎律」的探究，也將無限後退，而陷入無底深淵之中。

因此，海德格主張：思想必須與「存在」緊密聯繫，目光必須專注於「存在」本身。他指出，以往的哲學之所以未能接近「存在」本身，是因為它們把「存在者」當作是「存在」，所以失去了自己的家園，使現代人因此

而變得無家可歸。

▣ 原初性思考

　　當人了解到「理性」的限制，進一步思考「存在」，並把握「存在」的真理時，他便已經在作海德格所謂的「原初性思考」，亦即「本質性思考」（essential thinking）。

　　嚴格說來，「原初性思考」並不是心理學意義上的「思考」。它是「親在」在「無意志」（non-willing）的狀態下，以他整體的「存在」來經歷事物，既不是主動也不是被動，而讓萬物如其所是地呈現出它們自己。值得注意的是：「原初性思考」既不是用「心」思考，也不是用「眼」觀照，而是源自於「親在」的親臨存在。它並不像笛卡爾哲學那樣，將主體想像成和客體二元對立；相反地，它是「親在」開放自己、放鬆自己，讓世界中的事物降臨到自己身上，和自己融為一體，這種境界海德格稱之為「與物同遊」（in play within the matter itself）。

　　由於萬物皆有其個體性，它們之間又彼此關聯，而有其整體性；當事物都各自棲息在其自我隸屬之地，如其所是地展現，各得其所，適其所是，這種境界有點像朱熹所說的：「萬物靜觀皆自得」，也有點像道家所講的「體道」。莊子在〈應帝王〉篇所說的：「至人之用心若鏡，不將不迎，應而不識，故能勝物而不傷。」可說是這種境界的最好寫照。

　　海德格指出，在西方傳統中，由於形上學對思想的長期統治，西方現代人對語言的使用已經完全變質。它只為形而上學服務，並浸透著人對世界，或主體對客體的支配欲望，不斷地對地球和自然進行利用和剝削，最後終於導致人在地球上的生存和居住危機。

　　在海德格看來，本真的思想必須同不斷「存在」相聯繫。它必須始終守候著，等待「存在」的不斷到臨。唯有如此，思想才能響應存在的召喚，才能服從存在的要求。因此，真正的思想就是要經常反觀內心，並看護存在。作為「存在的看護者」，人不會再認為自然是屬於自己的，他只有權利看護

它，並不使它受到破壞，而沒有權利擁有它或支配它。唯有如此，人才能與自然保持平等和諧的關係，存在的真理才能藉由詩的語言向其展現出來。

第五節　自我的分裂

歐洲啟蒙運動發生之後，許多人都像尼采那樣，相信「上帝已死」。在西方的宗教裡，超越的概念固然是衰落了，在科學和社會的領域裡，卻出現了另外一種超越的概念。

▣ 「人」與「位格」

在我所建構的「自我的曼陀羅模型」中（黃光國，2011；Hwang, 2011），縱向軸雙箭頭的一端指向「人」（person）（黃光國，2011；Hwang, 2011, 2015）。「person」這個字翻譯成中文，有兩種不同的譯法，通常它指的是「人」，但在基督教神學裡，它卻是指「位格」。依照「建構實在論」的哲學（Wallner, 1994），當一個字詞由一種語言翻譯成另一種語言，卻找不到合適的字詞，或發生一字多義的情況，這個字詞往往蘊涵著重要的文化差異。

事實正是如此。「person」這個字在中文裡的兩種譯法，不僅蘊涵著西方基督教文化在歷史上的一個重要斷裂，而且也蘊涵含著中西文化的根本差異。要了解這一點，我們必須先仔細討論「person」這個字在西方文化中的的兩種不同用法。依照哈里斯（Harris, 1989, p. 599）的說法，在西方的社會科學裡，「人」這個概念指的是「社會學將人類概念化的模式」（sociologist modes of conceptualizing human beings）。然而，在基督教神學裡，「位格」指的是「聖父、聖子、聖靈」的「三位一體」（Trinity）。不論是「人」或「位格」，對了解西方文化都是重要的核心概念。

人是不可能變成上帝的。當科學家用所謂的「科學」把「上帝」從前門趕出去，人們再用所謂的「民主」把自己化裝成「上帝」，從後門走進這個

世界時，「person」這個字的意義由「位格」變成了「人」。這時候，西方人其實已經登上了「巴別塔」，以為自己變得像上帝那樣無所不能，不知不覺地走上「主體主義」和「人類中心主義」的道路，而使整個世界面臨空前的危機。

▣ 文化採借與文化扭曲

當代西方心理學裡興起的正向心理學（positive psychology）就是在這種危機中產生出來的。所謂「正向心理學」可以追溯到亞里士多德所提出的Eudaimonism。它主張以正確的行動來獲致個人的幸福（well-being or happiness）。亞里士多德用希臘字「Eudaimonia」指稱人類的最高善（the highest human good），它字面上的意義是「擁有至善之內在精神的狀態」（the state of having a good indwelling spirit）（Waterman, Schwartz, & Conti, 2008）。這樣的文化傳統也孕育出西方的人本心理學（humanistic psychology）。

然而，西方心理學史中出現的人本心理學，卻比正向心理學更忠於亞里士多德的主張。積極心理學者雖然致力於追求「幸福」（well-being）或「快樂」（happiness）的目標（如：Seligman, 1990），他們也從東方的佛教採借了許多概念作為其手段，例如：正念（mindfulness）（Kabat-Zinn, 2006; Kabat-Zinn & Hanh, 1990）、自我慈悲（self-compassion）（Neff, 2011）等。在做這種文化採借的時候，西方心理學者往往依照個人主義文化的核心價值，來扭曲東方佛教的原始概念，例如：在佛教裡，「慈悲」的對象原本是針對他人，但西方心理學者卻將它轉變成為「自我慈悲」，認為這是和你自己發生關聯的健全方法（a healthier way of relating to yourself），是「對你自己仁慈業經證實的力量」（The proven power of being kind to self）（Neff, 2011）。

▣ 正向心理學的分裂

換言之，在亞里士多德雖然是以個人整體生活的角度在論述「Eudaimonia」，但當代的積極心理學者大多認為，「Eudaimonia」的主觀經驗可以拆解成為個人生活的不同面向來加以研究，而不是將個人的生活視為整體（Waterman et al., 2008）。這是「人本心理學」和「正向心理學」的最大不同之處；而正向心理學的研究取向也因此分裂為二：「人本主義式」的正向心理學（humanistic positive psychology），以及「實證主義式」的正向心理學（positivistic positive psychology）（Mruk, 2008）。

實證主義式的正向心理學也可以稱作是「實徵主義式—統計式」的正向心理學（empirical-statistical positive psychology）。由於臺灣心理學界長期陷溺在「學術自我殖民」的氛圍之中，在臺灣從事正向心理學研究的人大多是採取「實證主義式」或「實徵主義」式的研究取向，既無法和西方的人本主義心理學接軌，也和自己的文化傳統斷根。

本章小結

因此，拜安可等人（Bianco, Barilaro, & Palmieri, 2016）指出，自從卡巴特辛等人（Kabat-Zinn & Hanh, 1990）提出「正念減壓介入方案」（Mindfulness-Based Stress Reduction Program）之後，形形色色的「正念介入技術」（Mindfulness-Based Interventions）也應運而生，例如：對話行為治療（Dialectical Behavior Therapy）（Linehan, 1933）、接納與允諾治療（Acceptance and Commitment Therapy）（Hayes, Strosahl, & Wilson, 1999）、正念認知（Mindfulness-Based Cognitive Therapy）（Segal, Williams, & Teasdale, 2002）等。這些治療方法通常都是採取認知行為的觀點（cognitive-behavioral perspective）。他們因此呼籲：這方面的研究應當採取心理動力學的研究取向（psychodynamic approach），假設個人的思想和行為，是由存在於其潛意識中各種衝突的動力所決定的。

我非常贊同這種觀點。在希臘德爾斐的阿波羅神廟裡有一塊石碑，上面刻的文字是「知道你自己」（know yourself）。在我看來，如果我們要研究

文化對於個人心理的影響，我們必須正視心理分析學派對了解人類心靈所作的貢獻，建立心理動力式的理論模式，而且要建立出關於「人」的完整理論，來了解自己。

　　接下來的第三章將先說明我所採取的文化分析策略。本書第二部分包含的三章則將說明：我依此一策略建構「含攝文化的理論」，在實際應用方面，可以解決華人生活世界中「良知理性分裂」的難題；在理論發展方面，它在短程內不僅可以用來發展「儒、釋、道」文化中的「修養心理學」（psychology of self-cultivation）；長程來看，更可以幫助我們建立華人自主社會科的學術傳統。

第三章 新「外王之道」：文化分析的知識論策略

在〈社會理路和歷史建構：一個社會學詮釋架構的探索〉這篇論文中，葉啟政（2001b）引用金觀濤、劉青峰（1993）「超穩定結構」之說，認為中國封建社會之結構具有「社會結構的停滯性」和「週期性大動盪後的慣性復原」兩大機制特質。從十九世紀中葉起，經過文藝復興和啟蒙運動之理性主義洗禮的西方現代文明，在科技、民主自由與資本主義的邏輯主導下，以近乎「完形」（Gestalt）的成套格局，大幅度地向亞非各地蔓延，也對中國社會造成猛烈衝擊。在這段時間內，中國人如何應對他們所遭遇到的，來自西方現代化文明的衝擊？

第一節　創造性的轉化　　

在思考這個問題的時候，葉啟政引用柯罕（Cohen, 1984）的說法，提倡一種「以人作為主體」的「中國中心」史觀，主張現代社會中的中國人，在其生活世界中並非只有一條理路，而是有著多層且多元的理路相互運作、相互競爭。大體上，這些理路可以歸納為實作、論述與結構等三個不同的層次。

▣ 實作理路與論述理路

所謂「實作理路」是指：人透過其所具之認知和感受經驗，在特定的動機觸引下，會形塑一套「理所當然」的行事模式。「百姓日用而不知」，個人對於行事模式的運作往往是不知其然，也不知其所以然。可是，人是一種「自我詮釋的動物」，尤其在與別人接觸而感受到威脅，或處於緊急危機狀

態時，尋找解說就成為解除威脅或解除危機的必要條件。

因此，在人們的生活世界裡，每個人都會運用抽象概念化的能力，為其周遭的世界或自己的行為，建構一套具有某種程度之邏輯一致性的體系化論述，以解釋自己的「行動」。這就是所謂的「論述理路」。

人們在生活世界的社會互動中，論述理路有其優勢層級性。在社會上，扮演某些角色的人，例如：初民社會中的巫師、歐洲中古世紀的教士、中國傳統社會的士紳，或現代社會的科學家，他們所形塑的論述理路，往往比較有機會贏得優勢而獲得正當性。他們的「論述理路」及依附於其上的「實作理路」，可能成為「典範理路」，具有定義或規範他人之理路的作用。這種具優勢的典範論述，可能衍生自其文化傳統，也可能是由外地移植進來，或者出自某些人的創新，而對舊有社會結構型態具有顛覆作用。

◻ 結構理路

除了個人或某一群體的「實作理路」與「論述理路」之外，人們的生活世界裡還存有一種超乎個人且外在於個體的「結構理路」，能夠定義或規範個體的行為。這樣的理路一旦被制度化，它就取得了具優位的正當性，能夠在一定人群的世代延續中被保留下來，而且持續地發揮其優位性，形成具有磁滯性的「傳統」。它的作用具有一定程度的強制性，而且往往不為人們所察覺。早期主張結構功能論的社會學者莫頓（Merton, 1968）所提出的「結構強制性」（structural imperative）或「結構自主性」（structural autonomy）就是指這種「結構理路」所具有的特質。

在〈「創造性轉化」的社會學解析〉一文中，葉啟政（1991）指出，鴉片戰爭之前，在科舉制度的約制之下，儒生在中國社會中占有特殊的文化詮釋權，儒家思想也成為一種「實在的公眾詮釋」（public interpretation of reality），而以「系統化」的方式，滲透到政治、經濟、家庭與其他種種制度，而構成傳統中國社會中最具優位的「結構理路」。

▣ 認同危機

鴉片戰爭之後，在西方文化和社會系統的強力衝擊下，中國知識分子面臨了強烈的「生存危機」，中國社會中也出現了許多不同的「公眾詮釋」團體。每個團體都企圖為中國的未來提出自己認為正確可行的詮釋，而彼此相互競爭，包括：「中學為體、西學為用」、「西學源於中土論」、「拼盤式的折衷主義」、「全盤反傳統主義」等（彭明、程歌，1999；戴景賢，2015）

1905 年，清廷宣布廢止實施一千多年的科舉制度，儒家文化頓時失掉政治力量的支撐，面臨了強烈的「系統危機」。五四時期的新文化運動，救亡圖存的「國家意識」將儒家文化的「系統危機」推向高峰，最後演變成為「文化大革命」的十年浩劫。

另一方面，在「四條小龍」塑造出東亞經濟奇蹟的 1980 年代，許多學者開始呼籲正視儒家文化傳統。思想史家余英時（1984）出版專著，析論以儒家思想為中心的中國價值系統，經得起現代化以至後現代的考驗。長期在海外宣揚新儒家的杜維明（1989）提出儒家第三期發展的口號，並具體地主張：

> 「在後工業社會裡，儒家所塑造的理想人格將有極深遠的意義。……我們在抉擇現代化的途徑時，不能不考慮儒家思想人格的現代意義。」「儒家所塑造的人格，是全面性的人格。它既有開放性，又有無窮的內在動源；既非窩囊的『鄉愿』，又不是以個人主義為中心的自了漢；既有開拓心靈，又有一種群體的自我意識，以強烈的社會關切，對人類各方面的問題都加以照察。」

▣ 中西文化的真實了解

　　然而，我們該如何從心理學的角度建構「含攝文化的理論」，來描繪這種儒家的人格？最早研究五四時期「中國意識的危機」的林毓生（1989）提出了「創造性轉化」的說法，主張：

> 「使用多元的思考模式，將一些（而非全面）中國傳統的符號、思想、價值與行為模式加以重組／改造，使經過重組／改造的符號、思想、價值與行為模式變成有利於變革的資源，同時在變革中得以繼續保持文化認同」。（頁388）

　　葉啟政（1991，頁203）回顧各家之說後指出，大家都明白「未來的文化藍圖必定是建立在傳統與現代雙邊兼顧的情形下。百年來爭執不休的各種主張如今已歸納且集中成此一議題，餘下來的是傳統與現代如何兼顧的問題」。更簡潔地說，「創造性轉化」該如何進行？

　　在此之前，余英時（1982，頁178）已經說過：「文化重建必須建立在對中西文化的真實了解基礎之上。這正是我們幾十年來應從事但是卻沒有認真進行過的基本工作。」

　　我非常贊同余英時的這個說法。然而，什麼叫「對中西文化的真實了解」呢？畢生研究中國社會，且對中國社會學有著深刻影響的著名學者費孝通，其晚年提倡「文化自覺」（費孝通，2007）。他認為，所謂文化自覺「只是指生活在一定文化中的人對其文化有『自知之明』，明白它的來歷、形成過程、所具的特色和它發展的趨向」。費孝通認為，這「自知之明是為了加強對文化轉型的自主能力，取得決定適應新環境、新時代文化選擇的自主地位」（費孝通，2002，頁360）。這種論點與「創造性轉化」之說，其實是彼此呼應的。

◉ 西方知識活動的「格準」

費孝通進一步強調：「文化自覺是一個艱鉅的過程，首先要認識自己的文化，理解所接觸到的多種文化，才有條件在這個已經在形成中的多元文化的世界裡，確立自己的位置。經過自主的適應，和其他文化一起取長補短，共同建立一個有共同認可的基本秩序，和一套各種文化能和平共處、各抒所長、聯手發展的共處守則」（費孝通，2002，頁360-361）。

費氏是一位深受中華文化影響的學者。他主張「文化自覺」的目的，是要建立一套「各種文化能和平共處、聯手發展」的守則。葉啟政（2001a）是一位深入研究西方社會學理論的學者。在他看來，對傳統文化進行「創造性轉化」的目的，則是要贏得「傳統與現代的鬥爭遊戲」。不論是「和平共處」也好，「鬥爭遊戲」也罷，要進行傳統文化的「創造性轉化」，有賴於「對中西文化的真實了解」，幾乎是每一個有識之士的共識。華人學者該如何做到這一點？

在1905年清廷宣布廢止科舉制度之前，儒家思想結合宗法制度所構築的論述理路，長期以來一直以優勢姿態，主導著中國社會的運作，同時也形塑出中國社會裡優勢結構理路的基本脈絡。然而，科舉制度廢除之後，中國知識分子卻面臨了一種嶄新的客觀局勢。

袁保新（2008）在為其著作《從海德格、老子、孟子到當代新儒學》所寫的序言中，特別強調：1912年教育總長蔡元培正式頒布新的學制系統，即「壬子學制」，跟十年前吏部尚書張百熙擬定的「壬寅學制」，有根本性的不同。「壬寅學制」是張百熙為當時京師大學堂（北京大學前身）所建立的，參考日本人的做法，首度將大學的知識活動安排在「七科三十五目」的分類架構下。其中，「科」相當於大學裡的「學院」，而「目」則相當於「學系」。當時的「文學科」（即文學院），下設七目（系），包括：經學、史學、諸子學、掌故學、辭章學、外國語言文字學等。

換言之，「壬寅學制」並未遵循西方大學知識分類的理念，而是「新瓶

裝舊酒」沿襲中國老傳統中，經、史、子、集以及義理、辭章、考據的分類名目，希望能夠藉此保住「國粹」。

蔡元培主張的「壬子學制」，則是完全師法西方大學的知識分類，「文科」下設哲學、文學、歷史學、地理學四系。因此，「壬子學制」的施行，象徵著，從那一年起，若要延續研究中國老學術傳統，就必須棲身在「大學」新制的殿堂之下，依照西方「知識」活動的格準來進行。

第二節　知識活動的格準

所謂西方「知識」活動的格準，放置在本書的論述脈絡中來看，就是指社會科學家在從事理論建構的時候，必須符合西方科學哲學對於建構「科學微世界」的基本要求。更清楚地說，科學哲學是十七世紀啟蒙運動發生之後，歐洲思想家反思其科學發展，所提出的一種建構現代「知識」活動的格準。這種「格準」是哲學家對西方文明進行「激進反思」（radical reflexivity）後（Taylor, 1989），所提出的「論述理路」，它不可能從中國文化中衍生出來。

新儒家學者大多同意：儒家思想本身是一種「內聖之學」，單憑儒家文化傳統，要想成就「內聖外王」的理想，顯然有所不足。源自西方的各種系統性知識，可以說是有助於儒家實現其理想的「外王之道」，而科學哲學又是建構此種系統性知識的「格準」。今天我們要想弄清楚中國文化傳統的「結構理路」，又不得不對科學哲學的「論述理路」有「相應的理解」（comprehensive understanding）。這可以說是近代中國知識菁英面臨的最大挑戰。

◙ 「三統並建」

從二次大戰結束，國民政府撤守臺灣以來，港臺新儒家中，堅持以西方哲學為基礎，梳理儒家文化傳統用心致力最深者，莫過於牟宗三（1909-1995）。牟宗三是山東棲霞人，天資聰穎，自青年時期，即潛心精研中、西

哲學。1949 年南渡之後，著述不斷，他先獨立將康德的三大批判書譯成中文，又整理儒家思想的統緒，寫成三巨冊的《心體與性體》，累積下極為豐富的哲學寶藏。臨終時自謂「一生著述，古今無兩」，堪稱現代新儒家的靈魂人物。

牟宗三畢生研究中國文化，其目的在於重建中國文化，開展出中國文化的新型態。他認為，唯有道統、學統、正統「三統並建」，儒家式人文主義徹底透出，才能開展出中國文化的新型態。

牟宗三認為，他在學術研究上畢生所作的努力，就是要梳理「儒家人文主義」的統緒，肯定孔子所開創之儒家文化的「道統」。值得強調的是：以牟宗三為首的「港臺新儒家」，畢竟是學院派的人物，他們可以長篇累牘、著作等身以「肯定」儒家文化的道統，但卻無法在華人社會中「宏揚」此一道統。

▣ 「東西文化精神」的定位

繼牟宗三之後，持續嚴肅思索此問題的另一位宗師級的哲學家，是劉述先（1934-2016）。劉述先原籍江西，出生於上海。1951 至 1958 年就讀於臺灣大學哲學系，取得碩士學位後，到東海大學哲學系任教。1964 年，他赴美國南伊利諾大學就讀，於兩年後取得博士學位。1981 年，受聘為香港中文大學新雅書院哲學講座教授，直到 1999 年退休。

牟宗三的《心體與性體》是以康德哲學為基礎，從「超越的本體論」觀點，展開其論述；而劉述先（1982）早期的代表作《朱子哲學思想的發展與完成》則是從思想史「實然之發生」的觀點，具體分析朱子哲學的「發展與完成」。這兩種不同的思想進路，促使劉述先（1993）深入思考「超越理想」與「現實政治」之對反性，並將其思想成果收錄成《理性與現實的糾結》一書。

在〈論儒家理想與中國現實的互動關係〉中，劉述先（1991，頁 118）直截了當地指出儒學作為中國文化之主體缺陷：

「以儒家為主導的中國思想側重自然與人事的有機關聯，缺乏了希臘式的純理之層面，也排拒機械論的思想。這在哲學上可能是一個正確的抉擇，但這卻使得西方近代的科技革命、產業革命不可能在傳統中國發生。同樣，由於中國傳統思想一向把政治當作倫理的延長，西方近代的民主自由人權法治的觀念，也就不可能在中國的土壤生長出來。」

劉述先雖然認為，「中國文化不能產生民主科學，並不意味中國不能向西方學習民主科學」，但在《新時代哲學的信念與方法》一書中，劉述先（1986，頁 283）指出，「東西文化精神雖各有偏重（分殊），而其為人類心智的創造即一（理一），故只要給與它們適當的定位，東西方才能以最好的方式貢奉給世界，而開創出未來光輝的世界文化。」這個說法是十分正確的。然則，我們該如何給與「東西文化精神」適當的定位，以發展出自主的社會科學傳統？

⊡ 「兩行之理」

劉述先在對「理一分殊」做現代詮釋的時候，引述了莊子「兩行之理」的說法。在這個語境下，什麼是「兩行之理」？中國哲學家俞宣孟（2005）在其所著《本體論研究》一書中指出，西方哲學對於「存在」的研究，構成其「本體論」（ontology）；這是西方哲學的獨到之處。傳統中國哲學並不以「being」（「存在」或「存有」）作為分析單位，也沒有這樣的哲學範疇。

將這樣的對比放置在建構「儒家人文主義」自主學統的脈絡中來看，儒家文化傳統要面對「現代化」的問題，必須以西方科學哲學作為基礎，來建構「含攝文化的理論」，這時候所謂的「兩行之理」，「一行」是可以體現在太極與二氣五行、道與器、體與用、天與人、形上與形下等關係之中的宇宙論；另「一行」則是西方科學哲學的傳統。今天任何一位想要以西方科學

哲學的「格準」，來整理中華文化傳統的有志之士，對於「兩行」都必須有相應的理解。

從 1980 年代初期，我在楊國樞教授的號召下，積極參與「社會心理學本土化運動」後不久，便已經察覺到：國內社會科學研究長期處於低度發展的狀態，主要原因並不在於社會科學自身，而是在於研究者對於西方科學哲學的發展缺乏相應的理解。

⊡ 《社會科學的理路》

西方自啟蒙運動發生之後，各門學科的發展和科學哲學的發展之間，便存有一種「互為體用」的關係：隨著各種不同科學的發展，總有一些哲學家不斷地思考：「到底什麼是科學？」而成為所謂的「科學哲學」。科學哲學的發展又可以回過頭來，引導科學研究的方向。拉卡托斯（Lakatos, 1971）因此在他所著的〈科學史及其合理重建〉一文的開頭，寫下了一句不朽名言：「沒有科學史的科學哲學是空洞的，沒有科學哲學的科學史是盲目的。」

然而，十九世紀以來，華人留學生在吸收西方文化的過程中，大多只專注於學習各種不同的「科學」，而很少注意科學哲學的演變；更少有人嚴肅思考科學哲學的發展和科學研究之間的關聯。長期盲目移植西方學術研究典範的結果，便是使得國內各門科學研究的發展顯得既空洞又盲目。

看出了問題的癥結，我開始提倡——本土心理學運動必須以科學哲學為基礎。在西方的文化傳統裡，哲學是學術之母，學院中講求的知識，都是建立在其哲學基礎之上。為了解決心理學本土化運動所遭遇的各項難題，也為了讓年輕學者了解西方科學哲學的演變，我以十餘年工夫，撰成《社會科學的理路》，介紹二十世紀裡十七位具代表性的科學哲學家對於本體論、知識論和方法論的主張。這本書分為兩大部分，前半部所討論的「科學哲學」，主要是側重於「自然科學的哲學」，尤其強調由「實證主義」到「後實證主義」的轉變；後半部則在論述「社會科學的哲學」，包括結構主義、詮釋學和批判理論。由於包括心理學在內的許多門社會學科，都同時兼俱「自然科

學」和「社會科學」的雙重性格，今天要想解決本土心理學發展上的難題，必須採取「多重哲學典範」（multiple philosophical paradigms）的研究取向，針對不同性質的問題，採用最適切的科學哲學來尋求其解決之道。

◙ 「多重哲學典範」

　　這裡必須強調的是：我寫《社會科學的理路》這本書，目的是為了要吸納西方文明之優長，利用它來克服本土心理學發展上的難題，建立「儒家人文主義」的自主學術傳統。而不是為了要「如實地」反映西方科學哲學的「全貌」。因此，這本書的寫法跟西方一般科學哲學的教科書，也有明顯的不同。我治學的終極關懷，是要建立本土社會科學學術傳統，整合自然及社會科學，所以必須介紹「詮釋學」和「批判理論」。「結構主義」是人類學家發明的方法，西方科學哲學的教科書幾乎不談；我的興趣在於探討文化的深層結構，所以用「結構主義」作為結合自然與社會科學的樞紐。

　　從 2000 年起，我開始擔任教育部「華人本土心理學追求卓越計畫」總主持人。在執行該一計畫的八年期間，我不斷殫精竭慮地思索，如何解決心理學本土化所遭遇到的各種難題。該計畫結束後，我整合相關研究成果，撰成《儒家關係主義：哲學反思、理論建構與實徵研究》一書（黃光國，2009）。該書出版之後，我開始提倡「心理學的科學革命」（黃光國，2011），並與瑞典哥登堡大學的教授歐伍德（Carl M. Allwood）展開一場為期長達三年的論戰，才正式注意到「批判實在論」（critical realism）對於科學哲學的重要性，並修改《社會科學的理路》（黃光國，2013），在第三版中添加兩章（見表 3-1），一章介紹「批判實在論」的主要思想，一章說明如何用我所主張的「多重哲學典範」，解決心理學本土化所遭遇的各項問題。

表 3-1 《社會科學的理路（第三版）》目錄

第一章 學術生涯的視域	第四篇 結構主義
第一篇 維根斯坦的語言哲學	第十二章 李維史陀的結構主義
第二章 邏輯哲學論	第十三章 皮亞傑的結構主義
第三章 語言遊戲論	第十四章 傅柯的後結構主義
第二篇 實證主義	**第五篇 詮釋學**
第四章 石里克的邏輯證論	第十五章 胡塞爾的現象學
第五章 卡納普的經驗主義	第十六章 海德格的存在哲學
第六章 韓佩爾的邏輯經驗主義	第十七章 高達美的詮釋學
第三篇 後實證主義	**第六篇 批判理論**
第七章 波柏的進化認識論	第十八章 哈柏瑪斯的知識論
第八章 孔恩的科學革命	**第七篇 一個新的起點**
第九章 拉卡托斯的科學研究綱領	第十九章 建構實在論
第十章 費耶本德的科學無政府主義	第二十章 批判實在論
第十一章 勞登的研究傳統	第二十一章 多重哲學典範的研究取向

第三節 文化分析的策略

　　然則，我們該如何運用西方的科學哲學來解決在心理學本土化運動中所遭遇到的各項難題呢？我最近出版了《儒家文化系統的主體辯證》一書（黃光國，2017），從科學哲學的角度，回顧並批判過去三十年在臺灣心理學本土化運動過程中，所出現過的五種「文化主體策略」。書中引用並修改陳復（2016）所提出的一張圖，說明我對中華文化傳統的分析策略（如圖 3-1 所示）。

▣ 建構實在論

　　在圖 3-1 中，我以「結構主義」取代陳復（2016）原圖中的「多重哲學典範」，具有非常重要的涵意。主張「結構主義」的人類學者致力於尋求表

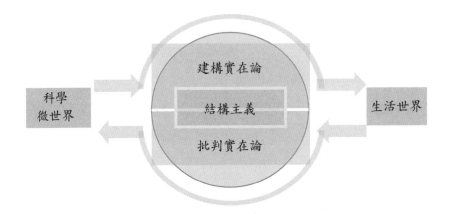

圖 3-1　黃光國的文化分析策略

資料來源：取自黃光國（2017，頁 168）

象之下的深層結構，這種研究取向源自於西方的文化傳統。跟中國文化中以「陰／陽」宇宙論為基礎所發展出來的「有機論」科學完全不同。圖 3-1 的整體意義是：建構實在論（constructive realism）先區分「生活世界」（life-world）和「科學微世界」，它告訴我們：如何以科學家所建構的「科學微世界」，來觀察生活世界中的種種現象。批判實在論告訴我們：如何以科學哲學作為基礎，建構普世性的理論架構，用以分析生活世界中的文化傳統，以建構科學微世界。而結構主義則是教我們如何找出文化的深層結構。這裡我們必須進一步討論的概念是「科學微世界」。

在推動社會科學本土化的過程中，最讓我感到困擾的問題是：在一個講究「天人合一」的文化中，我們該如何讓一個心理學者懂得用「主／客對立」的方式建構「含攝文化的心理學理論」？由於中、西文化性質截然不同，西方文化最大的特色，在於其學者擅長建構「科學微世界」。在思考這個問題時，我注意到維也納大學哲學系主任華納（Wallner, 1994）所提出的「建構實在論」，但他只提到「微世界」（microworld），對於「科學微世界」的描述並不夠詳盡。因此，我沿著他的思維脈絡，花了將近一年的時間，寫了

〈現代性的不連續性假說與建構實在論：論本土心理學的哲學基礎〉（黃光
國，2000），從建構者、思維方式、理性種類、建構模式、世界觀的功能等
五個不同層面，比較「科學微世界」與「生活世界」的不同（如表 3-2 所
示）。

表 3-2　生活世界與科學微世界中兩種知識的對比

	生活世界	科學微世界
建構者	文化群體	單一科學家
思維方式	原初性思考	技術性思考
理性種類	實質理性	形式理性
建構模式	參與式建構	宰制式建構
世界觀的功能	生命的意義	認知世界

資料來源：取自黃光國（2000）

　　華納的建構實在論（Constructive realism）將世界之「實在」（reality）
區分為三層：第一層稱為實在自身（Wirklichkeit），這是我們生存於其間的
世界，也是使作為生物體的我們得以生存的「既予世界」。這個「既予世界」
或許真的有某些結構，或是按照自身的規律而運作。然而，我們卻無從認識
這些結構或規則。不管我們如何解釋這個世界，我們所能知悉的世界，包括
對於這個世界的「結構」，以及這些結構是否有時間或空間上的距離及其因
果性，都是人類所建構出來的。這些假設構成了我們所能理解的世界。

▣ 生活世界

　　人類所建構出來的世界，又可以區分為兩種：微世界和生活世界，分別
構成第二及第三層的「實在」。「生活世界」是胡賽爾最先提出來的概念
（Husserl, 1936/1970）。對個人而言，它是一種原初的世界，是一切事物都
自明地呈現出來的世界。個人在未有科學知識之前，便不斷地在認識其日常

生活中的經驗，並作出各種不同的解釋、組合，以及反應。它是一種前邏輯、前技術性和前工具性的存有論境域，其豐富性植根於個人直接經驗的生活感受。它是不固定的、可滲透的，但也是牢不可破的：人無法超越其界線，也無法窮盡其內容。

生活世界必然存在於歷史的某一個時間點上。不同歷史世代或不同文化中，人們的生活世界其內容均不相同。經濟蕭條、戰爭或國內政爭等重大事件，都可能造成生活世界的變異。然而，生活在同一文化中的人們，其生活世界在經歷各種變異之際，卻有一種可以作為先驗條件的形式網構，持續地支撐著生活世界，這就是所謂的「文化遺產」。

每一個學科的建構都可視為一個相應的「微世界」。以「實在論」作為基礎所建構出來的理論模型，固然可以看作是一種「微世界」，社會科學家在某一主題引導之下，根據某種特定觀點，針對某種社會現象所作出的詮釋，也可以看作是一種「微世界」。在眾多諸如此類的微世界中，「建構的實在」（constructed reality）取代了「既予世界」，而成為可予以證明的建構。

▣ 兩種知識

人們在生活世界中所使用的語言，則是由居住在同一文化中的一群人長期建構出來的。在某一文化形成的時期，人們專注地觀察外在世界並思索生活世界中每一事物的性質，他們設法摒除個人的意志和企圖，盡力地用他們所創造的語言來表徵每一事物，海德格（Heidegger, 1966）將這種思考方式稱為「原初性思考」（originative thinking）或「本質性思考」（essential thinking）。在「前現代」文明中，人們在其生活世界中建構知識的方式，可以說是一種「參與式的建構」（participative construction）；用人類學家李維布魯（Levy-Bruhl, 1910/1966）的概念來說，大多數的原始民族都是藉由「神秘參與律」（law of mystical participation）的原則，而形成其文化系統的，這種「參與律」把人類和自然視為是不可分割地包容在整體之中，而形成一種「宇宙整體意識」（Taylor, 1871）。這樣形成的世界觀不僅會描述人類的本

性，還會說明人和其外在世界的關係，以及人在世界中的歷史處境。除此之外，它也會對人類所經驗到的問題提供一種診斷，並開立一種解決問題的處方（Walsh & Middleton, 1984）。

在生活世界裡，人們所重視的「實質理性」（substantive rationality）是根據某一清楚界定之立場所判定的「目標或結果的價值」（value of ends or results），但它對達成目標之方法或程序卻不作明確交代。只有少數熟諳這些特殊方法或程序的人，才能用以追求自己認為有價值的目標。

▣ 科學微世界

科學微世界的知識是由單一科學家所建構出來的。科學家建構科學微世界所採用的「形式理性」（formal rationality）強調的是，做一件事時「方法和程序的可計算性」（calculability of means and procedures），它所重視的是「不具任何價值色彩的事實」（value-natural fact）（Brubaker, 1984），任何人都可以用同樣的方法和程序來追求自己的目標。

科學微世界是科學家為了達到某種特定目標，而刻意創造出來的。它具有一種要求以最少代價獲致最大收益的強迫性格。用海德格的觀點來看，它是一種「技術性思考」（technical thinking）或「形上學思考」（metaphysical thinking）。這種「宰制式的建構」（dominative construction）是科學家為了要達到控制自然，並利用自然的目的，針對人類所關切的不同層面，而建構出來的（Shen, 1994）。它並不回答任何有關生命意義的問題。這樣建構出來的每一個「微世界」都具有獨特的任務，它們既不是永恆的，也不是絕對必然的；當其任務不再當令，或人們面臨新的任務時，科學家們便要再努力製作出新的建構（Kuhn, 1987）。

▣ 艱難的任務

「科學微世界」是我以「建構實在論」所提出的「微世界」作為基礎（Wallner, 1994），而提出的一個概念。我之所以會提出這樣一個概念，完

全是為了克服心理學本土化運動所遭遇的難題。1999 年，我在中央研究院舉辦的「第三屆亞洲社會心理學國際學術研討會」上，首次遇到「建構實在論」的創始人華納（Fritz Wallner），與之相談甚歡。〈現代性的不連續性假設與建構實在論：論本土心理學的哲學基礎〉（黃光國，2000）出版之後，他邀請我於 2003 年到維也納大學參加一項名為「科學、醫藥與文化」（Science, Medicine and Culture）的研討會。我發表了一篇論文，討論心理學本土化運動中建構「科學微世界」的必要性（Hwang, 2005）。華納聽了之後極感興趣，表示他沒有想過這個問題，當時我告訴他：「這不是你們的問題，你當然不會這樣想。」

本章論及我如何根據這樣的分析策略，建構出普世性的「自我」與「關係」理論，它們都是我所建構的「科學微世界」的一部分。以這種普世性的理論模型作為基礎，我們就可以分析任何一種文化傳統。

第四節　牟宗三的系統性偏誤

▣ 傳統與現代的鬥爭

在《傳統與現代鬥爭遊戲》中，葉啟政（2001b）把近代主張「現代化」的中國社會菁英比擬為「揮舞『現代化』法器的祭司」。然則，社會大眾能不能「掙脫『現代化』魔障的犧牲」？葉啟政（2001b，頁 63）說道：

　　面對著菁英所發動以論述理路為優先導引基礎之「現代化」大規模總體陣地戰的攻擊，社會大眾並無力發動以另一種論述理路（尤指以本土傳統為基礎者）為後盾的總體陣地戰來對峙。他們把這份工作留給另外一批保守的知識分子或其他菁英，而只能以其有限之狹圍生活場域為基地，利用空隙，靠種種掩飾手法，在被「現代化」所征服大地上，進行小規模、零星、片面、不定時、不定

點，但卻也是隨時隨地推動的游擊戰。這種游擊戰基本上沒有戰略，也不可能有戰略，有的只是以個體或有限數量之個體聯防、並強調視機而動的戰術（tactic）。

「保守的知識分子」或「其他菁英」要針對傳統文化的「結構理路」建構理論，來向西方「現代化」理論進行「陣地戰」，勢必要依照西方「知識」活動的「格準」，來研究中華文化傳統。牟宗三既以「三統並建」作為他的終極願望，又曾經獨立將康德的三大批判書譯成中文，以之作為基礎，整理儒家思想的統緒。然而，他對康德著作的翻譯和介紹，是否能夠幫助「保守的知識分子」或「其他菁英」來了解西方「知識」活動的「格準」，以建立「儒家人文主義」的自主學術傳統？

▣ 「一心開二門」

為了解決中國如何向西方學習科學的問題，牟宗三（1975）曾經依據佛經《大乘起信論》的說法，提出「一心開二門」的主張，試圖「消化康德」。《大乘起信論》相傳為古印度僧人馬鳴所造，由真諦譯成中文。後來有人指出，此書不是馬鳴所撰，而是中國和尚的托名之作。牟宗三則從義理上斷定：該書為真諦之作品，真諦是自造自譯。牟宗三以為，《大乘起信論》是典型的「真心為主，虛妄熏習是客」的系統。這一系統通過超越的分解而肯定人可有一「超越的真常心」，此真常心是一切流轉法與還滅法的根據，是成佛之所以可能的根據，也是頓悟的根據，其基本法義就是「一心開二門」。

「一心開二門」的意思是一心法有二種門，一是真如門，一是生滅門。雖是二門，然而任何一門皆可「總攝一切法」。生滅門是流轉地總攝一切法，真如門是還滅地總攝一切法，所以二門圓融為一，並不相離。「心真如」就是「心生死」而如之，就是心生滅法的實相，也就是說，「心真如」就是化妄念之執著，而進入無執無著無差別之狀態。

⊡ 本體界的存有論

　　牟宗三將《大乘起信論》的一心開二門的思想進一步推廣，認為它是中西哲學的共同架構，整個中西哲學都是一心開二門。在西方，生滅門相當於康德所說的感觸界（phenomena），真如門相當於他所說的智思界（noumena）。但他認為中西哲學對二門的側重各有不同，在西方，它積極地展示了以知識論為代表的生滅門，但對智思界的展示則是不夠的。中國哲學則積極地展示了真如門，而對於生滅門，對於經驗的知識則意識不很清楚，是消極的。這也就是說西方哲學家充分展示了「執的存有論」，即現象界的存有論，並沒有充分證成或開出本體界的存有論；中國哲學則積極展示了「無執的存有論」，對執的存有論並沒有給與積極重視。

　　他認為，在基督教文化傳統之下的西方哲學，所探討的僅只是「現象界的存有論」（phenomenal ontology），根本無法想像有所謂「本體界的存有論」（noumenal ontology）。可是，依「人有限而可無限」的中國哲學傳統，則可以開出「兩層存有論」：就人的有限性而言，可以就康德所說的「感觸界」，建立「執的存有論」，亦即「現象界的存有論」；就人的無限性而言，可以就康德所說的「智思界」，建立「無執的存有論」，亦即「本體界的存有論」（牟宗三，1975，頁30）。

⊡ 超越的理念

　　牟宗三根據中國「一心開二門」的傳統，「消化康德」，把康德的知識論主張「超越的理念論」和「經驗的實在論」，分別轉換成「無執的」和「執的」兩層存有論。事實上，康德的知識論主張的是「先驗的理念論」（transcendental idealism）和「經驗的實在論」（empirical realism）。可是，牟宗三卻為了堅持自己的哲學立場，一律將之翻譯成「超越的理念論」（transcendental idealism）（Hwang, 2017）。在此我先舉一個例子，來說明他對康德知識論的扭曲：1988年11、12月，牟宗三曾經在臺灣的中央大學及臺灣

師範大學講授「實踐的智慧學」，其第十講有一段說法：

> Idealism 怎樣翻譯成中文呢？籠統地說，可以譯作「理想主義」。在柏拉圖那裡，他那個 Idealism 是根據 Idea 來。他是典型的 Idealism。Idea 就是理型，所以，柏拉圖的那個 Idealism 當該譯作「理想主義」。在康德那裡呢？康德也講 Idealism，他講 Idea 是理性的概念，從理性上烘托出來的概念呀。既然是理性的概念，就發生概念與實在的問題嘛。你能證明它有實在性嗎？不能證明嘛，所以只是一個理念（Idea）。所以，在康德就成了超越的理念主義。
>
> 貝克萊呢？在貝克萊那裡也是 Idealism，也是根據 Idea 來。在柏拉圖那裡，Idea 是理型。在康德，Idea 是理性的概念，理性上所形成的一個概念，譬如：上帝、靈魂不滅，這完全是從理性上生出來的一個概念。有沒有實在性呢？我們不知道，不能證明。所以，在這裡，康德就發生概念與實在性分裂，兩者分開。要合起來，你必須證明。能夠證明，概念與實在性才能合起來。不能證明，那就只是個概念。在柏拉圖沒有這個概念，依柏拉圖，理型就是實在呀。所以，他是客觀的 Idealism，客觀的 Idealism 就是 realism。在康德是 transcendental idealism（超越的理念主義）。這是最專門的問題，你們可以看我的《現象與物自身》。

▣ 先驗的理念論

根據我對康德知識論的理解，「transcendental idealism」一詞應當譯作「先驗的理念論」或「先驗的觀念論」，然而在《現象與物自身》一書中，牟宗三（1975）卻一律將它翻譯成「超越的理念論」或「超越的理念主義」。在我看來，這是個嚴重的錯誤，但牟宗三卻是非常一致地堅持他自己的譯法，所以我稱之為「系統性的偏誤」（systematic bias）（Hwang,

2017）。要了解這種偏誤可能造成的後果，我們必須先說明「transcendental idealism」這個概念在康德知識論中的位置。

在康德哲學裡，「先驗」與「先然」（a priori）一詞幾乎是同義語。所謂「先驗的方法」，是分析知識的性質，檢驗其普效性成立的基礎。康德稱他的方法為「批判的方法」。他認為，知識的成立，必須藉由感性（直觀）與悟性（思維）兩種心靈能力的協力合作。直觀表示接納性（receptivity），而思維則表示自發性（spontaneity）。設若只有直觀，則我們僅能獲得雜亂無章的知識材料（經驗內容），不能構成統一的知識體系。又若只有思維，我們雖然能夠具有建構知識的統一形式，但缺任何經驗內容。因此康德宣稱：「**不具內容的思維是空洞的，不具概念的直觀是盲目的。**」

綜合以上的論述，吾人可以看出，康德接受了經驗論者的主張，認為一切知識應「隨」（mit）經驗而有。換句話說，人類一切知識必有內容或對象，所關涉的內容必須來自現實經驗，否則無由形成知識。因此，他主張「經驗的實在論」。然而，康德並不認為英國經驗論者如休謨所主張的見解，足以說明知識為何具有「普效性」或客觀精確性。康德特別注意到，休謨在徹底批判了因果必然性概念之後，始將因果觀念還原而為「習慣性期待」的心理學問題，使物理學家援用的因果原則頓失任何理論根據。為了重新保證科學知識的普效性與因果原則的先驗必然性，康德才提出了他的先驗觀念論。

☑ 不可知的物自體

更清楚地說，康德雖然承認一切人類知識必隨經驗而起，但他卻否認知識一概來「自」（aus）經驗。通過感性與外界對象的接觸所獲得的經驗，內容雜亂而無秩序，不能即時構成客觀真確的知識。知識的成立有待我們悟性的主動創發作用，按照悟性本身的普遍規則，組織蕪雜的經驗表象，建構為一套先然的認知。知識的根本條件並不在於感覺經驗的實際內容（質料），而是在於悟性的建構能力（形式）。康德因此扭轉洛克（John Locke, 1632-1704）以來的知識論立場，倡導所謂「先驗的觀念論」，完成了所謂

「哥白尼式的轉向」。

康德的「先驗的觀念論」是建立在兩個絕對預設之上：一是，就形式方面而言，先驗的統覺通過意識的綜合作用，能將一切經驗材料整合為具有統一性與普效性的知識體系；二是，就質料方面而言，一切外界現象有其實在的根源，亦即「物自體」，牟宗三將之譯為「物自身」，又稱「理體」（nou-menon），或稱「先驗的客體」（transcendental object）。康德堅持，悟性（理論理性）所構成的科學知識只在現象界的範圍以內有效，悟性如果踰越知識的界限，擅以超越的物自體為認識的對象，則是悟性的一種越權；傳統形上學所以常被稱為獨斷論，乃基於此，哲學史家因此稱康德的此一見解為一種「不可知論主義」（Agnosticism）。

▣ 「智的直覺」

在康德所處的啟蒙時代，歐洲人大多信仰上帝的存在。即使是在哲學界作出重大突破的康德，也和物理學界的牛頓一樣，都不例外。康德的知識論因此探取「二元論」的立場，嚴格劃分「現象」和「物自身」（thing-in-itself），「現象」是人類感官知識所能及的範疇；「物自身」則是上帝憑其自由意志所創造的，對於人類而言，它是永不可知的。

在康德哲學中「物自體」的概念，可以有各種不同的解釋。物自體可以解釋為超越現象的智思世界，也可以看作是不可認知，但能產生現象的本體或原因。康德本人對於「理體」的界說，則是將物自體視為一種劃定知識界限的消極性概念。康德說：「理體概念只是一種限制性概念（Grenzbeg-riff），它的功用是在束縛感性的自負，所以只具消極的使用意義。但它不是隨意虛構之物；它跟感性的界限連成一起，雖然它不能在感性範圍之外肯定任何積極的事物。」康德的知識論因此稱為「先驗的理念論」或「經驗的實在論」，對西洋哲學的發展，作出了重大的貢獻。

牟宗三（1975）雖然了解康德在西洋哲學史上的重要地位，他在翻譯康德的三大批判書時，卻刻意將「transcendental idealism」翻譯成「超越的理

念論」，犯了「系統性的偏誤」。在《超越與實在：牟宗三的科學觀》一書中，我會仔細說明，他之所以會犯這樣的錯誤，是因為他受到中國思想家熊十力（1885-1968）的影響，認為，人能有「智的直覺」，雖有限而可達於無限，能夠以「無限智心」來認識「物自體」。這個說法蘊涵了許多問題，這裡我首先要指出的是：這樣的「系統性的偏誤」很可能妨礙華人學者對於「後實證主義」之科學哲學（尤其是批判實在論）的理解。

第五節　批判實在論

　　十九世紀之後興起的科學哲學雖然不完全接受康德的知識論，但卻是以它作為基礎而辯證性地發展出來的。如果我們接受牟宗三對於康德知識論的扭曲，則我們必然無法對西方科學哲學的發展產生相應的理解（comprehensive understanding）。我們可以從印度裔哲學家巴斯卡（Roy Bhaskar, 1944-2014）所提出的「批判實在論」（Critical Realism）來說明這一點（Bhaskar, 1975/1979）。

▣ 本體論的實在論

　　巴斯卡的父親是印度人，母親是英國人，從小在倫敦長大。大學時代主修經濟，發現西方經濟理論無法解釋非西方國家的經濟發展之後，認為問題根源在於哲學，因此改行專攻科學哲學。他曾經對科學實驗活動進行康德式的先驗分析，並主張以客觀實在論的取向研究科學，必須兼顧知識在本體論方面的客觀「穩固」（intransitive）層面，以及在知識論方面的主觀「變易」（transitive）層面。巴斯卡認為，他所發展出的科學觀既可以保有科學對象的實在性及其可知性，又可以包容「知識社會學」的觀點，強調知識的性質必須由理論承載（theory-laden）、取決於歷史（historically contingent），置身於社會中（socially situated）（Bhaskar, 1975/1979）。職是之故，他結合本體論的實在論（ontological realism）及知識論的相對主義（epistemological relativism），形成一種客觀主義式（objectivist），但卻又是可錯的（fallibil-list）知識理論。他的主要策略主張：「實在」是有「深度」（depth）的，研究者所建構的知識可以一層層深入地探討「實在」，甚至無法碰觸到「底」。

巴斯卡認為，在本體論幾乎已經被人所淡忘的時代，他又重新將它召回科學哲學的領域之內，而主張一種可以分層呈現（stratified emergence）而又有可分辨之結構（differentiated structure）的本體論，認為本體論的實在是獨立於其經驗效果的動因性力量（causal powers），他的哲學因此在人文及社會科學的領域中，開啟一種非化約主義式（non-reductivist）及非實證主義式（non-positivist）的因果解釋。

他曾經提出一張圖（如圖 3-2 所示）來說明科學發現的三步驟（Bhaskar, 1975/1979, pp. 144-146）。古典經驗論的傳統（包含實證主義）僅止於第一步，新康德學派的傳統看到第二步的必要，但它卻沒有像先驗實在論那樣，旗幟鮮明地說清楚第三步所蘊涵的意義。

▣ 實證論者的知識工作

從「批判實在論」的這三個步驟可以看出：科學哲學的發展曾經經歷過三次大的典範轉移（如圖 3-2 所示）：「古典經驗論」（classical empiricism）以休謨作為代表，這一派的思想家認為，知識的終極對象是原子事實（atomic facts），這些事實構成我們觀察到的每一事件，它們的結合能夠窮盡我們認識自然所必要的客觀內容。「知識」和「世界」兩者表面的許多點，有同構的對應關係（isomorphic correspondence）。

由古典經驗論的背景分歧出的是「實證主義」。實證主義者採取了「極端經驗論」的立場，認為藉由感官經驗所獲得的事實（empirical facts），就是唯一的「實在」（reality），科學家不必在「經驗現象」背後，追尋任何造成此一現象的原因或理由。實證主義者的這種「本體論」立場，讓他們相信：科學方法「證實」過的知識就是「真理」，因此他們在「方法論」上主張「實證論」，邏輯實證論者更旗幟鮮明地主張：「一個命題的意義，就是

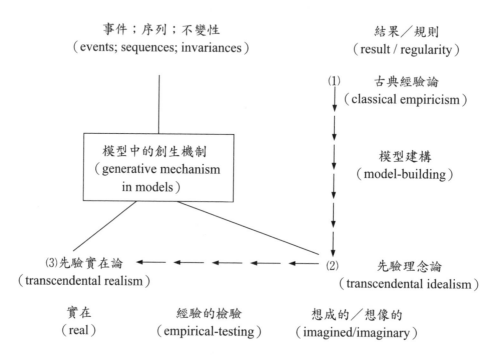

圖 3-2　科學哲學的典範轉移

資料來源：取自 Bhaskar（1975, p. 174）

證實它的方法」（Schlick, 1936）。

　　西方哲學的基本立場是在「變異」（becoming）之中思索「存在」（being），邏輯實證論並沒有背離這一立場。然而，對於邏輯實證論者而言，邏輯是支撐世界的先驗性形式架構，它是「先於一切經驗的」。而世界則是「依其本來面目而存在的」，世界的邏輯結構是「統一科學」（unification of science）的基礎，「即使沒有世界，也會有一個邏輯」（Wittgenstein, 1945/1953）。

▣ 先驗的理念論

　　和「實證主義」立場相反的是康德提出的「先驗的理念論」，以及大多

數「後實證主義」者所衍伸出的各種不同版本。依照這一派的觀點，科學研究的對象是實在的（real），其「本體」（noumenon）卻是「超越」（transcendent）而不可及的，永遠不可為人所知。人類感官能知覺到的，僅是表徵「實在」的現象而已。由於實在的「物自身」永不可及，科學家從事科學活動的目標，是要用他創造的想像力（creative imagination），以「先驗的理念」（transcendental ideas）建構理論，描述自然秩序或模型。這種目標是人為的建構，它們雖然可能獨立於特定的個人，但卻不能獨立於人類的活動，所以必須經得起科學學術社群用各種不同的「實徵研究方法」（empirical research methods）來加以檢驗。

正是因為：科學研究對象的本體（即「物自身」）是超越而永不可及的，科學家所建構的理論僅是「接近真理」而已，它並不代表「真理」，所以必須經得起科學社群的成員用各種不同的方法來加以「否證」（Popper, 1963/1986），因此它的方法論立場是「否證論」，而不是「實證論」。

▣ 「先驗的機制」

第三種立場是「批判實在論」者所主張的「先驗的實在論」。它的本體論雖然也採取「實在論」的立場，但它卻認為，科學研究的對象，既不是「現象」（經驗主義），也不是人類強加於現象之上的建構（理念論），而是持續存在並獨立運作於我們的知識之外的實在結構（real structure）。科學活動的目標在於找出產生現象的結構性「機制」（generative mechanism），這種知識是在科學活動中產生出來的。依照這種觀點，科學理論既不是自然的一種「表象」（epiphenomenon），自然界中存在的事物也不是人類製作出來的產品。「知識」和「世界」兩者都是有結構、可分化，並且不斷在變異之中的；後者獨立於前者而存在。

從批判實在論的觀點來看，本書第四章所要提出的「自我的曼陀羅模型」（黃光國，2015；Hwang, 2011）以及「人情與面子的理論模型」（Hwang, 1987, 2012），都是一種普世性的「機制」，它是一種「先驗的實

在」（transcendental reality），不論是哪一個文化中，都是可以適用的。如果我們對源自西方的科學哲學不能有相應的理解，我們如何能夠建構出這些普世性的理論模型呢？

第六節　一心開多門

在〈佛學、西學與當代新儒家〉一文中，傅偉勳（1996）指出，牟宗三所謂「一心開二門」的說法，是他對於《大乘起信論》採取一種「儒家心學」的創造性詮釋，這本經典還有各種不同的詮釋，問題並不那麼簡單。在傅氏自己所著的《大乘起信論義理新探》一書即指出，此書有法藏的《大乘起信論義記》為首的「如來藏緣起說」、宗密的「華嚴一心圓頓」詮釋理路、「天臺不二法門」的詮釋理路、「頓悟禪」詮釋理路等詮釋方式，牟氏顯然採取華嚴別教的「如來藏緣起」詮釋進路。

「一心開二門」的擴充

傅氏質疑道：即使我們承認一心開二門的說法是真常唯心論，在佛學界仍存在一個根本問題：究竟實體性意味的如來藏思想或真常唯心論，是否違背佛教的「無我」理念？是否屬於外道？

他批評牟氏不但對於《起信論》的「一心」硬加一種「創造性誤讀」，更且判定此「一心」即是儒佛共有的無限智心，皆屬「無執」，不過儒心的「無執」勝過佛心的「無執」。傅氏認為，「此類判教毫無道理」，因為道德畢竟是世俗人間之事，屬於「有執」；只有超世俗的無漏善清淨心，才是徹底超越世俗道德的「無執」。他期望：「問題有待繼承牟氏理路的新一代學者重新探討，通過公平開誠的儒佛對話，或有消解無謂爭議的一天。」

基於這樣的見解，傅氏認為，就算再退一步承認，「一心」即是儒家道德主體性本位的真常「良知」，這仍不等於說，良知有其存有論的超越性根據。他建議牟氏的「一心開二門」必須擴充為「一心開多門」，依多元開放

的探索精神，在「心性本然門」與「心性應然門」之下，還有「心性實然門」的科學心性論，來因應西方科學對於儒家心性論的挑戰。

▣ 西學之體

　　傅氏指出，專就西學而言，科學（或擴大而成的現代科技）並不是從張之洞到當代新儒家的中體西用論者所認為的那樣，只構成西學之「用」。當代新儒家由於時代與學識的限制，未能適切處理科學的挑戰問題，那麼未來儒學就必須徹底打破中體西用論的過時觀念，重新理解由科學帶頭的西學之「體」究竟是什麼。我們中國學者常埋怨嘆惜西方人士不了解中國文化之「體」，但是我們也該捫心自問，與鄰邦日本相比，我們出版了多少有關西學的書，我們自五四到現在有否真正了解過西方文化之「體」，虛心接受過西學的挑戰？

　　康德三大批判書的撰著次序正顯示出，西學之「體」就在首先尊重數學與科學探索的求真精神與成果，如此論盡經驗知識的成立及其學理根據之後，才進一步探討科學所無法涉及的人倫道德、宗教信仰乃至審美意識等價值問題。

　　從本書的論述脈絡來看，「一心開多門」的建議對於華人自主社會科學傳統的建立，具有極其重要的意義，必須再作進一步的析論。

本章小結　

　　我一再強調：要想建構出「含攝文化的心理學」，必須遵循文化心理學所提出的一項基本原則：「一種心智，多種心態；普世主義，考量分殊」（One mind, many mentalities; universalism without uniformity）（Shweder et al., 1998, p. 871）建構出來的理論，既能說明人類共有的「心智」，又能反映某一特定文化中的「心態」。所謂「心智」是指「人類認知歷程實際或可能之概念內容的整體」（Shweder, 2000, p. 210），它主要是由生物因素所決定

的。所謂「心態」是被認知及被激發之「心智」的子集合，某些特定個人或人民曾經投注並擁有它，因此可以作為文化心理學研究的對象。

從本書第六章「自性的心理動力模型」來看，所謂「被認知及被激發之『心智』的子集合」，只不過是「自我」之意識所能及的範圍，並未包括儲存於潛意識，尤其是「集體潛意識」中的內容。

相對之下，所謂「心智」，既然是指「所有」「人類認知歷程實際可能之概念內容的整體」，在一個特定的文化傳統裡，某一種「文化系統」被開發出來之後，它即可能透過人們默會學習的方式，進入這個文化群體的「集體潛意識」裡，而成為該文化群體中一部人的「實作理路」。此後任何一個文化中的某一特定個人，都可能基於某種動機，而刻意地去學習該「文化系統」，使其成為自己的「論述理路」。他對該「文化系統」的論述愈是精熟，該文化系統愈可能以「結構理路」的方式，儲存在他的「個人潛意識」裡。

用傳偉勳的概念來說，當一個人能夠以「結構理路」的方式，論述某一種「文化系統」的時候，他已經為自己的「心」開了一扇「門」，而能夠運用該「文化系統」中的元素來解決他在其生活世界中所遭遇到的各種問題。

對一個知識分子而言，他所學習過的「文化系統」愈多，這些儲存在其「個人潛意識」中的「文化系統」，就愈有可能成為他從事文化創造的資源。由於人類已經開發出來的「文化系統」不斷地增加，對於現代社會中的「庶人」而言，或許只要「一心開二門」，便足以應付生活中的各項問題。但對於現代社會中的知識分子（「士」）而言，卻必須要「一心開多門」，有意識地學習較多的「文化系統」，這些「文化系統」才有可能在潛意識中幫他解決所遭遇到的各項問題。這就是陸九淵所說的「宇宙便是吾心，吾心便是宇宙」，「吾心」是可以與「宇宙」相連的。

了解了我的基本立場，在接下來本書第二部分的三章中，我們就可以以實際的例子來說明：我如何以「多重哲學典範」的研究策略，來建構「含攝文化的理論」。

第二部

傳承儒家的科學進路

第四章　「自我」與「關係」的普世性理論

　　從本書第一、二章的析論，我們可看出：不論是從胡賽爾的現象學或海德格的存在主義來看，我們要想以「儒、釋、道」三教合一之東亞文明作為基礎，發展「修養心理學」，來與西方主流的「正向心理學」相抗衡，以減緩「人類中心主義的危機」。首要之務，就是以西方的科學哲學為基礎，建構關於「人」的理論模型，幫助我們了解自身。

　　回顧本土心理學的發展，我們也得到類似的結論。一項大規模的國際調查顯示：從 1980 年代開始，全球各地許多非西方國家都有人在推動本土心理學研究（Allwood & Berry, 2006）。大多數本土心理學者都認為，發展本土心理學並不是他們的最終目的，他們的最終目的是希望能夠藉此發展出亞洲心理學（Ho, 1988）、全球心理學（Enriquez, 1993），或普世心理學（Berry & Kim, 1993; Kim & Berry, 1993），在臺灣提倡本土心理學的楊國樞（1993）也主張：發展本土心理學的最終目的，是要建立「人類心理學」或「全球心理學」。

第一節　本土心理學的目標

　　建立「人類心理學」或「全球心理學」可以說是本土心理學的知識論目標。然而，從「本土心理學」過渡到「亞洲心理學」、「全球心理學」、「普世心理學」或「人類心理學」，都蘊涵著一種「哲學的轉換」（philo-sophical switch）。本土心理學者必須在他們的「本體論／認識論／方法論」上作徹底的轉變，方能克奏其功。

⊡ 結構主義

　　某些文化心理學者對於本土心理學此種知識論目標，做過更精確的描述。1999 年 8 月，在臺北舉行的「第三屆亞洲心理學」會議，邀請了六位對本土心理學、文化心理學和跨文化心理學有深入研究的學者進行主題演講。在格林菲爾德（Greenfield, 2000, p. 229）的主題演講中，她毫不含糊地指出：

> 　　要將文化納入主流心理學中，不能單只靠呈現有關群體差異的資料，不論這些差異是多麼令人興奮或多麼的具有戲劇性。
> 　　我最重要的理論使命是要提出文化之深層結構的概念。在語言裡，深層結構是具有衍生性的，文化深層結構的原則可以在無限多的領域和情境中衍生出行為以及行為的解釋。我相信在個體主義和集體主義、獨立和相依，以及關係或個人取向等的概念，都顯示出一種共同的深層結構。

　　從結構主義的角度來看，由文化所塑造的人類心理「深層結構」，必然有其特殊的功能，能夠滿足人類的某些需要。人類心理「共同的深層結構」，必然有其「共同的心理功能」，能夠反映人類「心理功能的不變性」（Poortinga, 1999）。本土心理學者要想達成建立「全球心理學」或「普世心理學」，就必須建立適切的心理學理論，它既能反映人類心理「共同的深層結構」，又能說明人類「共同的心理功能」。

⊡ 一種心智，多種心態

　　文化心理學者舒威德（Richard Shweder）曾經提出一個非常出名的觀點，他強調文化心理學的基本主張是：「一種心智，多種心態；普世主義，考量分殊」（One mind, many mentalities; universalism without uniformity）（Shweder, Goodnow, Hatano, LeVine, Markus, & Miller, 1998, p. 871）。所謂

「心智」是指「人類認知歷程實際或可能之概念內容的整體」（totality of actual and potential conceptual contents of human cognitive process）（Shweder, 2000, p. 210）。所謂「心態」是被認知及被激發之「心智」的子集合（that cognized and activated subset of mind），某些特定個人或人民曾經投注並擁有它，因此可以作為文化心理學者研究的對象。

　　人類心智的「深層結構」及其心理學功能都是一樣的，但在不同社會中生活的人，卻會隨其生活環境的不同，而發展出不同的心態。本土心理學者希望達成普世心理學或全球心理學的目標，是希望他們所建構出來的知識體系，既要能夠反映人類「心智」（mind）共同的「深層結構」，也要能夠說明某一文化中人們所獨有的「心態」（mentality）。基於這樣的信念，我所發展出來的心理學土本化策略，包含兩個明顯的步驟：第一步先建構有關「自我」與「關係」的普世性模型；第二步再以這種普世性模型為基礎，詮釋某種特定的文化傳統，建構出「含攝文化的理論」（黃光國，2017；Hwang, 2015a, 2015b）。

　　我想先從建構「自我的曼陀羅模型」的故事（黃光國，2011，2015；Hwang, 2011），展開本章關於第一步的論述。2010 年 7 月 23 至 27 日，「亞洲本土及文化心理學會」（Asian Association of Indigenous and Cultural Psychology）在印尼日惹的 Gadjah Mada 大學宣布成立，並召開第一屆國際會議。我被推選為會長，並在主題演講中指出，西方心理學者已公開承認：當前西方的心理學理論，是以來自西方（Western）、高教育水準（Educated）、工業化（Industrialized）、富裕（Rich）和發達（Developed）社會的（WEIRD）怪異樣本作為基礎，所建構出來的。由於以個人主義作為預設的西方心理學理論過於「怪異」，並不適用於非西方國家；非西方國家發展本土心理學的主要使命，就是以「關係主義」作為預設，建構一系列的理論，對西方心理學發動「科學革命」，取代西方「怪異的」心理學理論，來解決本土社會的問題。

第二節　婆羅浮屠與壇城　

　　會議結束後的 7 月 27 日早上，在會議主辦單位的刻意安排之下，我與內人，以及印度德里大學的 Girishwar Misra 教授、日本東京大學的 Susumu Yamagushi 教授，在當地心理系研究生 Hakim 的引導之下，一起去參觀當地著名的「婆羅浮屠」佛塔（Borobudur Temple）。

▣ 婆羅浮屠

　　「婆羅浮屠」位於日惹市西北 40 公里處，完成於第九世紀，據說是由當時統治爪哇島的夏連特拉王朝的統治者所興建，是當時世界上最大的佛教建築物。後來因為火山爆發，使這座佛塔下沉，並隱蓋於茂密的熱帶叢林中將近千年之久，直到十九世紀初才被清理出來，與中國的長城、埃及的金字塔，以及柬埔寨的吳哥窟並稱為古代東方的四大奇蹟。

　　婆羅浮屠本身就是一整座大佛塔，其主要建築分為塔基、塔身和塔頂三個部分。這座塔共九層，下面的六層是正方形，上面三層是圓形。塔基是一個邊長為 123 公尺的正方形，高 4 公尺。塔身由五層逐漸縮小的正方形構成。第一層距塔基的邊緣 7 公尺，然後每層以 2 公尺的差距縮小，留下狹長的走廊。塔頂由三層圓形構成，每一層上建有一圈多孔的舍利塔，三層的舍利塔形成三個同心圓；頂層的中心是一座圓形佛塔，總共被七十二座鐘形舍利塔團團包圍，每座舍利塔裝飾著許多孔，裡面端坐著佛陀的雕像（Soekmono, 1976）。

　　我第一次看到婆羅浮屠是在 1993 年，當時我應印尼僑社之邀，來此演講。2002 年，國際文化比較心理學會在日惹召開國際會議，我又舊地重遊。兩次參觀雖然都讓我對這座宏偉莊嚴的佛塔留下深刻印象，但內心並沒有產生太多聯想。這次來印尼開會之前，我剛好出版《反求諸己：現代社會中的修養》（黃光國，2010）一書，心中正在思考：本土心理學當前最迫切需要

的理論突破，就是建構一種能夠滿足「一種心智，多種心態」之條件的自我理論。當導遊介紹婆羅佛塔的結構圖時，我心中不禁聳然一驚：婆羅佛塔的結構不就是西藏佛教中的曼陀羅嗎？

當導遊談到：佛塔的三個部分代表著佛教的三個修練境界，即：欲界（Kamadhatu）、色界（Rupadhatu）和無色界（Arupadhatu）。塔基代表欲界，五層的塔身代表色界，而三層圓形的塔頂和主圓塔代表無色界。1885 年人們在塔基的下面發現了一個隱藏的部分。這隱藏的塔基上刻有浮雕，其中的 160 幅描繪了真實的欲界。色界有細緻佛教故事雕刻的方形，到了無色界變化為毫無裝飾的圓形，象徵著人們從拘泥於色相的色界過渡到無色界（Soekmono, 1976）。我心中忽然恍然大悟：原來婆羅浮屠和壇城一樣，都是自我之生命境界的原形！

▣ 壇城

西藏佛教中的壇城，稱做曼陀羅（Mandala），通常是以彩色繪成，象徵佛菩薩的莊嚴世界，其基本結構為內圓外方，意即慈悲與智慧。在藏傳佛教的大法會中，通常會請幾位僧人用一、兩個星期的時間，以五彩細沙，製作壇城。沙壇城的製作，有一定的規矩，製作過程便是一種禪定與智慧的訓練。製作完成的沙壇城，圖案對稱，色彩鮮豔，壯麗莊嚴，加持法會會場和平吉祥，同時也加持參加法會的大眾所願皆遂，法喜充滿。

法會結束之後，僧人立刻以手指將沙壇城劃破，再將彩色細沙分由信眾帶回家供養，剩下的沙子則灑在河中或大地。壇城象徵佛教修持對自身生命境界所造成的轉化；壇城由製作到毀壞的過程，象徵自身生命的成、住、壞、空；製作和對待壇城的態度，則蘊涵了佛教最高的生命智慧：「凡事認真，卻不當真」。佛教相信業力因果，「生滅隨緣至」，諸法因緣生，諸法因緣滅，一切事情的成敗苦樂都要由自己承擔，所以要凡事認真；另一方面，佛教又相信緣起性空，世間萬事萬物皆變化無常，所以不必當真。

西藏僧侶製作壇城的過程中，所蘊含的智慧，幾乎已經包含了東方文化

中「自我修養」的主要概念。曼陀羅內圓外方的結構，則是「理想自我」（ideal self）的象徵，它表現了心靈的整體性，涵融了人類和外在世界的關係。

◙ 生命的終極目的

在榮格所編的《人及其象徵》一書中（Jung, 1964），收錄了傑菲（Aniela Jaffe）所寫的〈視覺藝術中的象徵主義〉這篇論文。文中指出，在西元1000年左右時出現的各種教派和運動中，煉金術士扮演了極重要的角色，他們尋求的是包括人類心靈與肉體在內的圓滿整體，並為此圓滿整體創造了許多名字和象徵，其中一個核心象徵稱作「正方的圓形」（guadratura circle），這名稱聽起來令人感到困惑難解，其實它可以用一個標準的曼陀羅原型表現出來，婆羅浮屠這座「立體壇城」中的欲界、色界和無色界，則具體表現出，自我經由修持而可能達到的不同境界。

在傑菲的這篇論文裡，她指出，不論是在原始人的太陽崇拜，或在現代宗教裡、在神話或在夢裡、在西藏僧侶繪製的曼陀羅裡，或是在文明社會中世俗和神聖建築的平面圖裡，圓的象徵都是指向生命最重要的境界，即生命的終極圓滿（ultimate wholeness），而方形則是世俗事物、肉體與現實的象徵。

在印度用來觀想的「護符」（yantras）中，有一種相當普遍的主題是兩個相互交叉的三角形，其中一個三角形頂點向上，另一個頂點向下。在印度教中，這種形狀象徵濕婆神（Shiva）和剎克蒂神（Shakti）陰陽神性的結合；在中國，陰陽結合則是以太極圖來代表。這種結合圓滿實現了所有宗教的最終目的——天人合一，或靈魂與上帝的結合。其象徵意義與曼陀羅更普遍的圓形相似，它們代表了心靈或自我的圓滿狀態，在這種狀態中，意識與潛意識的作用是互相融攝的。

◙ 基督教的發展

基督宗教藝術的核心象徵不是曼陀羅，而是十字架。在凱洛琳王朝時代（Carolingian Times）之前，等邊的或希臘式的十字架都是普遍的形式，然而

隨著時間的發展，十字架的重心逐漸上移，呈現出目前在直長橫短的拉丁形式。這個發展很重要，它反映出中世紀盛期基督宗教的內在發展，象徵人類信仰重心的移動，從塵世「向上」提升到精神領域。這個趨向源自於實踐基督訓示的一種希望：「我的王國不在這個塵世上。」因為只有天堂才能給出充滿承諾的召喚，中世紀的人把希望寄託在彼岸，世俗生活、這個世界和肉體，都是必須超越的力量。

在中世紀的神秘主義（mysticism）中，這種努力達到了巔峰。彼岸的希望不僅表現在十字架重心的上升，同時也表現在哥德式大教堂不斷增加的高度上。這些教堂十字形的建築平面圖，是拉長了的拉丁十字架，似乎是要挑戰地心引力法則。然而教堂中心的聖水器洗禮池，仍然是標準的曼陀羅平面圖。

在文藝復興的萌芽時期，歐洲人的世界觀開始產生了革命性的改變。在中世紀晚期達到巔峰的「向上」運動，開始反轉過來，西方人轉回到俗世之中，重新發現了自然與肉體之美，首次開始環遊世界，並證明了世界是球體。機械法則與因果律成為科學的基礎。宗教情感、非理性主義、神秘主義的世界，這些在中世紀風靡一時的東西，愈來愈被邏輯思維的傲人成就所掩蓋。

第三節 「方以智」與「圓而神」

牟宗三（1955）在他所著的《歷史哲學》一書中，也用「圓」、「方」，以及類似拉丁十字架「向上」的意象，來比較東西文化之差異。牟氏認為，儒家文化是以孟子「仁義內在，性由心顯」的哲學作為核心，而展現出來的，其文化生命可稱之為「綜和的盡理之精神」；有別於西方的「分解的盡理之精神」。

▣ 綜和的盡理之精神

在「綜和的盡理之精神」一詞中，所謂的「綜和」是指「上下通徹，內

外貫通」；所謂的「盡理」，則是指荀子所說的「聖人盡倫者也，王者盡制者也」、孟子所說的「盡心之知性以知天」，以及《中庸》所說的「盡己之性，盡人之性，盡物之性」。「盡心盡性是從仁義內在的心性一面說，盡倫盡制是從社會禮制一面說，其實是一事。盡心盡性就要在禮樂的禮制中盡，而盡倫盡制亦就算盡了仁義內在之心性。」牟宗三認為，心、性、倫、制都是道德生命的發揮，都可以稱之為「理」。這種盡理是「綜和的盡理」。「其所盡之理是道德政治的，不是自然外物的，是實踐的，不是認識的或『觀解的』（theoretical），這完全屬於價值世界事，不屬於『實然世界』事」。中國的文化生命完全是順這一條線而發展出來的。

　　希臘是西方文化源泉之一，他們首先要把握的是「自然」，在探索外界自然的過程中表現出其心靈之光。生命是內在的，自然是外在的。「所以中國人之運用其心靈是內向的，由內而向上翻；西方則是外向的，由外面向上翻」。能觀解的「心靈之光」是智，其觀解的是自然，由外而向上翻，就是以「智」把握自然宇宙所以形成之理，所以西方文化「智」的方面特別突出，是「智的系統」，其文化系統背後的根本精神則是「分解的盡理之精神」。

🔲 分解的盡理之精神

　　牟宗三（1955）所謂的「分解」具有三種不同的意義，第一是抽象；第二是偏至；第三是善用概念。任何理論模式都是抽象的，所謂抽象，必然是取某一面相，而捨棄其他面相，所以具有「偏至」和「限定」的意涵。偏至於某一面相，則形成確定概念，人們就可以遵循概念，作各種推論，這就是牟氏所謂的「善用概念」。牟氏認為，「分解的精神」是方方正正的，是層層限定的，用《易經》的話說，就是「方以智」的精神，而中國「綜和的盡理之精神」則是「圓而神」的精神。「至於『分解的盡理』中之『盡理』，從內容方面說，以邏輯數學為主。若籠罩言之，則其所盡之理，大體是超越而外在之理，或以觀解之智『是什麼』之對象而特別彰著『有』之理（Being）」。

　　牟宗三所說的「分解的盡理之精神」，就是希臘「學術的傳統」。他認為，在希伯來宗教傳統下產生的基督教精神，也是分解的盡理之精神。因為基督教精神是隔離的、偏至的，所以基督教為了證實上帝之絕對性、純粹性，可以放棄現實的一切，甚至放棄現實的生命。可是，因為人與上帝之間「睽隔不通」，人永遠不能為上帝。相對之下，在中國文化中，人卻可以與天地萬物為一體，人人可以為聖人，因而中國文化是「圓盈型態」的文化，而西方文化是「隔離型態」的文化；基督教為「離教」，而儒教為「圓盈之教」。

　　用前述曼陀羅的結構來看，中國「綜和的盡理之精神」「由內向上翻」，所追求的「圓而神」的生命境界，可以用「太極圖」來表示；西方「分解的盡理之精神」「由外向上翻」，所追求的生命境界，則可以用「十字架」來表現。理性思考的結果，西方人發現：人不可能變成上帝，人與上帝之間睽隔不通，所以又回歸到現實的世俗世界，用「方以智」的精神發展自然科學，造成西方文化的現代化。

◩ 自我生命的深層結構

　　牟宗三（1955）以儒家文化「綜和的盡理之精神」與西方文化「分解的盡理之精神」相互比較，他所關注的是「中國文化現代化」的問題。為了方便說明他的理論，不得不以「圓而神」和「方以智」二元對立的方式，來突顯中、西文化之對比。事實上，作為世界七大奇蹟之一的婆羅浮屠，才真正代表人類自我生命的深層結構。人類出生後的幼兒時期，都是處在「欲界」之中，只會追求基本欲望之滿足；長大成人後，則進入「色界」的各種不同階段；心智完全成熟之後，才會思索「無色界」的諸般問題，追求終極圓滿的人生境界。以曼陀羅內圓外方的結構所代表的「方形的圓」，代表了成年人自我的深層結構。換言之，不管是在哪一個文化之中，成年人自我的深層結構都是由「方以智」和「圓而神」所構成；西方現代的文化只不過是文藝復興運動發生之後，西方人放棄掉對「彼世」的追求，使其「智」的文化特別發達而已。

第四節　自我的曼陀羅模型

在 2010 年的該次會議之後，我提出了「自我的曼陀羅模型」（Hwang, 2011），並出版《心理學的科學革命方案》一書（黃光國，2011），以說明我的學術主張。在這個普世性的「自我的曼陀羅模型」（如圖 4-1 所示）中，所謂「自我」，是指業經社會化而具有反思能力的個人，其生活世界可以用曼陀羅內圓外方的結構圖來表示。在婆羅浮屠的「三界」中，他是處在「色界」裡的一位成人。

圖 4-1 中的「自我」（self）處於兩個雙向箭頭之中心：橫向雙箭頭的一端指向「行動」（action）或「實踐」（praxis），另一端則指向「知識」（knowledge）或「智慧」（wisdom）；縱向雙箭頭向上的一端指向「人」（person），向下的一端指向「個體」（individual）。從文化心理學的角度來看，這五個概念都有特殊的涵義，都必須作進一步的分疏。

▣ 「人／自我／個體」

「人」、「自我」和「個體」的區分，是人類學者哈里斯（Harris, 1989）回顧大量的人類學文獻後，所提出來的一組概念。她指出，不論是在哪一個文化裡，人格的結構都是由「人／自我／個體」三個層次所組成的。在西方的學術傳統裡，個體、自我和人這三個概念有截然不同的意義：「個體」（individual）是一種生物學層次（biologistic）的概念，是把人（human being）當作是人類中的一個個體，和宇宙中許多有生命的個體並沒有兩樣。

「人」（person）是一種社會學層次（sociologistic）或文化層次的概念，這是把人看作是「社會中的施為者」（agent-in-society），他在社會秩序中會採取一定的立場，並策劃一系列的行動，以達成某種特定的目標。每一個文化，對於個體該怎麼做才算扮演好各種不同的角色，都會作出不同的界定，並賦予一定的意義和價值，藉由各種社會化管道傳遞給個人。

　　「自我」（self）是一種心理學層次（psychologistic）的概念。在圖 4-1 的概念架構中，「自我」是經驗匯聚的中樞（locus of experience），他在各種不同的情境脈絡中，能夠作出不同的行動，並可能對自己的行動進行反思。

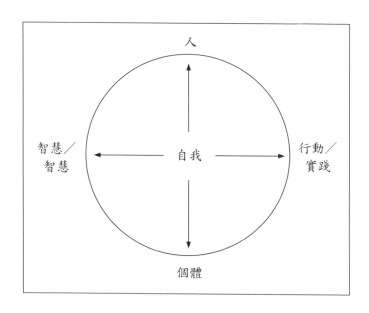

圖 4-1　自我的曼陀羅模型

□ 反思與論述

　　用吉登斯（Giddens, 1993）的構動理論（structration theory）來說，作為施為之主體的自我，具有兩種重要的能力：「反身性」（reflexivity）意謂他能夠覺察自己的行動，甚至能夠給出行動的理由；「能知性」（knowledgeability）則是指他能夠記憶、儲存並整理各種不同的知識，使其成為整合良好的個人知識系統。

　　然而，人並不一定會對自己的每項行動都進行反思。依照吉登斯（Giddens, 1993）的說法，行動者的實作意識（practical consciousness），使

他能夠以默會的方式，熟悉並身體化某種實作的技巧或知識。布爾迪厄（Bourdieu, 1990）的「建構主義的結構論」（constructivist structuralism）則是以「慣習」（habitus）這個概念，來說明這種藉由身體（embodied）所表現出來的結構化特質，它是在某一社會結構條件下，行動者所形成的實踐或行動傾向，讓行動者得以在特定的時空情境和社會關係網絡中，表現出具有一定秩序的動態的身心實踐形式。

行動者的實作意識雖然也有規則可尋，但一般人通常只能心神領會，知道如何（how）實作，但不一定知道自己為何（why）要如此作。然而，當個人「反思地監視」（reflexively monitor）自己以及他人的行動時，他的「論述意識」（discursive consciousness）卻使他能夠計算並評估自己行動的後果，同時為自己及其他人的行動提供合理化的理由。

☐ 自我的雙元性

從心理學的向度來看，個人反思覺察（reflexively awareness）的能力會使個人產生自我的雙元性（duality of self）：作為「主體」（subject）的自我能夠整合自己的行為，使自己與其他人有明顯的不同，並以之作為「自我認同感」（sense of self-identity）的基礎。同時，自我又能夠以自己作為反思覺察的客體，看出自己和世界中其他客體之間的關係，並把自己看作是某一特殊社會群體中的一部分，而獲致一種「社會認同感」（sense of social identity）或「個人認同感」（sense of personal identity）。

個體的「自我認同」和「社會認同」對於自我所要進行的反思工作，具有十分重要的意涵。當個人在日常生活中因為扮演某種角色，而作出各種社會行動時，如果他習以為常的「慣習」能讓他順利處理日常中的事物，則他可以不必進行深度的反思工作；相反地，如果他的「慣習」不能讓他解決他所面臨的問題，則他必須開始用他「個人知識庫」（personal stock of knowledge）所儲存的知識，來進行反思並解決困難。

當個人認同於某一社會群體的時候，他必須跟他人進行溝通，並進行社

會實在的建構（the construction of social reality）。作為社會群體的一員，他們建構出來的社會實際上也可能遭遇到某些共同的問題。在必要的時候，個人就必須進入社會知識庫，搜尋資料，設法解決整個社群所面臨的共同問題。

在上述的自我理論中，「個人知識庫」和「社會知識庫」是兩個非常重要的核心概念，必須從不同的角度來加以詮釋。首先，我們可以從皮亞傑的認知發展理論，來說明「個人知識庫」的主要內容。

▣ 認知的圖式

皮亞傑（Piaget, 1977）所提出的「發生認識論」認為，知識既不是像「理念論」者所主張的先驗的「真理」，也不是像「經驗論」者所說的，是由感官經驗所決定的，而是在認識過程中，認識主體與客體交互作用的產物。他所主張的互動論（interactionism）認為，一切認識，甚至知覺認識，都不是現實的簡單摹本。認識總是包含，將對客體的新經驗融入於先行結構的過程。

在皮亞傑的心理學和認識論中，「圖式」（scheme, schema）是個十分重要的核心概念。所謂「圖式」是指：在同一類活動中，可以從一個情境移轉到另一個情境的認知結構，它可以協調具有相同性質的各種行動，將具有同樣特徵的所有活動予以同化，並且在重複運用中仍然能夠保持其共同性。比方說，一個兒童蒐集玩具的行為，和他稍長後蒐集郵票的行為，可能都是出自於「聚集的圖式」；將石頭、木塊或數字序列依大小加以排列，則是出自「秩序的圖式」。

如此我們可以發現很多的圖式。由於一個活動包含著許多行為，通常需要許多圖式才能使某一項活動結構化；換言之，在大多數情況下，圖式並不是單獨發生作用的。人的智力行動，就是使各個認知圖式互相協調，使之串聯到一個整體的系統之中。

▣ 適應的歷程

皮亞傑認為，生命必須不斷對變化的外在環境進行適應（adaptation），

人類的智能不過是生命在其演化過程中，所採取的一種「適應」形式。更清楚地說，智力是在生命的成長與總體運動過程中，通過各種不同的適應形式，逐漸發展出來的。它是生物適應環境的一種特殊形式：生物有機體適應環境的方式，是運用物質材料在其世界中進行建造；智力適應環境的方式，則是運用精神材料進行新的創造。

所謂「適應」，是生物有機體隨著環境的變化，不斷地變化自身，以與環境相互協調，而達到平衡的一種歷程，其目的在於追求生物體的自我保存與維持。適應的歷程（process of adaptation）主要包含兩種：「同化」（assimilation）是生物有機體自身不變，而將環境因素整合到生物有機體既有的結構之中；「順化」（accommodation）則是生物有機體以改變自身的方式，來應付環境的改變。同化與順化之間達到平衡（equilibrium），便是所謂的「適應」。

智力活動的適應過程亦是如此。就「同化」的歷程而言，智力活動必須將來自於外部現實的經驗材料予以結構化，歸併入認識主體的智力結構或「圖式」中；就「順化」的歷程而言，智力活動也要不斷地改變這些結構或「圖式」，以適應新的環境。「同化」與「順化」兩種機制的運作，是一種雙向的辯證過程：只有當「同化」和「順化」達到平衡，智力的結構或「圖式」成為一個穩固的系統時，適應過程才告達成。

第五節　人情與面子的理論模型

圖 4-1 中，橫向雙箭頭的一端指向「行動」或「知識」；縱向雙箭頭分別指向「人」與「個體」。這意思是說，「色界」中的自我，其實是處於一種力場（field of forces）之中。當他要採取行動時，其決定可能會受到幾種力量的拉扯。尤其是當他自我認同於某種社會角色時，一方面必須思考：自我應當如何行動，才配稱為是一個社會性的「人」；一方面又因為自己同時是生物性的「個體」，而受到各種欲望的拉扯。當他要採取行動獲得某種資

源以滿足自己的需求,卻遭到問題時,可能先以「個人知識庫」中所儲存的資訊進行反思;如果問題仍然無法解決,便可能更進一步進入「社會知識庫」中去找尋答案。

▣ 社會交換的資源

行動主體為了自己的生存及發展,必須從其生活世界中,獲取各種不同的資源以滿足個體的需要。學者(Foa & Foa, 1974, 1976, 1980)提出的社會交換資源理論將資源分為:愛情、地位、訊息、金錢、物品及服務等六類,這些資源在「具體性」(concreatness)和「特殊性」(particularism)此兩個向度上各有不同的屬性,如圖 4-2 所示。所謂「具體性」是指,某類資源具體或抽象的程度;所謂「特殊性」是指,個人只能從某些特定的社會對象獲得該項資源。比方說,在圖 4-2 中,「愛情」的「特殊性」最高,而其「具體性」居中,這表示個人只能從某些特定的對象獲得「愛情」,在其他地方則無法獲得。「金錢」的「特殊性」最低,「具體性」居中,這意味著「金錢」可以用來和不同的對象換取不同的資源。

▣ 關係的存在

在《關係的存在》(*Relational Being: Beyond Self and Community*)一書中,著名的歷史心理學者葛根(Kenneth J. Gergen)指出,不論是在哪一個文化裡,人類都是一種「關係的存在」(Gergen, 2009)。西方近代所謂「個人主義」,是在特定的歷史及文化條件下被建構出來的。事實上,在任何一個社會裡,人類都不可能「遺世而獨立」,「關係」先於個人而存在。因此,我們有必要建構一個普世性的理論模型,來說明人與人之間的社會互動。

《儒家關係主義:哲學反思、理論建構與實徵研究》第四章,說明我如何回顧有關社會交換理論的文獻,建構出「人情與面子的理論模型」(黃光國,2009;Hwang, 2012)(如圖 4-3 所示)。該一模型將互動的雙方界定為「請託者」(petitioner)及「資源支配者」(resource allocator)。當「請託

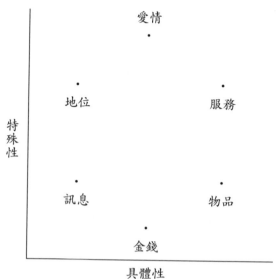

圖 4-2　社會交易之資源在特殊性及具體性二向度上之位置

資料來源：Foa 與 Foa（1974, 1976, 1980）

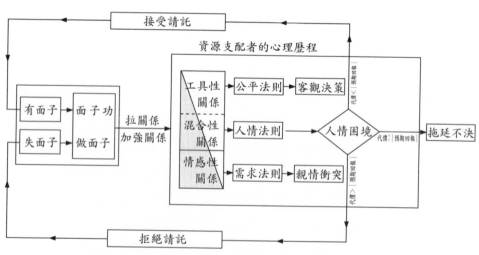

1.自我概念　2.印象裝飾　3.角色套繫　1.關係判斷　2.交換法則　3.心理衝突

圖 4-3　人情與面子的理論模型

者」請求「資源支配者」，將其掌握之資源作有利於「請託者」的分配時，「資源支配者」心中所做的第一件事是「關係判斷」，他要思考的問題是「他和我之間有什麼樣的關係？」

◙ 「關係」與交換法則

圖 4-3 中代表「關係」的方塊是由代表「情感性成分」的陰影部分及代表「工具性成分」的空白部分所構成。所謂「工具性成分」是指：作為生物體的個人，天生具有各種欲望，在生活中往往必須以他人作為工具，獲取各種資源，滿足一己的欲望。這樣的「工具性成分」和人與人之間的「情感性成分」常常是夾雜在一起的。依照這兩種成分的多寡，圖 4-3 以一條實線和一條虛線將「關係」分為三大類：「情感性關係」、「混合性關係」和「工具性關係」。「情感性關係」通常是指家庭中的人際關係，「混合性關係」是指個人和家庭外熟人的關係，兩者之間以一道實線隔開，表示兩者之間有相當清楚的心理區隔，家庭之外的人很難變成為「家人」。「工具性關係」是個人為了獲取某種資源，而和陌生人建立的關係，它和「混合性關係」之間以一條虛線隔開，表示經過「拉關係」之後，屬於「工具性關係」的其他人可以穿過這層心理區隔，使雙方變成「混合性關係」。在儒家文化傳統的影響之下，個人可能傾向於以「需求法則」、「人情法則」和「公平法則」等三種不同的交易法則，和這三類不同關係的社會對象進行互動。

在〈人情與面子：中國人的權力遊戲〉一文中（Hwang, 1987），作者用了許多文字描述「人情法則」在華人社會中的意義。倘若我們將華人社會中的「人情法則」看作是「均等法則」的一個特例，它強調個人一旦收受了他人的恩惠，一定要設法給予等量的回報，則「人情與面子的理論模式」應當是一個可以適用於各種不同文化的普遍性理論模型。它是生物決定的，反映出人類社會互動的普遍心智。針對這樣的主張，讀者一定會問：為什麼？作者有什麼證據可以支持這樣的論點？

社會行為的基本形式

在《社會生活的結構》一書中，斐斯克（Fiske, 1991）回顧以往社會學、人類學以及心理學的大量文獻之後，指出人類社會的關係主要可分為四種模式：

1. 社群分享（communal sharing）：這是一個等同的關係（relationship of equivalence），人們為了要達成位於個人之上的群體目標（super ordinate goal），而融合在一起，並對其集體（collectivity）有高度的認同，認為他們在某些重要的層面上都是同樣的「我們」，而不是「個人」。

2. 權威排序（authority ranking）：這是一種不平等的關係，具有可過度的不對稱性（transitive asymmetry）。如果某一特定的階層包含三個以上的人，他們可以排成線型的階層。在這種關係中，人們會依其社會的重要性或地位，來建構彼此的關係：占高階者比別人控制更多的人、物及資源，別人也認為他們擁有較多的知識及掌控事物的能力。社會關係中位階較高的人通常握有主動權，能夠做選擇並表現偏好，也能夠宰制較多的低階屬下。如果屬下對上司表現服從及效忠，高階者通常也會給予部屬保護及支持。

3. 平等匹配（equality matching）：這是個別同儕之間的平等關係，其中每一個人的影響力、貢獻及分配之份數，都是均衡的，而且可以一對一的互相對應。平等匹配的展現方式可能是輪流（turn taking），關係中的每一個人依時間順序（temporal sequence），做出同樣的行動；或是同等回報（in-kind reciprocity），人們給予並從他人處獲得同等物品的回報。在分配正義方面，平等分配採取「平等均分」（even distribution into equal parts）的方式，每個人拿到跟別人同樣的一份，所以每個人都不在意他拿到哪一份。

4. 市場計價（market pricing）：這種關係是以市場系統所決定的價值，

作為中介。在市場計價關係中，人們通常會以「價格」（price）或
「效用」（utility）這種普世性的單一尺度，來衡量相關商品或人的價
值。這種商品的評價，可以用價格的比率（ratio）來表示；在以物易
物（direct barter）的場合，則為兌換比率（exchange ratio）。

□ 創生性機制

斐斯克（Fiske, 1991）指出，這四種關係模式是人類組織各種社會不同
範疇的方法。這四種關係結構展現在人類各種情境、工作、活動種類、行動
領域、實質問題和態度之中，意味著這些結構都是產生自同一組的心理基圖
（psychological schemata），亦即人類心智共同的深層結構。

Sundararajan（2015）曾經以斐斯克（Fiske, 1991）所提出的社會行為的
四種基本形式和「人情與面子的理論模型」互相比較，結果顯示：社群分享、
平等匹配和市場計價這三種不同的社會行為，和「人情與面子的理論模型」
中的三種關係（情感性關係、混合性關係、工具性關係），以及三種交換法
則（需求法則、人情法則、公平法則）是互相對應的。至於「人情與面子的
理論模型」中，請託者與資源支配者之間的關係，則涉及雙方之間的「權力
差距」（power distance），也就是斐斯克（Fiske, 1991）理論中所謂的「權
威排序」。

從以上的比較中，我們可以看出：斐斯克（Fiske, 1991）是從結構主義
的角度，將人類社會行為的基本形式加以分類；「人情與面子的理論模型」
則是從社會心理學的角度，建構出的人類社會互動的普遍模式。用批判實在
論的哲學來說（Bhaskar, 1975, 1979），斐斯克所謂社會關係的基本形式，僅
只是一種分類體系（taxonomy）而已，「人情與面子的理論模型」則是建立
在人類心智處理社會互動的一種創生性機制（generative mechanism），所以
這樣的理論模型應當可以適用在各種不同的文化之中（見本書第三章）。

第六節　知識論的關係主義

　　「自我的曼陀羅模型」和「人情與面子的理論模型」兩者構成了「知識論的關係主義」（epistemological relationalism）的主要內容。「知識論的關係主義」這個概念，是針對「方法論的關係主義」（methodological relationalism）而提出的。

▣ 方法論的關係主義

　　「方法論關係主義」是何友暉提出的重要概念（Ho, 1991, 1998a）。他認為，「方法論的關係主義」和「方法論的個人主義」是互相對立的。所謂「方法論的個人主義」是指：如果不了解有關個人的事實，吾人便不可能對社會現象做出完備的解釋。因此，「個人」是社會科學分析的基本單位。在心理學中，最廣為人知的例子是歐珀（Allport, 1968）對社會心理學所下的定義：「社會心理學旨在了解並說明個人的思想、感受和行為如何受到他人真實的、想像的或隱涵的出現之影響。」

　　相對之下，方法論的關係主義認為，社會現象的事實和原則不可以化約到關於個人的知識之上。他們是由許多個人所形成的關係、群體和機構之中滋生出來，並獨立於個人特徵之外（Ho, 1998a）。關於個人的任何事實都必須放在社會脈絡中，來加以了解。西方的許多社會思想家，像涂爾幹、韋伯與馬克斯都主張這種立場，例如：涂爾幹（Durkheim, 1895/1938）便堅決主張：「每當一種社會現象是直接用心理現象來加以解釋，我們便可以斷言：這種解釋必然是虛假的。」

　　根據「方法論的關係主義」，何友暉認為，在做「關係分析時，理論家試圖解釋個體的行為，必須先考慮文化如何界定關係」，因此，其「策略性的分析單位並不是單獨的個體或情境，而是『各種關係中的人』（person-in-relations，其焦點為不同關係中的個人）以及『關係中的人們』（persons-inrelation，其焦點為在某一關係脈絡中互動的人們）」（Ho, 1998b; Ho & Chiu, 1998）。

▣ 意圖心理學的理論

「各種關係中的人」以及「關係中的人們」是分析「關係主義」文化中社會互動極其重要的「策略性的分析單位」，但這並不是一種理論，所以只能稱為「方法論的關係主義」，而不能稱之為「知識論的關係主義」。相較之下，「自我的曼陀羅模型」和「人情與面子的理論模型」卻是普世性的理論模型，它可以「各種關係中的人」和「關係中的人們」作為「策略性的分析單位」，但它們已經從「方法論」的層次，提升到「知識論」的層次。

更清楚地說，在「自我的曼陀羅模型」中，當「自我」扮演「資源支配者」的角色，並與「各種關係的他人」進行互動時，他會考量雙人互動的情境脈絡，選擇最適當的「交換法則」，而與對方進行互動。用「批判實在論」的概念來說（Bhaskar, 1975, 1979），在不同的文化脈絡裡，當這樣的「機制」被啟動之後，個人即會在不同的價值觀（或「人觀」）的導引之下，表現出不同的社會行動。因此，由這兩個核心理論所構成的「知識論的關係主義」，並不僅只是「科學心理學」的理論，而且是「意圖心理學」的理論；「自我」和「不同關係的他人」進行互動時，是有意志而可以作出不同選擇的。

本章小結

本章中所描述的「自我的曼陀羅模型」、「人情與面子的理論模型」，都是以人類心智的深層結構作為基礎而建構出來的，其哲學基礎是人類學家常用的「結構主義」（structuralism）。它們和社會交換的資源理論，乃至於「方法論的關係主義」，都是普世性的理論模型，是科學家針對某一特定目標，而建構出來的「科學微世界」。它們沒有時間向度的考量，可以用來分

析任何一個文化系統。用這一系統的理論來分析某一文化，這種研究取向稱為「知識論的關係主義」。假定我們用它來分析儒家文化傳統，則可以稱為「儒家關係主義」。

從泰勒所主張的「哲學人類學」（philosophical anthropology）來看（Taylor, 1989），我所建構的這一切理論模型，都是以所謂西方啟蒙運動發生後的「離根理性」（disengage reason）所建構出來的，這樣建構出來的理論模型代表了一種「離根的主體」（disengage subjectivity）。它已經把儒家文化最重要的「陰／陽」元素考慮在內，但仍然不足以說明儒家文化的特色。

▣ 根源性隱喻

「陰／陽」是中國文化中最重要的「根源性隱喻」（root metaphor）（程石泉，1981），它可以說是中國人在其生活世界中所玩的一種語言遊戲，由此衍生出來的「天／地」、「男／女」、「日／月」等概念，有其「家族相似性」（Wittgenstein, 1945/1953），它們代表了傳統中國人的「生活形式」；其文化根源則可以追溯到《易經》。

正因為「陰／陽」在本質上是一種「根源性隱喻」，是華人在其生活世界中常玩的一種「語言遊戲」，具有多重意義；而現代「科學微世界」的建構卻有十分嚴格的要求：在「科學微世界」裡，每一個關鍵裡的名詞都必須要有嚴謹的定義；但「隱喻」（metaphor）卻是一種「前現代的語言」（pre-modern language），在現代的科學理論或「科學微世界」裡，是不可能使用「隱喻」的。但我們所建構的理論都必須將「陰／陽」的概念包含在內。譬如：在「自我的曼陀羅模型」（如圖 4-1 所示）裡，由「個體」產生的拉力是「陰」，朝向「人」之方向的拉力，則是「陽」；在「人情與面子的理論模型」（如圖 4-3 所示）裡，資源支配者在做關係判斷時，「工具性成分」的考量是「陰」，「情感性成分」的考量是「陽」。即便如此，用泰勒主張的「道德地形學」來看（Taylor, 1989），這樣建構的理論仍然是一種「自然主義」（naturalism）的產品。

第五章　「四端」與「五常」：儒家的倫理與道德

　　「自我的曼陀羅模型」和「人情與面子的理論模型」兩者，構成了「知識論的關係主義」之主要內容。這兩個普世性的理論建構完成之後，我們便可以之作為架構，分析任何一種文化傳統。然則，我們該如何以這些普世性的理論作為架構，來進行文化分析呢？

第一節　分析二元說

　　亞契（Archer, 1995, 1996）依據文化與結構的實在論（cultural and structural realism），提出了「分析二元說」（analytical dualism）。她特別強調：不可將她的主張跟哲學上的二元論混為一談。所謂「分析二元說」並非主張：社會結構、文化和施為者是可以拆分的實體，而是說：研究者應當將它們當作在分析上是可分離的。這種分析上的區分所使用的概念，將迫使研究者考量社會結構與文化之間的實質差異，檢視它們之間的交互作用，以了解社會生活中物質利益與文化理念之間的相對區辨（Archer, 1996, p. xi）。

◉ 「知識菁英的著作全集」

　　亞契（Archer, 1996）指出，由於社會結構的分析單位如：角色、組織、機構等，比較容易區辨，相較之下，許多社會學理論傾向於以直覺的方式掌握文化而不加以分析。文化概念的粗糙可以溯源自早期人類學對於「文化整合的迷思」（the myth of cultural integration）。

　　這種迷思促成了一種觀點，以為文化（在社會─文化的層次上）是由整

個社群所共享的，結果在建構社會理論時，反倒（在文化系統的層次上）將文化的意義忽略掉（Archer, 2005）。如果將文化和施為者混為一談，而不在文化的那一「部分」和「人」之間作分析性的區辨，這種「混接的謬誤」（fallacy of conflation）不僅會妨礙兩者交互作用的分析，而且無法解釋促成社會變遷必要的文化內在動力。

基於這樣的前提，亞契（Archer, 2012）針對文化的分析提出了三個重要的命題：第一，它們是實在的。亞契認為，在任何時間點上存在且包含各種可知之理念的文化體系可能為真，也可能為假，但它們都是人類實在的產品（Archer, Elder, & Elder-Vass, 2012, p. 95）。

> 「文化體系是由曾經存在之知識菁英（existing intelligibilia）的著作全集所構成的，這些東西可以為人們所掌握、辨讀、理解、並知曉」。依照者這個定義來看，「知識菁英在形構一種文化系統（cultural system, CS）的時候，他們所有的理念都必須以通行的語言表達出來，這是它們可以為人所知的先決條件。」（Archer, 1998, p. 504）

▣ 共時性的文化系統

第二，理念的分享是視情況而定的。文化系統（CS）和社會與文化的交互作用（S-C interaction）並不相同。在社會與文化交互作用的層次，在某一時間點上，社會秩序或社會秩序的某一部分會特別重視某些理念。至於哪些理念會受到重視，並為哪一群人所分享，則是取決於誰堅持或提倡該理念，他們為支持這些理念所創造或促成的利益，以及他們提倡這些理念時所遭受到的反對等等因素。

文化並不限於某一時間為某一部分社會權力所提倡或禁制的理念，因為它們通常都只代表文化理念的一小部分。當其他個人或群體擷取那些較不受

重視的理念來挑戰現狀，便可能在社會—文化的層次上發生分歧（Archer, 2012, p. 95）。

第三，（文化層次的）「理念」以及（社會—文化層次）「群體」之交互作用，可以解釋文化的精緻化（cultural elaboration）。

亞契（Archer, 2012, p. 95）認為，不論是對文化或社會結構，其理論研究都應當包含「共時性」（synchronic）和「歷時性」的分析（dachronic analysis）。前者的目的是要了解文化的型態（morphostasis），後者是要檢視：為什麼某些理念在某些時間變得盛行、誰提倡它們、這些理念在過去和現在曾經遭受到哪些挑戰；即某一文化系統在時間上的衍生（morphogenesis）或轉化。

▣ 文化理念的分析

亞契所提出的這三個命題，對於本土心理學或非西方國家社會科學的發展都具有十分重要的意涵。它們為自然科學與社會科學的整合提供了良好的哲學基礎。更清楚地說，依據批判實在論者所主張的「本體論的實在論」，我們一旦建構出普世性的社會科學理論之後，便可以用它作為架構，分析任何一種文化系統的理念，藉以發展含攝文化的理論。至於要用它們來分析哪一種文化的哪一個層面，則是取決於研究者個人的價值判斷。依照韋伯（Weber, 1949）在《社會科學方法論》一書中的說法：

> 人類有限的心智對無限的實在（reality）所進行的一切研究，乃基於一個不言自明（tacit）的前提，那就是只有一小部分的現實構成科學探究的對象，這一部分是因為「值得被認識」而顯得重要。（Weber, 1949, p. 72）

韋伯認為，影響任何事件的原因通常有無數個。企圖「毫無預設」地分析事實，唯一結果就是對無數個別事件的「存在判斷」造成混亂。想要作窮

盡的因果分析，不僅在研究上不可行，而且也毫無意義可言。在無限複雜的具體現象中，某些現象因為和我們的價值理念相連結，我們才會賦予普遍的文化意義，才會認為它們是值得認識的，才會以之作為因果分析的對象（Weber, 1949, p. 78），這就是所謂社會科學的「片面性」（one sideness）特徵（Weber, 1949, p. 71）。

第二節　儒家文化型態學

在《盡己與天良：破解韋伯的迷陣》一書中（黃光國，2015），我便採取了這種策略，來分析儒家的文化傳統。這本書的內容分為四大部分：第一部分包含三章，第一章先談德國社會學大師韋伯（Max Weber, 1964-1920）在其著作《中國的宗教：儒教與道教》一書中（Weber, 1920/1964）以基督教的文化系統作為參考架構，從其中找出許多比較點，來論斷儒家文化傳統犯了「歐洲中心主義」的謬誤；然後，又從漢代到清代，隨意擷取不同朝代的歷史資料，企圖描繪中國社會的「理念型」（ideal type），以為中國社會是歷史不變的，犯了「混接的謬誤」。

韋伯的這本名著是國際學術界第一本從社會科學角度分析中華文化的書，他的學說因此形成了韋伯學派，對國際學術社群產生十分重大的影響。如果我們要想破除韋伯所布下的這種迷陣，必須以普世性的理論作為基礎，重新分析儒家思想。

▣ 文化型態學

該書第二部分包含三章，第四章強調：倘若我們以韋伯所謂的「理性化」來界定「現代化」，則在儒家文化發展的歷史上，一共經過了三次不同性質的「現代化」。在所謂的「軸樞時期」（Axial Age），老子和孔子門人分別解釋《易經》，儒教和道教已經分別完成了第一次的「理性化」過程。第五、六兩章分別說明：老子解釋《易經》，使道家門人發展出中國的科

學；孔子及其門人解釋《易經》，則發展出中國的倫理與道德。

第三部分共五章，分別以普世性的「關係」與「自我」的理論模型，重新詮釋先秦儒家思想的內容，藉以描繪出先秦儒家思想的「文化型態學」（morphostasis）。用韋伯的概念來說，儒家文化第一次現代化所發展出來的文化型態，其特徵為「理性的順應」，跟西方世界在基督新教倫理興起後發展出來的「理性的控制」有其根本的不同。

該書第四部分包含五章，分別討論程朱的理學、陸王的心學、明清的經學，以及陽明學對日本近代發展的影響。這是對儒家思想作「文化衍生學」（morphogenesis）的分析。

▣ 儒家思想的內在結構

《盡己與天良：破解韋伯的迷陣》一書第四章指出，先秦時期，孔子及其門人解釋《易經》，是為儒家文化第一次的「現代化」。《易經》上經三十卦，下經十四卦，兩者雖然都兼重「天道」與「人道」，但前者著重「天道」；後者則是以「人道」為主。「下經」〈序卦傳〉說：「有天地然後有萬物，有萬物然後有男女，有男女然後有夫婦，有夫婦然後有父子，有父子然後有君臣，有君臣然後有上下，有上下然後禮義有所措。」天地之道是為「天道」，陰陽交合生成萬物，生生不息；男女之道乃為「人道」，男女相感（咸）而組成家庭，繁衍子孫，因此「下經」以「咸」卦為首，開展出人生的三十四種處境，不論人生處境為何，都應堅守儒家的倫理與道德，這就是儒家所謂的「立仁道於天道」。

基於這樣的前提，在《儒家關係主義：哲學反思、理論建構與實徵研究》一書第五章中，我進一步說明：我如何以「人情與面子的理論模型」作為基礎，分析先秦儒家諸子所著的經典（黃光國，2009；Hwang, 2012）。這樣分析所得的結果顯示：先秦儒家思想的內容，包含了四大部分：

1. 儒家的天命觀。
2. 儒家的修養論：修身以道。

3. 儒家的「庶人倫理」。

4. 儒家的「士之倫理」：濟世以道。

▣ 儒家的「庶人倫理」

先秦儒家將人際關係的倫理安排分成兩大類：庶人倫理和士之倫理。前者是包括「士」在內的所有人都應當遵循的。由於《儒家關係主義》的焦點在華人社會中一般人的人際關係，因此我們先將分析的焦點集中在「庶人倫理」之上。有關「士之倫理」的議題，待留本書第四部分，再作細論。

我認為，儒家經典中最能夠反映儒家「庶人倫理」之特色者，是《中庸》第二十章上所說的一段話：

> 仁者，人也；親親為大。義者，宜也；尊賢為大。親親之殺，尊賢之等，禮之所由生也。

這一段話說明，儒家主張個人和其他任何人交往時，都應當以「親疏」和「尊卑」兩個社會認知向度（social cognitive dimensions）來衡量彼此之間的角色關係：前者是指彼此關係的親疏遠近，後者是指雙方地位的尊卑上下。做完評定之後，「親其所當親」，是「仁」；「尊其所當尊」，是「義」；依照「親親之殺，尊賢之等」所做出的差序性反應，則是「禮」。

▣ 先驗性形式架構

儒家的「庶人倫理」還可以用西方的「正義理論」來加以解釋。後者將人類社會中的「正義」分為兩大類：「程序正義」是指，群體中的成員認為應當用何種程序來決定分配資源的方式；「分配正義」則是指，群體中的成員認為應當用何種方式分配資源（Leventhal, 1980）。依照儒家的觀點，在人際互動的場合，應當先根據「尊尊」的原則，解決「程序正義」的問題，決定誰是「資源支配者」，有權選擇資源分配或交易的方式；然後再由他根據

「親親」的原則，決定資源分配或交易的方式。

　　儒家的「庶人倫理」和我所建構的「人情與面子的理論模型」（Hwang, 1987）具有一種「同構」（isomorphic）的關係。當請託者要求資源支配者將他掌握的資源作有利於請託者的分配時，資源支配者分別以需求法則、人情法則和公平法則來和對方進行互動。在資源支配者的心理過程中，關係、交換法則，以及外顯行動三者和儒家「庶人倫理」的「仁、義、禮」倫理體系是互相對應的；關係對應於「仁」，交換法則對應於「義」，外顯行動則必須合乎於「禮」（如圖 5-1 所示）。

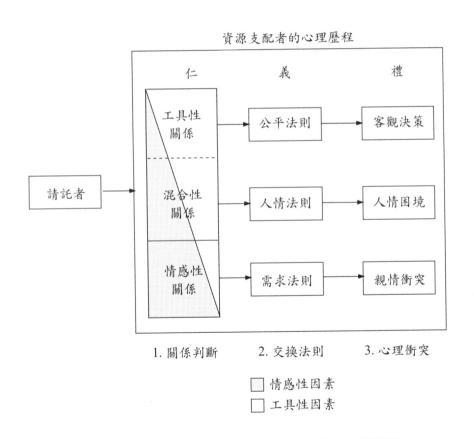

圖 5-1　儒家庶人倫理中的「仁、義、禮」倫理體系

正因為「仁、義、禮」倫理體系和普世性的「人情與面子的理論模型」之間有這種「同構關係」，因此它成為支持住華人生活的先驗性形式架構（transcendental formal structure），具有十分強韌的特性，並不會隨時間而改變。

◉ 「實質性倫理」

在「程序正義」方面，儒家「庶人倫理」所強調的是「尊尊法則」；在「分配正義」方面，它所強調的是「親親法則」。儒家認為，君臣、父子、夫婦、兄弟、朋友是社會中五種最重要的人際關係，儒家稱之為「五倫」。儒家認為，五倫中每一對角色關係的互動都應當建立在「仁」的基礎之上。然而，由於五倫的角色關係各不相同，他們之間應當強調的價值理念也有所差異：

> 父子有親，君臣有義，夫婦有別，長幼有序，朋友有信。《孟子‧滕文公上》

在上述文中，像孟子所說的「親」、「義」、「別」、「序」、「信」，都是適用於某種特定「雙人關係」的實質性倫理，它們跟「仁、義、禮」倫理體系之間存有一種「不即不離」的特殊關係：任何一種「實質性倫理」，必然包含有「仁、義、禮」，但「仁、義、禮」並不等於任何一種「實質性倫理」。這種特殊關係蘊涵的意義是：「實質性倫理」可能隨著時代的變遷而發生變化，但「先驗性形式架構」則是以人際關係的深層結構作為基礎，具有普遍性和強韌性，不太可能隨著外在條件的變化而發生改變。舉例而言，《孟子》所說的「五倫」，到了《禮記》就變成為：

> 何謂人義？父慈，子孝；兄良，弟悌；夫義，婦聽；長惠，幼順；君仁，臣忠，十者謂之人義。《禮記‧禮運篇》

◙「五倫」與「十義」

更清楚地說，先秦儒家以「仁、義、禮」倫理體系的先驗性形式架構作為基礎，對個人生命中的五種角色關係，分別提出不同的實質倫理要求，而形成一種「相互倫理」（reciprocal ethics），希望每一個人在五種重要的人際關係中善盡自己的義務，這就是所謂的「五倫」。其中儒家最重視的是親子關係中的「父慈／子孝」，這樣的倫理安排跟儒家的生命觀有十分緊密的關聯。儒家在反思自我生命的起源時，並不像基督教那樣，設想出一位獨立於世界之外的造物主，相反地，他們從自己的宇宙觀出發，認識到一個簡單且明確的事實：自己的生命是父母親肉體生命的延續。儒家有關「孝道」的觀念，都是從這一個不容置辯的事實衍生出來的。

《禮記》一書中，混雜有許多漢代的作品。「十義」中所謂的「父慈／子孝」、「兄良／弟悌」、「夫義／婦聽」、「長惠／幼順」、「君仁／臣忠」，跟《孟子》所強調的「五倫」並不相同，其間最大差別是《孟子》只為五種關係分別界定一種「實質性倫理」，《禮記》的「十義」卻蘊涵有「上／下」、「尊／卑」的縱向差序關係。它將朋友一倫排除在外，而代之以「長／幼」，特別強調：這五種角色關係的互動都必須遵循「尊尊法則」。更清楚地說：依照漢儒所主張的「十義」，扮演「父、兄、夫、長、君」等角色的人，應當分別按照「慈、良、義、惠、仁」的原則做出決策；而扮演「子、弟、婦、幼、臣」等角色的人，則應當依照「孝、悌、聽、順、忠」的原則，善盡自己的義務。

由先秦孟子提倡的「五倫」，到漢代出現的「十義」，象徵著儒家倫理從要求自己的「相互義務」（reciprocal obligation）轉變成要求下對上單方面服從的「絕對義務」，對中國社會的歷史發展，造成了極為負面的影響，這一點，我們將留待本章第四節再作申論。

第三節 「四端」的社會科學詮釋

這裡我們要說的是：以本書第三章提出的「自我的曼陀羅模型」和「儒家的庶人倫理」作為基礎，我們便可以回過頭來，討論儒家對於人性的看法。在孔門弟子中，曾參寫《大學》，子思作《中庸》，都是想解答儒家思想中有關「性」與「天道」的問題。

▣ 「人禽之辨」

《孟子‧告子》記載：告子曾經針對「人性」的問題，和孟子進行了一系列的反覆辯論。告子是個自然主義者，他認為，「生之謂性」、「食、色，性也」、「性無善無不善也」，而孟子完全反對這種說法。他站在儒家倫理的立場主張「性善」，甚至不惜說出重話：「率天下之人而禍仁義者，必子之言夫！」他跟告子之間的一段對話，很能夠用來說明先秦儒家視野中的「性」究竟是什麼：

> 告子曰：「生之謂性。」孟子曰：「生之謂性也，猶白之謂白與？」曰：「然。」「白羽之白，猶白雪之白；白雪之白，猶白玉之白與？」曰：「然。」「然則犬之性，猶牛之性，牛之性，猶人之性與？」《孟子‧告子上》

告子所主張「生之謂性」，是把人當作「客體」，和一般自然物並沒有兩樣，「性」就是自然物的屬性，和白羽、白雪或白玉等自然物的另一種屬性「白」，並沒有兩樣。但孟子卻認為，「自性」是「人」承受於「天」所特有的稟賦，「人之性」是人類所獨有，和「牛之性」、「馬之性」或其他生物之性完全不同，這是儒家必須強調的「人禽之辨」。

◉ 「心之四端」

公都子引用告子的說法，指出，孔子死後，對於「人性」善惡的問題，一直是眾說紛紜，告子本人主張「性無善無不善」，但也有人主張「性可以為善，可以為不善」，或「有性善，有性不善」。他質疑孟子：「今天你主張『性善』，難道這些說法都錯了嗎？」

孟子在他的回答中提出了著名的「四端之心」的論點：

> 惻隱之心，人皆有之；羞惡之心，人皆有之；恭敬之心，人皆有之；是非之心，人皆有之。惻隱之心，仁也；羞惡之心，義也；恭敬之心，禮也；是非之心，智也。仁、義、禮、智，非由外鑠我也，我固有之也，弗思耳矣。故曰：「求則得之，舍則失之。」或相倍蓰而無算者，不能盡其才者也。《孟子・告子上》

在《孟子・公孫丑上》中，他又以相反的語氣表達了類似的概念：

> 無惻隱之心，非人也；無羞惡之心，非人也；無辭讓之心，非人也；無是非之心，非人也。惻隱之心，仁之端也；羞惡之心，義之端也；辭讓之心，禮之端也；是非之心，智之端也。人之有是四端也，猶其有四體也。有是四端而自謂不能者，自賊者也；謂其君不能者，賊其君者也。

這兩段引文中的第一段採正面表述，強調「四端之心」，「人皆有之」。第二段採負面表述，強調「無四端之心」，「非人也」。

◉ 第二序的道德

用本書所建構的理論模型來看，「仁、義、禮」可以用「儒家的庶人倫

理」來加以解釋（見圖 5-1），「智」則是「自我的曼陀羅模型」，中的「智慧」（如圖 4-1 所示）。Gergen（2009）在其著作《關係性的存在》中，曾經將道德區分為兩類：第一序道德（first-order morality）或倫理，包含支持「任何長久存在之關係型態」的價值，它在「某種生活方式中有意義」，但卻與善、惡無關。它是隱晦而無所不在的。個人可以藉此整合各種跟「為人之道」有關的不同觀念，形成他的「自我認同」，也可以在某一個特定的社會團體裡，形成他的「社會認同」。

經由自我覺察的反思，第一序道德可能由隱晦變為清晰，並可以用一組規則將之加以陳述，而形成第二序道德（second-order morality）。這種情況通常發生在兩個文化群體相互遭逢並在信仰、價值或實踐等方面發生衝突的時候。用 Gergen（2009）的概念來說，「智」是「第一序道德」，是「自我」可以隨機應變、靈活地將它展現在個人與他人的互動過程之中的部分。「仁、義、禮」是「第二序道德」，是可以用規範、原則或律則表現出來的道德，是個人以其「智」作反思所得的結果。這四個概念，並不是同一層次的東西，先秦儒家卻從道德情緒的考量，將之並列為「四端」，傳統儒家及人文學者不論從哪一個角度來加以詮釋，都不容易說清楚。

第四節　「三綱」與「五常」

我在對先秦儒家思想作文化分析時，用以詮釋的文本是以孔子和孟子為主的先秦儒家思想。這種「共時性分析」的目的，旨在說明儒家的「文化型態」（Archer, 2012）。事實上，中國在秦、漢之後的漫長歷史上，儒家思想還有非常複雜的發展，而且對於中國人社會行動有所影響的，也不只是儒家思想而已。我之所以決定以孔、孟思想作為詮釋的文本，一則是因為「分析二元說」研究取徑的要求；再則是因為他們廣為一般中國人所熟知，對中國文化有深遠的影響。就這一點而言，更值得我們注意的是：漢代董仲舒提出「三綱」之說，主張「君為臣綱、父為子綱、夫為妻綱」，將先秦儒家要求

自己的「相互義務」轉變成要求下對上單方面服從的「絕對義務」，對中國社會的歷史發展，造成了非常惡劣的影響。

在儒家思想史上，第一個提出「五常」概念的人也是董仲舒。在《知識與行動：中華文化傳統的社會心理詮釋》中（黃光國，1995），我指出，先秦諸子百家的思想，構成了「道、儒、法、兵」一脈相承的繼承關係，跟西方哲學斷裂式的辯證關係並不相同。董仲舒生於春秋戰國之後，為了協助漢朝鞏固大一統的帝國，他進一步綜合諸子百家思想，提出「三綱五常」之說。

◙ 由「五倫」到「三綱」

孟子最早提出「五倫」的概念，著重於鞏固家庭倫理親情：「父子有親，夫婦有別，君臣有義，長幼有序，朋友有信」《孟子·滕文公上》，其本質是一種強調道德自律的「相互倫理」。荀子說：「君臣、父子、兄弟、夫婦，始則終，終則始，與天地同理，與萬世同久」《荀子·王制》，開始把「君臣」之間的政治關係提到家庭倫理關係之上。不過，荀子主要是想確立儒家的等級名分，使其外化為具體的政治規範，雖然已經有朦朧的「三綱」意識，但還沒有將君臣之間主宰與服從的關係，化為絕對的政治原則。

韓非繼承荀子之說，提出了明確的三綱思想，但他並沒有明確使用「三綱」一詞：「臣事君，子事父，妻事夫，三者順則天下治，三者逆則天下亂，此天下之常道也」《韓非子·忠孝》。韓非跟荀子一樣，將「君臣」政治關係置於「父子」、「夫婦」的家庭倫常關係之上，並且特別強調臣、子、妻對君、父、夫的片面服從，甚至將這種服從與否和社會治亂安危相提並論，而且是政治考量先於家庭倫理。秦漢之際出現的《呂氏春秋》一書，在其〈侍君覽〉中更進一步說：「父雖無道，子敢不事父乎？君雖不惠，臣敢不事君乎？」董仲舒則綜合荀子、韓非，以及《呂氏春秋》中的有關思想，從父子、君臣、夫婦、長幼、朋友五倫中，提取父子、君臣、夫婦三倫，並進一步提出以「王道配天」思想作為基礎的「三綱」之說。

◙ 「王道配天」

　　董仲舒宣稱，人間的道德秩序出自於天：「仁義制度之數，盡取之天」，「王道之三綱，可求於天」《春秋繁露‧基義》。他在「三綱」的倫理關係中，加入了「陰／陽」之說，其認為，天地之間，天陽地陰、天君地臣，二者是決定與被決定、命令與服從的關係，這種關係正是「天道」的體現。「凡物必有合」，「陰者陽之合，妻者夫之合，子者父之合，臣者君之合。物莫無合，而合各有陰陽」，「君臣、父子、夫婦之義，皆取諸陰陽之道。君為陽，臣為陰；父為陽，子為陰；夫為陽，妻為陰。陰道無所獨行。其始也不得專起，其終也不得分功」，「是故臣兼功於君，子兼功於父，妻兼功於夫」，「天為君而覆露之，地為臣而持載之，陽為夫而生之；陰為婦而助之；春為父而生之，夏為子而養之」，其目的是希望君主能夠行仁政：「故聖人多其愛而少其嚴，厚其德而簡其刑，以此配天」《春秋繁露‧基義》。

　　在他看來，「君臣」、「父子」、「夫妻」各自組成一個對偶關係。因為陽貴陰賤、陽尊陰卑是宇宙不可違逆的原則，「丈夫雖賤皆為陽，婦人雖貴皆為陰」《春秋繁露‧陽尊陰卑》，在每一個對偶關係中，「臣／子／妻」分別處於「順服／配合」的地位，而「君／父／夫」分別處於「支配／宰制」的地位，「天子受命於天，諸侯受命於天子，子受命於父，臣妾受命於君，妻受命於夫」《春秋繁露‧順命》，「是故大小不逾等，貴賤如其倫，義之正也」《春秋繁露‧精華》。

　　從個人修養的角度來講，董仲舒認為「三綱」的精神是「倡力而辭功」《春秋繁露‧陽尊陰卑》；從天人合一的宇宙觀來講，這叫「人理之副天道」《春秋繁露‧王道通三》。從君臣之間的互動來看，董氏認為，「天高其位而下其施。高其位所以為尊，下其施所以為仁，故天尊地卑。地之事天，猶臣之事君，子之事父，婦之事夫，皆行其順而竭其忠。」「君不名惡，臣不名善；善皆歸於君，惡皆歸於臣」《春秋繁露‧王道通三》，這樣才算符

合《春秋》「大義」。

◉「五常」

　　孔子思想體系中，雖已經提到仁、義、禮、智、信等概念的範疇，但他並未從道德論的層面，予以明確的論述，更沒有從價值體系的角度建構理論。孟子的理論自覺比孔子強，他曾經將仁、義、禮、智並提，認為「仁義禮智根於心」《孟子・盡心上》，將之視為出自作為「人」之良知的四種品德：「仁義禮智，非由外鑠我也，我固有之也」《孟子・告子上》。但孟子並未將「信」與仁、義、禮、智四德並提。從文獻資料來看，最先將仁、義、禮、智、信連提並論的人是董仲舒。

　　董仲舒在對漢武帝的第一次策問中說：「夫仁、義、禮、智、信五常之道，王者所當修飾也。五者修飾，故受天之佑，而享鬼神之靈，德施于方外，延及群生也」《漢書・董仲舒傳》。

　　在董仲舒所講的「五常」中，「仁」處於核心地位。它的基本內容是「愛人」。董仲舒繼承了孔子「愛人」的仁學前提：「仁者，所以愛人類也」，他主張調控個人的情感欲望，進一步充實「仁」的內涵。

　　　　「仁者，惻怛愛人，謹翕不爭，好惡敦倫。無傷惡之心，無隱忌之志，無嫉妒之氣，無感愁之欲，無險陂之事，無僻違之行。故其心舒，其志平，其欲節，其事易，其行道。故能平易和理而無爭也。如此者，謂之仁」《春秋繁露・必仁且智》。

◉「仁、義、禮」

　　孟子思想中經常「仁」、「義」並舉，董仲舒卻進一步宣稱：「義」與「仁」是不同的道德規範。就其內涵而言，「義者，謂宜在我者。宜在我者，而後可稱義。故言義者，合我與宜以為一言。以此操之，義之為言我也」

《春秋繁露‧仁義法》。更清楚地說，「義」即是「合宜」，匡正自己的思想行為，使之合於道德規範，便是「義」。就其實施的對象而言，它與「仁」不同，「仁者，惻怛愛人」，「義」則著重於主體自身的價值判斷。董仲舒說：「以仁安人，以義正我」，「仁之法，在愛人，不在愛我；義之法，在正我，不在正人」《春秋繁露‧仁義法》。

就其實踐的方法而言，行「義」，必須實踐孔孟儒家所強調的「反求諸己」和「推己及人」：「夫我無之求諸人，我有之非諸人，人之所不能愛也。其理逆矣，何可謂義？」「我不自正，雖能正人，弗與為義；人不被其愛，雖厚自愛，不予為仁」《春秋繁露‧仁義法》，這可以說是孔孟儒家嚴於律己、寬以待人思想的繼承與發展。

在先秦諸家中，孔子言仁、孟子講義、荀子重禮，董仲舒的「五常」之說，則是綜合三家之長，而特別強調「禮」的重要性。董仲舒說：「禮之所重者，在其志」，「志為質，物為文。文著於志，質不居文，文安施質？質文兩備，然後其禮成」《春秋繁露‧玉杯》。在此，董仲舒將「禮」詮釋為發自個人內心而符合道德規範的行動。但他更重視的是，把作為政治法度的「禮」及其實踐：「禮者，繼天地、體陰陽，而慎主客、序尊卑、貴賤、大小之位，而差外內、遠近、新故之級者也」《春秋繁露‧奉本》。這種論點繼承了荀子的思想：「禮者，法之大分，而類之綱紀」《荀子‧勸學》，並加以發揮，而提出將孔孟思想異化的「三綱」之說的基礎。

▣ 「智」與「信」

值得注意的是：除了「仁」、「義」之間的關係以外，董仲舒也特別關注「仁」和「智」之間的關係。

董仲舒所講的「智」，是「先言而後當」，其功能在於預測人的行為結果、規整人的行為方向。董仲舒認為，「智者，所以除其害也」，「其動中倫，其言當務，如是者謂之智」《春秋繁露‧必仁且智》。在禍福來臨之前運用「智」，可以知曉利害，並能夠做到「物動而知其化，事興而知其歸，

見始而知其終」。個人對其所言所行，要「以其智先規而後為之。其規是者，其所為得；其所事當，其行遂」。

　　董仲舒所講的「信」，一方面是指普世性的「誠實」，一方面則是指實踐儒家道德的「信義」。他說：「著其情所以為信也」，「竭愚寫情，不飾其過，所以為信也」《春秋繁露・天地之行》，「《春秋》之意，貴信而賤詐。詐人而勝之，雖有功，君子弗為也」《春秋繁露・對膠西大王越大夫不得為仁》，這裡所說的「信」，都是指普世性的「誠實」。他說：「伐喪無義，叛盟無信。無信無義，故大惡之」《春秋繁露・竹林》，這裡的「信」，則是指「信義」，是實踐儒家道德原則時，個人感受到的精神境界。除此之外，他還多次提到「敬事而信」、「禮而信」，則兼具信義和誠實兩者之意。

第五節　含攝文化的理論

　　本章第三節的分析指出，依照葛根（Gergan, 2009）的分析，「智」是自我可以隨機應變，靈活地將它展現在個人與他人的互動過程之中的「第一序道德」。「仁、義、禮」是可以用規範、原則或律則表現出來的「第二序道德」，是「智」反思的結果。這四個概念，並不是同一層次的東西，先秦儒家卻從道德情緒的考量，將之並列為「四端」。儒家所謂的「五常」，是「仁、義、禮、智、信」，「信」則是雙方互動時個人的堅持，無法以這些形式性的理論模型表現出來，但其後果卻可以再進一步建構「含攝文化的理論」，來加以說明（黃光國，2009；Hwang, 2012）。

▣ 「根源比擬」

　　按照《易經》的說法，太極本身是個具虛無性質的「大有」。太極這個「根本有」能創生萬物的「現象有」，它是全部存在的源頭與究竟。只要太極甫發作，就會有「至真，至善，至美」的不同面向。正因為「太極」這個

「根本有」能夠創生出萬物的「現象有」，由太極衍生出來的「陰／陽」也成為一種「根源比擬」（root metaphor）（程石泉，1981），天地萬物之間，它是無所不在的。我們要用西方科學「無道」的方法，來描述「太極」天地間萬事萬物的運作。我們所建構的理論模型，一定要把該事物上的「陰／陽」展現出來。比方說，在「自我的曼陀羅模型」中，源自個體（individual）的欲望是「陰」，來自社會對於作為一個「人」的要求則是「陽」；在「人情與面子的理論模型」裡，「關係」中的「工具性成分」是「陰」，「情感型成分」是「陽」。

依照這樣的思維邏輯，我們也可以建構一個「五常模式」，來描述儒家中理想的雙人互動（dyad interaction），如圖 5-2 所示。這張圖必須作更細緻的說明。

在先秦儒家思想裡，除了「智」之外，還有一個完全無法用任何「無道」的理論建構所框限住的概念，那就是孟子所說：「盡心知性以知天」，《孟子‧盡心》中所謂的「心」。我經常提醒學生：《論語》中所記載孔子跟弟子的對話，絕大多數是由弟子問，孔子回答。只有少數幾次，是由孔子主動向學生提示，而其最能夠反映出儒家的核心價值：

> 子曰：「參乎，吾道一以貫之。」曾子曰：「唯。」子出，門
> 入問曰：「何謂也？」
> 曾子曰：「夫子之道，忠恕而已矣。」《論語‧里仁》

有一次，孔子主動向曾子強調說：「吾道一以貫之。」曾子回答：「是。」孔子離開後，其他的弟子問曾子：老師所說的「一貫之道」究竟是什麼？曾子的回答是：夫子之道，就是「忠」跟「恕」兩個字罷了！

▣「五常模式」

這是理解孔子思想非常重要的一段對話。更清楚地說：在孔子平日對弟

子所講述的「仁道」中，只有「忠」跟「恕」兩個字是可以「一以貫之」，對待任何人都適用的普遍性倫理原則。朱熹對這兩個字的解釋是：「盡己之謂忠，推己及人之謂恕」。用圖 5-2「雙人互動的五常模式」來看，「太極」的「陰／陽」兩魚代表互動的雙方，魚眼中的「忠」、「恕」兩字代表：雙方互動時，一方若能「盡己」，另一方也比較會「推己及人」，雙方互動的方式很可能符合「仁、義、禮、智」的「五常」要求。

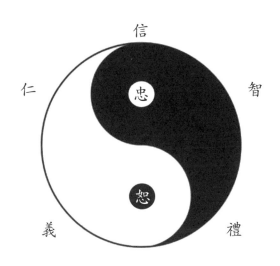

圖 5-2　雙人互動的五常模式

這種雙方互動的方式，代表了儒家文化系統中的一種理想。至於在現實生活中的實際狀況，則取決於互動雙方的「心」，亦即「社會與文化的交互作用」（socio-cultural interaction）。然而，當我們把雙方互動的「五常模式」建構出來之後，我們便能以它作為基礎，進一步建構各種「含攝文化的理論」，來說明華人的社會行為。譬如，在《儒家關係主義》一書中（黃光國，2009；Hwang, 2012），我建構了一系列的理論模型，包括社會交換、臉面觀念、成就動機、組織行為、衝突策略等；在《倫理療癒與德性領導的後

現代智慧》中（黃光國，2014），我分析儒家、法家、兵家的文化傳統在現代華人文化中的體現；《盡己與天良：破解韋伯的迷陣》一書則聚焦於分析儒家的文化傳統，並與韋伯對《中國的宗教》之論述進行對話，這些都可以說是「含攝文化的理論」之例。

用拉卡托斯所提出的「科學研究綱領」來看（Lakatos, 1978/1990），這一系列理論構成了「儒家關係主義」的「保護帶」，而「儒家倫理與道德的結構」則為其「硬核」。以此「硬核」作為基礎，我們還可以在各種不同的領域中建構出「含攝文化的理論」，逐步建立「儒家人文主義」的自主社會科學的學術傳統。

回 差序格局

不論是本書第三章所談的「自我」與「關係」的普世性理論模型，或是本書第四章所談及的「四端」與「五常」的「庶人倫理」，都是社會科學家所建構的「科學微世界」。在傳統中國社會裡，依照「庶人倫理」與他人進行互動的華人，他所知覺到的「生活世界」具有什麼樣的特色呢？

「差序格局」（如圖 5-3 所示）是費孝通（1948）最早提出，用以描述二十世紀初期中國農村社會結構的一個概念。他認為，西方個人主義社會中的個人，像是一枝枝的木柴，他們的社會組織將他們綁在一起，成為一捆捆的木柴。中國社會的結構好像是一塊石頭丟在水面上所發生的一圈圈推出去的波紋。每個人都是他社會影響所推出去的圈子的中心，而跟圈子所推及的波紋發生聯繫。這個像蜘蛛網的網絡，有一個中心，就是「自己」。「這個富於伸縮性的網絡，隨時隨地都是以『自己』作為中心，這並不是個人主義，而是自我主義」，「我們所有的是自我主義，是一切價值以『己』作為中心的主義」。

費氏有關「差序格局」的概念雖然經常為華人社會學家所引用，究其本質不過是一種不精確的比喻而已，並不是一種「含攝文化的理論」。它反映出十九世紀末期，西方人類學者對於非西方文化的基本心態。費孝通早年到

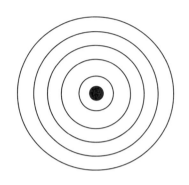

圖 5-3 中國社會的差序格局

資料來源：費孝通（1948）

英國留學時，受教於著名的波蘭裔人類學家馬林諾斯基（B. Malinowski, 1884-1942）。馬林諾斯基是結構功能學派的大師，主張以客觀民族誌記載田野調查研究的成果，要求學生進入研究田野必須「從零做起」，反對以往人類學者主觀的文化詮釋。

這種研究方式對於原始民族可能有其道理，但是用來研究有深厚文化傳統的中國，就顯得格格不入。費孝通晚年一再告誡學生要有「文化自覺」。其理由即在於此。

□ 心理社會圖

從學術的角度來看，許烺光所提的「心理社會圖」（psychosociogram）其實更能夠精確地描述華人社會心理的特色（Hsu, 1971）。許烺光（1909-1999）出生於中國遼寧，1937 年考取中英庚子賠款獎學金，赴英留學，同樣受教於馬林諾斯基。1941 年應費孝通之邀，返國任教。1943 年應邀訪美後，即居於美國。冷戰時期，他用「從遙距研究文化」（study culture at a distance）的方法，從事文化比較研究，出版了一系列的著作。

晚年他綜合以往研究成果所提出的「心理社會圖」（如圖 5-4 所示）包含有七個不規則的同心層，由內而外依次為「潛意識」（unconscious）、

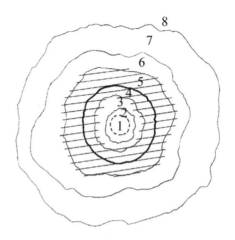

1. 潛意識
6. 運作社會與文化
7. 廣大社會與文化
8. 外在世界
} Freudian

2. 前意識
3. 未表達之意識
4. 可表達之意識
5. 親密社會與文化
} 仁

圖 5-4 人的心理社會圖

資料來源：取自 Hsu（1971, p. 25）

「前意識」（preconscious）、「未表達之意識」（unexpressed conscious）、「可表達之意識」（expressed conscious）、「親密社會與文化」（intimate society and culture）、「運作社會與文化」（operative society and culture）、「廣大社會與文化」（wider society and culture）、「外在世界」（outer world）。圖 5-4 中第四層稱為「可表達之意識」，包含個人能夠跟他人溝通的觀念和直覺，例如：喜、怒、愛、惡、貪、懼，以及依其文化之道德、社會與技術標準，做事情的正確方法。第五層包含個人與之有親密關係的重要他人（significant others），以及個人的寵物、用具和收藏品，個人與之存有一

種感情，而不僅是因為它有用而已。相形之下，個人與屬於第六層的其他人交往，主要是因為對方對他「有用」，而不是他對於對方有什麼感情，他們之間所建立的只是正式角色關係而已。

　　圖 5-4 中的斜線覆蓋三、四層的全部，以及第二、五層的部分，是人作為社會及文化存在的核心部分，許烺光稱之為「仁」，認為它和英文的「personage」約略相當，是指個人與他人之間的互動。在這個範疇裡，每個人都必須盡力維持其精神與人際平衡，使其保持再令人滿意的水準之上，許氏稱之為「心理社會均衡」（psychosocial homeostasis），華人通常稱之為要「做人」或「學做人」。

▣ 心理社會均衡

　　許烺光宣稱：他所建構的「心理社會圖」是普世性的（Hsu, 1971）。而用我的「人情與面子的理論模型」（如圖 4-3 所示）來看，所謂「仁」，是指資源支配者與他人關係中的「情感性成分」，「有用」則是指兩人之間的「工具性成分」。第五層的「親密社會」包含資源支配者的「情感性關係」與「混合性關係」，第六層的「運作社會」則涵蓋其「工具性關係」，而用各種「合宜（義）的」交易法則與他人交往，則是旨在保持個人的「心理社會均衡」，換言之，「人情與面子的理論模型」是以社會交換論的語言，更加精確地描述許氏所謂的「心理社會均衡」，而本書第五章對儒家思想的分析，則是將之與儒家文化傳統掛鉤，連結在一起解釋。

　　「心理社會圖」既然是普世性的，然則許氏要如何說明中、西文化的差異？在《文化與自我：亞洲的與西方的觀點》一書中，許烺光更進一步區辨兩種不同的人性觀（Hsu, 1985）：托勒密式的人性觀（Ptolemaic view）是把個體看作是整個宇宙的中心，他跟其世界中的其他人是互相對立的。伽利略式的人性觀（Galileo view）並不把人看作是一個固定的實體，他必須與其關係網內的其他人保持一種動態平衡的關係。性格（personality）一詞是源自個人主義的概念，其著眼點在於個體深層的情結和焦慮，屬於托勒密式的人性

觀；中國文化中的「仁」要求個人在「一個矩陣或一個架構中定位，在其中每個個體都嘗試要將其心靈與人際關係維持在一個令人滿意的程度之上」，許烺光將此一狀態稱為「心理社會均衡」，屬伽利略式人性觀。在他看來，對中國人而言，人之所以為「人」的關鍵，在於人際關係的處理，而不在於性格，「性格」一詞是可以置諸於腦後的。

這兩種人性觀和費孝通所提「捆柴」和「水波」的比喻有異曲同工之妙。許烺光雖然也很想用當時流行的心理學理論來突顯中、西文化的差異，但這仍然不是本書所說的「含攝文化的理論」，不能跟儒家文化傳統中的核心概念產生連結。

第六節　儒家倫理的屬性

上一節批評費孝通的差序格局和許烺光的心理社會圖並不是本書所說的含攝文化理論，乃因為他們沒有觸及儒家倫理的核心。為了說明儒家倫理和西方個人主義倫理的不同，我們可以引用西方倫理學對「積極義務／消極義務」以及「不完全義務／完全義務」的區分，來說明儒家倫理的性質。首先，我要強調的是：全盤套用西方倫理學概念來理解儒家倫理時可能遭遇到的困難，然後再用一套修正過的概念系統，來說明以人際情感作為基礎之儒家倫理的屬性。

▣ 積極義務與消極義務

紐勒威克勒（Nunner-Winkler, 1984, p. 349）引述倫理學家葛特（Gert, 1973）的觀點，指出，「消極義務」（negative duties）是要求人不作某種行為，譬如：不可殺人、不可偷盜、不可撒謊等。由於它只是「不作為的義務」（duty of omission），在不跟其他義務衝突的情況下，不論是在任何時、空，或者是對任何人，個人都應當嚴格遵行，不能因為個人的性情偏好而有所例外，由於它具有強制性，所以康德又稱之為「完全義務」（perfect duties）

（Kant, 1797/1963），例如：柯爾伯格（Kohlberg）之後俗規道德中的「傷害原則」、「正義原則」，都是此中之例。康德甚至認為，即使對凶嫌撒謊可以挽救朋友的性命，個人也不應當撒謊。

「積極義務」可說是康德倫理學中所說的「不完全義務」（imperfect duties），它是要求個人「作為的義務」（duty of commission）。它通常是指引人們行動的格律（maxim），譬如：「諸善奉行」，而不會說出具體的行動。由於「積極義務」通常並不界定其使用範圍，也不會顯示：對什麼人做了什麼樣的善事才算是完成此種義務，而個人又不可能隨時隨地對任何人都承擔起「積極義務」，因此，個人往往必須具有康德所謂的「判斷權力」（power of judgment），考慮各種具體的時、空條件，以及他本身的性情偏好，來決定他是否要做出符合道德格律的行動。由於「積極義務」允許有例外，因此又稱為「不完全義務」。違反了「完全義務」通常會被認為是一種罪惡（vice），而未實踐「不完全義務」則只是缺乏美德（lack of virtue）而已。

◨ 「仁道」的兩個層面

以上的理論分析是西方學者對理性主義倫理所做的後設倫理反思。當我們要用這樣的觀點來思考儒家倫理的性質，我們馬上會遭遇到相當大的困難。儒家所主張的「仁道」，也可以分為「積極義務」和「消極義務」兩個層面。可是，我們卻無法用上述的理路來判定：「仁道」中包含的「積極義務」與「消極義務」和康德所分出的「不完全義務」和「完全義務」互相對應之處。從康德倫理學的觀點來看，儒家的「仁道」本質上全部是「不完全義務」，其中並無「完全義務」可言；然而，儒家的生命觀卻以為：作為「仁道」之核心的「孝道」，應當是一種「完全義務」。這一點，對於了解儒家的特性有十分重要的含意，必須再做進一步的詮釋。

儒家的「仁道」包含有「積極」和「消極」兩個層面，積極的「仁道」是以各種不同的資源加惠於他人，例如：孔子說：「夫仁者，己欲立而立

人，己欲達而達人」《論語‧雍也》，孟子也因此而極力推崇禹和稷：「禹思天下有溺者，猶己溺之也；稷思天下有飢者，猶己飢之也」《孟子‧離婁下》。

　　然而，這種「人飢己飢、人溺己溺」的精神，畢竟是只有像禹、稷那樣的聖人才做得到，一般人所擁有的資源有限，又如何能夠對所有的人都實踐「積極義務」？因此孟子主張：「仁者以其所愛，及其所不愛」《孟子‧盡心下》，「老吾老，以及人之老；幼吾幼，以及人之幼」《孟子‧梁惠王上》。先愛跟自己關係最親近的父母，然後再視彼此關係的親疏遠近，一層層地往外施「仁」，結果便成為如前節所述具有差序性質的「庶人倫理」。

　　除此之外，儒家所主張的「仁道」還包含有「消極」的層面，這就是孔子所說的：「己所不欲，勿施於人」《倫語‧顏淵》，也就是子貢所說的：「我不欲人之加諸我也，我亦欲無加諸人」《倫語‧公冶長》。由於這是一種「消極義務」，此處所指的「人」，並不是指某一特定對象，而是指所有的其他人，包括不屬於「五倫」之內的其他人。用「人情與面子的理論模型」來看，這種「消極義務」不僅適用於「情感性關係」或「混合性關係」，而且也適用於「工具性關係」之中。

▣ 「己所不欲，勿施於人」的消極義務

　　從前述對「完全義務」所下的定義來看，「己所不欲，勿施於人」是「每個人不管對誰在任何情況下都應當嚴格遵行」的一條格律，應當是屬於「完全義務」才對。然而，從康德倫理學的觀點來看，儒家所主張的「仁道」，不論是積極或消極義務，都是「不完全義務」，其中並無「完全義務」可言。儒家主張由親而疏的「庶人倫理」，固然是「不完全義務」，儒家所主張的「己所不欲，勿施於人」，也是一種「不完全義務」。

　　康德是個理性主義者，他認為，適用於一切有理性者的「斷言律令」（categorical imperative）之一是：「行動者行為的格律依每一個有理性者的意志，必須能成為普遍的自然法則。」從人的特殊自然稟賦、從某些情感和

癖好，甚至從人類理性獨有的一種特殊傾向推衍出來的原則，並不一定適用
於每個有理性者的意志，它固然能提供我們一項格律，但卻不能作為一項法
則；換言之，它能提供一項主觀原則，但卻無法提供一項客觀原則（Kant,
1797/1963）。由於「己所不欲，勿施於人」是以個人的情感和癖好（欲）為
基礎，在《道德形上學底基本原理》的一項註腳中，康德（Kant, 1797/1963,
p. 97）特別提到孔子所說的這句話，認為它無法作為一項普遍法則，因為它
不包含「對自己的義務底根據，也不包含對他人的愛底義務，最後亦不包含
彼此間不可推卸的義務底根據」，所以它並不能稱為是一項「完全義務」。

　　以上的論述顯示：硬要用康德的理性主義倫理學來判定儒家倫理的屬
性，並不恰當。因此，本文主張：融會西方倫理學對「積極義務／消極義
務」、「不完全義務／完全義務」的區分，另外提出一套新的概念架構（如
表 5-1 所示），來描述儒家這種以人際間之情感作為基礎的「仁道」。

表 5-1　由行動、理性、情感等三種不同觀點所判定的儒家倫理之特性

儒家倫理之內容	Gert 之行動觀	康德之理性觀	本文之情感觀
銀律	消極義務	不完全義務	消極義務 （完全義務）
庶人倫理 （孝道）	積極義務	不完全義務	無條件的積極義務
士之倫理 （忠）	積極義務	不完全義務	積極義務 （不完全義務）

　　在表 5-1 中，我們將儒家倫理的內容依道德主體行動的「作為／不作為」
分成三類。從儒家的角度來看，「己所不欲，勿施於人」這種以「仁心」作
為基礎的「銀律」，是可以「終身行之」的「消極義務」。在不跟其他義務
發生衝突的時候，每個人在任何情況下都可以嚴格遵循，而且也應當嚴格遵
循。孟子在〈公孫丑上〉中強調：「行一不義，殺一無辜，而得天下，皆不
為也。」可以說是「銀律」的具體實踐。以康德的概念來說，作為道德主體

的個人，都有不可泯滅的人格尊嚴，都是目的自身。除非他因為道德的理由而應受到懲罰，我們便不可以犧牲他，以他作為工具，來達成其他目的，即使是為了「得天下」，也不可以（李明輝，1990）！

▣ 孝道：無條件的積極義務

然而，從儒家自身的角度來看，作為「庶人倫理」之核心的「孝道」，雖然是「積極義務」，可是個人並不能隨自己的意志來決定要不要「盡孝」。由於儒家的生命觀認為，「身體髮膚，受之父母」，個人的生命是父母親生命的延續，對個人來說，「盡孝」固然是個人的義務，「不孝」卻是一種無可原諒的罪惡。因此，我們無法說「孝道」是康德所界定的「不完全義務」，我們卻應當說：它是一種「無條件的積極義務」。

從儒家對於「君／臣」關係和「父／子」關係之論述的對比中，我們最容易了解「孝道」這種「無條件的積極義務」的屬性。儒家雖然強調「尊尊法則」，主張「父慈／子孝」、「君仁／臣忠」，然而如果居上位者所作的決定背棄了「仁」的原則，儒家卻主張：「當不義則爭之」：

> 子曰：「天子有爭臣七人，雖無道，不失其天下。……父有爭子，則身不陷於不義。故當不義，則子不可以不爭於父，臣不可以不爭於君，故當不義則爭之。從父之令，又焉得為孝乎？」《孝經·諫爭》

值得強調的是：在先秦儒家的概念裡，「君臣」和「父子」是兩種截然不同的關係。在這兩種關係裡，居於優勢地位者犯了不義之行，居於卑下地位者經過反覆諍諫後，居上位者如果不願聽從，居下位的反應也應當有所不同。在儒家看來，父母親是自己生命的根源，是「己身所從出」之人，親子之間的關係，是永遠無法切斷的血緣關係。在「孝」的大前提之下，父母有過，作子女的人只能「下氣怡色，柔聲以諫」，「諫而不逆」。縱然「父母

怒，不悅，而撻之流血」，表現出極端「不慈」的行為，子女也只能忍耐，「號泣而隨之」，「又敬不違」《禮記》。換言之，子女對父母親的「孝」，是一種必須無條件踐行的「積極義務」，不能隨個人的判斷來決定「做」或「不做」，我們可以稱之為「無條件的積極義務」。

◙ 忠：積極義務

儒家雖然要求每一個人在其生活中踐行「庶人倫理」，在兩千多年前的戰國時代（403 B.C.-221 B.C.），先秦儒家並不認為，每一個庶人都有相同的權利可以參與「公共領域」或「公共場域」中的事物，並形成「公共意見」或「共同世界」。相反地，他們賦予作為知識分子的「士」一種強烈的使命感，要求他們實踐儒家的文化理想。由於「士」可能在政府組織中占有某種主要的職位，因此儒家希望他們在自己能力所及的範圍之內施行「仁道」。施行「仁道」的範圍愈廣，個人的道德成就也愈高。這就是所謂的「修身、齊家、治國、平天下」。

在戰國時代，作為國家統治者的君王掌握有最大的權力。依照儒家的「尊尊法則」，居上位的人擁有較大的決策權力；因此，依照儒家的構想，「士」一旦出仕之後，他實踐儒家文化理想的最重要途徑便是「以道事君」。儒家認為，「君仁莫不仁，君義莫不義，君正莫不正」，只要「一正君，而國定矣」《孟子・離婁》，因此，做臣子的人，最重要的職責便是「格君心之非」，引君於正途：

> 君子之事君也，務引其君以當道，志於仁而已。《孟子・告子》

用儒家的概念來說，「以道事君」就是所謂的「忠」。「君仁／臣忠」固然是儒家的理想，然而當擁有決策權的君王企圖做出違反「仁道」的決定時，作為臣下的人又該如何呢？

　　君臣之間並不像父子關係那樣，有不可割裂的血緣關係。有一次，孟子在和齊宣王對話時，便將君臣之間的關係區分為「貴戚之卿」和「異姓之卿」。貴戚之卿與國君關係密切，反覆規勸他而不聽，則可能危及國家。在「民為貴，社稷次之，君為輕」的原則下，應該易置之。異姓之卿與國君關係疏遠，反覆勸諫而不聽，便應當離開職位他去，不必留情。如果君王暴虐無道，有勢力的諸侯更應當挺身而出，弔民伐罪。孟子在討論「湯放桀」和「武王伐紂」的案例時，說過一段很出名的話：

　　　　賊仁者謂之賊，賊義者謂之殘，殘賊之人，謂之一夫。聞誅一
　　夫紂矣，未聞弒君也。《孟子·梁惠王下》

　　由此可見，儒家雖然把「君仁臣忠」界定為一種「積極義務」，然而「臣」在踐行此種義務的時候，卻必須考量各種客觀條件，來判斷他是否要「盡忠」。換言之，「盡忠」是一種典型的「不完全義務」，我們或許可稱之為「有條件的積極義務」。

　　從「積極義務」的定義來看，「有條件」一詞純屬多餘，因為所有的「積極義務」都應當是「有條件的」。此處之所以提出這樣一個累贅的概念，只不過是希望藉由它和「無條件的積極義務」對比，來突顯出「孝道」的特殊屬性而已。因此，在表 5-1 中，我們仍然稱之為「積極義務」。

第七節　中西道德觀的對比　　

　　文化心理學家許威德等人（Shweder, Mahapatra, & Miller, 1990）指出，在道德的領域裡，「理性」並不只有一種形貌。他們提出「分殊理性」（divergent rationalities）的概念，認為，世界上可用理性來加以捍衛的道德準則（moral code）並不只有一種。任何可以訴諸理性的道德準則必然是由兩類概念所構成的：一類概念具有強制性，沒有強制性的概念，它們根本就不能成

為道德準則；另一些概念則具有可替代性（discretionary），它們可以用其他的概念來加以取代，而不減損其理性訴求。如果一種道德準則將具有可替代性的概念全部抽離掉，則不僅其理性訴求將大為減弱，道德準則亦將變成空洞的教條。

▣ 西方個人主義的道德

依照許威德等人（Shweder, Mahapatra, & Miller, 1990）的分析，柯爾伯格對後俗規階段的道德概念有三個層面具有強制性：一是，抽象的自然律觀念（abstract idea of natural law）：有些行動或作為，不管能帶給個人多少愉悅，也不管是否為既有的法律或規則所允許，其本質都是錯誤的；二是，抽象的傷害原則（abstract principle of harm）：限制個人為所欲為的合法理由之一，是認定該項作為會傷害到某些人；三是，抽象的正義原則（abstract principle of justice）：同樣的案例必須用同樣的方式予以對待，不同的案例必須受到不同的對待。

許威德等人（Shweder, Mahapatra, & Miller, 1990）認為，這三個原則應當被所有的道德哲學家廣為接受，因而具有道德上的普遍性。除此之外，柯爾伯格的理論還有一些概念具有可替代性，它們並不被所有的理性思想家所接受，而可以用其他的概念或前提來代替，並建構出其他的道德準則。這些具有可替代性的概念包括：

1. 以權利作為基礎的自然法概念（a right-based conception of natural law）。有學者（Dworkin, 1977）認為，所有的道德準則都會論及個人的權利、個人的義務以及社會的目標，但它們給予這三者的優先性卻有所不同。柯爾伯格的後俗規道德所強調的是人的自然「權利」，而不是其自然「義務」或「目的」。

2. 抽象的自然個人主義（natural individualism in the abstract），強調「先於社會」的「個人」和「自願主義」，而不以「角色」或「地位」作為前提。

3. 認為每一個「人」（person）都是「道德主體」（moral agents），不論其身分背景，都具有「道德平等性」（moral equivalents），其他非人的生物（nonhuman living things）則不具備此一特性，亦不能作為道德主體。

4. 將個人必須全力捍衛的「自我的領域」（territories of self）劃在個人身體的範圍之內。

5. 把「正義」看作和「平等」同義（justice as equality），認為每一個人都是同樣的單位，其宣稱都應當受到同樣對待。

6. 主張「世俗主義」（secularism），反對神聖權威，認為，自然律是能夠為人類自己發現之物，不必借助於權威所啟示或傳授的真理。

▣ 儒家倫理的屬性

從以上的析論中，我們可以看出：對儒家而言，作為「仁道」之核心的「孝道」也是一種倫理的自然律，是具有強制性的。然而，作為一種道德準則，儒家的「庶人倫理」有沒有可替代性的層面呢？我們可以用許威德等人（Shweder, Mahapatra, & Miller, 1990）對柯爾伯格後俗規道德的分析作為參考架構，來回答這個問題：

1. 儒家認為，由於個人的生命是祖先生命的延續，他們並未預設一個獨立於人類之外的「造物主」，因此儒家並不把「自我的領域」劃在個人身體的範圍之內，反而將整個家庭看作是一個「大我」，個人的「自我」只不過是「大我」的一部分，「大我」是他必須全力捍衛的範圍。

2. 儒家的自然法概念是以自然的「義務」和「目的」作為前提，而不是以自然的「權利」作為前提（黃俊傑，1997）。

3. 它所強調的是社會「角色」和「地位」，而不是「先於社會」的「個人」。個人主義的觀念在儒家中並不受到重視。

4. 儒家雖然認為，每一個人都可以作為「道德主體」，可是每一個人的

道德成就卻可以有高下之別：個人施「仁」的範圍愈大，他的道德成
就也愈高。因此，並不是每一個人在道德上都是平等的。儒家之所以
賦予「士」一種實踐道德的使命感，希望他們有機會出仕時，能夠盡
力追求道德成就，其理由即在於此。

5. 基於以上的理由，儒家並不認為，每一個人在道德的領域裡都是同樣
的單位，他們的道德宣稱都應當受到同樣的對待。

6. 換言之，儒家反對道德「世俗主義」；他們認為，許多倫理自然律都
是由聖人啟示出來，而可以傳授給個人的。

倘若我們拿儒家的「庶人倫理」和許威德等人（Shweder, Mahapatra, &
Miller, 1990）對柯爾伯格後俗規道德的分析互作比較，我們可以看出：這兩
套道德準則各有其強制性的層面，也各有其可替代性的層面，分別代表了兩
種「分殊理性」。

本章小結

2014 年 8 月 14 至 24 日，在瑞典斯德哥爾摩大學商學院所舉辦的一場研
討會上，來自美國的惠坦（David Whetten）教授發表了〈何謂「脈絡化的理
論貢獻」（Contextualized Theoretical Contribution）?〉論文。惠坦教授目前
在楊百翰大學（Brigham Young University）任教，曾經在臺灣政治大學擔任
過許多年管理學的客座教授，非常在意管理學理論在不同文化脈絡中的適用
問題（Whetten, 2009）。他在該次研討會中曾經提出一張表（如表 5-2 所
示），依兩個向度將不同的理論加以分類。表 5-2 中的縱軸「脈絡的範圍」
（contextual scope）是問：「某一特定的理論預測（即 X→Y）在多少脈絡中
成立？」「本土的」理論，僅只在「單一脈絡」中成立；「普世的」理論，
則在「眾多脈絡」中均可以成立。橫軸「解釋的範圍」（explanatory scope）
則是問：「一個理論可以解釋多少種結果（Y）？」「一般理論」（general
theory）可以解釋多重的結果（multiple Y-outcomes）；「中程理論」（mid-
dle-range theory），則可以解釋單一的結果（one Y-outcome）。

表 5-2　理論的脈絡範圍與解釋範圍

		解釋範圍	
		單一結果 （中程理論）	多重結果 （一般理論）
脈絡範圍	單一脈絡 （本土的）	本土中程理論 （解釋單一本土現象）	本土一般性理論 （解釋兩個以上的本土現象）
	眾多脈絡 （普世的）	「普世的」中程理論 （在兩個以上的脈絡中， 解釋單一現象）	「普世的」一般理論 （在兩個以上的脈絡中， 解釋兩個以上的現象）

　　依這個分類架構來看，本書第四章所提出的「自我的曼陀羅模型」（如圖 4-1 所示）和「人情與面子的理論模型」（如圖 4-3 所示），都是以認知心理學語言所建構的普世的「一般理論」；本書第五章所提出的「儒家的庶人倫理」則是「含攝文化的」「本土一般性理論」。以這些理論模型作為基礎，任何一個研究者都可以根據自己的研究興趣，推演出「普世的」或「本土的」中程理論。

　　對於華人學者而言，建構「含攝文化的理論」的最佳途徑，是以自己所感興趣的現象（即表 5-2 中所謂的「單一」或「多重」結果）作為主要的研究問題，思考儒家倫理與道德在其中發生的作用，再和西方的相關理論進行對話。思考如何建構相關的「中程理論」在理論建構的過程中，最重要的是：要和自己有相同背景的人進行反覆辯證。在過去這段期間，我們鼓勵研究團隊用這樣的途徑從事研究，並將研究成果投到《心理學前沿》這個國際電子期刊。依該刊規定，必須向全世界學術社群公開徵求稿件，最後總共徵得十七篇論文，經過嚴格評審後，登出十一篇，並由該刊出版《東亞哲學與心理學：邁向修養心理學》（Hwang, Yit, & Shiah, 2017）這本電子書。這本書的出版，可以作為一個典範建立臺灣學術社群的主體性，朝華人自主社會科學傳統的建立邁出重要一步。

第六章　自性的心理動力模型

　　本書第四、五兩章所建構的理論模型，包括：「自我的曼陀羅模型」、「人情與面子的理論模型」與「儒家庶人倫理」，都是用認知心理學的語言所建構出來的。以這些理論模型為基礎，我們可以建構出更多的理論模型，構成「儒家關係主義」的理論系列或科學微世界。

　　2016 年 2 月 1 日，我從臺灣大學心理學系退休，並受聘於高雄醫學大學心理學系。我的退休，同時也象徵著學術生涯的重大轉變。在退休之前，我致力於打造華人自主社會科學的學術傳統，刻意教導學生採用西方心理學中「認知與行為」的觀點來建構理論；退休之後，我到高雄醫學大學發展「修養心理學」，教導年輕教師及研究生，如何以「儒、釋、道」三教合一的文化傳統作為資源，建構「含攝文化的理論」，來和西方的「正向心理學」互相競爭。

　　要達到這個目的，「認知與行為」的觀點自然有所不足，而必須在前章所述「儒家倫理與道德」的基礎上，進一步加入心理分析學派的「心理動力」觀點，才能對「整全的人」（whole man）有相應的了解，才能解決儒家思想史上「良知理性」分裂的難題。

▣ 我們的難題

　　在 2015 年 11 月 7 日，我的學生因為我從臺大心理系退休而為我舉辦的「心理學第三波：黃光國教授『榮進』學術研討會」上，林耀盛（2015）發表了一篇〈「榮進」之後：黃光國難題，我們的難題〉。在這一篇論文中，林耀盛指出：

　　黃光國將獨我論意涵的「個體」視為「實證論」，將主體我意涵的「人」視為「實在論」，是以關係主義脈絡作為自我的框架，這是深具本土性意涵。但將「科學微世界」視為智慧（知識），將「生活世界」視為行動（實踐），雖以曼陀羅的整全性／圓滿性思維作為理論原型，且是一種雙向性的互為影響過程，但這樣的模型卻仍無法完全擺脫「科學」與「生活」二元性的主張。何況，原來的曼陀羅心理原型，當中的自性（self）是集體潛意識的意義，轉化挪用的模型──自我的曼陀羅模型，雖然涵蓋「個體」與「人」，但這樣的意識自我，如何納入潛意識的影響？意識與潛意識的作用，是如何互相融攝，進而反映心靈或自我的圓滿狀態，是需進一步詮釋，無法直接以「實在論」的宣稱加以確立。否則，忽略集體潛意識的文化效應，以「科學微世界」和「生活世界」進行解釋，恐仍難以化解結構與行動的二元對立模式或主客對立觀點或天人對立取向。

　　這個批評確實十分到位。在建構「自我的曼陀羅模型」時（黃光國，2011；Hwang, 2011），我是刻意使用「認知與行為」的「科學語言」，根本沒有思考潛意識的問題。現在要談「中西會通」，發展修養心理學，當然必須嚴肅思考「自性」在「集體潛意識」中的位置，以解決「生活世界」與「科學微世界」對立的問題。本書前列各章所提儒家思想史上「良知理性」分裂，所造成的各項爭議，必須建構出「全人」理論，才能得到較為妥切的解決。

第一節　榮格的心理學與中國文化

　　值得一提的是：心理分析學派學者在建構其理論的過程中，曾經從「文化實在論」（cultural realism）的觀點，嚴肅思考過東方文化的內容，而以整合東西文化作為終身志業者，唯榮格一人而已。

　　榮格建構其人格理論，不僅是要治療西方基督教文化中的心理疾患，而且是要救濟西方一神教文化的困窘。我建構「自我的曼陀羅模型」的目的，則是要建立「儒家人文主義」的自主學統。「儒、釋、道」三教合一的自主學統一旦得以建立，在基督教和伊斯蘭教文明衝突日益激烈的今日，它可以作為人類文明一種可能性的出路。我寫此書的目的，是要以之作為我們發展「修養心理學」的基礎，因此我們有必要針對此一目標，回顧榮格建構理論的過程，從中擷取有用的概念，用來幫助我們說明「自性」是什麼。

▣ 超我／自我／本我

　　在「自我的曼陀羅模型」中，「人」、「自我」和「個體」的區分，是哈里斯（Harris, 1989）所提出來的。她在深入回顧人類學的文獻後指出，不論是在哪一個文化裡，人格都包含有「人／自我／個體」三重結構。不同的文化可能使用不同的名稱來稱呼這個結構體的不同組成，但其結構體卻是一致的。即使是心理分析學派的創始人弗洛伊德，他也認為，人格是由「超我（super ego）／自我（ego）／本我（id）」所組成（Freud, 1899），它跟「人／自我／個體」是同構的（isomorphic）。

　　「人／自我／個體」和「超我／自我／本我」雖然是同構的，但其實理論脈絡卻完全不同。前者適於用「認知」或「行為」的語言，建構所謂的「科學」理論；後者則是適於用「全人」的觀點，從事心理治療或諮商輔導的工作。在這兩個系統裡，「self」和「ego」兩個字翻譯成中文，都叫做「自我」。可是，如果我們要用英文討論「科學微世界」的建構，必須使用「self」；如果要用心理動力的模式（psychodynamic model），討論個人在「生活世界」中的「行動」，則必須使用「ego」。兩者各有不同的適用範疇，學者務必明辨慎思。

　　榮格（Carl Gustav Jung, 1875-1961）是瑞士人，大學時期立志要成為一位精神科醫師。1902 年，他以一位通靈的表妹海倫（Helene）為案例，完成了他的博士論文〈所謂神秘現象的心理病理學研究〉，隨後又發現可以用電

流計測量具有激動情緒之作用的「情結」（complexes）（Jung, 1902），而出版《字詞聯想研究》一書（Jung, 1904）。在此之前，弗洛伊德因為出版《夢的解析》（Freud, 1899），而吸引歐洲學術界的廣泛注意。當時弗洛伊德以「自由聯想」（free association）的方法，讓病患在不受干擾的情況下任意講述，而精神科醫生的任務，則是幫案主破譯這些聯想所隱藏的意義，將其問題的「情結」由「潛意識」轉化成為「意識」，使病患對於解決其問題的方法有所了悟，這就是所謂的「心理分析」（psychoanalysis）。

▣ 集體潛意識

榮格因此主動送給他一本自己的書，表示願意用自己的研究方法，證明弗洛伊德的理論。1907 年，兩人初次會面，即一見如故，暢談十三個小時。可是，不久之後，榮格就因為不同意弗洛伊德將一些難以解釋的「情結」都解釋成「心理上的性」（psychosexuality），而和他產生歧見。

對弗洛伊德而言，潛意識是意識的殘餘，是被壓抑之廢棄物的儲藏庫。可是，榮格卻認為，潛意識才是母體，它是意識的基礎。他將潛意識區分為兩個層次：表層的個人潛意識（personal unconscious），具有個人的特性，其內容主要是「情結」，包含被壓抑的欲望、被遺忘的經驗，以及閾下的知覺等。深層的集體潛意識（collective unconscious），則不是來自個人的經驗，它是通過遺傳而先天地存在的，不是由個人所習得。個人潛意識一度曾經是意識，而集體潛意識卻從來不曾在意識中出現過，它是客觀的，跟宇宙一樣的寬廣，向整個世界開放（Jung, 1936）。

▣ 原型

為了要了解自己潛意識的內容，榮格很早就以法國人類學家 Levy-Bruhl（1857-1939）對於「集體表徵」（collective representation）的研究為基礎，從精神病患敘說的象徵中，探索集體潛意識中的「原型」或「原始模型」（primordial archetype）。榮格指出，在世界各國文學的神話和童話中，都有

反覆出現的主題。在今天活著的個人幻想、夢境、極度興奮和錯覺中，都能發現相同的主題，這些典型的形象和聯想，稱為原型的理念（archetypical ideas）。原型愈生動逼真，愈容易被抹上情調的色彩（feeling-toned），它讓我們留下印象，能夠影響或迷惑我們（Jung, 1957）。

然而，「原型」的本體卻是超越的。它是空洞的純粹形式，正如在母親身體中孕育的一種晶體結構（crystalline structure in the mother liquid），本身沒有任何物質實體（no material existence of its own）（Jung, 1969），所以它真正的本質是不可能被意識到。雖然它沒有包含任何東西，但它卻具有各種展現的可能性。

榮格探索過的「原型」，包括：面具（persona）、阿尼瑪（anima）、阿尼姆斯（animus）、陰影（shadow）、智慧老人（old wise man）、老祖母（grande-mere）等。在他看來，弗洛伊德所分析的「潛意識」僅只是「個人潛意識」而已。由於兩人的理論存有巨大的歧異，導致他終於在 1913 年和弗洛伊德正式決裂（Jung, 1965）。

▣ 心靈的探索

在《榮格自傳》第五卷中（Jung, 1967），他提到：1909 年，有一次他和弗洛伊德一起乘船到美國去。在為期七週的旅途上，他們約定：每天都要分析對方的夢。有一天，榮格夢到自己處在一座兩層樓房的樓上。那個是一座洛可可式建築的怪異客廳，牆上掛著許多老油畫。

榮格走下樓，發現一樓的裝飾品更加老舊，大的是十五到十六世紀的。他決心探索整棟建築。打開地下室入口的一扇重門，下樓梯後，他發現自己處在一個古老的房間裡，牆上的磚石和浮雕看起來似乎是羅馬時代的。他再仔細檢視地板，發現了一個狹窄的通道通向更深一層的地穴。他走進那個由岩石刻成的洞穴，發現地上布滿了灰塵、骨骸和陶片散布在四處，還有兩個骷髏，很像是原始人的遺跡。

弗洛伊德要求榮格說出那兩個骷髏的意義。榮格發現，弗洛伊德對這個

夢的解析和自己完全不同。因此不斷尋思：「他到底希望我說什麼？」

　　我不想和他爭吵，如果我堅持自己的觀點，我也怕會失去友誼。另一方面，我也想知道他想從我的答案中得到什麼，如果我用符合他理論的說法來欺騙他，他會有什麼反應。所以我對他撒了個謊。

　　最後，榮格依照弗洛伊德的意思，說他妻子和表妹就是他認為該死的人！弗洛伊德對榮格的回答似乎鬆了一口氣，榮格才發現：弗洛伊德的學說完全無法解釋某種類型的夢。對榮格而言，那場夢只是代表他當時心靈的狀態而已。舉有居室氣氛的客廳，代表意識，樓下大廳代表第一層的潛意識。愈往下走愈幽暗，布置也愈奇怪。最後，他發現自己內心殘留的原始世界，那是意識很難達抵達的「集體潛意識」。它位於動物靈魂的邊緣，正如動物通常居住在史前的洞穴一樣。中世紀的大廳、羅馬時期的地下室以及史前的洞穴，代表了文化的歷史和意識發展的階段。

　　對於這場夢的不同解釋，迫使榮格決定和弗洛伊德分道揚鑣。

▣ 自性的追尋

　　榮格研究的各種「原型」中，最重要的是「自性」。榮格在中學時期就察覺到自己有「第二人格」（second personality）（Jung, 1965），為了要給自己的「二號人格」（personality No.2）命名，他從古代印度哲學求取靈感。《奧義書》中所載的吠陀教義，非常重視人格的完整性，包括佛教在內的各教派都稱之為「阿特曼」（Atman，真我），榮格因此決定用「自性」這個詞彙來稱呼它。

　　然而，「自性」是什麼呢？和弗洛伊德分道揚鑣後，榮格陷入孤獨和痛苦的低潮，為了要追索「自性」，他不得不正視自己的潛意識。1913 年 10月，他在單獨旅行時，突然看到自己無法遏止的幻象：一場大洪水淹沒北海

和阿爾卑斯山北部，衝向瑞士，帶來成千上萬的屍體，整個汪洋大海變成血海。兩個星期後，他又看到同樣的幻象，並做了三次內容相同的夢。他以為自己正面臨精神病的威脅，而於1914年7月底在亞伯丁召開的英國醫學協會學術會議上報告〈潛意識在精神病理學的重要性〉，不料8月1日，第一次世界大戰就爆發了。

這次經驗讓他感受到自己「身上有著惡魔般的力量」，他必須要找出他體驗到的這些幻想之後的意義。在他的一次幻想中，榮格在陰間遇到一位叫做伊利亞（Elijah）的「智慧老人」以及一位自稱沙樂美（Solome）的盲眼美少女，他很快體會到，他們是「智慧」（Logos）和「情慾」（Eros）的具象化。在後來的幻想中，他們合體浮現出一個代表「智之直覺」（superior insight）的形象，榮格稱之為費利蒙（Philemon），並請他當自己的宗教導師。

跟費利蒙的對話使榮格明白他自己及其思想之目標的不同，他了解到：他內心還有一股力量能夠說出他不知道或他不想要之事，這些事甚至和他自己對立。

到了1916年，榮格感到自己迫切地想要表達出費利蒙告訴他的事情。同年6月，一個星期天下午，榮格和兩名女傭聽到有人按門鈴，卻看不到任何人影。他們目瞪口呆的互望，接著彷彿有一群幽靈湧入，並向榮格說：「我們從耶路撒冷回來，在那裡沒有找到我們所要尋找的東西。」接著，榮格用了三個晚上，寫下〈對亡者的七次布道詞〉。當他一動筆，那群鬼便消失了。

▣ 《金花的秘密》

〈對亡者的七次布道詞〉是對榮格探索其潛意識的生涯影響最大的一篇文章。關於這篇文章內容的實質意義，我將稍後再作進一步的詮釋。寫出〈對亡者的七次布道詞〉之後，1916年，榮格畫了第一張曼陀羅圖。榮格說，他是在第一次世界大戰接近尾聲的時候，才逐漸了解畫曼陀羅圖形的重要性。在1918到1919年之間，他每天都要畫一個圓形的曼陀羅圖，來反映他當時內心的處境。這時候，他才慢慢發現：曼陀羅代表了人格的完整性。它是關

於「自性」狀況的一些密碼，顯示它不斷地「成形、變形」，以朝向「永恆心靈的永恆創造」。

1927 年，他以「望向永恆的窗戶」為名，畫了一幅曼陀羅。不久，他又另畫了一張，中央是一座看來很「有中國味」的城牆。他正在尋思這幅圖畫的意義時，正好收到衛禮賢寄來的一篇文稿《金花的秘密》，請他寫評論。這種「同時性」（synchronicity）讓他在這幅具有中國味的金色城堡下面寫了一行字：「此畫完成時，居於法蘭克福的衛禮賢，寄給我一篇三千年前的中文文章，論述作為長生不老之源的黃色城牆」。

衛禮賢（Richard Wilhelm, 1873-1930）是德國漢學家，1899 年到山東傳教，並從事慈善事業。他深入研究中國文化，和康有為交往，並在勞乃宣的幫助下，根據他自己的了解，將《易經》譯成德文，受到榮格的高度評價（Jung, 1967）。1922 年，他到北京大學短期任教後，於 1924 年返回德國。1928 年開始和榮格合作，研究煉丹術，並於翌年出版《「金花的祕笈」及其評論》（Wilhelm, 1931），使榮格聲名大著，後來張其成（2004）又將此書譯成中文，我曾經為之作序。

閱讀《金花的秘密》讓榮格體會到：煉金術士是用「象徵物」在說話，只有知道如何詮釋它們，才能了解他們的意思。在對煉金術作深入研究之後，他才了解到：無論是在東方或西方，許多煉金家很清楚地意識到，他們所煉的金並不是物質的金，而是「靈性之金」（a spiritual gold）。他們的哲學意圖是要找尋一種心理學和哲學的精神體系，幫助他們修練身心，使其身心得到完全的轉化。所謂「靈性之金」，就是「自性」。藉由對於煉金術之符號的了解，榮格（Jung, 1968）才提出其心理學的核心理念，即「自性化」（individuation）的歷程。

▣ 自性化

「自性」是先天賦予個人的各種條件，它跟外在環境的交互作用，決定了個人生命的發展。在榮格心理學裡，「自性化」（individuation）指變成單

一而且均衡的存在。由於「自性化」必須和個人內心最深處、而且無人可比的獨特性相容，它就是成為個人獨特的「自我」。

就其字面的意義而言，「自性化」（individuation） 一詞應譯為「個體化」。梁恆豪（2014）在他所著的《信仰的精神性進路：榮格的宗教心理學觀》中，將之譯為「自性化」。這個譯法是正確的。從建構實在論的觀點來看（Wallner, 1994），當 A 文化中的某一個概念被翻譯成 B 文化中的文字，而找不到適當的字詞來表述它的時候，就表示這是 A 文化所獨有的概念。榮格窮半生之力，探究「自性」的意義，到他晚年，才出版《未曾發現的自我：象徵及夢的解釋》（Jung, 1957），他所謂的「未曾發現的自我」確實是有東方文化中「自性」的意義，和一般心理學者的用法並不一樣。假如我們用大寫的「自性」（Self）來指稱榮格所謂的「未曾發現的自我」，應當比較符合榮格本人的意思（Jung, 1957）。

在榮格的心理學裡，「自性」是我們生活的目標。完整地表達出意識和潛意識命定的組合（fatal combination），稱為「自性化」（individuation）。因此我們可以說「自性化」就是走出「自性之道」（coming to Self-hood）或「實現自性」（Self-realization）（Jung, 1928）。這就是《中庸》開宗明義所說的：「天命之謂性，率性之謂道，修道之謂教。」

▣ 心靈超越的中心

在榮格的心理學中，「自我」（ego）是意識的中心，「自性」（Self）卻是心靈超越的中心與整體（psyche' s transcendent center and wholeness）（Stein, 1998）。為了要跟「自我」（ego/self）作適度的區分，我特地以大寫的 S 來指稱它。「自性」是把意識和潛意識包含在內的整體。它是個人人格的總體（totality of personality），超出所有自我意識的總合，不僅包含意識，也包含潛意識心靈（unconscious psyche），我們的意識不可能接近「自性」的邊緣，不管我們如何努力地要加以意識化，「自性」的整體總還存有許多尚未限定，或無法予以限定的潛意識材料（Jung, 1928）。

　　榮格在他的自傳中說：一號人格和二號人格的作用和反作用貫穿了自己的一生。在他的一生中，他總是試著為從他內心深處走來的二號人格（自性）騰出空間（Jung, 1965）。對於一般人而言，「緊扣於時間上的」（time-engaged）「自我」（ego）總是努力地要以其「意識」來了解其「自性」，但自性卻是「超越」（transcendent）而永不可及的。人類所能知道的，僅是其「先驗自我」（transcendental self）。為了探討西方人如何了解其「先驗自我」，榮格花了許多時間研究西方文化中的「占星術」（Astrology）（Hyde, 1992），並在 76 歲時，出版《基督教時代：自性的現象學探索》（Jung, 1969），說明占星術如何預言基督的到來，以及基督教千百年的發展，收錄於《榮格全集》中。

第二節　「自性」的形式結構

　　在榮格晚年作品《基督教時代》的最後一章（Jung, 1969），他試圖用「四方位體」（quaternity）來描繪「自性」的結構。在他繪製的許多張圖中，有一張是由正反兩個金字塔構成的八面體（ogdoad）（如圖 6-1 所示）。我在該圖中加入我所建構的「自我的曼陀羅模型」（如圖 6-2 所示），我們便可以用它來表示「自性」的形式結構。榮格在其理論中，曾經談到許多種「原型」，包括阿尼瑪／阿尼姆斯、面具、陰影、智慧老人等。其中最重要的是「自性」（Self）。我們一旦畫出「自性」的結構，其他各種「原型」的形式結構，也可以由此衍生出來。

　　圖 6-2 中的八面體由兩個對反的金字塔所組成。下半部倒立的金字塔代表「集體潛意識」，兩個金字塔之間的「四方位體」，代表出生的那一剎那。上半部的金字塔代表自出生之後的生命。懸在其間的「自我的曼陀羅模型」，代表個人生命中某一特定時刻「自我」所處的狀態。當「自我」以其「意識」回想他過去的生命經驗時，從出生到現在所有的生命經驗都儲存在他的「個人潛意識」裡。

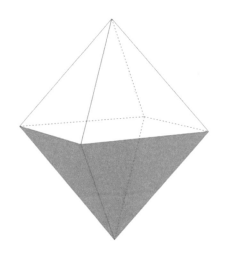

圖 6-1　八面體：初生時的「自性」

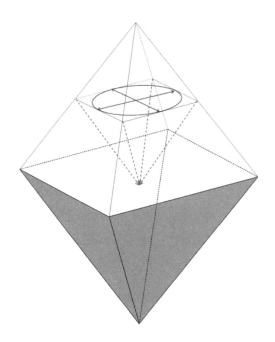

圖 6-2　八面體：「自性」的心理動力模型

在藏傳佛教以五色細沙構築「壇城」的儀式中，圓代表「慈悲」，方代表「智慧」。在圖 6-2 中，「自我的曼陀羅模型」外方的四個角落，以四條虛線投向正立金字塔底部的四方位體，代表個人窮其「智慧」，其「意識」只能在其「個人潛意識」內搜尋，並觸及「集體潛意識」的邊緣。但「集體潛意識」卻像宇宙一樣寬廣，憑一己之「意識」永遠無法窮其內容，而必須藉助於儲藏於「社會知識庫」中之「知識」。

回 心靈地圖

榮格曾經在 1945 至 1946 年間，著手寫一本經典著作論文《論心靈的本質》（Jung, 1954），整合他以往散布在各項作品中的觀點，提出他對「集體潛意識」的完整理論，並於 1954 年修訂完成（Stein, 1998）。這篇論文指出，從最早的時候開始，榮格的野心就是要創造一個能從高到低、從近到遠，描繪心靈各層面的總體心理學，一幅真正的心靈地圖（map of the soul）。這個野心可以追溯到他 1909 年與弗洛伊德航行赴美期間所做的一個夢。他夢到一間多層房子，在夢中逐級探索各層樓，從大廳（現代）走到地下室（近代歷史），然後再下去好幾層密室（古代歷史如希臘、羅馬，以及最早的史前石器時代）。這個夢回答了榮格旅途上所問的問題：「弗洛伊德心理學建立的前提是什麼？它屬於人類思想的哪個範疇？」他在自傳中寫道，這個夢的意象「成為我構思心靈結構的指引」，「它是我對個人心靈的集體先驗條件所得的第一印象」。

在他後來的職業生涯裡，榮格以他病患的表現，以及他自己的內省作為潛意識素材，深入探索夢與幻象的源頭，而逐步對人心的普遍結構加以理論化。榮格認為，這種結構是每個人都有的，並非局限於個人或某個病患。人類心靈結構的最深層，榮格稱之為「集體潛意識」。它的內容包含了普遍存在的模式與力量，他分別稱作「原型」與「本能」。就這個層次來說，人類並無個體特色可言。

▣ 潛意識的支配特徵

　　每個人都有相同的原型和本能，個人只能在人格的其他部分展現個體的特色。榮格在《心理類型》中論證說，個體化是個人在他對心靈的理解中，有意識地長期努力的結果，但本能與原型卻是每個人的自然稟賦。所有人的稟賦都是相同的，不論貧富、種族、古今，每個人都擁有它們。這個永恆的主題是榮格理解人類心靈的基本特色：

　　　　人類「擁有」的許多事物，不是源自學習，而是從祖先繼承來的。人生下來時並不是一張白紙，只是無意識而已。可是他與生俱有組織良好的系統，隨時可以人類的特殊方式運作，這有賴於人類幾百萬年的發展，正如鳥類遷徙與築巢的本能並非習得一樣，人類呱呱落地時也與生俱有本性的基調，這不僅只是個人的，同時也是集體的本性。這些遺傳的系統和自遠古以來便存在的人類情境相互對應，包括青年與老年、生與死、子與女、父與母、交配等。個人的意識會初次經驗到這些事情，但身體的系統與無意識則不是如此。對它們而言，因應這些情境自遠古以來就是本能中的慣性功能。《榮格全集（第四卷）》

　　所謂的「原型」，可以說是前理性的心靈之器官。它是永恆的遺傳形式或理念。在生命的開始之初，它們並沒有具體的內容。具體的內容只有在每一個體的經驗被帶進這些形式時，才會在每一個體的生活史上出現。榮格根據他多年的研究認為，不管任何時代、任何地方，人類心靈都顯現出引人注目的類似點。不論何時何地，原型的幻象形式都可自動浮現，重新塑造，不需要任何直接的傳播。人類心靈的構成所顯現出的齊一性，並不亞於形色相貌等身體構造的齊一性。

　　這種具有普遍性但又分殊多樣的心靈結構，賦予任何經驗一定的方向與

形式，這是一種強制性的作用。就像身體諸器官不是雜亂無序的集合，而是一種動態機能的複合體，顯現出一定的必然性。同樣地，原型是一種心靈的器官，它宰制了心靈的活動，是種本能和動能的複合體。所以榮格稱「原型」為潛意識的「支配特徵」。這些普遍的、動能的形式組合成潛意識的心靈層，榮格稱之為「集體潛意識」（Jung, 1952/1993）。

◉ 至善

在人類有歷史之前，已經有人用「曼陀羅」來代表宇宙、世界或心靈的圖像。它代表整體的「自性」。對於個人而言，「自性」是其意義與人格取向的原型（archetype of orientation and meaning），「自性」的中心是「至善」（the Good），個人所有的作為，都必須朝向此一中心。曼陀羅的中心不是「自我」，而是人格的總體取向，「自我」僅只是人格的一部分。每件事都必須朝向中心。朝向中心就是人格整體朝向「至善」，因此會有療癒的功能。

在〈儒家心理學：黃光國難題正面臨的迷陣與突破〉中，陳復（2016）曾經提出一張「朝向自性的自我輪轉模型」，我將之修改為「朝向至善的自性模型」（如圖 6-3 所示）。本書第三章在描述「自我的曼陀羅模型」時，曾經說過：圖 4-1 中的外方內圓，方代表「智慧」，圓代表「慈悲」。在圖 6-3 中，拉扯「自我」的四種力量的箭頭尖端，各以一條虛線指向位於金字塔頂端的「至善」（或「良知」）。這樣一張圖代表一個具有「慈悲」心的人，其「自我」在作道德評估時，總是能夠調節「欲望」和「德性」之間的對立，讓自己在以「智慧／知識」作出「實踐／行動」時，能夠朝向「至善」（良知）的方向。

◉ 「人格面具」與「陰影」

本書第四章所描述的「婆羅浮屠」佛塔，或立體的曼陀羅，是圖 6-2 金字塔的上半部。下半部倒立的金字塔，代表「集體潛意識」。立體的曼陀羅

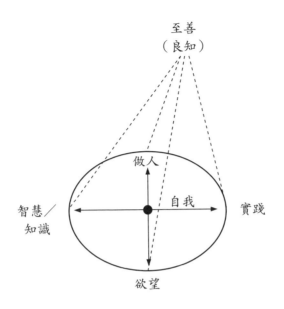

至善
（良知）

做人

智慧／
知識

自我

實踐

欲望

圖 6-3　朝向至善的自性模型

或「婆羅浮屠」佛塔的六層底座，為代表「智慧」的四方形：最上面三層是代表「慈悲」的圓形。其橫截面則是如同圖 4-1 的「自我的曼陀羅模型」，後者由「人／個體」以及「智慧／行動」或「知識／實踐」的兩組對立力量所構成，「自我」（ego/self）則位於各種力量匯聚的中樞。過去所發生的事情會變成記憶，儲存在「個人潛意識」中，一個身心健康的人，其「自我」對於未來的一切規劃都應朝向「至善」的方向。

　　在榮格心理學中，「陰影」和「人格面具」是一組互補的次級人格結構，存在於每一個人的心靈中。「陰影」（shadow）是一個人向光而行時，留在他身後的影像。與其對立的概念是「人格面具」（persona），在羅馬語中，其原意是演員的面具，它是個人面對周遭社會時穿戴的面皮。

　　用「自性的心理動力模型」來看，在生命之初，人格是簡單而未分化的單元。它是沒有內容的形式結構（如圖 6-1 所示），是潛能的整體，而非事實。出生之後，這個整體便開始分化出許多部分，開始有自我意識浮現（如

圖 6-2 所示）。當他逐漸成長，個體會將本我拋置在無意識中，成為自我無法控制的「陰影」。

「陰影」是自我的背面，是自我的意向、意志和防衛的無意識層面，也是隱藏在陰暗中的某些心理特性或品質。在「自我」的人格結構中，若有某些部分因為違反社會習俗或道德傳統，而導致認知壓抑或感情分裂，就會陷入陰影。

在陰影中的「自我」，具有極端自私、任情、無情的特色。這時候，個人純粹是自我中心的，不惜任何代價要完成權力與享樂的私慾。然而，因為陰影存在潛意識之中，它無法由自我直接經驗到，所以常常被自我投射到他人身上，例如：一個非常自我中心的人在極度激怒時，他的反應通常會反映出某種無意識陰影所投射出來的訊號。

自我意識所拒絕的內容成為陰影；它所積極接受、認同和吸納的內容，則變成它自己以及人格面具的一部分。人格面具和陰影通常正好是彼此的對立面，它們像是一對孿生子，一位站在公眾面前，一位躲在隱蔽處。在大眾語言、報紙和文學理論中，人格面具通常是指「呈現的人」，而非「真正的人」。它是為某種特殊目的而採用的心理建構與社會建構，跟個人在社會中所扮演的角色有關。我們必須在不同的情況下，非常貼近的觀察一個人，才會了解環境的轉換，如何造成他人格的顯著變化。

◩「存天理，去人慾」

用〈自性的曼陀羅模型〉來說（如圖 4-1 所示），朝向「人」的拉力，使「自我」展現出「人格面向」；朝向「個體」之慾望的拉力，則使「自我」陷入「陰影」。宋明儒者之所以主張「存天理，去人慾」，其理由即在於此。

《大學》開宗明義地說：「大學之道，在明明德，在新民，在止於至善」；佛教說：「諸惡莫作，眾善奉行，自淨其意，是諸佛教」；本書第二章提到：柏拉圖在其《理想國》中提到蘇格拉底所強調的「Eudaimonia」，

都有同樣的意涵，所以說：朝向「至善」，可以說是一切修養的總目標。

　　榮格認為，我們的精神結構是依據宇宙的結構而設立的。在宏觀世界中所發生的一切，同樣發生在無窮小和最主觀的精神範圍內。圖 4-1 的「自我的曼陀羅模型」是在某一特定時間點上，個人心理力場中所感受到的主觀衝突。用泰勒在其扛鼎之作《自我的諸根源：現代認同的形成》一書中的概念來看（Taylor, 1989），它可以說是洛克所謂的「精準自我」（punctual self），在時間上沒有延續性，是我以「後實證主義」的科學哲學作為基礎，用西方「主／客」二元對立的離根理性（disengaged reason）所建構出來的。它本身只是個先驗性形式架構（transcendental formal structure），但卻可以協助後續的研究者，建構一系列的理論，構成「儒家關係主義」的科學微世界。

▣ 整全的人格

　　張蘭石（2016）指出，黃光國建構「自我的曼陀羅模型」之靈感來源——婆羅浮屠的「曼陀羅」本就是三維的，代表自我生命境界的逐步提升。在黃光國對「自我的曼陀羅模型」的初步（二維）詮釋中，「智慧」與「實踐」是兩端牽制的，「智慧與實踐的會合」似乎是不可能的；然而，若「自我的曼陀羅模型」的「輔助假設」能補充三維的建構，說明從「自我」到「自性」的豎向發展，便可詮釋「智慧與實踐的會合」。當分處兩端的「知識／智慧」與「行動／實踐」能會合於「自性」，科學微世界的主客對立思辨，與生活世界的主客冥合境界便能相應。

　　我完全贊同這個說法。圖 4-1「自我的曼陀羅模型」的建構，採用了認知與行為的語言，並未將「自性」考慮在內，並不足以代表整全的人格（whole personality）。我們要想發展「修養心理學」，必須採取心理動力學的觀點（psychodynamic perspective），嚴肅思考「自性」在東方宗教和文化中的意涵，這樣建構出來「人」的理論模型才算完整。榮格的心理學在這方面曾經作出了極為傑出的貢獻，很值得我們參考。

▣ 「文化思想考古」

在 2016 年 10 月 15 日的臺灣心理學會年會上，我邀集吳瑞屯、李維倫、林耀盛、彭榮邦所召開的「全球變遷中的心理學發展」研討會裡，林耀盛（2016）又提出〈坦塔洛斯的困題：思「反」心理學，批判社群革「心」〉這篇論文。所謂的思「反」，就是：「反對實證主義心理學的單一判準」；「返」回生活世界的一條路線；「反省，道之動」。所謂的革「心」，就是「溯源心理學的置身所在」，「發動一種格物致知的心理學議程」：

> 當文化意識已經成為心理學的基本地景時，反倒需要逆反的策略。Kvale（1992）宣稱，心理學需要翻轉，從「心靈的考古翻轉學到文化的地景學」，如今，我們需要將心理學作二度翻轉，從「心靈的地景學翻轉到文化的考古學」。換言之，亦即進行「文化思想考古」，切問近思，以挖掘心理學「歷史」的本來面目，辨讀深蘊於文化底層的動力。將人們的心理與行為，重新安置在「考掘還原的文化處境下進行理解」。（林耀盛，2016）

我也完全同意這樣的論點。然則，本土心理學者該如何進行這種「文化思想考古」的工作呢？從榮格的心理學來看，「集體潛意識」是指從原始時代以來，人類世世代代普遍性心理經驗的長期積累，沉澱在每一個人的無意識深處；其內容不是個人的而是集體的，是歷史在「種族記憶」中的投影，普遍存在每一個人身上。它影響著個體意識和個體潛意識的形成，使個體的思維方式與行為方式中都隱含著民族的集體因素。個人潛意識一度曾經是意識，而集體潛意識卻從來不曾在意識中出現過，它是客觀的，跟宇宙一樣的寬廣，向整個世界開放（Jung, 1969）。

第三節　東西文化的對比

　　以「自性」的形式結構作為基礎，我們不僅可以重新解釋榮格的學說，而且可以看出東西文明的差異。在榮格自傳「自序」的開始，他說：「我的一生是一個自性中的潛意識充分實現的故事。潛意識中的一切竭力要表現出來，人格也強烈要求從其潛意識狀態中成長，並以整體的方式來經驗自身」（Jung, 1965）。在《回憶，夢，反思》這本自傳裡，他反思的內容主要是他的潛意識，包括個人潛意識及集體潛意識在內的「自性」。在這本書的「自序」中，榮格說：

> 　　「我向來覺得，生命就像以根莖來延續生命的植物，真正的生命是看不見、深藏於根基的。露出地面的生命只能延續一個夏季，然後便凋謝了。真是有夠短暫！當我們想到生命和文明永無休止的生長和衰敗時，人生果真如夢！」

　　用榮格的這個比喻來說，深藏於根基中的「真正的生命」就是「自性」。「自我」意識所能及的範圍，僅只是「露出地面的生命」而已，佛教《六祖壇經》也有類似的說法：「心地含諸種，普雨悉皆萌，頓悟華情已，菩提果自成。」「自性」中含有人生百態的種子，在眾緣和合的情況下，就會開出各種不同的生命花朵，如果能從花開花謝中，悟得「自性」，就可以證得無上智慧。

▣ 七重天

　　榮格一生的「實現自性」和佛教對於「自性」的觀點，看似相似，其實卻蘊涵東西文化的根本差異。這一點，從榮格〈對亡者的七次布道詞〉的內容已經可以看出端倪：在許多古老的宗教中，「7」都是非常古老的神秘數

碼。在猶太教和伊斯蘭教的教義中，天有七重，第七重天是上帝及最尊貴的天使居住的至福之地。

在基督教傳統中，一個星期有七天，人可以藉由反省而獲得由簡單至奧妙的轉化，達到七個層次的轉化，甚至可以得到再生。在《奧義書》中，提到練習瑜伽時呼吸的氣脈（breath channels），並稱之為 Nadi。第八世紀的佛教經典，開始提到身體中不同層次的「脈輪」（Chakras）。在梵語中，「Chakras」的意思是「旋轉的光輪」。在瑜伽修行中，由生命能量帶動的「脈輪」，最重要的有七個。

《佛光阿含藏》中有〈七日經〉，告訴諸比丘，一日乃至七日出時，世間崩壞情形，希望他們了解「諸行無常」，「當患惡之，當求捨離，當求解脫」。矗立在印尼日惹郊區的婆羅浮屠佛塔共有九層，一至六層包含「欲界」和「色界」，自第七層起則進入「無色界」。

回 超越的境界

榮格的〈對亡者的七次布道詞〉用比喻的方式，突顯出東方宗教和一神教的對比。〈對亡者的七次布道詞〉一開始，那群幽靈便說：「我們從耶路撒冷回來，在那裡沒有找到我們所要尋找的東西。」耶路撒冷是基督教、猶太教和伊斯蘭教的共同聖地。他們在耶路撒冷找不到的東西究竟是什麼？

第一次布道詞說：「我的布道始於虛無。虛無即是充滿。在一個無窮的宇宙裡，充滿並非勝過虛無。虛無既是空虛又是充滿。」「一種無限而永恆的事物不具有品質（qualities），因為它具有一切品質。」「這種虛無或充滿，我們稱之為 pleroma。」「其中沒有存在（being），因為有什麼存在的話，它就會具有種種品質，成為某物，而與 pleroma 相區別。」「pleroma 中一無所有而又擁有一切。思考 pleroma 總是毫無結果，因為這意味著自我消解（self-dissolution）。」

「虛無即是充滿」、「一無所有而又擁有一切」，這種弔詭陳述（paradoxical statement）其實是在指：個人生前與死後的一種不可思議的超越境界

（state of transcendence）。在印度教中，個人修行的方向是要真正體悟到：一切有限現象，包括所有人和事在內，都是出自於包羅萬象的「終極實在」或「阿特瑪」（Great Atma），又都無例外地終將回歸於此。

◫ 梵天與中觀

關於這個境界，S. Radhakrishnan 博士曾經有精闢的論述：

> 嚴格說來，我們是不可能對「梵天」（Brahman）作任何描述的。藉由沉默的苦行，我們才能知道：我們拙劣的描述和不完全的標準根本是無能為力的。《奧義書》中說：「萬事萬物在什麼地方成為其自身？人應該思考什麼和跟誰思考？靠什麼我們才能知道宇宙的智者（universal knower）？」敘說性思考的已知和可知之間的二元對立已經被超越。「永恆的太一」（eternal one）是一種無限的實在，我們甚至不敢稱它為「唯一者」，因為「唯一」是一個源自世俗經驗的概念。我們只能說它是所有的二元性都經由「最高同一」（supreme identity）而完全消弭後，方能知道的非二元存在物。

《奧義書》耽迷於否定的描述，宣稱實在（real）不是這個，也不是那個，它「沒有筋肉，沒有疤痕，沒有接觸過邪惡」、「沒有陰影，沒有黑暗；沒有內，沒有外」。《薄伽梵歌》中有許多段落支持《奧義書》的此一觀點。最高存在（supreme）被說成「不會現身，不可思議，不會變化」、「既不存在，又不是不存在」。這些矛盾的言詞，說明了經驗的決定項不適用於「最高存在」。「它不移動卻又移動，它相距甚遠卻又近在咫尺」。這些描述，說明了最高存在的雙重性，既是存在，又是變易；既是超越，又是內在的；既在世界內，又在世界外……

印度教和佛教的最大不同，是印度教肯定外在實有，但它仍然認為，生前與死後的世界是不可知的。佛教主張「緣起性空」，並否定外在實有，因

此在佛教經典裡，我們也可以看到許多類似的弔詭陳述，但佛教卻不只是用它來描述「生前」、「死後」，而是以之否定整個外在實有。譬如《般若波羅蜜多心經》所說的：「色不異空，空不異色；色即是空，空即是色」；或《金剛經》中所說的：「世界，即非世界，是名世界」，「我說莊嚴佛土，即非莊嚴佛土，是名莊嚴佛土」；「般若波羅蜜，即非般若波羅蜜，是名般若波羅蜜」；都是同樣的弔詭陳述。在佛教中，認識到世俗對於上述語句有關「世界」、「莊嚴佛土」或「般若波羅蜜」的正面敘述，都是虛假的，即在修「假觀」；認識到這一切「即非莊嚴淨土」，是在修「空觀」，修一個「無」字。「莊嚴佛土，即非莊嚴佛土」，「亦空亦有」，既「有相」又「無相」，兩者同時相等存在，則是在修「中觀」，這其實就是〈對亡者的七次布道詞〉中所說的 pleroma。

▣ 作為「被造物」的人

榮格的〈對亡者的七次布道詞〉，描述了一神教信仰和東方宗教的根本不同，在於一神教信仰相信：在「人」之外，尚有「超越的」「造物主」存在。在第七次布道詞中，榮格說：「被造物不在 pleroma 之中，而在其自身。Pleroma 即是被造物的終點。」「然而，我們就是 pleroma 自身，因為我們是永生和無限的一部分。」「但我們並未藏有 pleroma，因為我們已經永遠地離開了它；不僅從精神上或肉體上，從本質上亦復如是，因為作為受制於時間和空間的『被造物』，我們的本質上已經和 pleroma 不同。」

在東方宗教中，「梵天」和「阿特曼」（真我）是「天人合一」的，可是在一神教信仰中，「造物主」和「被造物」在本質上截然不同。〈對亡者的七次布道詞〉說出了一神教信仰外在超越之「造物主」所導致的困境。在第六次布道的結尾，亡者說：「別再談神、鬼和靈魂了。這些我們早就知道了。」「告訴我們人是什麼？」

　　「人是由神、鬼和靈魂構成的外在世界通往內在世界的一道

門。從大世界進入小世界，人雖然微小而短暫，他已經在你之後，有朝一日你會發現自己在無邊無涯的空間中，在小而最內裡的無限之中。」「這就是這個人的神。這就是他的世界，他的pleroma，他的神性。」「在這個世界，人變成了 Abraxas，自己世界的創造者和摧毀者。」

▣ 「三位一體」的教義

在〈對亡者的七次布道詞〉中，榮格用 pleroma 和 Abraxas 兩個觀念來突顯東西方文化的差異。然而，這樣的說法仍然不足以說明榮格對於東西文化差異的看法。由於「自性」是超越的，人類以其有限的智慧，永遠無法知道它的整體。然而，每一種宗教都試圖用一種同心圓、方形或曼陀羅來描述「自性」，但他們所能描繪的，其實僅只是其意識中的「先驗自我」而已。

在〈對三位一體教義的心理學分析〉中（Jung, 1942），榮格仔細考察巴比倫、埃及、希臘等東方宗教，發現早在基督教誕生數世紀前，他們就有類似「三位一體」（Trinity）的信仰。西元 325 年，羅馬皇帝君士坦丁大帝（Constantine the Great）召開第一次基督教大公會議（後世稱為第一次尼西亞公會議），通過《尼西亞信經》，公認耶穌（聖子）和聖父是同一本質的（homoousios），但並沒有提及聖靈的問題，成為爭端的開始。

按照當權教派主張的正統科學觀點，三位一體的奧秘是人類有限的理性所無法理解的，在人的有限經驗上，沒有類似的事可作比擬。西元 380 年，羅馬皇帝狄奧多西一世（Theodosius I）正式宣布基督教為羅馬帝國之教，並在次年將《尼西亞信經》確立為「國家標準信仰」，反對三位一體教義的人被判為異端，有的被直接處死或死於火刑。

這一鬥爭持續了數百年。直到中世紀，羅馬教會用各種方式解釋教義，才完全確立三位一體的教義。但反對聲仍零星出現。馬丁路德（Martin Luther）發起宗教改革後，對於三位一體的不同解釋，形成基督教的不同教派，

彼此互相攻訐，沒有一定的結論。

◉ 「三位一體」的心理分析

　　榮格從心理分析的角度認為，三位一體是基督教中的一種「原型」，它是由聖父、聖子和聖靈所組成。首先是「聖父」，邏輯上隨後的是「聖子」。「聖靈」在邏輯上既不跟著「聖父」也不跟著「聖子」，它是「建立在不同前提條件上的特殊因素」，是「不依賴於身體而存在的一種靈魂」，它從「聖父」和「聖子」那兒來的過程是「靈感」（inspiration），而不是「出生」。由於「聖靈」表達的是人類未知的心理事實，它跟從潛意識產生的任何東西一樣，都是不完整的。

　　在榮格看來，任何「原型」都包含對立的兩個概念，例如：善／惡，陰／陽，大／小等，透過矛盾的「對立一體」（union of opposites），才能形成統一的整體。從這個角度來看，榮格認為，基督教「三位一體」教義的不完整，源自於它把女性因素和人類心理因素的陰暗面（即「惡」）排除在外。在他看來，「三位一體」（trinity）是不完整的，從人類潛意識中產生的「四方位體」（quaternity）的宗教象徵，才是合理的。

◉ 「八面體」與「三佛身」

　　在人類歷史上，「四方位體」也有極其長久的歷史。榮格認為，成熟的個體在向「自性」發展的過程中，都會採用合理的宗教象徵來表達「自我」。如果他的上帝被認為是來自外在世界的、像父親一樣慈善的統治個人的力量，他就是生活在潛意識的最底層，其宗教信仰與原始人沒什麼兩樣。如果他的「上帝」形象喪失了生命力和神祕性，新的「自性」就會取代它們。

　　用上一節所提出的架構來看，在嬰兒剛出生的那一刹那，圖 6-1 的八面體是一個「先驗性形式架構」，沒有任何的實質內容。正如「母親體液中的晶狀體」，它代表了個人本有的「自性」。

　　本書第四章在討論「自我的曼陀羅模型」時，曾經指出，世界上的許多

宗教都以「圓」代表「慈悲」，「方」代表「智慧」。在嬰兒出生的那一剎那，八面體中的「四方位體」，代表一個人天賦的「智慧」。它決定了個人一生未來發展的方向。道家所說的「反璞歸真」，其中所謂的「璞」、「真」，就是指這種狀態。

佛教中認為，佛有三身：法身、報身、應化身。「法身」又名自性身或法性身，即常住不滅，人人本具的真性，不過眾生迷而不顯，佛是「覺而證得」。「報身」是由佛的智慧功德所成的，有「自受用報身」和「他受用報身」之分，「自受用報身」是佛自己受用內證法樂之身，「他受用報身」是佛為十地菩薩說法而變現的身。用本文的角度來看，所有原型或結構的母體（如圖 6-1 所示）就是「報身」。「應化身」又名應身、變化身，即應眾身之機緣而變現出來的佛身。

佛有三身，佛也因此而有三德：法身德、般若德、解脫德，三者互相配對。佛性也因而有三種，即正因佛性、了因佛性、緣因佛性。「正因佛性」是法身如來之因；「了因佛性」是報身如來之因；「緣因佛性」是應身如來之因。諸法如不變的真理，名「法身如來」；這不變的真理和行者的智慧融匯在一起，妙成功德，名「報身如來」；證得此真理，隨機應化，勝用無窮，名「應身如來」。法身如來是「體」，報身如來是「相」，應身如來是「用」，一而成三，三即是一。

🔲 能生萬法

《六祖壇經》記載了禪宗六祖慧能得道經過的故事，可以用來說明這種「三佛身」的概念。五祖弘忍大師半夜召見慧能，為他講解《金剛經》，說到「應無所住，而生其心」時，慧能幡然大悟，而作一偈：「何期自性，本自清淨；何期自性，本不生滅；何期自性，本自具足；何期自性，本無動搖；何期自性，能生萬法。」用本章所提出的理論架構來說，因為代表自性的「八面體」是個人與生俱來的先驗性形式架構，所以說它是「本不生滅」、「本無動搖」，生無所得，死無所喪。因為它沒有任何的實質內容，所以說它

「本自清淨」；又因為它的「集體潛意識」具有無限大的潛能，可以與宇宙相通，所以說它「本自具足」。這是就它的「結構」而言。至於說它「能生萬法」，則必須以「自我的曼陀羅模型」為基礎，從個人修為的角度，再作更深一層的詮釋。

第四節　文化的集體潛意識

　　隨著個人生命經驗的成長（如圖 6-2 所示），集體潛意識內的「原型」也逐漸填入個人由「默會學習」（implicit learning）所習得的各種文化符碼，但個人對此卻可能一無所知。用榮格的比喻來說，「自我」意識所能及的範圍，僅只是「露出地面的生命」而已。深藏於根基中的「真正的生命」才是「自性」最重要的部分。

　　再用榮格和弗洛伊德一起赴美時所做的那個夢來看，當他逐級進入房子的地下室時，那個多層的地下室很明顯地是代表西方的歷史和文化。由此可見，在圖 6-2 的「集體潛意識」中，我們還可以分化出一個較為表層的「文化潛意識」（Stein, 1998），其中所包含的「原型」，已經不再是「晶狀體的形式結構」，而包含有實質的文化內涵。它是個人在其生命過程中默會學習而得的，但是因為它被某個文化群體所共享，所以也是集體的。榮格早年在其著作中所探討的各種「原型」，其實只是代表西方文化的集體潛意識而已。由於這個層級的潛意識是由較大的文化模式所建構，它往往會影響個人的意識態度，而不為個人所知覺。

▣ 文化的默會學習

　　榮格認為，集體潛意識是得自於遺傳。然而，倘若集體潛意識是文化的儲藏所；許多文化心理學的研究顯示：文化卻是由默會學習而獲致的。從人類發展的歷史來看，在人類學習使用語言之前，有很長一段時間是用「符號」（symbols）作為溝通的工具。然而，在人類開始使用語言之後，語言成為文

化最重要的載體，個人在其生活世界中學習語言及其在各種情境中的使用方式時，他同時也不知不覺地學習到語言所承載的文化傳統。前蘇聯心理學家維果斯基因此提倡起源研究法（genetic method），認為研究人類心理的發展，不只應當包括個體起源的探究，而且應當兼顧物種起源（phylogenetic）的社會歷史分析。

維果斯基（Vygotsky, 1927/1978）認為，個體的發展是根植於社會、歷史與文化的，在研究人類的心理歷程時，必須同時關注整個社會與文化的歷史條件和歷史過程。個體發生史（ontogeny）關心的是個人從出生到老死之間，整個心智發展歷程所涉及的改變。而文化則是整個社群在其歷史過程中所創造之人為飾物（artifacts）的總和，它是一個社群所累積的人為飾物，也是人類（心智）發展的媒介（medium），是人所特有的（species-specific）。人類使用的各種工具，創造的各種藝術，運用的各式語言，都是人為飾物的不同類別。就這層意義而言，文化是「現在的歷史」（history in the present）。作為心智之媒介（medium）的語言，其發展以及它在世世代代的繁衍、生產與再生產，是人類獨特的顯著特徵。

▣ 歷史時間的交匯

在物種起源史（phylogenesis）方面，維果斯基認為，人類與動物的分野在於高等心理功能的出現與發展。要了解人類與其他高等靈長類在物種發展史上的差異，就必須研究語言或文字的出現與使用，各種工具的創造、發明與使用，以及勞動形式的改變。此一部分的研究工作涉及整個人類歷史與文化的發生與發展。

在維果斯基的影響之下，文化心理學者柯爾（Cole, 1996）認為，成人過去的文化經歷與限制，將透過社會化的歷程而轉移到新生兒身上，成為新生兒在發展上的另一種文化條件。換言之，成人會根據其自身的文化經驗所建構的世界，來創造與嬰兒互動的環境。唯有擁有文化的人類能夠回到「文化的過去」（culture past），並將它投射到未來；然後，再把這個概念上的未

來帶回現在，而構成新成員的社會文化條件。反過來說，文化的中介（cultural medium）使人類將自身的過去，投射到下一代的未來。這個觀點使我們能夠藉由文化來找到世代之間心理歷程的連續性。

柯爾（Cole, 1996）曾經提出兩張圖來說明：文化傳統如何影響個人。第一張圖中的（子）代表兒童（Child）（如圖 6-4 所示），垂直線代表他在出生的時刻，其實已經受到五種時間的影響：

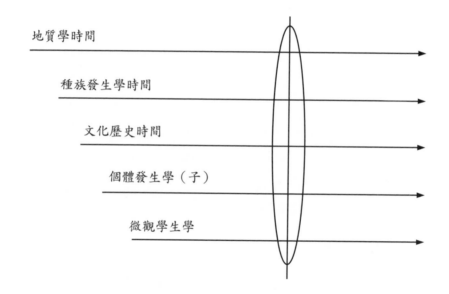

圖 6-4　五種時間序列對初生兒童的影響

資料來源：引自 Cole（1996, p. 68）

1. 地質學時間（geological time）：地球自遠古以來的歷史，它通常是由地質學者根據地球發生過的重大事件來加以劃分。
2. 種族發生學時間（phylogenetic time）：某一個有共同祖先之種族的演進歷史。
3. 文化歷史時間（cultural-historical time）：某一特定文化群體的發展歷史。

4. 個體發生學：個別有機體發展的歷史。它通常是指個體由受孕成形、
   出生成長、完全成熟到衰老死亡的過程。

5. 微觀發生學（micro genesis）：個體內各不同部分之間的關係，它通常
   並不在個體知覺之內。學者對於這些關係的想法或解釋，稱為「微觀
   發生學」，例如：在本文的論述脈絡裡，圖 6-1 及圖 6-2 是指個體出
   生時，其意識、個人潛意識和集體潛意識之間的微觀發生學。

作為人，必然是一種「關係的存有」（relational being）（Gergen,
2009）。任何人都不可能遺世獨立。在下一章中，我要以陸象山的生命故事
為例，進一步引用柯爾（Cole, 1996）的第二張圖，以及本文所提出的理論來
說明：文化傳統如何藉由代際之間的互動而傳承給下一代。

▣ 中華文化發展的歷史

由於本章的主題是「自性」的心理動力模型，這裡我要強調的是：「文
化的過去」，就是透過語言的媒介而傳遞給個人的。華人本土心理學者要想
建構「含攝文化的理論」，必須要先了解中華文化發展的歷史。在傳說中，
孔子曾經問禮於老子，其學說以「仁」為核心；孔子的弟子孟子全力闡揚
「義」的概念，荀子則主張「禮」，構成「仁、義、禮」倫理體系。法家思
想以「法、術、勢」為主要內容；稍後又有兵家思想。這一脈相承的文化傳
統代表了中華文化的辯證性發展，後起的思想對先行的學說有批判的繼承，
也有創造的發展。用老子的話來說，這就是：「失道而後德，失德而後仁，
失仁而後義，失義而後禮」《道德經》，我們也可以進一步說，「失禮而後
法，失法而後術，失術而後勢」，連「勢」都派不上用場，最後只好以兵戎
相見。

春秋戰國時期「道、儒、法、兵」這一脈相承的思想發展，代表中華文
化由聖入凡、由出世到入世的世俗化歷程。依這個順序發展下來，就是華人
所謂的「順則凡」。而在道家思想中，則教導個人「復歸於樸」，「復歸於
無極」，希望能夠回到「與道同體」的境界，可以稱之為「逆則仙」。

▣ 民族發展歷程的重演

在「道、儒、法、兵」的文化傳統影響之下，個人發展的歷程，幾乎是具體而微地重演了其民族發展的歷程。甚至在一日之中的不同階段，個人都可能重新經歷「道、儒、法、兵」的不同境界。王陽明講過一段頗具啟發性的話：

> 人一日間，古今世界都經過一番，只是人不見耳。夜氣清明時，無視無聽，無思無作，淡然平懷，就是羲皇世界。平旦時，神清氣朗，雍雍穆穆，就是堯、舜世界；日中以前，禮儀交會，氣象秩然，就是三代世界；日中以後，神氣漸昏，往來雜擾，就是春秋、戰國世界；漸漸昏夜，萬物寢息，景象寂寥，就是人消物盡世界。學者信得良知過，不為氣所亂，便常做個羲皇以上人。《傳習錄》下卷第四十七則

王陽明所說的「羲皇世界」、「堯舜世界」、「三代世界」、「春秋戰國世界」、「人消物盡世界」，和「道、儒、法、兵、佛」五家思想所要處理的人生境界，大體是互相對應的。即使今日世界各地的華人社會紛紛轉變成為工商業社會，仔細思考王陽明所講的「學者信得良知過，不為氣所亂」，反倒令人覺得更為貼切。

用《知識與行動：中華文化傳統的社會心理詮釋》一書的概念架構來看（黃光國，1995），文中那位「人」，清晨起床後，「神清氣爽」，和家人相處，可能用源自於儒家的若干理念，經營出一幕「雍雍穆穆」的「堯舜世界」。在現代的工商業社會裡，各式各樣的組織不斷地生生滅滅，大多數的人也都必須置身於各種不同的組織之中。上班之後，在工作場合，有些華人組織的領導者可能用法家的理念來管理組織，企圖締造出他們的「三代世界」。而其組織成員不論在組織內、外，都可能使用兵家的計策行為，和他

人勾心鬥角，營造出一幕幕的「春秋戰國世界」。下了班後，回到家，在「萬物寢息，景象寂寥」的「人消物盡世界」裡，他可能又「復歸於樸」，回歸道家或佛家境界，「做個羲皇以上人」。

◙ 「身—心—靈」一生的發展

王陽明的比喻，說明繼承華人文化傳統的「人」，在一日之間可能具體而微地重演其民族發展的歷程。不僅如此，這樣的一個「人」，一生發展的過程也可能重演其民族發展的歷程。

用立體的「曼陀羅模型」來看，王陽明所謂的「人」，應當是業已經歷過兒童時期的「欲界」，而已經進入到成人階段的「色界」。他不僅「身—心—靈」三方面都已經發展成熟，而且能夠運用源自中華文化傳統的行動智慧，在生活中的不同場域中，與跟他關係不同的他人進行互動。

等到他邁入老年階段的「無色界」，他可能企圖使用源自於道家的氣功、太極拳、外丹功，來維持「身—心—靈」的平衡，或使用禪坐、禮佛、念經的方法，來祈求心靈的安頓。一旦這些努力都不再有效，佛教或道家的修養，也能夠使他坦然面對人生大限，「復歸於無極」；正如智侃禪師所說的「撒手便行，古路坦然」。所以說，個體發展的歷程（ontogenesis）具體而微地重演（recapitulates）了其民族發展的歷程（phylogenesis）。

第五節　「知識」與「智慧」的交互作用

用「自我的曼陀羅模型」來看，個人在成長的過程中，會針對自己所處的外在世界，學到各種不同的「知識」（knowledge），以及如何使用「知識」獲取各種資源，以滿足「個體」需求的「智慧」（wisdom）。前者包含邏輯性、技術性及工具性的認知基圖（schemata），後者則包含行動能力（action competence）及社會能力（social competence）。

▣ 三個世界

用吉登斯（Giddens, 1993）的構動理論（structration theory）來說，作為施為之主體的自我，具有兩種重要的能力：「反身性」（reflexivity）意謂他能夠覺察自己的行動，甚至能夠給出行動的理由；「能知性」（knowledgeability）則是指他能夠記憶、儲存並整理各種不同的知識，使其成為整合良好的個人知識系統。

我們可以借用波柏（Popper）「三個世界」的概念，來說明個人與知識之間的關係。在《自我及其腦》一書中，波柏總結其的「進化認識論」而提出其「三個世界」的理論（Popper & Eccles, 1977），將人類所經驗到的世界，區分為三個：一是，物理客體或物理狀態的世界；二是，意識狀態或精神狀態的世界，或有關活動之行為意向的世界；三是，思想的客觀內容的世界，包括：科學思想、詩的思想，以及藝術作品的世界。其中，他最重視的是各種不同的理論體系、相關的問題和問題情境，以及圖書館中刊載這些訊息及其批判性辯論的期刊和書籍。

▣ 客觀知識

從科學發展的角度來看，問題、猜測、理論、期刊和書籍，其本質都是主觀精神狀態或行為意向的符號表現或語言表現，它們只不過是一種溝通的工具而已。然而，波柏卻認為，第三世界是一種獨立存在的「實在」。假設有一天，所有的機器和工具以及如何使用它們的主觀知識都毀壞了，但圖書館以及我們從其中學習的學習能力仍然存在，經過一段時間的調整，我們的世界仍然可以再次運轉。然而，假設連圖書館都毀壞了，以至於我們無法再從書籍中學習，則我們的文明在幾千年內都不會重新出現。因此，他認為，第三世界不僅是實在的，而且有其自主性。

客觀知識一旦形成之後，便與個人的主觀意向無關，它的存在不會受到個人意志的影響。即使沒有讀者，一本書仍然還是書。換句話說，相對於主

觀意識而言，任何知識都是客觀的，有其相對穩定且可以公開的內容。波柏
認為，將客觀知識和主觀知識分開，知識才能跳脫發明者的主觀意識，成為
全人類可以共享的存在，並且使人類能夠根據客觀知識的遺產，繼承並且更
進一步地發展知識。

波柏（Popper, 1972/1989）所說的「主觀知識」，就是「個人知識庫」
中所儲存的主要內容。他所說的「客觀知識」，則是科學社群的研究成果，
它們會儲存在「社會知識庫」中，成為「社會知識庫」的重要內容，但卻只
占「社會知識庫」的一小部分。通常也只有某一科學社群的專家，會去找尋
波柏（Popper, 1972/1989）所說的那種「客觀知識」。

在思考「社會知識庫」所儲存之內容的時候，首先我要指出的是：在人
類知識發展的過程中，智慧的出現是先於理論的。因此，我們必須先討論：
什麼是「智慧」？

▣ 兩種智慧

貝提斯（Paul Baltes）所領導的研究團隊在德國柏林的 Max Planck Insti-
tute 投入數十年的時間，研究人類的智慧。他們將智慧界定為一種人類理想
中最完美的「烏托邦狀態」（Baltes & Kunzmann, 2004），認為智慧是一種
文化集體性的產物。他們依照西方的文化傳統，在「個人實際的智慧表現」
和「抽象的存在智慧概念」之間作出區分，認為個人在生活中所展現出來具
有智慧的想法與作為，其實是儲存在文化之中的抽象智慧理念的體現。從這
個角度來看，人和文化中重要的經典文獻相同，都是智慧的「承載者」（car-
riers），但不管是個人，或是這些經典文獻，都不具有真正的智慧。

由於個人所擁有的智慧，只是這個生命及實用智慧大集合的一小部分，
因此貝提斯等人將個人所具有部分的智慧稱為「智慧相關知識」（wisdom-
related knowledge），以別於文化群體所擁有的智慧。從圖 4-1 的「自我的曼
陀羅模型」來看，貝提斯等人所作的這種區分具有十分重要的意義。個人所
擁有的「智慧相關知識」，儲存於「個人知識庫」中；「抽象存在知識概

念」則儲存於「社會知識庫」之中。這兩種知識對於本土心理學的發展各有其重要的涵義，必須分別加以析論。

▣ 「智慧」與「哲學」

為了說明：中華文化傳統的「智慧」跟以「哲學」作為基礎的近代「知識」有何不同，在《聖人無意：或哲學的他者》一書中，法國哲學家于連（Jullien, 2004）指出，中華文化傳統中的道家、儒家、佛家思想，跟西方的哲學有其本質上的差異。儒、道、佛各家聖人對其弟子所作的訓誨，應當說是一種「智慧」（wisdom），並不是西方意義中的「哲學」（philosophy）。西方的哲學是哲學家以某一觀念作為基礎，用辯證性的邏輯思考，逐步推演出來的。這種優先的觀念，就是海德格所說的「基礎律」（principle of ground）。它源自希臘文的「axiom」，在命題推演的過程中，它是作為始端的命題。中華文化傳統中的「智慧」卻強調「勿意、勿必、勿我、勿固」，它沒有優先的觀念（意），沒有固定的立場，也沒有個別的自我。因此，聖人所說的觀念都可以保持在同一個平面之上，並沒有先後之別。

正因為西方哲學是以某一種觀念作為基礎，用辯證性思考而逐步推演出來的；不同的哲學家可以根據不同的預設，發展出不同的哲學。因此，西方的哲學是有歷史的，不同的哲學家對某一特定範疇中之事物所作的解釋，也不斷地進步。與此對比之下，智慧卻沒有歷史，任何人都沒有辦法寫一部智慧的「發展史」。聖人可以從不同的角度，說出不同的話語，他所說的每一句話，雖然不斷地在變化，但卻是智慧的「全部」，所以需要一再的重複。

為了要進行辯證性的思考，西方哲學對其核心概念必須給予清楚的定義，讓人了解其意義，藉以正確認識外在世界中的事物。針對其認識之對象所存在的範疇，哲學家可以用各種不同的方法，來檢驗其命題陳述的正確與否，而逐步朝向所謂的「真理」邁進。相形之下，聖人的「智慧」卻是以「嘉言懿語」的方式呈現，其中不必有嚴謹的定義，卻能提醒人注意到大家視之為理所當然的事物之「道」。對於這些他所熟知的事物，他之所以會視若無

睹，只不過是因為他被偏見遮蔽，看到了事物的一面，卻看不到事物的另一面。聖人所說的智慧話語，讓他意識（悟）到事物的整體，而不是學習到某種認識世界的方法。

◙ 生活世界中的「智者」

在任何一個文化群體中，都有其「抽象存在智慧概念」，儲存在他們的「社會知識庫」中，而可能為其成員所引用。同樣地，在任何一個文化群體裡，都有許多的「智者」，他們在生活中所展現出來的智慧，經常被其成員所引用，甚至成為大家所認同或模仿的對象。

根據貝提斯等人的研究，一個有智慧的人在經過不斷的練習與經驗累積之後，面對生活世界中的事務時，他所擁有的智慧相關知識與運用此類知識的手法，通常具有五項特色（Baltes, Staudinger, Maercker, & Smith, 1995）：

1. 他擁有廣泛的事實知識（factual knowledge）。
2. 他擁有豐富的程序知識（procedural knowledge）。
3. 他了解生命本身的多變不定（uncertainty）。
4. 他如何因應某種生命階段之處境（life-span context）。
5. 因而，他能夠整合各種不同的知識，進而以相對性的價值觀（relativism）作出決定或下判斷。

許多理論大多主張：智慧的功能通常是個體面對現實生活中的種種挑戰，在處理人生相關核心議題時，才能真正發揮出來，尤其是個體在面對情感、人際和存在等困境時，才會激發出智慧，例如：克雷騰（Clayton, 1982）以及可雷默（Kramer, 1990, 2000）都指出，成人階段的智慧功能，通常發揮在解決問題、提供建構、領導機構、回顧人生和靈修自省等五大面向之上。史坦伯格（Sternberg, 2000）也認為，智慧的功能主要是發揮在平衡個體、他人和群體之間有關利益的問題之上。

第六節　東方文化中的智慧結晶

　　從這個角度來看，任何一個文化傳統都會有許多「智慧的結晶」（crystallized intelligence），幫助其成員處理有關「生命規劃」（life planning）、「生活管理」（life management）與「人生回顧」（life review）等重大生命議題（Baltes, Dittmann-Kohli, & Dixon, 1984; Baltes & Smith, 1990）。

☑ 天人一體

　　榮格是一個具有高度「文化敏感度」（cultural sensitivity）的西方學者。他對於東方文化中的智慧結晶始終抱有高度興趣。他雖然不懂中文，且在他生命力最旺盛的時代，因為中國的戰亂，他未曾造訪中國。然而，透過衛禮賢的介紹，他對《易經》作過深入的研究，並提出重要的「共時性」（synchronicity）原理，認為那是一種「有意義的巧合」（meaningful coincidence）（Jung, 1952/1993）。他訪問過印度，寫了許多論文，討論印度文化和西方文化的對比。楊儒賓（1993）曾經蒐集榮格有關東方文化的論文，譯成《東洋冥想的心理學：從易經到禪》一書，很值得參考。

　　在〈試論「涅槃道大手印瑜伽法要」〉一文中，榮格（Jung, 1939/1994）指出，不管無意識的結構為何，它們必然包含有些遠古型態的素材或圖式，基本上與神話及類似的思維形式沒有分別。由於潛意識是心靈的根源，內涵生生之機，因此它是諸種思維形式誕生成形之地。我們不能將任何特定的形式加在潛意識之上，因此東方人宣稱：「宇宙心靈」無形無式，所以能夠成為一切形式之源。不僅如此，由於潛意識的形式或圖式，不限於任何特定的時間，當它們在意識中展現出來時，彷彿永恆不變那樣，具有特殊的無時間之感。

　　基於這樣的理由，當「自我」注意的焦點從外在意識的世界中撤離，而進入個人意識的背景時，必然會導致潛意識之開展，啟動含有「先祖的」或

「歷史的」情感，以及超乎其上的無限制、無時間之意識的遠古思維形式。意識裡的形式都是疆界儼然；潛意識中的心象則是模糊不清，可能產生任何類型的交叉混合。兩者形成強烈的對照。在一切意象皆含糊不分的心境裡，我們當然可以感受到「萬物與我為一」的境界。在榮格看來，「天人一體」的特殊體驗可能是從撲朔迷離的潛意識中，昇華而得的。

▣ 超越功能

然而，在西方，潛意識的內容卻被看成是不實的妄想。西方人的心態，總是喜歡把兩種面相分裂為對立的、人格化的「上帝」與「魔鬼」。新教徒世俗的樂觀主義，則是盡可能地掩蓋住魔鬼的存在，造成了「諸善出自天恩，諸惡源自人身」的信念。

西方的宗教絕不鼓勵心靈自求解脫。在西方，通常人們是站在意識的觀點獨斷地反對潛意識。因為一般人的偏見，總是認為，由內而發的，都是較差的，甚至是謬誤的。如果有人認為，人可從自身內部自行獲得救贖，必然被人視為浮誇狂妄。

榮格的分析心理卻認為，在人的潛意識中，有某種過程可以藉由其象徵，彌補意識態度的缺憾。藉著分析的技巧，這些潛意識的彌補作用，得以意識化。因而在意識的態度上造成轉變，甚至讓此種轉變達到新的意識層次。潛意識的彌補作用之產生，可以藉由他的心理分析，也可以依賴「上帝之恩寵」。這裡要強調的是，如果不借助諸如此類的技巧，潛意識的過程就很難呈現在意識層面。當潛意識的層面升至表面層時，其內容與通常意識的思維，形成極為強烈的對比。

這時候當事人必須默認這些表面上極不相容的內容，當這樣的內容不再被壓抑，衝突也能被容忍接受之初，所有的答案似乎都成為不可能。可是這種情況還是應當安心忍受，這樣的張力可以使潛意識漸有定位；更清楚地說，意識的張力可使潛意識產生彌補作用，此種反應可以在意識中明朗化，如此，意識心靈會碰到精神的新面相。此種新面相不必然會帶來新的問題，或是修

正了舊有的成分。這樣的程序會延續下去，直到原先的衝突圓滿解決為止。這所有的過程叫作「超越功能」（transcendental function），它既是過程，也是方法。用「超越」這個詞彙稱呼功能，因為它是透過對立之互相衝突，以促使精神從某一心境躍至另一層面。

◪ 觀想本心

本章第三節提到：榮格在 1916 年寫下〈對亡者的七次布道詞〉時，所提出的「pleroma」一詞，就是潛意識無法理解的「弔詭陳述」。「虛無即是充滿」、「一無所有而又擁有一切」，他用這個字來表達個人生前與死後的一種不可思議的超越境界。《金剛經》中所提到的：「我說世界，即非世界，是名世界」，「我說莊嚴佛土，即非莊嚴佛土，是名莊嚴佛土」，也是在表達這種超越境界。用圖 6-2「八面體：自性的心理動力模型」來看，個人的意識必須要能夠進入潛意識中的這個境界，才能在意識和潛意識之間造成高度的張力，而發揮他所謂的「超越功能」。

榮格認為，佛教所謂「實在之凝視」顯然是指超越的終極實在，日常經驗到的世界反倒是虛妄不實的。「觀想本心」意味著自求解脫，從榮格心理學的觀點來看，如果我們能花愈多的精力在潛意識的歷程上，我們就愈能從欲望渴求、分別對立的世界中超拔出來，也愈能夠進入清淨、無限的潛意識境界中。這樣心靈才能從掙扎痛苦的束縛中，真正解放出來。

在〈試論「涅槃道大手印瑜伽法要」〉的「禮敬唯一真心」一節中，榮格指出：

> 「唯一真心就是無意識，因為它是永恆的，不可知、不可見、不可識的」。但它同時也顯現了正面的特色，這點與東方式的體驗相一致，這些特色總是「常明、常存、光明無染」。人如果愈能凝聚在自己的潛意識內容上面，愈能使這些內容充滿生機，變得更有元氣，彷彿在內心深處受到靈光照耀一樣。事實上，它們可以轉化

成類似實體的某種境界。

▣ 阿賴耶識

　　這是榮格站在心理分析的觀點，對於「意識」和「潛意識」之間的動力關係所作的解釋。從佛教唯識學的角度，還有不同的解釋。大乘佛學所說的「識」共有八種，依次為：眼、耳、鼻、舌、身、意識、末那識和阿賴耶識。前五識類似於西方心理學所說的感官知覺，第六種可以說是自我意識，第七種末那識很像是榮格所說的個人潛意識，阿賴耶識則是集體潛意識。

　　阿賴耶識是梵文「ālaya-vijñāna」的音譯，意指各種幻覺及世間中萬事萬物都可以在意識中表現出來，所以它又被稱為「藏識」，意為含藏諸法的「種子」。因為它會隨時變化出大千世界中的諸事物，所以又稱為「第一能變識」。依照佛教典籍《成唯識論》的說法，作為「第一能變識」的阿賴耶識，可以通過前六識和末那識，而顯現出物我的種種「現象」和差別。第七識（末那識）和第六識（自我意識）作為「能變」和「能轉」，最終都必須以阿賴耶識為依據。這就是榮格在其著作中一再強調的：意識和個人潛意識往往潛在地受集體潛意識的制約。

▣ 「本有」與「熏成」

　　阿賴耶識中所含藏的「種子」，也很類似於榮格集體潛意識理論中所說的「原型」。佛教經典《成唯識論》中所論及的「種子」，也因為其功能不同而分為許多種。有產生山河大地間萬物之「共相」的「共相種」；有使個體自性發生差別的「自相種」；有生滅有染，成為世間諸法原因的「有漏種」；還有與之對應，清淨無煩惱的「無漏種」。這些「種子」的流轉變化，又可以生出許多「種子」，於是「世事無常」也有了終極的解釋（常若松，2000）。

　　《成唯識論》中最值得吾人注意的是它將「種子」分為兩大類：一是

「本有」的，即先天就有的；二是「熏成」的，即後天習得的。用本文的架構來看，藏於集體潛意識中最深層的「先驗性形式架構」（如圖 6-2 所示）是「本有」的；在某一特定文化中習得的「文化集體潛意識」，則是「熏成」的。

◨ 「淨三業」

在儒家文化傳統的影響之下，中國人其實很不容易接受《成唯識論》的論點（勞思光，1981）。不僅如此，從儒家修養的理論來看，佛教傳入中國之後，洞見「本心」、「唯一真心」或所謂「真如」，並不只是榮格所說的「凝視潛意識」而已，而是一切言行都要觀想「至善」。更清楚地說，在儒家文化影響之下，漢傳佛教的高僧非常了解，要讓潛意識「常明、常存、光明」，其先決條件是自己的身心言行，必須先「明明德」，如圖 6-3 那樣，朝向「至善」。因此，早期許多佛經如《金剛經》、《觀世音菩薩普門品》被譯成中文後，都會加上一篇〈看經警文〉，開宗明義說明：「夫看經之法，後學須知，當淨三業。若三業無虧，則百福俱集。」所謂「三業」是指「身口意」：

> 一、端身正坐，如對聖容，則身業淨也；
> 二、口無雜言，斷諸嬉笑，則口業淨也；
> 三、意不散亂，屏息萬緣，則意業淨也。

「內心既寂，外境俱捐，方契悟於真源，庶研窮於法理。可謂水澄珠瑩，雲散月明，義理湧於胸襟，智嶽凝於耳目」。用榮格的心理學來說，《普門品》中所說的「真源」，就是個人的潛意識。要讓「真源」「水澄珠瑩，雲散月明」，必須先「淨三業」，其偈又云：

> 種種諸惡趣，地獄鬼畜生，生老病死苦，以漸悉令滅。

真觀清淨觀，廣大智慧觀，悲觀及慈觀，常願常瞻仰。

對於漢傳佛教而言，在「凝視潛意識」之時，固然要「淨三業」。平常觀想，更要秉持良心，「止於至善」，「真觀清淨觀，廣大智慧觀，悲觀及慈觀，常願常瞻仰」，如此方能「生老病死苦，以漸悉令滅」。這樣的智慧，在中國人寫的第一本佛經中可以看得最為清楚。

▣ 大智慧到彼岸

在我出版的第一本書《禪之分析》中（黃光國，1972），曾經提到《六祖壇經》中〈般若品第二〉記載：禪宗六祖慧能大師為大眾界說「摩訶般若波羅蜜」。陞座後，大師開示道：「菩提般若之智，世人本自有之，當知愚人智人，佛性本無差別，只緣迷悟不同，所以有愚有智。」

「摩訶般若波羅蜜」是梵語，其意為「大智慧到彼岸」。「心量廣大。猶如虛空。無有邊畔。亦無方圓大小。」「惡之與善。盡皆不取不捨。亦不染著。心如虛空。名之為『大』。」

《六祖壇經》是中國人所寫的第一部佛經。在中國佛教界流傳極廣的《心經》則是由梵文翻譯而來，其全名為「般若波羅蜜多心經」。它跟「摩訶般若波羅蜜」有什麼差別呢？

《心經》開宗明義地說：「觀自在菩薩，行深般若波羅蜜多時，照見五蘊皆空。」其核心宗旨在於「五蘊皆空」。《六祖壇經》對於「摩訶般若」的解釋是：

心量廣大，遍周法界，用即了了分明，應用便知一切。一切即一，一即一切。去來自由，心體無滯，即是般若。

在梵文裡，「般若」就是「智慧」的意思，《心經》的智慧是「五蘊皆空」；《六祖壇經》的「大智慧」則是「心量廣大，遍周法界，用即了了分

明，應用便知一切」。我們可以再用一張圖，來說明這種「大智慧」。在圖 6-2 中，代表「精準自我」的「自我的曼陀羅模型」，其「外方」的四個角各以一條虛線，凝聚在代表「個人潛意識」之起始點的空白平面上。這意思是說：一個有「大智慧」的人，在頓悟「五蘊皆空」之後，他面對生活世界中各種「欲望」與「道德」的衝突環境，他的意識都能進入「個人潛意識」的最深處，從他過去累積的生命經驗找出答案，這就是「一即一切。去來自由，心體無滯」，也就是佛經中所謂的「波羅蜜」：

> 何名「波羅蜜」？此是西國語，唐言到彼岸，解義離生滅。著境生滅起，如水有波浪，即名為此岸；離境無生滅，如水常通流，即名為彼岸；故號「波羅蜜」。

▣ 「見一切法，心不染著」

《心經》指出，觀自在菩薩在行深「般若波羅蜜多時，照見五蘊皆空」即可以「度一切苦厄」。佛教與中國文化結合後產生的《六祖壇經》不僅指出，「摩訶般若波羅蜜」的意義，他更進一步描述了這種「到彼岸」的「大智慧」：

> 善知識，智慧觀照，內外明徹，識自本心。若識本心，即本解脫；若得解脫，即是般若三昧；般若三昧，即是無念。何名無念？若見一切法，心不染著，是為無念。用即遍一切處，亦不著一切處。但淨本心，使六識出六門，於六塵中，無染無雜，來去自由，通用無滯，即是般若三昧。自在解脫，名無念行。若百物不思，當令念絕，即是法縛，即名邊見。

在這段論述中，慧能很清楚地指出，佛教中所謂的「無念」，並不是

「百物不思，當令念絕」，而是「見一切法，心不染著」，「用即遍一切處，亦不著一切處」，達到這樣的境界，才是真正的「自在解脫」。因此，慧能認為：

> 善知識。悟無念法者。萬法盡通。悟無念法者。見諸佛境界。
> 悟無念法者。至佛地位。

最後，慧能並作頌曰：

> 佛法在世間，不離世間覺，離世覓菩提，恰如求兔角。
> 正見名出世，邪見是世間，邪正盡打卻，菩提性宛然。

▣ 生命境界的提升與沈淪

本章第四節的析論指出「儒、釋、道」三教合一的文化傳統，本來就以各種不同的形式儲存在華人「社會知識庫」或「集體潛意識」之中。它們可能影響一般人在生活世界中的「行動」，但個人可能卻毫無所覺。所以《易經・繫辭上》說：「仁者見之謂之仁，知者見之謂之知，百姓日用而不知。故君子之道鮮矣。」

個人抱持求「道」之心，而立志加以學習時，它們會在個人的意識中形成系統性的「智慧相關知識」，儲存於「個人知識庫」中，而成為指引其「行動」的「個人潛意識」。當我們建構出「含攝文化的理論」，幫助個人悟「道」之後，在「生活世界」中以「知行合一」的方式，「實踐」源自其文化傳統的「智慧」時，他會感受到自己的生命境界像是在立體的「曼陀羅」模型中一級級地往上提升。相反地，如果他心有「罣礙」，做過違背自己「良心」的事，或者生命中的創傷經驗變成他「個人潛意識」中的「情結」（complex），則他「自性」中的潛能不能獲得充分發揮，他的生命境界會沉

淪成為海德格所謂的「非本真的存在」，他感覺到的時間向度不是「過去—現在—未來」一字打開，而是將困於「現在—現在—現在」（Heidegger, 1927）。

以本書第二部分所建構的理論模型作為基礎，本書第三部分將破解儒家思想發展史上許多懸而未解的「千古難題」，以整合現代中國人的「良知理性」，並說明「中西會通」的知識論策略。本書第四部分則將以我所建構的理論和泰勒的道德哲學進行對話，藉以說明儒家文化傳統對於現代中國知識分子的意義。

儒家思想的完成

第七章　儒家的「千古難題」

　　本書第二部分的三章，分別說明作者所建構的「自我的曼陀羅模型」、「儒家庶人倫理」，以及「自性的心理動力模型」。以這三個理論模型作為基礎，我們便可以一步步地破解儒家發展史上懸而未解的許多難題，以重建現代華人的「良知理性」。

　　第四章提到，董仲舒為了配合漢初大一統帝國的建立，建議漢武帝「罷黜百家，獨尊儒術」，他自己則刻意以「陰陽五行化經學」，使得兩漢時期的儒學逐漸僵化。而佛教的般若思想，則在此時傳入中國。魏晉時期，戰亂連年，社會動盪不安，道家玄學趁勢興起，為後來南北朝及隋唐時代的佛教興盛創造了條件。

第一節　「從欲」與「縱欲」　

　　魏晉南北朝時期，是中國歷史上一個分裂、動亂的年代。在這個時代裡，自東漢末年開始發展的士族勢力不斷膨脹，穩固的中央集權體制卻始終無法建立。在無休無止的政治鬥爭和權力更替中，人民的生命財產得不到保障，每一個政治集團都聲稱自己是「正統」，並引用儒家意識型態來攻擊異己，儒家政治倫理的荒謬性也因而暴露無遺。有些憤世嫉俗的思想家因而提倡道家的崇尚自然，以之與儒家倫理相對抗。

◙「絕聖去仁」

　　舉例言之，魏晉玄學的代表人物王弼，在《老子指略》中就指出，用政治勢力倡導仁義，人們的爭名奪利之心，必然會使其作出種種虛矯不實的行

動：「修其所尚而望其譽，修其所道而冀其利。」儘管統治者「極聖明以察之，竭智慮以攻之」，可是「巧愈思精，偽愈多變，攻之彌堅，避之彌勤」，結果是「智愚相欺，六親相疑，樸離真散，事有其奸」。因此，他主張用道家無為而治的方法「載之以大道，鎮之以無名」，這樣民眾才會「物無所尚，志無所營，各任其貞事，用其誠」，而達到「絕聖而後聖功全，棄仁而後仁德厚」的目的。

秘康更尖銳地指出：仁義之道違背了人性。他認為，「感而思室，饑而後食」，這是「自然之理」。「人性以從欲為歡」，而《六經》卻是「以抑引為主」。「仁義務於理偽，非養真之要求；廉讓生於爭奪，非自然之所出」〈難自然好學論〉。王公君臣之所以提倡仁義，不過是「割天下以自私」，「勸百姓之尊己」；而世俗君子之所以熱衷於修習禮義，也不過是「以富貴為崇高」，「由其途則通，乖其路則滯」。因此，他認為「自然之得」、「全性之本」的養生工夫在於知足：「樂莫大於無憂，富莫大於知足」，不追求世俗的榮華富貴，便不會受到名教的壓抑：「不以榮華肆志，不以隱約趨俗。混乎與萬物並行，不可寵辱，此真有富貴也」〈答難養生論〉。

列子的「縱欲論」提出了更為極端的看法：「萬物齊生齊死，齊賢齊愚。十年亦死，百年亦死。仁聖亦死，凶愚亦死。生則堯舜，死則腐骨；生則桀紂，死則腐骨。腐骨一矣，孰知其異？」生命是如此難得，死亡又攸忽而至，「以難遇之生，俟易及之死」，而費盡心神「尊禮義以誇人，矯情性以招名」，豈不是愚不可及？因此《列子·楊朱》主張「盡一生之歡，窮當年之樂」，人應當擔心的是「腹溢而不得恣口之飲，力憊而不得肆情于色」，不必顧慮什麼「名聲之醜，性命之危」。

▣ 對立與融合

王弼的「無為論」、秘康的「從欲論」和《列子》的「縱欲論」反對倫理道德的程度雖然有強弱之別，他們用以處理自然欲望的人生態度也各異其趣，不過他們不願意為世俗規範所拘束的態度卻相當一致。這種態度當然引

起衛道人士的極度不滿，甚至群起而攻之。有人批評玄學派是「輕薄之人，跡側高深，交成財贍，名位粗會，便背禮叛教，托云率性，才不逸倫，強為放達」，「以傲兀無檢者為大度，以措擁節操者為澀少」《抱朴子・疾謬》，說他們是「言偽而辯，行僻而堅」，甚至指責他們「簸棄典文，不尊禮度，游辭浮說，波蕩後生」《晉書・范寧傳》，「瀆棄長幼之序，混漫貴賤之級！」

　　任何一種社會思想，必須要能為社會大眾廣為接受，才有可能在社會中廣為傳播。衛道人士的強硬態度使得有意推廣道家思想的人不得不調整自己的主張，冀求為社會所接受。比方說，原始道教的經典《太平經》中本來含有平均主義的思想，認為「世間財物乃天地中和共有，以共養人」，這種「中和共有」的財物，是「天地所以行仁」的資源，人類應當「相推通周足，令人不窮」，而不應該由少數人所專擅。這種觀念出自於道家思想，可是卻違背了儒家強調尊卑貴賤的傳統。因此，金丹道教的創始人葛洪便將其著作《抱朴子》分為內、外兩篇，「內篇言神仙、方藥、鬼怪、變化、養生、延年、祈禳、卻禍之事，屬道家」，「外篇言人間得失、世事藏否，屬儒家」。甚至在葛洪所建構出來的神仙世界裡，也像世俗社會一樣，存有各種等級秩序：「上士舉形升虛，謂之天仙。中士游於名山，謂之地仙。下士先死後蛻，謂之尸解仙」《抱朴子・論仙》，「上士得道，升為天官；中士得道，棲集崑崙；下士得道，長生世間」《抱朴子・金丹》。

第二節　「出世」與「入世」

　　佛教傳入中國之後，也發生了類似的變化。佛教源於印度，在東漢明帝時傳入中國。漢代時，作為官方意識型態的儒家在社會上占有絕對優勢，佛教並未為人廣為接受。到了魏晉南北朝時期，政治長期不穩，社會動蕩不安，佛教才開始快速傳布開來。佛教教義認為，人間是一個苦難的世界，人生不僅有生、老、病、死之苦，而且有七情六欲之苦，推究致苦的原因，乃是源

自身、口、意三方面的業障和煩惱。要想消滅苦因，斷絕苦果，必須修習佛道，脫離六道輪迴，而達到涅槃、成佛的境界。

☐ 佛法與倫常

然而，佛教徒出家修道，必須剃髮去鬚，離妻別子，既不奉養父母，又不禮敬王侯，將世俗所重的倫理綱常置之度外，自然引起儒家的批判。譬如同情佛教的孫綽在其〈喻道論〉中提到時論對佛教的責難：「沙門之道，委離所生，棄親即疏，刊鬚剃髮，殘其天貌，生廢色養，終絕血食，骨肉之親，等之行路，背理傷情，莫此為甚。」

東晉成康年間的權臣庾冰對沙門的作風也提出了質疑：「因父子之教，建君臣之序，制法度，崇禮秩，豈徒然哉？良有以矣！」他批評佛教徒的不敬禮王侯是：「因所說之難辯，假服飾以陵度，抗殊俗之傲禮，直形骸千萬乘」《弘明集·代晉成帝沙門不應盡敬詔》，實在不足為法。南梁的荀濟痛斥佛教徒：「戎教興于中壤，使父子之親隔，君臣之義乖，夫婦之和曠，友朋之信絕。海內淆亂，三百年矣。」北齊的章仇子也作過類似斥責：「君臣夫婦，綱紀有本。自魏晉以來，胡妖亂華，背君叛父，不妻不夫」《廣弘明集·滯惑解》。凡此種種，都反映出當時佛教徒所受到的壓力。

唐代儒家代表人物韓愈（768-824）以孔孟之道的繼承者自居，他對所謂「佛老異端」的排斥，可謂不遺餘力。他認為：「釋老之害，過於楊墨」，「夫佛本夷狄之人，與中國語言不通」，「不知君臣之義，父子之情」。佛教的最大禍害，就是破壞了中國的倫理綱常。從南朝和元魏以降，愈是篤信佛教，愈是「亂亡相繼，運祚不長」。因此，他主張對佛教採取「人其人，火其書，廬其居」的斷然措施。當唐憲宗準備迎取佛骨入宮，舉國若狂之際，韓愈不惜冒死上〈論佛骨表〉，勸諫憲宗：「乞以此骨付之有司，投諸水火，永絕根本，斷天下之疑，絕後代之惑，使天下之人，知大聖人之所作為出于尋常萬萬也。」

唐代另一位重要的儒家人物李翱（約 772-841）也認為，「佛法害人，

甚于楊墨。論心術雖不異于中土，考較跡實有蠹於生靈」〈再請停率修寺觀錢狀〉，其主要理由即是因為：「君臣、父子、夫婦、兄弟、朋友，存有所養，死有所歸，生物有道，費之有節，自伏羲至于仲尼，雖百代聖人不能革也。」可是自從佛教「夷狄之術行於中華」，「吉凶之禮謬亂，其不盡為戎禮也，無幾矣！」〈去佛端〉。

▣ 「在家」與「出家」

面對儒家學者藉政治勢力不斷提出的責難，外來的佛教要想在中國社會裡生根成長，自然不能不有所調整。東晉時，孫綽在其〈喻道論〉中重新詮釋「佛」的意義：「佛者梵語，晉訓覺也，覺之為義，悟佛之謂，猶孟軻以聖人為先覺，其旨一也。應世軌物，蓋亦隨時。周孔救其弊，佛教明其本耳。共為首尾，其教不殊。」他的看法是佛教為本，名教為末，兩者「共為首尾」，並不矛盾。

東晉成康年間，針對儒者抨擊沙門的不敬禮王者，名僧慧遠也提出了頗有創意的辯護。他將人分為「在家」和「出家」兩種，名教適用於在家的「方內之人」，佛法則適用於出家的「方外之人」。「在家奉法，則是順化之民，情未變俗，亦同方內，故有天屬之愛，奉主之禮」。「出家則是方外之賓，跡絕於物」。「凡在出家，皆遁世以求志，變俗以達其道。變俗則服章不得與世典同禮，遁世則宜高尚其跡」〈沙門不敬王者論〉。出家人雖然遁世變俗，他們卻是「內乖天屬之重而不違其孝，外闕奉主之恭而不失其敬」，「道訓之於名教，釋迦之於周孔，發教雖殊，而潛相影響；出處誠異，終期則同」〈答何鎮南難袒服論〉。佛教徒雖然出家，卻是以「濟俗」為己任。因此，他建議當政者：「釋氏之化，無所不可，適道因自教源，濟俗亦為要務。世主若能剪其訛偽，獎其驗實，與皇之政，並行四海。幽顯協力，共敦黎庶，何成、康、文、景，獨可奇哉？使周漢之初，復兼此化，頌作刑清，倍當速耳」〈何尚之答贊揚佛教事引〉。既然佛教對於政權的鞏固也能作出貢獻，可以「與皇之政，並行四海」，統治者又何必加以排斥？

唐代大儒顏之推也接受了這種論點。他在對後世產生過深遠影響的《顏氏家訓》中說：「內外兩教，本為一體，漸極為異，深淺不同。內典初門，設五種之禁，與外書仁義五常符同。仁者，不殺之禁也；義者，不盜之禁也；禮者，不邪之禁也；智者，不酒之禁也；信者，不妄之禁也。」佛法和名教既然彼此「符同」，在他看來，「歸周孔而背釋宗，何其迷也」。由孫綽、慧遠和顏之推等人的代表性言論裡，我們已經可以看出佛法和名教融合，逐步走上中國化的道路。

▣ 心理區隔

佛教是一種「出世的」（other-worldly）宗教，道家思想則是指向「遁世」，兩者和儒家思想的「入世」（this-worldly）取向有其根本的不同。在道家思想興盛、佛教廣為流傳的魏、晉、隋、唐，儒生認為它們的社會後果違背了儒家的「正統」，因此群起而攻之。在「向心菁英」的抨擊之下，道家或佛教人士想在中國社會中繼續存在下去，自然不能不有所調整，調整的方向主要是指出彼此本質的不同，而在兩者之間作「心理區隔」，比方說，慧遠將出家和在家區分為「方外之人」和「方內之人」；葛洪將《抱朴子》分為內、外兩篇，「內篇言神仙、方藥」，「外篇言人間得失」。

從文化發展的角度來看，這種作「心理區隔」的方法，是十分有創意的。事實上，人生有許多不同面向，一個健全的社會也應當是多元開放的；在人生的各個不同階段，遭遇到不同事件的時候，個人都需要不同的哲學來滋潤自己的生命。在一個開放的社會裡，人們應當懂得作適當的「心理區隔」，讓不同的思想體系能夠在個人的心理上共存，也能夠在社會上並存。

第三節　「道統」與「復性」：
承先啓後的唐代

韓愈和李翱兩人除了排斥佛、老之外，對於傳承儒家道統，也作出了極

大的貢獻。尤其是號稱「唐宋八大家」之一的韓愈，根據《新唐書》的記載：

> 自晉迄隋，老佛顯行，聖道不斷如帶。諸儒倚天下正義，助為怪神。愈獨喟然引聖，爭四海之惑，雖蒙訕笑，跲而復奮。始若未之信，卒大顯於時。昔孟軻距楊墨才二百年。愈排二家，乃去千餘歲，撥亂反正，功與齊而力倍之，所以過況雄，為不少矣。自愈沒，其言大行，學者仰之，如泰山北斗云。

▣ 道濟天下之溺

　　文中所謂況、雄，是指荀況和楊雄。自從秦始皇焚書坑儒之後，孔孟之道氣若游絲，漢代諸儒又以陰陽五行解釋儒家倫理，企圖把經學神學化，「助為怪神」。到了唐代，韓愈才「喟然引聖，爭四海之惑」，「撥亂反正」，對復興儒學的貢獻，不亞於荀況、楊雄，宋朝的蘇軾因此稱讚他「文起八代之衰，道濟天下之溺」。

　　在傳承儒家道統方面，韓愈最重要的作品是〈原道〉和〈原性〉兩篇文章。在〈原道〉一文中，對唐代學術風氣的描述是：

> 周道衰，孔子沒，火於秦。黃老於漢，佛於晉、魏、梁、隋之間，其言道德仁義者，不入于楊，則入于墨；不入于老，則入于佛。入于彼，必出於此。入者主之，出者奴之；入者附之，出者汙之。

　　韓愈對於佛、老的排斥，本章上節已經有所析論，這裡我們要談的是他對儒家道統的提倡。在〈原道〉一文中，他說：

> 斯道也，何道也？曰：斯吾所謂道也，非向所謂老與佛之道

也。堯以是傳之舜，舜以是傳之禹，禹以是傳之湯，湯以是傳之
文、武、周公，文、武、周公傳之孔子，孔子傳之孟軻，軻之死，
不得其傳焉。

在儒家思想發展史上，韓愈首倡「道統」之說，而同佛家、道家之
「道」有所區別。他所提倡的道統，就其內容來說，就是孔孟所講的仁義道
德。不過，他按照自己所處的時代，作了一些新的詮釋。〈原道〉指出，
「博愛之謂仁，行而宜之之謂義。由是而之焉之謂道，足乎己無待于外之謂
德。仁與義為定名，道與德為虛位。」

◉「外王之道」

然而對於韓愈而言，所謂聖人，並不僅只是講仁義道德的內聖之道，他
們也可以傳授形形色色的外王之學。在〈原道〉一文中，他說：

> 古之時，人之害多矣。有聖人者立，然後教之以相生相養之
> 道。為之君，為之師。驅其蟲蛇禽獸，而處之中土。寒然後為之
> 衣，飢然後為之食。

他反駁道家所謂「聖人不死，大盜不止。剖斗折衡，而民不爭」的說
法，認為古代若是「無聖人，人之類滅久矣」。在〈原道〉中，韓愈指出，

> 聖人為之土以贍其器用，為之賈以通其有無；為之醫藥以濟其
> 夭死，為之葬埋祭祀以長其恩愛；為之禮以次其先後，為之樂以宣
> 其湮鬱；為之政以率其怠倦，為之刑以鋤其強硬。相欺也，為之符
> 璽斗斛權衡以信之；相奪也，為之城郭甲兵以守之。害至而為之
> 備，患生而為之防。

「由是而之焉之謂道，足乎己無待於外之謂德」，由此可見，韓愈心目中所謂的聖人，不僅只是講授「足乎己無待於外」的「內聖之學」，而是可以包含「禮、樂、政、刑」等各種「外王之道」，乃至於商賈、醫藥、葬禮祭祖等各種可以傳授的民間之學。

這種開放的態度廣為唐人所接受，一方面可以解釋：唐代科學考試科目的多樣化；一方面也可以讓我們推測：如果韓愈生於今世，他提倡的道統必然不會反對本書第三章所主張的新「外王之道」。

▣ 混接的謬誤

值得注意的是，韓愈反對佛、老，並不是純然從「道義」的觀點出發，更多是出自於經濟的考量。他說：「農之家一，而食粟之家六；工之家一，而用器之家六；賈之家一，而資焉之家六；奈之何民不窮且盜也？」換句話說，由於佛、道的流行，社會上除了士、農、工、商之外，又增加了僧侶和道士兩種不從事生產的人。這些人都靠工匠和農人養活，就勢必增加人民的負擔，一家務農，而供六家之食；一家做工，而供六家之用；一家經商，而有六家要靠他賺的錢過活，這怎麼能夠使天下不窮且亂呢？

以中國傳統農業社會的生產力來看，這種論點是有道理的。然而，從本書第五章所提到的分析二元說來看，這種說法卻是把文化（道）和社會（農、工、商）兩個層次的東西混為一談，犯了熔接的謬誤（fallacy of conflation）（Archer, 1995）。當包括生產力在內的各種社會條件改變之後，這種論點便站不住腳，而必須有所調整。

僅管如此，韓愈對於儒家道德的提倡卻頗有開創性，也很值得我們細加反思。要說明韓愈另一篇著作〈原性〉的貢獻，必須拿它跟李翱的《復性書》一起析論。李翱，字習之，隴西人，進士出身，歷任校書郎、國子博士、使館修撰、盧州刺史、諫義大夫、山南東道節度使等職。李翱是韓愈的追隨者，韓愈曾稱讚他：「習之可謂究極聖人之奧矣」〈論語筆解〉。由此可見，韓愈承認：李翱在這方面的見解，自己也有所不如。

▣ 性三品說

韓愈總結以往思想家關於人性的論述而作〈原性〉一文，開篇便說：「性也者，與生俱生也，情也者，接於物而生也。」放在本書的理論架構中來看，所謂「性」，就是與生俱來的先天的本然自性（如圖 6-1 所示）。所謂「情」則是自我跟外在環境中他人互動而產生出來的（如圖 6-2 所示）。

「性之品有三，而其所以為性者五，曰仁、曰禮、曰信、曰義、曰智」，韓愈繼承了董仲舒的「性三品說」，提出：「上焉者，善焉而已矣。中焉者，可導而上下也。下焉者，惡焉而已矣。」至於人性為什麼分成三等（三品）呢？〈原性〉又承襲董仲舒的「五常」之說，認為那是因為道德內含的五項內容搭配不同所致，但他並不了解本書第五章所提出的結構。所以把五常看作是五項獨立的元素：「上焉者之于五也，主于一而行于四。」一指仁，四指禮、信、義、智，五常齊全，搭配得當，就可以「仁」統帥「禮」、「信」、「義」、「智」，就可以成為上等人。「中焉者之于五也，一不少有焉，則少反焉」，其于四也混。中等人品，五常皆備。但是，「仁」不是稍微有一點，就是稍微欠缺一點，其餘四種，有多有少，含混夾雜。「下焉者之于五也，反于一而悖於四」，下等人，不僅違反「仁」，同時也不禮、不信、不義、不智。

〈原性〉把個人處理等喜、怒、哀、懼、愛、惡、欲七情的方式也分為三品，「上焉者之于七也，動而處其中；中焉者之于七也，有所甚，有所亡，然而求合其中也；下焉者之于七也，亡與甚，直情而行者也」。「七情所發，皆和于中，喜怒哀樂，無過無不及」，就是上等的聖人。七情之中，所發之處，有所偏頗，有的過分，有的不及；然而，個人卻不會聽任感情的驅使，而是努力求中，做到七情所動，恰到好處，這就是中人之情。任情而動，不知求中，聽憑自己情感的支配，胡作非為，就是下品之情，是道德意義上的小人。

⊡ 「性正情邪」

相對於韓愈的〈原性〉，李翱進一步提出「性正情邪」的復性之說：

> 人之所以為聖人者，性也。人之所以惑其性者，情也。喜、
> 怒、哀、懼、愛、惡、欲，七者皆情之所為也。

為了說明這個命題，李翱進一步解釋：

> 情既昏，性斯匿矣。非性之過也，七者循環而交來，故性不能
> 充也。水之渾也，其流不清；火之烟也，其光不明；非水火清明之
> 過。沙不渾，流斯清矣；烟不鬱，光斯明矣。情不作，性斯充矣。

意思是說，受到情的遮蔽，性就隱匿不見，這不是性的問題。七情頻繁出現，則性不能充實、發揚。這就像泥沙、烟火一樣，泥沙太混濁，水就不清明；烟太濃，火就不光亮。指有泥沙沉澱，水才能清明；烟不停滯，火才能光亮；情不顯露，「性」才能充分表現出來，這就是「復性」。

⊡ 復性之道

然而，「沙不渾，流斯清」、「烟不鬱、光斯明」，這只是一種比喻而已，並不足以證成「情不作，性斯充」。為了說明這一點，李翱進一步指出性和情的關係：

> 性與情不相無也。雖然，無性則情無所生矣。是情由性而生，
> 情不自情，因性而情；性不自性，由情以明。

「不相無」的意思是指：性與情之間有一種相互依存的關係；「情因性

而生」，「情不自情，因性而情」，「性不自性，由情以明」，這些都可以用本書第六章「自性的心理動力模型」來加以解釋。《復性書》指出，「性者，天之命也，聖人得之而不惑者也；情者，性之動也，百姓溺之而不能知本者也。」這是說，性是與生俱來的，聖人懂得復性之道，所以能夠明智地認識自性的本質。情是自我之意識活動的結果（如圖 6-2 所示），一般人之所以無法認清自己的本性，就因為他們陷溺於感情欲望之中。

《復性書》認為，聖人和百姓的「性」並無差別，即使和惡人的「性」都是一樣的：

> 問曰：凡人之性猶聖人之性歟？
>
> 曰：桀紂之性猶堯舜之性也，其所以不睹其性者，嗜欲好惡之所昏也，非性之罪也。
>
> 曰：為不善者非性邪？
>
> 曰：非也，乃情所為也。

為什麼一般人無法成為聖人？這是因為性受到了情的侵染和障蔽。在情的侵染障蔽之下，性不能充分發揮出來，「否則惑，惑則昏」，「情之所昏，交相攻伐，未始有窮，故雖終身而不自睹其性焉！」被情慾引入邪道，將終身看不到自己的本性。

▣ 「不動心」的修養方法

人們的性為情所昏之後，該如何杜絕「邪情」，以恢復本然之性？《復性書》第二部分以對話方式，描述了「不動心」的修養方法，其中寫道：

> 或問曰：人之昏也久矣，將復其性者必有漸也，敢問其方？
>
> 曰：弗思弗慮，情則不生；情既不生，乃為正思；正思者，無慮無思

也。

　　曰：已矣乎？

　　曰：未也，此齋戒其心者也，猶未離於靜焉；有靜必有動，有動必有靜，動靜不息，是乃情也。《易》曰：「吉凶悔吝，生於動者也。」焉能復其性耶？

　　曰：如之何？

　　曰：方靜之時，知心無思者，是齋戒也；知本無有思，動靜皆離，寂然不動者，是至誠也。

　　聖人能用「不動心」的修養方法，寂然不動，不受外物和情慾的誘惑，用佛教的語言來說，保持心境的清明，可以有「漸修」和「頓悟」兩種途徑。第一是「弗慮弗思」，什麼都不思，什麼都不想，進入「虛靜」的狀態。這種靜是相對於動而言，有靜必有動，仍然會受到情的干擾，所以它只是修養的境界，仍然會產生出吉凶悔吝，所以需要「齋戒」，「沐浴以事上帝」。

　　第二是「知本無有思，動靜皆離」，心進入了一種絕對靜止的狀態，這種徹底了悟的境界，《復性書》稱之為「至誠」。在這個境界裡，個人不再受到情慾的束縛，人的本性完全恢復。這種「復性」或「盡性」的人就是聖人。《復性書》認為聖人或善人並非不與外物接觸，不是不聞，而是雖有見聞，其心卻不為見聞所動，「物至之時，其心昭昭然明辨焉；而不應於物者，是致知也，是知之至也」。到了這種境界，「心寂然不動，邪思自息，惟性明照」，就可以「範圍天地之化而不過，曲成萬物而不遺」。

▣ 承先啟後的時代

　　韓愈的〈原性〉認為性是與生俱來，而把人性分為三品，但他並不認為人性是不可移易的，所以很重視禮儀教化的作用。「上之性，就學而愈明，下之性，畏威而寡罪，是故上者可教而下者可制也」。

　　李翱的《復性書》則是認為，「聖人知人之性皆善也，可以循之不息而至於聖也，故制禮以節之，作樂以和之。所以教人忘嗜欲而歸性命之道也。

道者至誠也，誠而不息則虛，虛而不息則明，明而不息則照天地無遺。」這
種說法和韓愈的人性論有所不同。韓愈主張性三品，李翱則講人性善；韓愈
沒有以情為惡之說，李翱則有以情為邪之論；韓愈認為七情合乎中道即為聖
人，李翱則主張：聖人之所以為聖，在於擺脫了感情欲望的束縛。韓愈排斥
佛、老，追求的是儒家的仁義本性，李翱則把佛教的修為和道家的虛靜看作
是仁義道德的基礎，開啟了「儒佛會通」的契機。

對儒家思想發展史而言，唐朝是個承先啟後的時代。先秦儒家思想的內
容包含「關係論」和「心性論」兩大部分。到了漢代，董仲舒將孟子的四端
發展成為五常，確立了儒家的「關係論」。他提出三綱之說，並努力要說清
楚仁、義、禮、智、信之間的關係，但在時代的限制之下，他尚未能像本書
第五章那樣，提出含攝文化的理論，來說明五常和普世性的心理深層結構之
間的關係。

董仲舒一度想把他的「關係論」建立在「陰陽五行」的「宇宙論」之
上。但這樣的努力並沒有被唐人所繼承。韓愈的〈原道〉樹立了道統的概念，
可是其中已經看不到「陰陽五行」的痕跡，他的〈原性〉激起儒者對心性論
的興趣，李翱的《復性書》則開啟了儒佛會通的可能性，為宋明儒學的復興
創造了有利的條件。

第四節　《壇經》與佛教的中國化

佛教在中國的發展，曾經歷過三個明顯的階段：第一階段是鳩摩羅什、
真諦、玄奘、義淨、不空等五大譯經家，陸續將許多重要的佛經譯成中文，
使得佛教在中土廣為傳播，而衍生出華嚴宗、唯識宗、天臺宗、律宗等不同
宗派。

第二階段是《六祖壇經》的出現，這是中國人自己寫的第一部佛教經
典，記載唐代慧能大師的言行，將儒佛思想融於一爐，發展出具有中國文化
特色的禪宗。它的廣為流傳對宋明理學的開展具有極大的促進作用，值得我

們特別注意。

第三階段是民國以後由太虛大師所倡議，而在臺灣蓬勃發展的人間佛教。由於不是這本書所要談的主要議題，在此暫且略過。這裡我們要談的是《六祖壇經》中跟「自性」有關的論述。

▣ 自性的「超越性格」

《六祖壇經》記載禪宗六祖慧能大師（638-713）開悟、傳法的故事，由慧能門人法海編集，其內容是許多弟子分別記錄而成，不是出自一人之手（李炳南，2015）。根據《壇經》的記載，當五祖弘忍大師決定以慧能作為衣缽傳人之後，三更半夜為他說《金剛經》。說到「應無所住而生其心」時，慧能當下大悟：「一切萬法，不離自性。」逐向弘忍稟告：

何期自性，本自清淨；

何期自性，本不生滅；

何期自性，本自具足；

何期自性，本無動搖；

何期自性，能生萬法。

六祖開悟後講的這一段話，對於我們了解後世儒家歷史的發展，以及破解儒家的「千古難題」都非常重要，必須放在本書第五章「自性的心理動力模型」中，重新加以詮釋。用康德哲學來說，「自性」的本體是「超越的」（transcendent），慧能開悟後的說法，則是中國歷史上對於「自性」所做的第一次「先驗的」（transcendental）詮釋，他說明了「自性」的「超越」性格，這樣的性格可以用「自性的心理動力模型」再重新予以詮釋。

▣ 「本心」與「本性」

慧能說：「自性」、「本自清淨」、「本不生滅」、「本無動搖」，用

榮格心理學來說，它是像「母親體液中胎兒那樣的晶體結構」（crystalline structure in the mother liquid），可以用圖 6-1「自性的形式結構」來加以說明。不論是榮格所說的「晶體結構」也好，圖 6-1 所描述的「形式結構」也罷，它都是學者對於「超越的」「自性」所做的「先驗性」詮釋，它的結構包含「意識」與「潛意識」在內的所有內容，所以慧能說：「自性」「本自具足」「能生萬法」。

五祖弘忍大師聽到這般說法，知道慧能已經開悟，遂對他說：

> 不識本心，學法無益；若識自本心，見自本性，即名丈夫、天人師、佛。

弘忍說：「若識自本心，見自本性，即名丈夫、天人師、佛」，從本書的觀點來看，「識自本心，見自本性」是一回事，跟《中庸》上所講的「君子尊德性而道問學」一樣，「尊德性」和「道問學」也不能拆開來解釋，必須放置在一個完整的「心性模型」中來加以詮釋。兩者一拆解，便可能發生「良知理性」分裂的危機。

▣ 「自性佛」與「他依佛」

慧能開悟後，領得衣缽，五祖送他到九江驛，祖令上船，慧能隨即把艣自搖。祖云：「合是吾渡汝。」慧能說：「迷時師度。悟了自度。度明雖一。用處不同。慧能生在邊方。語音不正。蒙師傳法。今已得悟。只合自性自度！」

「自性自度」這四個字為未來中國佛教的發展訂定下了方向。在〈懺悔品第六〉中，更進一步提出「無相三皈依戒」，要求弟子「皈依自性三寶，佛者覺也，法者正也，僧者淨也」。

> 自心皈依覺，邪迷不生，少欲知足，能離財色，名兩足尊。

自心皈依正，念念無邪見。以無邪見故，既無人貢高貪愛執
著，名離欲尊。

自心皈依淨，一切塵勞愛慾境界，自性皆不能染著，名眾中
尊。

他因此提出「自性佛」的概念，以此質疑「他依佛」的一般說法：「自
佛不歸，無所依處」，「若言歸依佛，佛在何處？若不見佛，憑何所歸？」

☑ 儒佛會通

諸如此類的主張，都跟傳統佛教有相當大的距離。〈決疑品第三〉記
載，韋刺史為師設大會齋，並請教慧能在家如何修行，慧能作〈無相頌〉並
說：「吾與大眾，作無相頌，但依此修，常與吾同處無別。若不做此修，剃
髮出家，於道何益？」

心平何勞持戒，行直何用修禪。
恩則孝養父母，義則上下相憐。
讓則尊卑和睦，忍則眾惡無喧。
若能鑽木取火，淤泥定生紅蓮。
苦口的是良藥，逆耳必是忠言。

改過必生智慧，護短心內非賢。
日用常行饒益，成道非由施錢。
菩提只向心覓，何勞向外求玄。
聽說依此修行，天堂只在目前。

〈無相頌〉的內容很明顯地反映出儒家的價值觀。中國人寫的第一部佛
經，將儒家與佛家的核心理念揉合在一起，彰顯出漢傳佛教的特色在於追求

「內在超越」：「菩提只向心覓，何勞向外求玄」，至於「在家」、「出家」，則不再構成「儒佛會通」的障礙。

《壇經》在唐代開元貞觀年間問世之後，在中國民間流傳極廣，開啟了「儒佛會通」的大方向，為漢傳佛教的發展立下基礎，也促使宋明理學家開始討論「自性」的議題。

第五節　宋明儒學的復興

宋明年間是儒家哲理快速發展的一個階段。宋明理學的發展，史稱新儒家，有人稱之為儒學第二期的發展。儒家思想之所以能夠在宋明年間快速發展，也有其政治背景的肇因。宋太祖趙匡胤建國之後，為了防止重演中唐以後藩鎮割據的局面，用「杯酒釋兵權」的方式，解除各地區節度使和禁軍將領的兵權，以後又逐步改革兵制和地方官制，將軍、政大權集中於中央。為了鞏固中央集權制度，宋太祖首先要求武官「讀書以通治道」，接著又規定「作相須是讀書人」，從此之後，宋朝遂「大重儒者」《宋史・太祖本紀》。歷代皇帝不僅下令各州縣設立學校，講授儒學，且在各地修建孔廟，重新刊印儒家經典，為宋代儒學的復興，創造了有利的條件。

宋代儒學的復興，始於胡安定、孫泰山和石徂徠三人。清代儒者全祖望在《宋元學案・古靈四先生學案》的案語中說：「宋仁之世，安定先生起于南，泰山先生起于北，天下之士，從者如雲，而正學自此肇端矣。」胡、孫、石三人世稱「宋初三先生」，其後周敦頤的〈太極圖說〉為儒家倫理的本體論奠下基礎，經過張載的繼承和發揚，而由程顥、程頤兩兄弟發展成以「天理」作為宇宙最高本體的哲學理論。接著，朱熹又繼承二程思想，並加以發揚光大，建立了博大繁複的理學思想體系。

▣ 〈太極圖說〉

周敦頤（1017-1073），字茂叔，號濂溪，湖南省道縣人，15 歲時，父

親過世。隨其母赴京師開封，投靠舅父龍圖閣大學士鄭向。24 歲，因其舅父向皇帝保奏，被任命為洪州府寧縣主簿。十三年後，調任南安郡司理參軍。任內結識大理寺臣程珦，程珦隨即將兩個兒子程顥、程頤送至南安，拜師受業。

周敦頤的仕宦生涯並不顯赫，歷程主簿、縣令、州判官、知州參軍等地方官職，雖卓有政績，卻一生清貧。50 歲在永州做通判官時曾作一首詩：

老子生來骨性寒，官情不改舊儒酸。

停杯厭飲香醪水，舉箸半餐淡菜盤。

事冗不知精力倦，官清贏得夢魂安。

故人欲問吾何況，為道舂陵只一般。

56 歲定居於廬山濂溪書堂，次年 6 月病故。黃庭堅在《濂溪祠並序》上說：「茂叔雖仕宦三十年，而平生之志，終在邱壑。」稱頌他「人品甚高，胸懷灑落，如光風霽月，廉於取名而銳於求志」，「陋於希世而尚友千古」（陳郁夫，1990）。

《宋史‧道學傳》評斷周敦頤對於復興儒學的關鍵地位是：「兩漢而下，儒學幾至大壞。千有餘載，至宋中葉，周敦頤出於舂陵，乃得聖賢不傳之學，作〈太極圖說〉、《通書》，推明陰陽五行之理，明於天而性於人者，瞭若指掌。」

周敦頤繼承了儒家的本體論和宇宙論，又揉合佛、道二家思想，作〈太極圖說〉，其目的便是在「明天理之本源，究萬物之始終」，這篇文章對於儒學思想發展的重要性，我將留待下一章「宋明儒者的『天』、『道』觀」再做細論。這裡先談張載。

▣「氣質之性」與「天地之性」

就儒學第二期的發展而言，張載可說是承先啟後的關鍵人物。張載

（1020-1078），字子厚，號橫渠，世稱橫渠先生。他認為，秦、漢以來，學者之大蔽是「知人而不知天，求為賢人而不求為聖人」，堅持「學必如聖人而後已」，並留下著名的「四為句」：「為天地立心，為生民立命，為往聖繼絕學，為萬世開太平。」

張載認為，人和天地間的萬物一樣，都各有其「性」。「性者，萬物之一源，非我有之得私也」《正蒙·誠明》。不過，作為萬物之靈的人，卻和宇宙間的其他萬物有所不同：萬物的原始質料是「氣」，根據《易經·繫辭傳》，他說：「氣之於人，生而不離，死而游散者為魂」；對於人而言，氣的屈伸即是鬼神：「鬼者，歸也」，「神者，伸也」。

「人性」可以分為「氣質之性」和「天地之性」（黃秀璣，1987）。「氣質之性」是形而下的，用「自我的曼陀羅模型」來看，它是作為自然生物體之個體（individual）所具有的本性，「飲食男女皆性也」《正蒙·乾稱》。它不僅包含人的自然生理欲望，而且也包含人的各種稟賦氣質。因此，張載認為，在「氣質之性」方面，「天下之物無兩個有相似者」，「至如同父母之兄弟，不惟其心之不相似，以至聲言形狀，亦莫有同者」《張子語錄·中》。

天地之性是形而上的，是超越之宇宙本體朗現在「人」（person）身上的「本性」，也是作為一個「人」（person）的必要條件。這種「天地之性」是「生無所得」、「死無所喪」，不生不滅，永恆長存的。「心之本體」與「天地之性」的關係，猶如「太虛」與「氣」之間的關係，又如「水」與「冰」之間的關係。

用本書第六章提出的「自性的心理動力模型」來說，「天地之性」就是使「氣質之性」朝向「至善」（the good）的力量。「天地之性」之在於人，猶如「水性之在於冰，凝釋雖異，為物一也」《正蒙·誠明》。換言之，每一個人的「氣質之性」（即形體相貌）雖然各有不同，但都同樣具有「天地之性」。人願不願意讓這種「天地之性」發揮作用，或者能不能察覺到這種「天地之性」，關鍵在於他「善不善自反而已」，「善反之，則天地之性存

焉」《正蒙・誠明》。

▣ 「聞見之知」與「德行之知」

　　「天地之性」和「氣質之性」的區分，可以說是宋明理學家討論「心性」議題的肇始。張載和周敦頤一樣，認為，「誠」是溝通「天、人之道」的橋樑：「性與天道合一，存乎誠。」但是他卻認為，「誠明所知，乃天德良知，非聞見小知」《正蒙・大心》。他很清楚地指出「聞見之知」和「德性之知」的差別：「德性之知」是「天德良知」，而所謂「聞見之知」，「乃物交而知」，也就是人經由耳目感官與外界接觸而獲得的經驗。

　　用「自我的曼陀羅模型」來看，張載認為，「天德良知」是每個人先天具有的「智慧」（如圖 4-1 所示）。「聞見之知」則是以感官經驗為基礎，向外探索，可以建構出的客觀「知識」。可是，在張載的時代，他的主要興趣並不在於發展客觀知識。在張載看來：「今盈天地之間者皆物也。如只據己之聞見，所接幾何，安能盡天下之物？」因此，「聞見之知」只是「聞見小知」，並不是儒家所要追求之物：「世人之心，止於聞見之狹。聖人盡性，不以見聞至其心。」他相信「大其心，則能體天下之物」。

▣ 永恆常存的「天理」

　　程顥（1032-1085），字伯淳，號明道，世稱明道先生，洛陽伊川人。其弟程頤（1033-1107），字正叔，世稱伊川先生。在儒家思想史上一般學者對程氏兄弟一向二程不分，其實兩人性格極為不同，對後世影響也完全不同。

　　程顥性格寬厚平和，與人相處，如沐春風。他的弟弟程頤為人嚴肅方正，整日板著臉孔，端坐如木頭人，朱熹在〈伊川先生年譜〉中，說他「幼有高識，非禮不動」，後世所謂「道學臉孔」，便是由他而來。伊川僅比明道小 1 歲，但卻在明道卒後二十年，才以 74 歲高齡壽終。二程初期共同講學，其義理主要發自明道；明道卒後，伊川獨立侍講，才逐漸透顯出自己的思路。

程氏兄弟最重要的貢獻，在於突出「天理」的概念。在儒家文獻中「天理」兩字早已存在，張載、邵雍的著作都曾提及。但程氏兄弟卻把「天理」抽象化、絕對化，使其成為超離現象的獨立實體。也正因為如此，所以程顥說：「吾學雖有授受，天理二字，卻正自家體會出來。」

程頤認為，理是萬事萬物的根源，它在事物之中，又在事物之上。道即「理」，是形而上的，陰陽之氣則是形而下的。離開陰陽就無道可言，但道並不等於陰陽，而是陰陽之基礎，「所以陰陽者，是道也」。他以形而上之「理」，作為形而下之器的存在根據。從體用關係來看，理是「體」，而事物是「用」。程頤認為，事事物物都有其規律，萬事萬物之所以然，都有其理；而且「一物之理即萬物之理」，天地間只有一個「理」，這「理」是永恆長存的，不因事物之有無而增損，例如：堯盡了君道，只是為君道增加一個實例，並沒有在君道上增加任何東西。

▣ 「理學」的異化

雖然二程都以「理」作為哲學的最高範疇，但程顥是以「心」解理，開了以後陸王心學一派。程頤卻是以「性」解理，把「理」與「氣」相對來論述，開了以後朱學一派。對程頤而言，天地之性又稱「天理」，氣質之性則代表了「人欲」。孔孟立「天理」，但其學說失傳，以致後人「滅天理而窮人欲」，陷入「人欲橫流」，所以要作為一個「人」，必須「存天理，去人欲」，成為宋明儒學的共識。

這個共識完全可以放置在「自我的曼陀羅模型」（如圖 4-1 所示）中來加以理解。「人欲」是作為生物之「個體」所擁有的「欲望」，「天理」則是社會認為作為「人」所應遵從的「道理」。《中庸》上說：「道不遠人，可遠非道也」，這裡所說的「人」，一方面指人倫日用，一方面也指人情。如果不通人情，一味講求「三綱」，把先秦儒家自我要求的道德修養強加在對偶角色關係中的「下位者」，便可能形成「吃人的禮教」。

由於程頤性格嚴肅，有人問他：「寡婦如果貧窮無托，是否可以再

嫁？」他的回答是斷然的否定，認為「餓死事極小，失節事極大」，寡婦再嫁是因為「後世怕寒餓死」。不幸的是：這種不通人情的見解卻為朱熹所傳承，造成「理學」的異化。

▣ 「理一分殊」

朱熹（1130-1200），徽州婺源人。父親朱松曾任福建政和縣尉，以「紫陽」名其居，朱熹亦題名其書房為「紫陽書房」，時人稱之為「紫陽先生」。朱熹19歲中進士，22歲任同安縣主簿，赴任途中特地前往延平拜會李侗。他依李侗傳授的方法，認真閱讀儒家經典。29歲時朱熹再到延平拜見李侗，「盡棄所學而師事焉」。

李侗對周敦頤的〈太極圖說〉見解獨到，他認為，太極是「理之原」，並用程門「理一分殊」之說來區分儒釋之異。十年後的乾道四年（1168年），朱熹因而撰成《太極圖說解》，成為其理學體系中宇宙生成論的根源。朱熹在他所寫的〈西銘論〉中說：

> 《西銘》之作，……程子以為「明理一而分殊」，可謂一言以蔽矣。蓋以乾為父，以坤為母，有生之類，無物不然，所謂「理一」也。而人物之生，血脈之屬，各親其親，各子其子，則其分亦安得而不殊。一統而萬殊，則雖天下一家。中國一人，而不流於兼愛之弊。萬殊而一貫，則雖親疏異情，貴賤異等，而不告於為我之私。此《西銘》之大旨也。

第六節　朱熹與陳亮的「王霸之辯」

我們可以用「自我的曼陀羅模型」、「儒家的庶人倫理」和「自性的心理動力模型」作為基礎，重新詮釋儒家發展史上的幾次重大辯論，以闡明儒

家「良知理性」的意義。首先，我要談的是朱熹與陳亮的「王霸之辯」。

「正其誼不謀其利，明其道不計其功」出自《漢書‧董仲舒傳》。在〈對膠西王越大夫不得為仁〉篇中，董仲舒說過一段相似的話：「仁人者，正其道不謀其利，修其理不急其功。」雖然後者更能夠代表董仲舒一貫的思想，但對後世影響較大的卻是他「正誼不謀利，明道不計功」的思想。到了宋代，程明道認為，「董仲舒曰：『正其誼不謀其利，明其道不計其功』，此董子所以度越諸子」《二程全書‧近思錄》卷十四；朱熹則把這段話寫入《白鹿洞書院揭示》，作為學生的「處世之要」。

▣ 王道與霸道

陳亮（1143-1194），浙江永康人，字同甫，號龍川先生，南宋哲學家及著名詞人。他的曾祖父陳知元在汴京保衛戰中犧牲。陳亮「自少有驅馳四方之志，常欲求天下豪傑之士而與之論今日之大計」。淳熙四年（1177年），參加禮部考試不中。翌年，陳亮至臨安上孝宗三書，對外力主抗金，對內改革積弊；在〈上孝宗皇帝第一書〉中，即表達出他對當時理學家空談性命的強烈不滿：「今世之儒士自以為得正心誠意之學者，皆風痺不知痛癢之人也。」但不見用，憤而歸鄉，「以與世不合，甘自放棄于田夫樵子之間」《宋史‧陳亮傳》。

淳熙十一年（1184年）春，因為鄉宴上「同坐者歸而暴死」，「因藥人之誣，就逮棘寺，更七八十日不得脫獄」〈陳春坊墓碑銘〉，幸由辛棄疾設法奔走援救，亮遂得不死。朱熹在陳亮獲釋後，修書一封，藉機對其進行規勸，希望陳亮「絀去義利雙行，王霸並用之說，而從事於懲忿窒欲，遷善改過之事，粹然以醇儒之道自律」。

朱熹平日講學，注重「天理／人欲」之辨，他在制定《白鹿洞書院揭示》時，特別強調「處世之要」為：「正其誼，不謀其利；明其道，不計其功。」北宋理學家一向認為，王道之治就是得天理之正的統治，而王霸之別也就是天理人欲之別。譬如，程顥在〈答王霸劄子〉一文就以天理論王道，

以人欲、私心論霸道：「臣伏謂得天理之正，極人倫之至者，堯舜之道也；用其私心，依仁義之偏者，霸者之事也。」「堯舜之道」上得天理，下及人倫，所以是道，在他們看來，「兩漢以下，皆把持天下者也」。

同樣地，朱熹也認為，人主之心術乃綱紀之所繫，人主心術正，則天下萬事無不正，「然而綱紀不能以自立，必人主之心術公平正大，無偏黨反側之私，然後綱紀有所繫而立」。相反地，如果人主假仁義以濟私欲，即是霸道，在他看來，像齊桓公、晉文公都是「假仁義以濟私欲」，雖然「僥倖於一時，遂得王者之位而居之，然其所由，則固霸者之道也。故漢宣帝自言：「漢家雜用王霸，其自知也明矣」。

☑ 義利雙行、王霸並用

陳亮完全反對這樣的觀點（姜長蘇譯，1997）。他在回覆朱熹的信上說：「然謂三代以道治天下，漢唐以智力把持天下，其說固已不能使人心服」；針對近世諸儒主張「三代專以天理行，漢唐專以人欲行，其間有與天理暗合者，是以亦能長久」。他質問道：在這「千五百年之間，天地亦是架漏過時，而人心亦是牽補度日，萬物何以阜蕃，而道何以常存乎？」因此，陳亮認為，「漢唐之君，本領非不宏大開廓，故能以其國與天地並立，而人物賴以生息。」有人批評他們的作為是「雜霸」，陳亮卻認為「其道固本於王也」。他很直率地批評理學家將「義／利」、「王／霸」對立二分的論點：「諸儒自處者曰義曰王，漢唐做得成者曰利曰霸，一頭自如此說，一頭自如彼做；說得雖甚好，做得亦不惡：如此卻是義利雙行，王霸並用，如亮之說，卻是直上直下，只有一個頭顱做得成耳」《又甲辰秋書》。

陳亮主張：「王霸可以雜用，天理人欲可以並行」，朱熹卻認為這種論點錯誤至極，他在回信中批駁陳亮的觀點：「嘗謂『天理』、『人欲』二字，不必求之於古今王伯之跡，但反之於吾心義利邪正之間，察之愈密，則其見之愈明；持之愈嚴，則其發之愈勇。」漢高祖、唐太宗縱然功績蓋世，但卻用心不正，尤其是唐太宗，「無一念之不出於人欲」。因此，王與霸之

分，「在心不在跡」，「太宗誅建成，比於周公誅殺管蔡，只消以公私斷之。周公全是以周家天下為心，太宗則假公義以濟私欲也」《答陳同甫‧之六》。

▣ 亙古常存之「道」

對於陳亮「道何以常存」的提問，朱熹認為，道是「亙古常在不滅之物，雖千百年被人作壞，卻殄滅它不得」《答陳同甫‧之六》。他在跟陳亮的往復辯論中，一再強調：道是獨立於人而存在的，「蓋道未嘗息而人自息之，所謂『非道亡也，幽厲不由也』正謂此耳」。由於「道」具有獨立性，不論是三代或是漢唐，各代君王都必須遵道而行，順應天道：「夫人只是這個人，道只是這個道，豈有三代漢唐之別？但以儒者之學不傳，而堯、舜、禹、湯、文、武以來轉相授受之心不明於天下，故漢唐之君雖或不能無暗合之時，而其全體卻只在利欲上」《答陳同甫‧之八》；他們在「利欲場中頭出頭沒」，只是為一己之私利《答陳同甫‧之九》。

陳亮完全不同意朱熹的觀點。在隨後幾封回信中，他一面替漢高祖辯護，認為，他們都是「禁暴戡亂、愛人利物」的帝王，本領宏大開闊，他們推行的「霸道」都是以實現「王道」作為目的。「察其真心」、「發於仁政」、「無一念不在斯民」，體現出「赤子入井之心」。在他看來，「使漢唐之義不足接三代之統緒，而謂三四百年之基業可以智力而扶持者，皆後世儒者之論也」《問答上》。同時，又堅決反駁朱熹所謂「三代專以天理行」的觀點：

> 「以為三代以前都無利欲，都無要富貴底人，今《詩》《書》載得如此淨潔，只此是正大本子。亮以為才有人心便有許多不淨潔，革道止於革面，亦有不盡概聖人之心者。聖賢建之於前，後嗣承庇於後，又經孔子一洗，故得如此淨潔」。

▣ 「人」的角度

用「自我的曼陀羅模型」來看，朱熹主張：道是一種客觀的存在，「道者，古今共由之理」，「堯所以修此道而成堯之德，舜所以修此而成舜之德，舜所以修此而成舜之德，自天地以先，義皇以降，都是這一個道理，亙古今未嘗有異」《答陳同甫・之八》。所以他把「天理」當成一種客觀的「知識」，主張「道問學」、「先知後行」。用「自性的心理動力模型」來看，這樣的「天理」或「道」儲存在每一個人的「集體潛意識」中，必須喚到「意識」之中，才能為人所知，問題是：在儒家「天人合一」的文化傳統之下，朱熹並沒有能力把他所說的「天理」建構成「含攝文化的理論」，當然更無法說明這種理論的運作。

陳亮則是從「人」的角度在看這個議題。對陳亮而言，每一個人都是處在作為「人」的「天理」和來自「個體」的「人欲」之緊張中（姜長蘇譯，1997），其區別在於「三代做得盡者也，漢唐做不到盡者也」，更清楚地說，只要「本領宏闊，工夫至到，便做得三代；有本領無工夫，只做得漢唐」。朱熹堅持：漢唐只是在「利欲場中走」，「並無些子本領，只是頭出頭沒，偶有暗合處，便得功業成就」。這種說法「使二千年之英雄豪傑不得近聖人之光，猶是小事」，理學家一味強調「存天理，去人欲」，堅持「只是這些子殄滅不得」，這種論調真的是「好說話，無病痛乎？」《又乙巳秋書》這個論點是比較合乎「自性的心理動力模型」對於「集體潛意識」的看法。可是，因為他無法用一個普遍性的理論來說明什麼是所謂的「聖人之光」，他仍然無法解決這樣的爭論。

陳亮一生坎坷，沒有做過官，卻有兩次下獄。淳熙十一年春，陳亮因受誣陷而入獄近百日。紹熙二年 8 月，又因為政治因素第二次入獄，由少卿鄭汝諧力救得免。50 多歲狀元及第，卻在隔年死去。

第七節　陸象山「心學」的新詮釋

依照牟宗三（1968a，1968b，1969）的分析，宋明理學的代表人物是程朱陸王，他們的共識是「天道性命相通貫」。然而，狹義的「理學」卻是專指程朱，跟陸王的「心學」相抗衡。其間最大的差別，在於他們的學說究竟是以「心」作為「理」（「心體」），抑或是以「性」作為「理體」（「性體」）。程朱「理學」與陸王「心學」之間的異同，是儒家思想第二期發展史上最重要的一樁公案，它象徵著本書所謂「良知理性的分裂」。我們能不能用本書第二部分所提出的理論系列，來解決這樣的難題呢？

▣ 陸九淵的家學與志業

上一章曾經引用柯爾所提出的一張圖（如圖 6-4 所示），說明個體在其生命中的某一時刻，其實會受到許多種不同「時間」交會的影響（Cole, 1996）。他同時還提出另一張圖（如圖 7-1 所示），說明兩代之間的交互作用，對於個人可能產生的影響（Cole, 1996）。我們可以陸象山的幾則生命故事為例，依照圖中三條弧線標示的數字順序，來說明該圖的意義。首先，我們要談的是陸氏的志業以及他與父親之間的關係。

陸九淵（1139-1193），宋金溪（今江西）陸坊青田村人，字子靜，書齋名「存」，世人稱存齋先生，因其講學於貴溪象山，學者稱象山先生。他認為教育的目的在於「存心、養心、求放心」和「去蒙蔽、明天理」，主張學以致用，希望培養出具有強烈社會責任感的人才，以挽救南宋王朝衰敗的命運。在教育內容方面，他把倫理綱常和一般知識技能，歸納為道、藝兩大部分，主張以道為主，以藝為輔，認為只有通過對道的深入體驗，才能作一個堂堂正正的人。因此，要求人們在「心」上做工夫，以發現人心中的良知良能。

了解陸象山的生平和志業之後，我們可以再依圖 7-1 中弧線標示的順序，

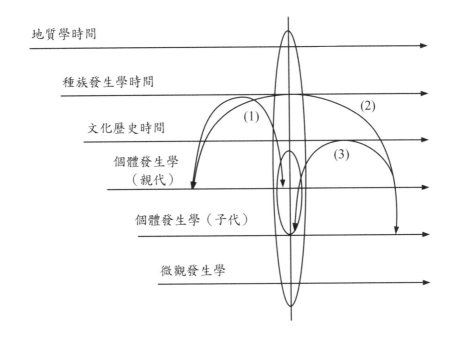

圖 7-1　文化如何由親代擁有的觀念轉化成為子代環境中互動的組織

資料來源：引自 Cole（1996, p. 68）

先說明其父對他的影響。

(1)是，在陸象山〈年譜〉中，提到他父親道卿公：「生有異稟，端重不伐，究心典籍，見於躬行。酌先儒冠昏喪祭之禮行於家，弗用異教。家道之整，著聞於州里」（頁 485）。這是指他平日家居生活，能夠在家庭中切實實踐儒家的「冠昏喪祭之禮」。然而，他對儒家文化傳統的回溯，並不僅是遵從禮俗而已，而是能夠深入探討它們在種族發生學上的意義，進而影響下一代。

(2)是，他對陸象山的教言是：「不以不得科第為病，而深以不識禮義為憂。其殷勤懇切，反覆曉譬，說盡事理，無一毫勉強緣飾之意，而慈祥篤實之氣藹然」（頁 485）。這樣的家庭環境培養出陸象山的性格是「幼不戲弄」、「靜重如成人」、「莊敬自持，心不愛戲」、「文雅雍容，眾咸驚

異」（頁486-488）。

⊡ 「宇宙即吾心」

(3)是，陸象山最出名的故事是：3、4歲時，「忽向天地何所窮際」，深思而不得其解，甚至廢寢忘食。十餘歲時，讀古書對宇宙二字的解釋是：「四方上下曰宇，往古來今曰宙」，忽然有悟道：「元來無窮。人與天地萬物，皆在無窮之中者也。」於是他拿起筆寫道：「宇宙內事乃己分內事，己分內事乃宇宙內事」、「宇宙便是吾心，吾心便是宇宙。東海有聖人出焉，此心同也，此理同也；南海北海有聖人出焉，此心同也，此理同也。百世之上至千百世之下，有聖人出焉，此心此理，亦莫不同也」（頁489）。

用本書所建構的理論模型來看，「四方上下曰宇」是指：曼陀羅模型中的「自我」在考量自己所存在的空間（如圖4-1所示）。這時候的「自我」是泰勒所謂的「精準自我」（punctual self）（Taylor, 1989），它存在於一個特定的時間點上，在時間上並沒有延續性。「往古今來曰宙」，則是「自我」不僅回顧過去的歷史（往古），而且往前擘劃自己未來的行動（今來）。這時候，「自我」意識所思索的範圍，不僅要能夠窮盡「個人潛意識」（personal unconscious），而且要能夠深入「集體潛意識」（collective unconscious）（如圖6-2所示），這樣才可以說「吾心即宇宙」。然而，由於人的意識所及，無法窮盡潛意識的所有內容，陸象山所說的「宇宙即吾心」其實只是一種跟宇宙相通的感覺而已。這種「天人合一」的感覺讓他產生了「天人合德」的承擔：「宇宙內事乃己分內事，己分內事乃宇宙內事」。

⊡ 「六經皆我注腳」

用柯爾（Cole, 1996）的理論來看，陸象山的領悟可以說是他思想上的「微觀發生學」。這樣的創發，破解了他心中多年來的疑惑。後來他據此提出「心即理」的學說，並經常用「宇宙」二字「啟悟學者」。長年跟從他的弟子也發現：「見先生觀書，或秉燭檢書，最會一見便有疑，一疑便有覺。

後嘗語學者曰：小疑則小進，大疑則大進」（頁 491）。

　　陸象山幼時提出的問題「天地何所窮際」是一般人很少思考的「大哉問」。陸象山經過十多年的思索，「大疑則大進」，他青年時期獲得的答案，跟儒家傳統的宇宙觀幾乎完全契合，所以他說：

> 　　論語中多有無頭柄的說話，如「智及之，仁不能守之」之類，不知所及所守者何事。如「學而時習之」，不知時習者何事。非學有本領，未易讀也。苟學有本領，則知之所及者，及此也；仁之所守者，守此也；時習之，習此也。說者說此，樂者樂此。如高屋之上，建瓴水矣。學苟知本，六經皆我注腳。《象山先生全集》卷三十四（頁 393）

　　在這段引文中，最值得注意的一段話，是「學苟知本，六經皆我注腳」。其中「本」字，應當是指儒家「天人合德」或「天人合一」的宇宙論。《周易‧乾》上說：「夫大人者，與天地合其德，與日月合其明，與四時合其序，與鬼神合其吉凶，先天而天弗違，後天而奉天時。天且弗違，而況於人乎？況於鬼神乎？」這裡所說的「大人」，指的是儒家的「聖人」。陸象山在悟得「宇宙便是吾心，吾心便是宇宙」時，就已經達到儒家「聖人」的境界，並且能夠充分把握儒家的宇宙論，知道儒家六經中的論述，俱是由此而出，所以說：「苟學有本領，則知之所及者，及此也；仁之所守者，守此也；時習之，習此也。」

▣ 槐堂講學

　　在〈試論如何研究中國人的性格〉一文中，楊中芳（2001）主張：在「文化／社會／歷史」的脈絡中，研究其成員之性格。本書所建構的理論模型，考察了陸象山成長的「文化／歷史」脈絡。如果要對他的性格有整全式的了解，還必須進一步探討他所生活的社會環境。

陸象山 24 歲參加鄉試，獲評為第四名。34 歲參加春試，恰遇昌祖謙任考官，批其卷言：「此卷超絕有學問者，必是江南陸子靜之文，此人斷不可失也。」進士及第，返家後以槐堂為講學之地，以知本、辨志、辨義利教人，遠近風聞，從者回眾。

用本書第六章「自性的心理動力模型」來說，一個「知本」的人，必然是一個有「良心」的人，他的一切所作所為必然都是自覺或不自覺地朝向「至善」（如圖 6-3 所示）。然而，對於一般人而言，由於他在生活世界裡，經常會感受到各種欲望的牽扯（如圖 4-1 所示），要想達到這樣的境界，並不是容易之事。在《象山先生全集》卷五十六中，曾經記載一則「斷扇訟」，可以用來說明這一點。

▣ 「斷扇訟」悟本心

陸象山 34 歲時，任職於臨安府的富陽主簿楊敬仲向他請教「如何是本心」。象山先生的回答是：「惻隱，仁之端也；羞惡之心，義之端也；辭讓之心，禮之端也；是非之心，智之端也」，這是《孟子》一書中的說法。所以楊敬仲再問：這我「兒時已知曉了，到底什麼是本心呢」，他問了好幾次，陸象山「終不易其說，敬仲亦未省」。

正好這時有一個賣扇子的人到官府來訴訟。楊敬仲斷其曲直後，再問陸象山同樣的問題。陸象山說：「剛才我聽你在判斷賣扇人的訟案時，是者知其是，非者知其非，這就是你的本心啊！」

楊敬仲這時才恍然大悟，而「北面納弟子禮」，以後並經常告訴別人，他是到了這時候才「忽省此心之無始末，忽省此心之無所不通」。而陸象山也稱讚他：「敬仲可謂一日千里」（頁 494）。

依照本書第五章的分析，楊敬仲聽賣扇人訴說其訟案後所作出的判斷，是他的「第一度道德」對這個案件所作的詮釋。儒家的「仁、義、禮、智」雖然都是「第二度道德」，但「仁、義、禮」是儒家倫理所強調的規範或規則（如圖 5-1 所示），「智」則是個人考量整個案件的經過後，所作出的判

斷（如圖 4-1 所示）。象山先生雖然未能作出這樣的分析，但是當他提醒楊敬仲：剛才他斷案時「是者知其是，非者知其非」，這就是他「知善知惡」的「良心」，楊敬仲的思想才發生「微觀發生學」上的轉變。

▣ 「外王」與事功

然而，陸象山關注的問題並不僅只是當時一般儒生在意的「內聖」，而更及於先秦儒者所強調的「外王」。東漢末年，魏文帝曹丕（187-226）接受陳群的建議，實行「九品中正制」將文吏分等，九品以上為士，九品以下為吏，「官與吏」開始分離，經魏晉南北朝的演變，最後形成「上品無寒門，下品無貴族」的「門閥政治」。隨唐時期推行的科舉制雖然打破了門閥，雖加強了胥吏，形成晚唐以降中國官僚政治的特色。

胥吏是協助官僚處理文牘、司法、財政的專業工作人員，由於他是由人民勞役法產生出來的，國家依例不發俸給，而聽任他們從辦事中獲得利益，以解決生活問題。宋代以後，胥吏的職位演變成為師徒相授、父子相傳，過缺還可以出租、轉讓，韓毓海（2013）因此指出，宋明以降的中國社會結構是「官無封建，而吏有封建」。

陸象山對科舉制度下所造成的「胥吏政治」極為不滿，他認為，「公人之所以得志，本在官人不才」，「官人常欲之事實，吏人常不欲官人之知事實」（曾春梅，1988），他不僅支持王安石的變法改革，而且痛斥公人熏染官人所造成的敗壞風氣，是「科條方略必守成於吏，以吏為師，以吏為伍，甚者服役於吏」《陸象山全集・與陳倅第二書》。

宋孝宗淳熙十六年（1189），陸象山 51 歲，奉詔知荊門軍。荊門為南宋邊城，形勢陰要。象山到任後，深究密稽，「視官事如家事」，不僅整頓簿書，改革稅收，改善司法與治安，而且修築新城，整飭軍備，政績斐然，但他也心力交瘁，到任十五個月後，即逝世於任上。

第八節　「理學」與「心學」的交鋒

　　以陸象山一生的志業作為背景，我們才能比較清楚地了解：在鵝湖之會時，他跟朱熹兩人觀點的歧異所在。陸九淵認為，修養最重要之事，在於「辨志」、「存養」、「先立乎其大」、「不失其本心」、「心即理」《陸象山全集‧卷三十五‧語錄》。

　　什麼叫「先立乎其大」呢？《孟子‧盡心上》有一段著名的對話：

> 王子墊問曰：「士何事？」
> 孟子曰：「尚志。」
> 曰：「何謂尚志？」
> 曰：「仁義而已矣。」

　　陸象山繼承了這樣的理念，他所謂「辨志」，其實就是先秦儒家所講的「義利之辨」（曾春海，1988）。陸象山在他所著的〈君子喻於利章講義〉中，很明白地說：

> 「竊謂君子於此，當辨其志。人之所喻：由其所習，所習由其所志。志於義，則所習必在於義；所習在義，斯喻於義矣。志乎利，則所習必在於利；所習在利，斯喻於利矣。故學者之志，不可不辨也。」

▣ 朱陸之異

　　陸象山認為，「道」和「理」是永恆不變的。他曾說過，這世界上即使有了朱元晦、陸子靜，道也不多一些，天地之間未曾發生過朱元晦、陸子靜，

道也不曾少過一些，這個永恆不變的「道」或「理」是絕對至善的，它同時存在於每個人的身上，用「自性的心理動力模型」來看，「道」或「理」儲藏在每一個人的「集體潛意識」裡。當然在那個時代，陸象山並沒有「集體潛意識」的概念。相反地，他認為，道，充塞於天地之間，遍布於一切事物之上，在天表現為陰陽交替，化育萬物，在人則表現人人皆有仁義禮智「四端」之心，這就是人的「本心」。「理」是至明的，而人「心」是「至靈」的，宇宙森羅萬象無一不包含在方寸之中，只要讓「心」全盤顯現，「理」就跟著遍布宇宙。「理」既不外乎我們的「心」，因此除了「心」，沒有其他途徑可以體證並實現「理」，這就是陸象山所謂的「心即理」。

陸象山「心即理」和朱熹「性即理」的最大不同，在於朱熹認為「心」含有氣質雜染的成分，必須經過「涵養、至知」的學習過程才能體會。在學習的過程中，必須將「理」列為最高準則，這樣靈明的「心」才會依照「理」的規範和法則，去除自己的私欲與偏雜的氣質，所以朱子「性即理」的主張，特別強調「理」的權威地位。

陸象山雖然認為「心」有私也有蔽，但只要當下直覺人人具有仁義禮智四端的「本心」，實事實理，坦然明白，根本不需外在的知識與物理，即可端序自明。即使本心放矢了，也能通過當下的一念逆覺而被體證。所以象山曰：「若明此理，天地不能異此，鬼神不能異此，千古聖賢不能異此」《陸九淵集》卷十五。

▣ 鵝湖之會

當時朱熹講究「窮理致知，讀聖賢書」的「道問學」，陸九淵則強調「切己自反，發明本心」的「尊德性」，兩人對儒學的基本態度並不相同。呂祖謙知道朱熹與陸九淵論學有所異同，南宋淳熙二年（1175 年），他邀請朱熹與陸九淵、陸九壽兄弟及江浙諸友，相會於江西上饒鵝湖寺。

在這場儒家思想史上著名的「鵝湖之會」裡，陸九淵雄辯滔滔，提出「舜堯之前有何書可讀？」認為只要明心見性即可，朱熹注重解經注傳，議

論古今，是一種「邪意見，閑議論」，「支離事業」。鵝湖之會的第二天，陸子壽先朗誦他準備好的一首詩：

> 孩提知愛長知欽，古聖相傳只此心。
> 大抵有基方築室，未聞無址忽成岑。
> 留情傳注翻榛塞，著意精微轉陸沉。
> 珍重友朋相切琢，須知至樂在於今。

子壽方讀四句，朱熹便對祖謙說：「子壽早已上子靜的船了。」誦完詩，陸九淵說：他在途中也和了家兄一首詩《陸象山全集・卷二十五・鵝湖和教授兄韻》：

> 墟墓興哀宗廟欽，斯人千古不磨心。
> 涓流滴到滄溟水，拳石崇成泰華岑。
> 易簡功夫終久大，支離事業竟浮沉。
> 欲知自下升高處，真偽先須辨只今。

朱熹認為陸九淵的學說簡略空疏，批評他「除了一句『先立乎其大』外，全無技倆」，陸九淵欣然回答道：「誠然。」致使「朱熹不慊」，雙方不歡而散。

從本文的論述脈絡來看，陸九淵之所以批評朱熹主張的「道問學」只是一種「支離事業」，主要是因為他缺乏整體性的「理論架構」，流傳於世的「解經注傳」，只是一種「邪意見，閑議論」。而朱熹則認為，陸九淵以孟子為本的「尊德性」主張「簡略空疏」，除了「先立乎其大」之外，全無技倆，鵝湖之會結果自然是不歡而散。

◙ 朱陸之同

由於中華文化一向缺乏建構西方式客觀知識（objective knowledge）的傳統，許多文人之間的爭執往往是因為文字意義不清楚所造成的。用本書第二部分所建構的「含攝文化的理論」來看儒家思想史上的重大爭議，我們不難看出：宋明儒者之間的爭執，其實只是因為缺乏客觀理論作為討論的依據而已。譬如：本章第四節提到，朱熹和陳亮之間的辯論，如果引入「自性的心理動力模型」及「集體潛意識」的概念，其衝突自然迎刃而解。

同樣地，陸九淵主張「心即理」、「發明本心」或「復其本心」，看起來跟朱熹的主張「性即理」、「存天理，去人欲」似乎不同，可是如果把這些概念放在「自我的曼陀羅模型」中來考量，其實兩人的主張並沒有什麼實質上的差異。舉例言之，陸九淵認為，鞏固此心此理，必須透過存養的工夫。存養包含兩方面，一是養知，一是養德。養知即涵養良知，養德就是使良知自發向善。而存養工夫一在「立志」，二在「學習」，所謂「立志」，即「志於道」，則能見本心，即是知德。象山云：

> 人要有大志，常人汩沒於聲色富貴間，良心善性都蒙蔽了。
> 今人如何便解有志，須先有智識始得。
> 知所習知所事。志乎義所習在義，無私利之念，物蔽去，良知
> 自明。《陸象山全集·象山語錄》

用「自我的曼陀羅模型」（如圖4-1所示）來看陸象山所謂的「立志」、「立大志」，便是「自我」在面對「義」和「私利」發生衝突的時候，能夠「志乎義」，不要被物欲蒙蔽。「常人汩沒於聲色富貴間，良心善性都蒙蔽了」。作為一個「人」，要如何讓他懂得「有志」呢？

陸象山認為，「先有智識始得」。「知所習知所事。志乎義所習在義」，經過學習之後，「物蔽去，良知自明」。換言之，朱陸之辯其實只是

「實踐」工夫上的差異而已，如果把他們兩人的學術主張用「自我的曼陀羅模型」的客觀理論重新加以詮釋，他們兩人對「心」的作用，其見解其實是相當一致的（李明輝，2007a，2007b）。

也正因為如此，朱、陸兩人之間友誼極厚，書信往來，論辯不已。三年以後，當陸子壽來訪，朱熹和詩：

> 德業流風夙所欽，別離三載更關心。
> 偶攜藜杖出寒谷，又枉籃輿度遠岑。
> 舊學商量加邃密，新知培養轉深沉。
> 只愁說到無言處，不信人間有古今。

本章小結：千古不磨心

除此之外，朱陸之辯中，還有兩個議題跟本書的論述脈絡有關，第一是〈太極圖說〉的問題，這個問題涉及中國文化傳統中的「體用觀」，我們將留待下一章再作細論。第二個問題是如何說清楚陸氏兄弟所說的「古聖相傳只此心」、「斯人千古不磨心」。這兩個問題看似獨立，其實又彼此關聯。更清楚地說，要建構本書第四、五兩章所提的「含攝文化的理論」，以及第六章「自性的心理動力模型」，來說明儒家的「千古不磨心」，必須藉助於西方科學哲學對於「本體論」的討論，傳統中國的「體用觀」是無能為力的。

《中庸》上說：「君子尊德性而道問學，致廣大而盡精微，極高明而道中庸。」對於儒家的「君子」而言，「尊德行」和「道問學」兩件事是「一而二，二而一」，不可拆分的。當宋明理學分為程朱的「理學」和陸王的「心學」，分別主張「道問學」和「尊德行」，使象徵的中國人的「良知理性」分裂，「鵝湖之會」也留下了許多「千古難題」，待後人來解決。

第八章　宋明儒者的「天」、「道」觀

　　上一章提到宋明時期朱熹和陳亮，以及朱熹和陸九淵之間的兩場辯論，如果放置在本書第二部分所建構的理論模型中重新詮釋，則他們之間在理論上的對立都可以得到化解。然而，鵝湖之會時，朱陸兩人辯論的內容，除了實踐工夫的差異，還涉及他們兩人對於宇宙論看法的不同。

　　本章題為「宋明儒者的『天』、『道』觀」，旨在說明宋明儒者對於「天」和「道」的態度，可以幫助我們了解：中國傳統的「體用觀」，跟西方「本體論」有其根本差異。依據這樣的「體用觀」，中國人在歷史上已經發展出其「有機論」的科學，卻不可能發展出西方「主／客對立」式的「機械論」科學；儒家也據此而發展出修養工夫論，卻發展不出西方式的社會科學。

第一節　〈太極圖說〉的分疏

　　本書第一章提到：孔子周遊列國十四年，回到魯國已 68 歲，開始整理六經，並與弟子合作《易傳・文言》。然而，子不語怪力亂神，他平常不談形而上學的議題，子貢因此說：「夫子之文章，可得而聞也；夫子之言性與天道，不可得而聞也」《論語・公冶長》。

　　上一章提到，周敦頤繼承了儒家的本體論和宇宙論，又揉合佛、道二家思想，作〈太極圖說〉，其目的便是在「明天理之本源，究萬物之始終」：

　　　　無極而太極。太極動而生陽，動極而靜；靜而生陰，靜極復

勸。一動一靜，互為其根。分陰分陽，兩儀立焉。陽變陰合，而生
水火木金土，五氣順布，四時行焉。五行一陰陽也，陰陽一太極
也，太極本無極也。五行之生也，各一其性。無極之真，二五之
精，妙合而凝。乾道成男，坤道成女。二氣交感，化生萬物。萬物
化生，而變化無窮焉。惟人也，得其秀而最靈。形既生矣，神發知
矣，五性感動，而善惡分，萬事出矣。聖人定之以中正仁義，而主
靜，立人極焉。故聖人與天地合其德，日月合其明，四時合其序，
鬼神合其吉凶。君子修之吉，小人悖之凶。故曰：「立天之道，曰
陰與陽；立地之道，曰柔與剛；立人之道，曰仁與義。」又曰：
「原始終，故知死生之說。」大哉易也，斯其至矣。

這篇文章對朱熹哲學思想的形成造成了重大的影響。事實上，朱子對於
「性」與「天道」的態度並不一致。對於「天道」的本體，儒家的態度始終
是「不可知論」（agnosticism），孔子不談，朱子不談，其他宋明儒者亦不
談。對於「性」的本體，朱熹的態度卻接近於西方啟蒙運動之後出現的實在
論（realism），而跟道家或佛家的立場有明顯的不同。這一點，從朱子求
學、治學以及他和陸九淵的鵝湖之辯中，都可以看得出來。

◘ 存在之理

藤井倫明（2008）曾經將朱子本人畢生追求的「理」，區分為「所當
然」與「所以然」兩個面向。他在《大學或問》中說道：

> 既有是物，則其所以為是物者，莫不各有當然之則，而自不容
> 已，是皆得於天之所賦，而非人之所能為也。……一物之中，莫不
> 有以見其所當然而不容已，與其所以然而不可易者。（頁 22-24）

作為「所當然」的理，可以說是事物的規範或法則，從人類社會的層次

來看，它將成為「應該如此」的倫理。相對之下，作為「所以然」的「理」，則是事物的根據或本質，是用來說明「為什麼如此」的存在論。這兩者之間，首先要有「所以然」之理，再以此作為根源，說明由此衍生出來的「所當然」之理。例如：父子之間的關係，一般人認為子對父應該要盡「孝」，「孝」是父子關係的規範，亦即「所當然」之理。此作為規範的「所當然」之理之所以能夠成立，必然有使父子關係得以成立的根據。用朱子自己的話來說：

> 如事親當孝，事兄當弟之類，便是當然之則。然事親如何須要孝，從兄如何須要弟，此即所以然之故。《朱子語類・卷十八》

朱子的「家學和師承」使他的為學旨趣在於，由「所當然」的「人間之理」追索「所以然」的「存在之理」。然而，對於當年孔子未曾向弟子言明的「性」與「天道」等的「存在之理」，朱熹卻有完全不同的態度。

▣ 難在分疏

朱熹少年時承父親之命，24 歲時從學於李侗。李先生為人簡重，「不著書、不作文，頹然若一田野老」，其後十一年間，朱熹三度往學，見他「講頌之餘，危坐終日，以驗夫喜怒哀樂未發之前氣象為如何，而求所謂中者」。「蓋久之而知，天下之大本，真有在乎是也。蓋天下之理，無不由是而出。一以洞貫，以備融釋而各有條理，如川流脈絡之不可亂」。這樣的從學經驗讓朱熹體會到：

> 講學切在深潛縝密，然後氣味深長，蹊徑不差。若概以理一而不審乎其分之殊，此學者所以流於疑似亂真之說而不自知也。《朱子語類・卷九十七・延平行狀》

師從李延平，讓朱熹了悟：所謂「理一分殊，始終條理」，「所難不在理一處，乃在分殊處」。以這樣的原則釐清儒家的「心性之學」，最簡單的說法就是「已發者人心，而未發者皆其性也」《朱子語類・卷三十二・答張敬夫十八書之第四書》。然而，朱熹在他所處的時代，既沒有西方哲學的訓練，又沒有現代心理學的幫助，憑著個人天賦的析辯能力，跟師友、弟子反覆討論相關問題，到了晚年，才形成自己的理學思想體系。根據臺灣師大圖書館「寒泉」古典文獻全文檢索資料庫的統計，《朱子語類》中提到：「性情」一詞多達 136 次，開歷史之先河！其後黃宗羲的《明儒學案》提到「性情」92 次，黃宗羲和全祖望合著的《宋元學案》提到「性情」62 次，他們大多沿著朱熹的思路，「接著講」而不是「照著講」。

▣ 「天地之心」與「人物之心」

至於對「天、道」兩個概念，朱熹則有完全不同的態度，這種態度也受到李侗的影響。劉述先（1982）在探討「朱子哲學思想的發展與完成」時，曾經提到朱熹和李侗之間有關〈太極圖說〉的一次對話。朱熹問道：

> 「太極動而生陽」，先生嘗曰「此只是理，做已發看不得」。熹疑既言「動而生陽」，即與《復卦》一陽生而見天地之心何異？竊恐「動而生陽」即天地之喜怒哀樂發處，于此即見天地之心。「二氣交感，化生萬物」，即人物之喜怒哀樂發處，于此即見人物之心。如此做兩節看，不知得否？

「已發者心也，而未發者皆其性也」，這是朱子作「心性之學」的基本態度。但李侗卻認為，「理」不可以用像「已發」之類的觀念來加以說明。朱熹因而向他請教：從「人物之喜怒哀樂發處」既然可以見「人物之心」，而〈太極圖說〉又有「動而生陽」的主張，這是不是可以說是「天地之喜怒哀樂發處」？我們是否可以從此推知「天地之心」？

先生曰：「『太極動而生陽』，至理之源，只是動靜闔闢，至于終萬物、始萬物，亦只是此理一貫也。到得『二氣交感，化生萬物』時，又就人物上推，亦只是此理。《中庸》以喜怒哀樂未發已發言之，又就人身上推尋，至于見得大本達道處，又渾同只是此理。此理就人身上推尋，若不于未發、已發處看，即何緣知之？蓋就天地之本源與人物上推來，不得不異，此所以于『動而生陽』難以為喜怒哀樂已發言之。在天地只是理也，今欲作兩節看，竊恐差了。《復卦》見天地之心，先儒以為靜見天地之心，伊川先生以為動乃見，此恐便是『動而生陽』之理。然于《復卦》發出此一段示人，又于初爻以顏子『不遠復』為之，此只要示人無間斷之意。人與天理一也，就此理上皆收攝來，與天地合其德，與日月合其明，與四時合其序，與鬼神合其吉凶，皆其度內耳。某測度如此，未知元晦以為如何？有疑，更容他日得見劇論。語言既拙，又無文采，似發脫不出也。元晦可意會消詳之，看理道通否。」

▣ 本體的「測度」

朱熹從宇宙論的觀點，問〈太極圖說〉中所謂「動而生陽」和伊川所解釋「復卦」時所說的「一陽生而建天地之心」有何不同？

李侗認為，「太極動而生陽」這是「至理之源」，對於天地間的萬物，包括「人物」都是一樣的。然而，李侗很清楚地告訴朱熹，要從「天地之本源」與「人物」來推得「此理」，兩者之間又「不得不異」。要從「人」身上推尋「此理」，必須從「喜怒哀樂未發、已發處」來看：但要推知「天地」之理，卻不能分「作兩節看」。儒家傳統上以《易經》的「復卦」來解釋「天地之心」，有些儒者以為：「靜」可見「天地之心」，伊川則以為：「動」才可見到，這就是一般所說的「動而生陽」。

可是，李侗卻認為，這跟以「顏子不遠復」來解釋「復卦」的初爻一

樣，只是要說明「人與天理」合而為一，兩者並無間斷而已。這跟《易經》「文言」對「乾卦」的說明是一樣的。所謂「夫大人者，與天地合其德，與日月合其明，與四時合其序，與鬼神合其吉凶」，是在說明聖人對於《易經》的詮釋，但在李侗看來，即便是這樣的說法，也是人們根據其生活經驗「收攝」而來的「測度」、「度內」。李侗的回答將朱熹的疑問由「宇宙論」提升到「本體論」的層次，還問：「未知元晦以為如何？」

他知道這樣的問題用「語言」、「文采」都不容易說清楚（發脫不出），所以特別告訴朱熹：「元晦可意會消詳之，看理道通否？」、「有疑，更容他日得見劇論」，歡迎他將來坦率地仔細討論。

▣ 「紀綱道體」之精徵

李侗的觀點，影響到朱熹（元晦）一生對於「性」和「天」、「道」等形而上概念的不同態度。在本書下一章中，我將仔細說明，朱子整個學術生涯探索最為深入的問題，便是針對《中庸》的提問：「喜怒哀樂未發前是何氣象？」這是在「天人合一」文化傳統中探索「中庸理性」，它跟康德以「主／客對立」的方式，探討「理論理性」完全不同。

然而，他對於「天」、「道」的態度，仍然是堅持儒家「不可知論」的傳統。這一點可以從他對〈太極圖說〉的詮釋來加以說明。儒學發展到了宋代，周敦頤繼承了儒家的本體論和宇宙論，又揉合佛、道二家思想，作〈太極圖說〉，其目的便是在「明天理之本源，究萬物之始終」《宋史・道學傳》。這篇〈太極圖說〉受到朱熹的高度重視。乾道五年（1169 年），40 歲的朱熹根據潘興嗣為周敦頤所寫的〈墓誌銘〉，結合周氏所著的《易說》、《易通》，重新編訂《太極通書》，將「太極圖」置於篇首（如圖 8-1 所示），並在〈周子太極通書後序〉中，強調〈太極圖說〉一文的重要性。他說：

> 通書語〈太極圖說〉並出，程氏以傳於世。而其為說實相表
> 裡，大抵推一理、二氣、五行之分合，以紀綱道體之精微，決道義

文辭祿利之取舍，以振起俗學之卑陋。

　　程氏是指世稱「二程子」的程顥、程頤兩兄弟。換言之，朱熹不僅推崇
周敦頤為二程子之先驅，而且認為他的著作「紀綱道體之精微」，是建構宋
代道學形上體系的重要關鍵。在周敦頤的著作中，最重要的是〈太極圖說〉
及《通書》中論及「一理、二氣、五行之分合」的學說。依朱熹的看法，
〈太極圖說〉奧義深微，「決道義文辭祿利之取舍，以振起俗學之卑陋」，
甚至「程氏之書，亦皆祖述其意」，它對宋代理學之發展，居於承先啟後的
核心地位。

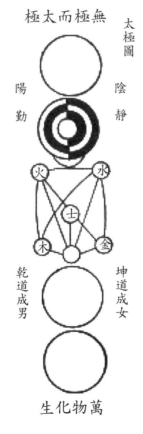

圖 8-1　「太極圖」

⊡ 五常之端

四年後，朱熹撰〈太極圖說注後記〉，稱「此圖立象盡意，剖析幽微，周子蓋不得已而作也」，又說「此書詳於性命之原，而略於進為之目，有不可驟而語者也」。

再過四年，48 歲的朱熹撰〈江州重建濂溪先生書堂記〉，文中指出，

> 夫天高地下，而二氣五行紛綸錯糅，升降往來於其間，其造化
> 發育、品物散殊，莫不各有固然之理。而最其大者，則仁、義、
> 禮、智、信之端，君臣、父子、昆弟、夫婦、朋友之倫是已。

道家以「氣」作為宇宙之本體；宋明理學家則以「理」作為本體。在這篇文章中，朱熹很清楚地指出，宇宙間萬物，都是「二氣五行紛綸錯糅，升降往來」的結果；「其造化發育、品物散殊，莫不各有固然之理」，對理學家而言，其中最重要的，則是支撐「五倫」的「仁義理智信」等「五常」或「五行」。

正因為〈太極圖說〉「推一理、二氣、五行之分合，以紀綱道體之精微」，備受理學家之推崇，翌年，朱熹又撰〈袁州州學三先生祠記〉，盛讚：「濂溪周公先生奮乎百世之下，乃始深探聖賢之奧，疏觀造化之原而獨心得之，立象著書，闡發幽祕，詞義雖約，而天人性命之微；修己治人之要，莫不畢舉。」

第二節　朱陸之辯中的「太極」與「無極」─

由於〈太極圖說〉對宋明理學的影響極大，宋代儒者對這篇文章開頭的一句話「無極而太極」，曾經做過激烈的辯論，對於我們了解華人文化中的「體用觀」，有相當大的助益（鄭吉雄，2002）。「無極」一詞有兩種不同

的解釋，一是認定其為名詞，是比「太極」更高位階的概念，也是「太極」的來源。依照這種說法，「太極圖」所講述的宇宙根源就是「無」。在朱、陸鵝湖之辯中，陸氏兄弟便持這種觀點，並將〈太極圖說〉歸宗於道家。

▣ 陸九淵的「太極觀」

陸九淵指出，「『無極』二字，出於《老子·知其雄章》，吾聖人之書所無有也」《與朱元晦·一》。《老子》首章便講「無名天地之始，有名萬物之母」，「有生於無」的觀點，是老氏為學宗旨，「無極而太極」貫徹了老子這種觀點。

陸九淵認為，陰陽即是形而上之道，它概括了宇宙間一切對立的事物和現象。不必「頭上加頭」，在作為宇宙開端的「太極」之上，再加一個「無極」。他說：「《易》之為道，一陰一陽而已，先後、始終、動靜、晦明、上下、進退、往來、闔辟……何適而非一陰一陽哉？」《與朱元晦·二》。「『形而上者謂之道』，又曰『一陰一陽之謂道』，一陰一陽，已是形而上者，況太極乎？」《與朱元晦·一》。

對於這種觀點，朱熹「大謂不然」。他認為，「無極」是狀詞（即形容詞），是形容太極之「無聲無臭」。朱熹在解「太極圖」時，特別說「非太極之外，復有無極也」。

朱陸兩人之間有關〈太極圖說〉的長期論辯，可以讓我們清楚地看出儒家和道家對於「道」之基本觀點的差異。陸九淵根據朱震的說法，認為〈太極圖說〉源自道士陳希夷，「希夷之學，老氏之學也」，「太極」本身即是「究竟至極」，周敦頤將「無字搭在上面」是道家的做法，在儒家來看，則為多此一舉，因此他勸朱熹「莫作孟子以下學術」。

朱熹非常尊敬周子，推崇〈太極圖說〉，他認為《易經·繫辭傳》說「形而上者謂之道」，但並非真以「陰陽」為「形而上」。「所以一陰而一陽者，是乃道體之所為」，「陰陽是形器，其理方是道」。在他看來，陸象山「以陰陽為形而上者，是昧於道器之分」（曾春海，1988，頁63）。

◙ 朱熹的「太極觀」

　　朱熹十分堅持這個立場。據《朱文公文集・卷七十一・周濂溪傳》，淳熙十五年（1188 年）朱熹 59 歲時，遇洪邁，見史傳所載有「自無極而為太極」一語，便對他表示：不知何據而增「自」、「為」二字。64 歲撰〈邵州特祀濂溪先生祠記〉，仍感嘆「自無極而為太極」一句沒有被刪削。

　　對朱熹而言，宇宙的根源是太極。太極，從其「無始無終、無聲無臭」的性格來看，又叫做無極。〈太極圖說〉自作為宇宙本體的「太極」講到「人道」，再從人的「死生之說」講到「原始反終」，其目的在於使學者從個體生命之生死，體會宇宙之終始；或從宇宙之終始、了悟生命之生死。其義理一路闡析，到篇末又復與篇首互相呼應。束景南（1988）認為，這是周敦頤一種圓融的描述：

　　　　在同一張圖上，從逆的萬物→五行→陰陽→無極的復歸過程看，最上一圈是「無極」；從順的太極→陰陽→五行→萬物的生化過程看，最上一圈又是「太極」。同一圈既是「無極」，又是「太極」，所以周敦頤劈頭總提一句：「無極而太極」，高度概括了宇宙順逆終始變易的全過程。無極即太極，太極即無極，只是因順逆兩種不同方向的描述才用兩個名稱；不是無極生太極（原注：實際連道教也沒有這種說法），更不是無生有。「無極而太極」究竟作何解，這個近千年來紛爭不已的哲學大公案，從上面對圖的順逆描述解說上已可完全得到解答。（頁 239-240）

◙ 「體用觀」與「主客對立」

　　由於「太極」的性格是「無始無終、無聲無臭」，所以稱之為「無極」。戴景賢（1976）認為，這種表述方式充分反映出古代中國人的「體用

觀」：

> 所謂「無極」者，「極」指「太極」言，太極本無極者，猶云「本無此太極」也。極之本義，本指屋之正中至高處，所謂棟也。故引申有原始、樞極之義。若以體用之觀點言，體乃用之依准，有體斯有用，故極可指體，體兼有極之義。若「太」者，則「至高無上」之謂也。然所謂有體斯有用，體為用之依准者，亦止是人之語言必如此說，體固不可舍用而獨存，若將體用分離，則體非體，而用亦非用矣。此乃因人之語言有偏至，說此即遺彼，說彼則遺此，故體與用，不得不分說，而其實未曾相離也。（頁204）

> 濂溪之既分說，又欲合一，……既以太極與陰陽分別體用，又恐人遂以為用之外尚有所謂本體，或用之先尚有所謂本體，故又提出「無極」二字，謂太極本無極也。

戴景賢（1976）的析論，很清楚地說明了中國文化傳統中的「體用觀」。這種「有體斯有用」、「體固不可舍用而獨存」的觀念，代表了「向內追求」超越本體的儒家文化，跟「向外追求」超越本體的基督教和希臘文化，其發展方向完全相反。在西方基督教的文化傳統裡，作為「主體」的人跟作為其思考的「客體」之間，存有一條永遠無法跨越的鴻溝，人以「主／客」對立的方式思索各種「存在物」（beings）之「本體」，發展出「本體論」（ontology），成為西方科學哲學的基礎。

◨ 宇宙論

本文開宗明義地宣稱，俞宣孟（2005）在他所著的《本體論研究》一書中指出，西方哲學對於「存在」的研究，構成其「本體論」，這是西方哲學的獨到之處。傳統中國哲學並不以「being」（「存在」或「是」）作為分析單位，也沒有這樣的哲學範疇。

　　在中國哲學裡，最基本的單位是「陰／陽」，每一件東西都是由「陰」和「陽」兩種對反的力量所構成。有些人因此認為，老子所說的「道生一，一生二，二生三，三生萬物」，是中國文化中的「本體論」，其實不然。俞宣孟指出，這段引文中的「生」字，說明了它是在談宇宙生成原理的「宇宙論」（cosmology），而不是本體論。

　　在傳統中國人的「體用觀」中，「體」是指「實體」或「實質」（substance），「用」則是指「功用」（function）（Levenson, 1965），它並不是西方意義中的「本體」（noumenon）和「現象」（phenomenon）之分。但中國哲學裡非完全沒有「本體」的概念，「道」和「天」就是創出宇宙萬物的「本體」。李侗、朱熹的哲學立場都很像西方的實在論者（realist），李侗告訴朱熹：即便是聖人對於「本體」的解釋，也僅只是「測度」而已，此後朱熹始終堅持儒家的基本立場，認為，「道」的本體是超越的，非人力所能及，人們所能知道的只是由「陰／陽」所構成的「實體」及其功用。用西方哲學的角度來看，這是「宇宙論」，不是「本體論」。

▣ 「理學」與「心學」的異同

　　朱熹站在捍衛周濂溪的立場，認為「無極而太極」一詞中的「無」只是「狀詞」（形容詞），並沒有實質上的意義；陸九淵也同樣站在儒家的立場，認為〈太極圖說〉中所說的「無極而太極」是「老氏之學」，不是儒家的宇宙論。《中庸》上說：「君子尊德性而道問學，致廣大而盡精微，極高明而道中庸。」從這個角度來看，朱陸之間「道問學」與「尊德性」之爭，是儒家思想內部的爭執，用朱熹的話來說：「尊德性，所以存心而極乎道體之大也；道問學，所以致知而盡乎道體之細也。」兩人也都意識到兩者不能去其一，只是側重點與進德的次序不一樣，按黃宗羲的話來說，陸以「尊德性為宗」，朱以「道問學為主」。陸主張發明本心，「先立乎其大」；朱認為「格物窮理」，則吾知自致（劉述先，1982）。用「自我的曼陀羅模型」（黃光國，2011；Hwang, 2011）來說，「道問學」的方向是要把先秦儒家的

「智慧」轉變成客觀的「知識」，所以朱熹認為「無極」只是「狀詞」。陸九淵注重的是儒家思想的實踐問題，所以他反對在接受「陰／陽」的宇宙論之後，進一步去探索「太極」或「無極」等本體論的問題。從這個觀點來看，兩人對於儒家的本體論立場其實是一致的。他們真正的歧異在於彼此對於「自性」的看法。

朱熹繼承了儒家的道統，向內探索「性」的「本體」，結果發展出「心統性情」的修養理論。他關注的是作為「自性」的本體。而不是作為所有「存在物」之本體，所以從儒家哲學裡只能發展出「天人合一」的道德修養理論，卻發展不出「主客對立」的科學哲學。這一點我將留待本書第九、十兩章，再作更詳盡的析論。

第三節　義理天

朱熹對於「天」的態度也反映出儒家的這種基本立場。在〈天與鬼神信仰的雙重結構：儒家道德的形上學基礎〉一文中（黃光國，2015；Hwang, 2014），我曾經指出，對於先秦儒家而言，「天」是超越的，「鬼神」卻不是。「天」是儒家倫理與道德的根源，但人與天之間卻有一條無法跨越的鴻溝。人死後可能變成鬼神，卻絕不可能變成天。天本身是不可知的，儒家主張「敬天」，但卻不會主動去探索「天」。

◙ 自然義之天

在〈朱子學中「天人」架構之意義與特色〉中，尹元鉉（1997）整理朱子著作中與「天」有關的觀點，他發現：朱子對於「天」的觀念可分三個方面：第一，蒼蒼者天，即用天之顏色、形體來代指自然義之天；第二，主宰者之天，即以天之功用、妙用來代指主宰義之天。第三，以理訓天，即以天之蒼蒼及主宰之所以然，來指義理之天。

朱子單獨論及「天」觀念的言論並不多。他的基本態度是，談「天」必

須跟人關聯在一起才有意義。對於「自然義」之天，朱子的論述相當有限：

> 天大無外，物無不包。《朱子語類・卷九十八》
>
> 蒼蒼之謂天。運轉周流不已，便是那個。《朱子語類・卷一》
>
> 問：「以功用謂之鬼神，以妙用謂之神。」曰：「鬼神者，有
> 屈伸往來之跡。如寒來暑往，日往月來，春生夏長，秋收冬藏，皆
> 鬼神之功用，此皆可見也。忽然而來，忽然而往，方如此又如彼，
> 使人不可測知，鬼神之妙用也。」《語類・卷六十八》

朱熹對弟子的鑒問，跟當年李侗對他的回答頗為相似。天之周轉運行，以「寒來暑往，日往月來，春生夏長，秋收冬藏」為其代表。中國古代農耕社會裡，人們最關心之事，是晝夜之循環、四季之變化以及氣候之變換等大自然的運行。它們都與時間有關聯，「忽然而來，忽然而往」，不可測知，如「鬼神之妙用」，因此朱子以春夏秋冬之變化代表自然義之天：

> 天運不息，非特四時為然；雖一日一時，頃刻之間，其運未嘗
> 息也。《朱子語類・卷六十八》

朱熹更進一步陳述，自然義之天的運行，具有生出時空間內所有品物之功能：

> 蓋天地之間，品物萬形，各有所事，唯天則確然於上，地隤然
> 於下，一無所為，只以生物為事。故易曰：「天地之大德曰生」，
> 而程子亦曰：「天只是以生為道。」《朱子文集・卷三十二・答張
> 敬夫論仁說》

◙ 「主宰義」之天

　　天在時間、空間上不斷的運行，是宇宙內所有生命之總源頭，既是「一無所為」，又是「萬物生成之所自來」。因此，朱子認為自然義之天的運行，不但創生出宇宙的總體，而且是宇宙內所有自然現象之根源。自然義之天在無限時空上之所以具有造化萬有之功能，必有個「為之主宰者」。朱子說：

> 　　或問：「以主宰謂之帝，孰為主宰？」曰：「自有主宰，蓋天是箇至剛至陽之物，自然如此運轉不息。所以如此，必有為之主宰者。《朱子語類・卷六十八》

　　朱子認為，我們可以推論到天之主宰義，但其主宰之存在樣式或性質，卻是因自然現象之無窮變化而神妙不可測的。我們也不能斷定地論述它是任何擬人化的主宰。

> 　　至大而天地，生出許多萬物，運轉流通，不停一息，四時晝夜，恰似有箇物事積踏恁地去。天地自有箇無心之心。復卦一陽生於下，這便是生物之心。又如所謂「惟皇上帝，降衷於下民」、「天道福善禍淫」，這便自分明有箇人在裡主宰相似。心是他本領，情是他箇意思。《朱子語類・卷四》

　　在這裡，朱子以「天地之心」來代替「皇上帝」。他認為，天地造化之不斷地生育萬物、四時變換、晝夜循環，好像有個人在裡面主宰，「心是他本領，情是他箇意思」。其實天地的「生物之心」，只能說是「無心之心」：

　　問：「天地之心亦靈否？還只是漠然無為？」曰：「天地之心
不可道是不靈，但不如人恁地思慮」《朱子語類・卷一》

　　天莫之為而為，它亦何嘗有意？《朱子語類・卷七十九》

◉ 反對「人格化之天」

　　朱子之一方面強調天的「無心之心」，一方面又反對把天人格化，他非
常明確地否定天有人格的主宰性：

　　又如云：「文王陟降，在帝左右。」如今若說文王真箇在上帝
之左右，真箇有箇上帝如世間所塑之像，固不可。《朱子語類・卷
三》

　　天豈曾有耳目以視聽！只是自我民之視聽，便是天之視聽。如
帝命文王，豈天諄諄然命之！只是文王要恁地，便是理合恁地，便
是帝命之也。《朱子語類・卷十六》

　　（知我者其天乎）……天又無心無腸，如何知得。《朱子語類
・卷四十四》

　　朱子首先否定具有人之貌樣及耳目以視聽的人格的上帝，認為天「無心
無腸」，同時又強調孟子「天視自我民視，天聽自我民聽」的傳統觀點，他
認為：

　　程先生說「天地以生物為心」，最好，此乃是無心之心也。
《朱子語類・卷九十八》

　　「天地以生物為心」，天包著地，別無所作為，只是生物而
已。亙古亙今，生生不窮。人物則得此生物之心以為心，所以箇箇
省他，本不須說以生物為心。緣做箇語句難做，著箇以生物為心。

《朱子語類・卷二十七》

　　朱子所謂「天之無心之心」，正是指「天地以生物為心」。這個道理人人都懂，原本也不需要說「以生物為心」，只是為了語言表述上之方便，才這麼說。

　　　　（問：）「天地生物之心，未嘗須臾停。然當氣候肅殺草木搖
　　　　落之時，此心何以見？」曰：「天地此心常在，只是人看不見，故
　　　　必到復而後始可見。」《朱子語類・卷七十一》

　　朱子認為，天地生物之心是不變的，但萬物生長時，其生物之心表現十分雜多，人們很難看見其主宰性，因而說「天地無心」。然而到了「一陽初動」的「復卦」，枯槁欲生，天地生物之心的表現很明顯，人們容易以為其心有生生發育的功能，容易看得見其主宰性，因而說「天地有心」。不論說是「無心」也好，「有心」也罷，其實都是人們的「猜測」而已。

☐ 義理義之天

　　　　問：「天地之心，天地之理。理是道理，心是主宰底意否？」
　　　　曰：「心固是主宰底意，然所謂主宰者，即是理也，不是心外別有
　　　　箇理，理外別有箇心。」《朱子語類・卷一》

　　天地之心具有主宰萬物的功能，作為主宰作用之主體，其主宰義來自「理」之自然。所以說「心即是理」。主宰義之天的自然性，是指「理所當然」之自然義，「不是心外別有箇理，理外別有箇心」。

　　　　又問：「既言『心性』，則『天命之謂性』，『命』字有

『心』」意思否？」曰：「然。流行運用是心。」《朱子語類・卷
七十一》

　　理者，天之體；命者，理之用。《朱子語類・卷五》

　　此處，「天之體」之「體」，不是指「形體」之「體」，而是指人對於
天之「本體」的詮釋，亦即「體用」之「體」。「天命之謂性」，朱子認
為，若從體用關係來看天，則天為體，命為用。天之所以為體，即在於理；
天之功能活動，即在於心，所以說，天之「流行運用是心」。因而，可謂理
為天之體，心為天之用。在體用關係上，天之用（心之主宰）依據於天之體
（理）。

　　對朱子而言，天工造化之最終根據，就是天理。所以他經常以理訓天，
把天之自然義及主宰義之所以然，都歸結到天理，以強調天之義理義：

　　天雖高，星辰雖遠，然求其已然之迹，則其運有常。《孟子集
注・離婁下》

　　四時行，百物生，莫非天理發見流行之實，不待言而可見。
《論語集注・陽貨》

　　天大無外，造化發育皆在其間，運轉流行無所間息。雖其形象
變化有萬不同，然其為理，一而已矣。《朱子文集・卷七十・讀蘇
氏紀年》

☉ 天理流行

　　天既是萬有生成之根源，又是其條理發展之根源，萬有自身發展過程中
的一切作用，與行為之最終根據均在於天。朱子認為，人類最普遍的意識作用
與行為判斷，亦應有其規律，這種道德原則或行為規範的最終根據，亦是繫於
天。他稱之為「天理」，特別強調其道德的意義，進一步發揮天之義理義：

天之所以為天者，理而已。天非有此道理，不能為天，故蒼蒼
者即此道理之天，故曰：「其體即謂之天，其主宰即謂之帝。」如
「父子有親，君臣有義」，雖是理如此，亦須是上面有箇道理教如
此始得。但非語道家說，真有箇「三清大帝」著衣服如此坐耳！
《朱子語類・卷二十五》

所謂「蒼蒼者」，就是指「義理義之天」之形體。朱子認為，蒼蒼之天
自然蘊涵著道理，此道理為天工造化發育萬有之主宰功能的最終根據。天地
「無心之心」之主宰功能，只是遵循此義理義之天而發，所以說「天地之心」
的流行，亦即是依天理流行而起。因此義理義之天（天理）能夠成為主宰義
之天的活動根據。朱子講「天理流行」，在於強調天理之自然屬性，使義理
義之天成為宇宙自然現象之根據，即「天之心」之主宰活動的根本：

蓋天者，理之自然。《朱子文集・卷六十七・盡心說》

知天，則知此理之自然。《朱子語類・卷六十》

可見天理自然，不由人安排。《朱子語類・卷一百二十七》

蓋事事物物，莫非天理，初豈是安排得來！《朱子語類・卷四
十》

天理之自然性不是人為的造作，不依人的意志而轉變，它超越人的主觀
而具有客觀性。所以，從自然現象之規律來看，天理流行表示其規律之客觀
必然性；從道德規範的角度來看，天理流行表示其規範之客觀普遍性。

因此，朱子斷言：「天之所以為天者，理而已。」以義理義之天代表其
天觀念，用它貫通其天之自然義與主宰義；使天理成為天地生物之心的最終
根據。不使自然義之天只成為單純自然科學之對象，又不使主宰義之天只成
為人格神的宗教信仰之對象。

⊡ 「天人合德」

朱子認為天人之體雖同為一本，而其用則有異。天與人之作用，就在於天之心與人之心。天之「無心之心」與人之「義理之心」雖為同體；但落實下來，天之心成為一個天命，人之心卻稟受不同氣質而各為不同之心，其心之作用亦應有相異：

> 忠者天道，恕者人道。天道是體，人道是用。《朱子語類・卷二十七》
>
> 誠者，真實無妄之謂，天理之本然也。誠之者，未能真實無妄，而欲其真實無妄之謂，人事之當然也。《中庸章句・第二十章》

天道之「誠者」，是指德行之真實無妄，而為天理之本然。人道之「誠之者」，則是指人之要達到真實無妄之德性的努力，而為人事之當然。人事之當然，即人道之真正價值，在於使人之德行由未能真實無妄，上達天理，即達天人合德的境界。天人合德或天人相似處，便是宋明儒者講學、為學的目的。

> 又問「知其性則知天矣」。曰：「性，以賦於我之分而言；天，以公共道理而言。天便脫模是一箇大底人，人便是一箇小底天。吾之仁義禮智，即天之元亨利貞。凡吾之所有者，皆自彼而來也。故知吾性，則自然知天矣。」《朱子語類・卷六十》
>
> 或問「命」字之義。曰：「命，謂天之付與，所謂天令之謂命也。然命有兩般：有以氣言者，厚薄清濁之稟不同也，如所謂『道之將行、將廢，命也』，『得之不得曰有命』，是也；有以理言者，天道流行，付而在人，則為仁義禮智之性，如所謂『五十而知天命』，『天命之謂性』，是也。二者皆天所付與，故皆曰命。」

《朱子語類・卷六十一》

　　朱子將天所賦與之命分為兩種，「有以氣言者」與「有以理言者」。從人現實生命的構成要素來看，每一個人各有不同點，亦各有共同點。就個體生命之不同點而言，人之富貴、貧賤、死生、禍福等稟氣之清濁厚薄，皆由天所賦與，這是天命「有以氣言者」。就個體生命之共同點而言，仁義禮智之性為人所共同本有，亦由天所賦與，這是天命「有以理言者」。由於命有「氣言之者」，人所稟氣有清濁厚薄之不同，「得之不得曰有命」，則在天所賦與之命裡，又有了限制：

　　　　天之生物，便有春夏秋冬，陰陽剛柔，元亨利貞。以氣言，則
　　　　春夏秋冬；以德言，則元亨利貞。在人則為仁義禮智，是簡坯樸裏
　　　　便有這底。天下未嘗有性外之物。《朱子語類・卷二十》

▣「天道」與「人道」

　　朱子以為，人道之所當然是由天道流行而來的；天道之所當然，則是表現為人之所以成為人應當遵循的常道及懿德，這就是所謂：「天道」之「元亨利貞」內在於人，而為「仁義禮智」之「人道」：

　　　　「誠者，天之道」，誠是實理，自然不假修為者也。「誠之
　　　　者，人之道」，是實其實理，則是勉而為之者也。孟子言「萬物皆
　　　　備於我」，便是「誠」；「反身而誠」，便是「誠之」。反身，只
　　　　是反求諸己。「誠」，只是萬物具足，無所虧欠。《朱子語類・卷
　　　　六十四》
　　　　　誠是天理之實然，更無纖毫作為。聖人之生，其稟受渾然，氣
　　　　質清明純粹，全是此理，更不待修為，而自然與天為一。若其餘，

則須是「博學、審問、慎思、明辨、篤行」如此不已，直待得仁義禮智與夫忠孝之道，日用本分事無非實理，然後為誠。《朱子語類‧卷六十四》

義理義之「天理」，在天表現為實然之理，或「天道」之元亨利貞；在人則表現為本然之理，或「仁道」之仁義禮智德。天道之流行無不實，它是自然成就的，所以說「天理之實然，更無纖毫作為」，「自然不假修為」。人道雖然亦無不具，然而其本身並不能實然地存在，而是個人努力成就的，所以說它「實其實理，則是勉而為之者」，必須經過「博學、審問、慎思、明辨、篤行」，才能「直待得仁義禮智與夫忠孝之道」。

▣ 浩然正氣

然而，聖人與一般人又有不同。「聖人之生，其稟受渾然，氣質清明純粹，全是此理，更不待修為，而自然與天為一」，一般人則必須在道德生活的實踐過程中，體現其本然的「人道」，才能將本然的人道實然化，完成理想的聖人人格，達到天人合德的最高境界：

> 天地之氣無所不到，無處不透，是他氣剛，雖金石也透過。人便是稟得這個氣無欠闕，所以程子曰：「天人一也，更不分別。浩然之氣，乃吾氣也，養而無害，則塞乎天地。一為私意所蔽，則慊然而餒，卻甚小也。」《朱子語類‧卷五十二》
> 然人所稟氣亦自不同：有稟得盛者，則為人強壯，隨分亦有立作，使之做事，亦隨分做得出。若稟得弱者，則委靡巽懦，都不解有所立作。唯是養成浩然之氣，則卻與天地為一，更無限量！《朱子語類‧卷五十二》

朱子認為，天地之氣無形質、無私意，故其本身可以「塞乎天地」，伸

張到無限空間。但人已有形質、有私意之障礙，故無法伸張到無限空間。然人已稟得天地之性，無所欠闕，所以人與天可以同一體而無分別。只要人能「養吾浩然之氣」，則人可以達到「與天地為一，更無限量」。

從本節的析論中，我們可以很清楚地看出：朱子對於「道」和「天」的態度是十分明確的。對儒家而言，它們雖然是儒家倫理與道德的根源，但它們的「本體」卻是超越而不可知的。朱子非常明確地反對把天「人格化」，人當然更不可能變成「天」。所謂「天人合一」，其實是「天人合德」的意思。人唯有在反思「自性」時，才可能感受到這種「無所不到、無處不透」的「天地正氣」，經過不斷地自我修養，它也可能使個人感覺到「與天地為一」的「浩然正氣」。在下一章中，我們將進一步說明朱熹對於「自性」的看法。這裡我要先闡明王陽明對於「心」之本體的觀點，藉以說明儒家之「體用觀」。

第四節　「體用不二」與「知行合一」

王守仁（1472-1528），浙江餘姚人，字伯安，世稱陽明先生。11 歲時曾問塾師：「何為第一等事？」塾師的回答是：「讀書登第。」他不以為然地說：「登第恐怕不是第一等事，應當是讀書學聖賢罷？」

18 歲時，他相信朱熹「格物致知」之說，提到「一草一木，皆涵至理」，逐取官署中之竹「格之」，結果是「沉思其理不得」，反而因此病倒。他「自念辭章藝能不足以通至道，求師友於天下不數遇，心生惶惑」。一日讀到朱熹上光宗書，有文：「居敬持志，為讀書之本，循序致精，為讀書之法」，乃後悔自己「探討雖博，而未嘗循序以致精，宜無所得」，自此「始汎濫辭章，繼而遍讀考亭之書」，同時又「出入於佛、老之門」，「欣然有會於心」（秦家懿，1987）。

◙ 龍場悟道

　　王陽明28歲時，考中進士，觀考工部，歷任刑部主事、兵部主事。明武宗正德元年，宦官劉瑾專權，陷害忠良，王陽明抗疏營救，結果被施廷杖四十，並貶至貴州龍場當驛丞：

　　　　龍場在貴州西北萬山叢棘中，蛇虺魍魎，蠱毒瘴癘，與居夷人鴃舌難語，可通語者，皆中土亡命。舊無居，始教之範土架木以居。時瑾撼未已，自計得失榮辱皆能超脫，惟生死一念尚覺未化，乃為石墩自誓曰：「吾惟俟命而已！」《王陽明全集・年譜一・卷三十三》

　　在這段期間，王陽明自己「日夜端居澄默，以求靜一；久之，胸中灑灑」。但跟隨他的人卻沒辦法如此灑脫：

　　　　從者皆病，自析薪取水作糜飼之；又恐其懷抑鬱，則與歌詩；又不悅，復調越曲，雜以詼笑，始能忘其為疾病夷狄患難也。因念：「聖人處此，更有何道？」《王陽明全集・年譜一・卷三十三》

◙ 勘破生死

　　王陽明被貶到龍場驛之後，「自計得失榮辱皆能超脫，惟生死一念尚未覺化」，他時刻自問：「聖人處此，更有何道？」在37歲那年某一天夜裡，「寤寐中若有人語之」，「不覺呼躍」，而「大悟格物致知之旨」，同時也勘破了生死一關。在〈祭劉仁徵主事〉一文中，王陽明明確表達出他已經勘破生死的生命觀：

死也者，人之所不免。名也者，人之所不可期。雖修短枯榮，變態萬狀，而終必歸於一盡。君子亦曰：「朝聞道，夕死可矣。」視若夜旦。其生也，奚以喜？其死也，奚以悲乎？其視不義之物，若將浼己，又肯從而奔趨之乎？而彼認為己有，變而弗能捨，因以沉酗於其間者，近不出三四年，或八九年，遠及一二十年，固已化為塵埃，蕩為沙泥矣。而君子之獨存者，乃彌久而益輝。《王陽明全集・續編三・卷二十八・祭劉仁徵主事》

「彼認為己有，變而弗能捨，因以沉酗於其間者」，是常人（das Man）在其生活世界中，認為有價值而致力於追求之物。對開悟後的王陽明而言，這些東西「近不出三四年」，「遠及一二十年」，都將「化為塵埃，蕩為沙泥」。每一個人的生命都是「面對死亡的存在」，「修短榮枯，變態萬狀，而終必歸於一盡」，在這個前提下，什麼是「君子之獨存」，「彌久而益輝」的東西？

陸九淵說過：「學苟知本，六經皆我注腳。」當王陽明冥契自性的聖境後，很自然地也拿自己的體驗與以往聖人的說法互相比對。他後來回憶龍場悟道的那段日子：

龍場居南夷萬山中，書卷不可攜，日坐石穴，默記舊所讀書而錄之。意有所得，輒為之訓釋。期有七月而《五經》之旨略遍，名之曰《臆說》。蓋不自盡合於先賢，聊寫其胸臆之見，而因以娛情養性焉耳。《王陽明全集・外集四・卷二十二・五經臆說序》

⊡ 面對死亡的存在

法國存在主義哲學家馬賽爾（Gabriel Marcel, 1889-1973）將人類所作的反思分為兩種：「第一反省」（primary reflection）是個人覺察到自己「寓居

於世」（being-in-the-world），不斷思考自己所處生活世界中所發生的諸般事物，並用計算（calculating）、排序（ordering）、掌控（mastering）等方式，籌劃未來的行動方案，以走出自己的人生之道。像 Eckensberger（2012）之「行動理論」所作的三個層次的反思，大多是屬於這一類。在作「第一反省」時，自我所要處理的是生活世界中的「問題」，而不是「存在」的奧秘（陸達誠，1992）。

「第二反省」正好相反。它所要處理的就是「存在」自身。用海德格的哲學來說，個人通常是經歷過瀕死事件，清楚覺察到自己是「面對死亡的存在」（being-towards-death），他在生活世界中所追求的任何事務，對他都不再具有任何意義，才會嚴肅思考自身「存在」的意義。

龍場驛位於南夷萬山之中，王陽明在勘破生死而「大悟格物致知之旨」後，「自計得失榮辱皆能超脫」，經常拿自己的領會與記憶中舊日所讀的《五經》相互驗證，發現兩者「莫不吻合」，他也因此更加肯定「聖人之道」。隔一年，他開始講「知行合一」：

> 知是行的主意，行是知的工夫；知是行之始，行是知之成。只說一個知，已自有行在；只說一個行，已自有知在。
>
> 知之真切篤實處，即是行。行之明覺精察處，即是知。知是行本意，行是知工夫，本不可離。只為後世學者分作兩截用功，先卻知、行本體，故有合一併進之說，真知即所以為行，不行不足謂之知。然知、行之體本來如是。
>
> 非以己意抑揚其間，姑為是說，以苟一時之效者也。「專求本心，遂遺物理」，此蓋先其本心者也。

▣ 知行本體

「知行合一」的主張是針對「後世學者」將知與行「分作兩截用功」而

提出的。可是，要如何讓門下弟子體悟「知、行本體」呢？

> 問：「道一而已。古人論道往往不同。求之亦有要乎？」先生
> 曰：「道無方體。不可執著。卻拘滯於文義上求道遠矣。如今人只
> 說天。其實何嘗見天？謂日月風雷即天，不可。謂人物草木不是
> 天，亦不可。道即是天。若識得時，何莫而非道？人但各以其一隅
> 之見，認定以為道止如此，所以不同。若解向裡尋求，見得自己心
> 體，即無時無處不是此道。互古互今，無終無始，更有甚同異？心
> 即道，道即天。知心則知道知天。」又曰：「諸君要實見此道，須
> 從自己心上體認，不假外求始得。」《傳習錄・上卷》

在儒家文化傳統裡，「天」和「道」都是「超越的」，人們對「天」和「道」所作的詮釋，則是「先驗的」。在這段引文裡，王陽明說：「道無方體」，「互古互今，無始無終」，「如今人只說天，其實何嘗見天？謂日月風雷即天，不可。謂人物草木不是天，亦不可」。用康德哲學的概念來說，這些弔詭的論述，旨在說明「天」和「道」的「本體」是「超越」而不可知的。王陽明接著說：「若解向裡尋求，見得自己心性，即無時無處不是此道」，「心即道，道即天。知心則知道知天。」這是要求弟子們「向裡尋求」超越的「天」和「道」。

▣ 先驗的「良知」

依照康德的說法，人類的理性無法知道「超越的本體」。然而，當人「向內尋求」，反思自己內在的心性時，他能不能知道「心」之本體呢？對於這個問題，王陽明的回答是肯定的。這一點，可以由王陽明答覆陸原靜的信中看出來：

> 來書云：良知亦有起處，云云。此或聽之未審；良知者，心之

本體，即前所謂恆照者也。心之本體，無起無不起。雖妄念之發，
而良知未嘗不在，但人不知存，則有時而或放耳；雖昏塞之極，而
良知未嘗不明，但人不知察，則有時而或蔽耳。雖有時而或放，其
體實未嘗不在也，存之而已耳；雖有時而或蔽，其體實未嘗不明
也，察之而已耳。若謂真知亦有起處，則是有時而不在也，非其本
體之謂矣。《傳習錄‧上卷》

作為「心之本體」的「良知」，是所謂「恆照者」，它是超越的，所以
「無起無不起」。「雖有時而或放，其體實未嘗不在也，存之而已耳；雖有
時而或蔽，其體實未嘗不明也，察之而已耳。」所謂「存之」、「察之」，
表示人們可以從自己的經驗中覺察到它的作用。孟子也認為，人對於自己的
「良知」是「求則得之，捨則失之」，所以他要求人們「求其放心」，這些
說法在在顯示，不論是王陽明或孟子都認為，作為「心之本體」的「良知」
是可知的，它跟人之間並沒有一條不可跨越的鴻溝，跟「外在超越」的「天」
或「道」並不相同。

▣ 「體用一源」與事上磨練

不僅如此，良知雖然「有時而或放」、「有時而或蔽」，但它卻是永恆
常在的，個人只要「求其放心」，便可以看到與「天道」或「天理」相通的
「良知」：

「夫心之本體，即天理也。天理之昭明靈覺，所謂良知也。君
子戒懼之功，無時或間，則天理長存，而其昭明靈覺之本體，自無
所昏蔽，自無所牽擾，自無所歉餒愧怍，動容周旋而中禮，從心所
欲而不踰（矩），斯乃所謂真灑落矣。」

上面這一整段文字，可以看作是王陽明對於「天理」、「良知」等「昭

明靈覺之本體」所作的先驗性論述。這時作為「昭明靈覺之本體」的「良知」，必然能夠發揮其作用，而展現在各種行動之上：

> 侃問：「先儒以心之靜為體，心之動為用。如何？」先生曰：「心不可以動靜為體用。動靜時也。即體而言用在體，即用而言體在用，是謂『體用一源』。若說靜可以見其體，動可以見其用，卻不妨。」《傳習錄・上卷》

「即體而言用在體，即用而言體在用」，這個說法跟熊十力主張的「體用不二論」是完全一致的。從這裡我們可以看到：「向內追求」超越本體的東方文化，跟「向外追求」超越本體的基督教和希臘文化，其發展方向完全相反。在西方基督教的文化傳統裡，作為「主體」的人跟作為其思考的「客體」之間，存有一條永遠無法跨越的鴻溝，人以「主／客」對立的方式思索各種「存在物」之「本體」，發展出「本體論」，成為西方科學哲學的基礎。

王陽明繼承了儒家的道統，「向內追求」心的「本體」，結果發現了「天人合一」的「良知」。儒家關注的是作為「心的本體」的「良知」，而不是作為所有「存在物」（beings）之「本體」的「存在」（being），所以從儒家哲學裡只能發展出「體用合一」的修養「工夫論」，卻很難發展出西方式科學的「本體論」。

▣ 冥契主義

在〈陽明子的冥契主義〉中，陳復（2009）指出，王陽明一生中有許多次的神秘經驗。冥契主義（mysticism）並不能被直接視作神秘主義，在英文的認知裡，真正的神秘主義（occultism）是指各種超越於現實的感性經驗，發展出無關於理性的靈性體會，譬如靈視到聖母瑪麗亞，或聽見耶穌的聲音等。冥契主義認識議題的理路雖然不同於理性主義（rationalism），卻還是基

於理性的觀點來探索問題，主要著重在於釐清何謂「開悟」（enlightment）或「啟悟」（illumination）（陳復，2009）。這種經驗本身是在用身體去悟道，所以它不可能離開感性經驗。可是，冥契經驗「既不是主觀，更不是客觀」，而是靠著直接感受，自然而然詮釋出自己的體驗。

Stace（1960/1998）認為，客觀感是冥契經驗的共同特色。冥契者會有強烈的信念，認為自己的經驗不可能只是包裹在自己意識內部的夢幻。他發現那個經驗比自己更偉大，在某種意義裡，冥契經驗超出他的個體，融進無限的狀態。由於沒有適當的辭彙，他只好說這是「真」，或說這是「唯一的實在」。由這個說法繼續開展，他就會說冥契經驗「存在」於他個人的外面，因此它是「客觀」的經驗。

◘ 宇宙意識

為了描述冥契經驗裡截然不同的意識狀態，加拿大精神醫師布克（R. M. Bucke）首度使用「宇宙意識」（cosmic consciousness）這個辭彙（James, 1902/1985）。布克認為，「宇宙意識」並不只是心靈的伸展或擴張，其機能與一般人擁有的任何自我意識都不同，正如自我意識不同於任何高等動物擁有的意識。宇宙意識是對於宇宙內蘊生的一種秩序意識，伴隨著宇宙意識而來的是理智的啟蒙，感覺自己道德昇華，煥然一新，有著不可言喻的崇高、振奮與歡悅的感覺，並意識到自己達到了某個存在的新領域。道德感與理智能力的增加，會激發出永生的意識，使人產生「不朽的感受」；他不是相信自己「在未來能獲得永生」，而是覺得自己現在就已經活在永生裡了。

陳復（2009）指出，王陽明早在 13 歲的時候，就已經心儀陸九淵所提出的幾個重要觀念，陸氏〈年譜〉記載：「宇宙內事，乃己分內事；己分內事，乃宇宙內事。」還說：「宇宙便是吾心，吾心便即是宇宙」，「宇宙不曾限隔人，人自限隔宇宙耳」《陸九淵集·年譜·卷三十六》。

在王陽明悟道的夜裡，他「不覺呼躍」，讓「從者皆驚」，顯然他是洋溢在無與倫比的喜悅感裡。王陽明悟道後，繼承了陸九淵的思想，提出「心

即理」的學說，認為「心」是天地萬物的本源，「吾心即是宇宙」，「萬化根源總在心」，「心外無物」，「心外無事」，天地萬物都必須通過心之「靈明」的感應，才能夠「顯現」出來：「天沒有我的靈明，誰去仰他高；地沒有我的靈明，誰去俯他深；鬼神沒有我的靈明，誰去辨他吉凶災。天地、鬼神、萬物離卻我的靈明，便沒有天地、鬼神、萬物了」《傳習錄》，有人因此認為他是「主觀唯心主義者」，其實他是在表述儒家「天人合一」的「宇宙意識」。

▣ 四句教

　　王陽明獨特的生命經驗，使他能夠感受到這種「天人合一」的「宇宙意識」，然而，他的弟子卻未必有這樣的生命體驗。他該如何把他的「心學」傳授給弟子們呢？這個問題，很清楚地展現在王陽明晚年「天泉證道」時，對弟子所講的「四句教」中。嘉靖六年（1527年）五月，田州的少數民族在土司岑猛帶領之下與明王朝的地方官發生衝突，朝廷命王陽明兼任都察院左都禦史，總督兩廣及江西、湖廣軍務，前往廣西，征討思恩、田州之亂。

　　王陽明先上〈辭免重任乞恩養病疏〉，以病疏奏請免任。但朝廷不納其言，接連遣使，敦促他儘快啟程。在朝廷催促之下，王陽明毅然決定赴任。

　　是年九月初八日，王門弟子錢德洪和王畿乘船訪問張元沖，在船上討論為學宗旨。王畿說：「先生說知善知惡是良知，為善去惡是格物，此恐怕不是究竟話頭。」錢德洪問：「為什麼呢？」王畿曰：「心體既是無善無惡，意亦是無善無惡，知亦是無善無惡，物亦是無善無惡。若說意有善有惡，畢竟心亦未是無善無惡。」錢德洪曰：「心體原來無善無惡，今習染既久，覺心體上見有善惡在，為善去惡，正是要回復那本體的工夫。若見得本體如此，只說無工夫可用，恐只是見耳。」這是王門弟子經常感到困惑的問題。兩人因此決定向王陽明請教。

　　當晚半夜時分，前來為王陽明餞行的客人們陸續散去。等到客人告辭完畢，王陽明要進入內室休息，忽然聽到有人來報告，說錢德洪和王畿有事向

先生請教。王陽明轉身走出庭外，與弟子移步天泉橋上。錢德洪以自己與王畿論辯的問題請教王陽明，王陽明喜曰：「正要二君有此一問！我今將行，朋友中更無有論及此者，二君之見正好相取，不可相病。」王陽明先調和錢、王二人之間的分歧。隨即叮嚀道：「二君以後與學者言，務要依我四句宗旨：無善無惡是心之體，有善有惡是意之動，知善知惡是良知，為善去惡是格物。以此自修，直躋聖位；以此接人，更無差失。」

本章小結

▣ 「先驗的詮釋」

是時，天地寂靜，微風輕拂，王陽明總結自己的生命經驗，對弟子說出了「四句教」，這就是儒家思想史上著名的「天泉證道」。王陽明的「四句教」可以有許多不同的解釋。翌年，也就是他辭世前一年，王陽明在征思田兵馬倥傯之際，完成〈大學問〉一文，更在其中清楚說明他對「四句教」的詮釋：

> 「蓋心之本體本無不正，自其意念發動而後有不正，故欲正其心者，必就其意念之所發而正之，凡其發一念而善也。好之真如好好色，發一念而惡也，惡之真如惡惡臭，則意無不誠而心可正矣。」

「心之本體」本無不正，就是孟子所說的「性善」，「自其意念發動而後有不正」，則是王陽明對「有善有惡意之動」進一步的申論。放置在本書的思考脈絡裡，其中最值得吾人注意的是「四句教」中的第一句：「無善無惡心之體」。用康德哲學的概念來說，任何一件「物」（thing）的本體都是超越而不可知的，所以「本體」又稱作「物自身」（thing-in-itself）。然而，

當人反思自身時，他卻發現「人」跟其他的「物」不同。「人」會反思自身存在的意義，「物」不會。所以海德格把會反思自身存在意義的「人」稱為「親在」（Dasein）。

　　　　然意之所發，有善有惡，不有以明其善惡之分，亦將真妄錯雜，雖欲誠之，不可得而誠矣。故欲誠其意者，必在於致知焉。〈大學問〉

　　作為「親在」的「人」在反思自身的時候，他很可能會問：心的「本體」究竟是什麼？每一位哲學家都可以根據自己的生命體驗，對「超越的」心之本體，作「先驗的」詮釋，是以張載稱之為「誠體」，朱熹稱之為「性體」，王陽明稱之為「心體」。這可以說是儒家的「本體詮釋學」（ontological hermaneatics），反應出儒家共同的「宇宙論」（cosmology），但這是中國文化傳統中的「體用觀」，而不是西方哲學的「本體論」。

　　王陽明在洞見「心之本體」之後，知道這是「學者究竟話頭」，他擔心弟子們「苦於聞見障蔽，無入頭處，不得已與人一口說盡」，但他非常了解：一般人不可能有像他那樣的生命歷練，反倒可把它當作「一種光景玩弄，辜負此知」，所以他 55 歲那一年，在「天泉證道」之後，特別交代弟子：

　　　　人心自有知識以來，已為習俗所染，今不教他在良知上實用為善去惡工夫，只去懸空想個本體，一切事為俱不著實，此病痛不是小小，不可不早說破。

　　因此他告誡弟子：必須在「良知上實用為善去惡工夫」，不可「只去懸空想個本體，一切事為俱不著實」，這跟先秦儒家主張「義命分立」的人生觀，並對形上學問題採取「存而不論」的態度，立場是一致的。

　　致知云者，非若後儒所為充廣其知識之謂也，致吾心之良知焉
耳。良知者，孟子所謂是非之心，人皆有之者也。是非之心，不待
慮而知，不待學而能，是故謂之良知，是乃天命之性，吾心之本體
靈昭明覺者也。凡意念之發，吾心之良知無有不自知者。……今既
欲別善惡以誠其意，惟在致其良知之所知焉爾。〈大學問〉

　　所謂「後儒」，在此應當是指宋明時期「程朱一系」的儒者。下一章將
要指出，對朱熹而言，「致知」確實是有「充廣其知識」的涵意，但是從本
書第二部分所建構的理論模型來看，他應當不會反對「致吾心之良知」，也
不會反對良心是「吾心之本體靈昭明覺者」。這一點，我們將留待下一章再
作深入析論。

第九章 「心」與「性」：朱子學與陽明學的定位

上一章討論宋明儒者的「天」、「道」觀。朱熹是中國歷史上第一個深入思考「自性」問題的儒家學者。他針對孔子未曾明言的「性」與「天道」，作了極為細微分疏。對於「天道」的問題，他秉承了儒家傳統「存而不論」的態度。但是對於「自性」的問題，他卻像榮格一樣，窮一生之力，作了極為深入的探討。

朱子的最大貢獻在於，他試圖釐清先秦儒家未曾明言的「性」與「天道」，但牟宗三在整理儒家的「道統」時，卻認定陸王一系接續了孟子學的精神，是儒家的「正統」。本章將先比較牟宗三和劉述先兩人研究朱子的兩種不同進路，然後再根據本書第二部分所建構的理論，希望能對朱子學和陽明學作另一種方式的定位。

第一節 「逆覺」與「順取」

牟宗三認為，中國哲學之「理」，乃是「存在之理」，它跟西方哲學的「形構之理」本質並不同。不僅如此，中國哲學中的「存在之理」亦有兩種。一是動態的「存在之理」；一是靜態的「存在之理」。兩者和「形構之理」的不同之處，在於它們都是「超越的」；但是在是否能「活動」（創生）方面，兩者卻有所不同。他將前者稱為「即存有即活動」的本體；而將後者稱為「只存有而不活動」的本體。

⊡ 「存在之理」

　　依牟宗三的看法，在《孟子》、《中庸》、《易傳》中，先秦儒家所談的道體、性體是屬於前者，是「即存有即活動」的動態「存在之理」；程伊川與朱子所說的道體、性體則是屬於後者，是「只存有而不活動」的靜態「存在之理」。換句話說，伊川與朱子提出了與傳統不同的新見解。於是，牟宗三將程伊川到朱子之系統，從「正宗儒家」、「宋明儒家之大宗」中排除，並視之為是正統儒家思想的歧出。

　　牟宗三認為，這兩者的差別，在於他們究竟是透過何種「工夫論」來掌握「存在之理」的。《孟子》、《中庸》、《易傳》的傳統儒家，採用「反身」的方法，追溯自己的本性（理），而來體證作為本體的「存在之理」；牟宗三稱之為「逆覺之路」。相對地，伊川、朱子卻是根據《大學》，採用「格物窮理」的方法，認為心外的萬事萬物各具有「理」，必須一件一件地認知各個外在事物之「理」，最後才能獲得唯一、超越、絕對的「存在之理」，以貫串個別之理；這樣的方法，牟先生稱作為「順取之路」。

　　太極作為「存在之理」的性體或道體，本來具有創造道德或創生萬物之作用，它必須透過「逆覺體證」才能完全掌握。然而伊川、朱子卻採取「格物窮理」的認知方式，要求最後的「豁然貫通」，將「知識問題」與「道德問題」混雜，使得「即存有即活動」的動態「存在之理」，變成「只存有而不活動」的靜態「存在之理」，只在存在論的層次上規定存在之存在性。

⊡ 別子為宗

　　藉由「順取之路」雖然能夠建構出「橫攝系統」的客觀知識，但是卻背離了儒家正統的「逆覺體證」，跟王陽明「心學」的「縱貫系統」並不相同。所以牟宗三認為宋明理學中陸王一系是儒家的正統，程朱一系只能說是「別子為宗」。

　　在《心體與性體》一書中，牟宗三（1968）反覆指出，

朱子後來所謂「太極只是理，，或「性只是理」乃是所謂「但理」。動靜闔闢是氣，心與神亦屬於氣。理氣雖不離，亦不雜。……將其所理解之性體、道體、仁體（都只是理）著落於致知格物之言之。（頁18）

其言致知格物只成為散列之「順取」，而只落實於存有之理之靜攝。（頁527）

他將朱子的進學之路歸諸於其「家學與師承」：

其家學與師承俱以《大學》、《中庸》為首出也。（頁1）
朱子因膠著於大學，卻擰轉而為橫列的靜涵靜攝之系統；主觀地說，是認知的靜涵靜攝系統，客觀地說，是本體論的存有之系統。（頁54）

從本書的論述脈絡來看，孔子晚年與其弟子合著《易傳·文言》，但弟子們總認為「夫子之言性與天道，不可得而聞也」，所以曾子、子思分別著述《大學》和《中庸》，一方面補足孔子未曾明言之處，一方面也啟發了孟子的思想，這兩部書在先秦儒家思想體系的完成中，扮演了繼往開來的角色。為什麼朱子的「家學與師承」俱以《大學》、《中庸》為首出，他努力進學的結果反倒變成了「別子為宗」？

第二節 哲學分析與史學詮釋

《中庸》第一章：「喜怒哀樂之未發，謂之中；發而皆中節，謂之和。中也者，天下之大本也；和也者，天下之達道也。致中和，天地位焉，萬物育焉。」「喜怒哀樂之未發」究竟是什麼氣象？為什麼「喜怒哀樂之未發」是「天下之大本也」？為什麼「發而皆中節」就能「天地位焉，萬物育

焉」？這是朱熹一生治學的切入點。

　　牟宗三（2003）從哲學分析的角度，指出朱子在「中和舊說」期間，雖然了解到「天命流行之體」為「天下之大本」之「中」，承認「未發之中、寂然不動」的實體，與致察操存良知之萌蘗可以「感之而通、觸之而覺」，但他對於此「天命流行之體、寂感真幾、創生之實體以及孟子之本心」等，並無真切而相應之契悟，只是彷彿有一個「儱侗的影像」。由於此時朱子對於「本體」的契悟尚未確定，他對於「未發已發」的界說，也不能夠確定；所以牟先生斷定朱子「混同本心發見之發為喜怒哀樂已發之發」。

　　朱子思想成熟後，牟宗三又根據朱子作「中和新說」時期的〈答張欽夫書〉所言：「心者固所以主於身，而無動靜語默之間者也。然方其靜也，事物未至、思慮未萌，而一性渾然，道義全具，其所謂中，是乃心之所以為體，而寂然不動者也。及其動也，事物交至，思慮萌焉，則七情迭用，各有攸主，其所謂和，是乃心之所以為用，感而遂通者也」，判斷：朱子所說的「心性合一」並不是「本一」，而是「心」湊珀地與識相符。

▣ 思想史的詮釋

　　牟宗三深受康德「自律倫理學」的影響，他一再強調：儒學是否正統，取決於它是否能夠承接「孟子本心」。對於中國哲學的治學之道，劉述先的進路和牟宗三頗不相同。在西方學術思想的影響之下，他認為，我們的「這個學術工作跟上一代有一點不一樣。上一代的確是一種信念，要把自己的信息傳達出去。可是我們現在，是要把它變成一門客觀的學問，採取一個多元的架構」（劉述先，2006，頁2）。

　　在《朱子哲學思想的發展與完成》一書中，劉述先（1982）除了哲學思考之外，更運用了思想史的嚴謹考據，結合史學解釋與哲學解釋，用詮釋學的方法，開創出朱子思想研究的新視域。他先澄清朱子從學延平「盡廢所學」之後的思想發展，確定朱子以涵養為小學工夫、格物致知為大學工夫的論學次第，考訂朱子進行有關「仁說」之辯論的確定年分，並明確指出朱子同現

實政治對立的理論與歷史根源，他對朱熹的歷史評價，也跟牟宗三有明顯的不同。

從劉述先（1982）對朱子哲學思想發展經過的析論來看，解開「中和」問題的糾結，對朱子思想的成熟有其關係的作用性。朱熹早年有志於儒門聖學，可是他所從遊的學者，大多喜好佛老而非純儒。受到他們影響，朱子亦曾出入佛老。初見延平先生，亦與他說佛老之言，聞先生說「不是」時，反倒懷疑延平先生未能理會釋氏；後來出於對延平先生的敬重，才勉強親近儒家經典，漸漸覺得聖賢言語有味，而決定拜師延平。

延平先生「雖簡重卻不甚會說」，他教朱子，在義理方面，以「理一分殊」嚴分儒釋，並強調「理一不難，所難者分殊矣」。在工夫方面，則告以「默坐澄心，體認天理」、「危坐以驗未發前氣象，而求所謂中」，「中和」問題也因此成為朱子契入聖學的入手處。

◙ 中和舊說

由於朱子與延平先生的生命形態和思維方式俱不相同，而且從學時日較短，對於延平之教誨：如靜坐、求中等，並不相契；「中和」問題也成為朱子心中糾結難解之謎題。後來聽到衡山胡五峰先生之學「只就日用處操存辨察，本末一致，尤易見功」，可惜未及當面求教，五峰先生即已歿世。朱子38歲後，與五峰先生弟子張南軒書信往來，反覆討論「中和問題」，而有所謂「中和舊說」。

在有關「中和舊說」的書信中，朱子首先提出問題：聖賢有所謂未發之中、寂然不動之說，其義難道是以「日用流行者為已發、而已默坐澄心、不與事接之際為未發」？倘若承認此說，則如何解釋「泯然無覺之中，邪暗郁塞，似非虛明應物之體，而幾微之際，一有覺焉，則又便為已發，而非寂然之謂，蓋愈求而愈不可見」？

用榮格心理學的概念來說，所謂「泯然無覺之中，邪暗郁塞，似非虛明應物之體」就是潛藏於「個人潛意識」（personal unconscious）中的各種欲

望，也就是理學家們所說的「人欲」。「一有覺焉，則又便為已發」，恢復
到意識狀態，就已經不再是「寂然不動」的狀態。難道那些「邪暗郁塞，似
非虛明應物之體」，也是聖賢所說的「未發之中」嗎？

　　朱子因此「退而驗之於日用之間」，發現到在「感之而通，觸之而覺」
的背後，「有渾然全體應物而不窮」的「天命流行、生生不已之機。雖一日
之間，萬起萬滅，而其寂然之體，則未嘗不寂然也，所謂未發，如是而
已」，這種「中」的境界，「雖汨於物欲流蕩之中，而其良心萌蘗亦未嘗不
因事而發見。學者於是致察而操存之，則庶乎可以貫乎大本達道之全體而復
其初矣」。

　　再用榮格心理學的概念來說，所謂「寂然之體」，就是榮格所說的「自
性」。因為它的本體「本自清淨」、「本不生滅」、「本不動搖」，所以朱
熹覺得它是「寂然之體」。然而，由於自性「能生萬法」，當它發生作用
時，「則未嘗不寂然也」，又可以動員個人意識及潛意識中所有的力量，幫
個人解決他當前面對的難題。這時候，朱子感受到的，就是「天命流行，生
生不已之機」，「一日之間，萬起萬滅」，可以「貫乎大本達道而後其
初」。

▣ 自家中的安宅

　　朱子隨後即致信張南軒，陳述他對「中和」所見之「實體似益精明」，
且與聖賢之書和近世諸老先生之遺語「無一不和」，並進一步指陳，「通天
下只是一個天機活物，流行發用、無間容息。據其已發者而指其未發者，則
已發者人心，而凡未發者皆其性也」，存者存此而已，養者養此而已。

　　由於張南軒在回信中質疑其「已發者人心，未發者皆其性也」的說法為
「兩物」，朱熹明確指出「只一念間已具其體用。發者方往，而未發者方
來，了無間斷隔絕處。夫豈別有物可指爾名之哉」，他強調「此事渾然無分
段時節先後之可言」，表現出堅決反對對「分段時節、前後有隔」的說法。
最後他承認自己「累書所陳，只是儱侗地見得個大本達道底影像」，「卻於

致中和一句，全不曾入思議」，「日間但覺為大化所驅，如在洪濤巨浪之中，不容少頃停泊」，對於「求仁」之急務「自覺殊無立腳下工夫處」，因此領悟到「浩浩大化之中，一家自有一個安宅」，自家中的「安宅」究竟是什麼？朱熹跟張南軒之間通信往還，反覆論辯，將他的思慮帶到問題的焦點。

◨ 中和新說

劉述先（1982）考據「中和舊說」諸書，應當始於朱子本人作「中和舊說序」，是年為戊子年，朱子 39 歲。他回顧朱子解決「中和問題」的艱難歷程，展現朱子在此過程中的衝突緊張和性格矛盾，同時揭示出朱子的本體宇宙論思想。認為朱子提出的「中和新說」，視「心」為經驗實然之心，是綜合、包容、聯結「性」與「情」的綜合者，性則是超越的形上之理，從而有「心性情三分，心統性情」的思想格局。這一思想格局中，心是主宰，把性情連結並統合起來，故曰「心具眾理應萬事」，這是從其功用來說，在本質上，「心是氣之精爽者」，是「理之所會之地」；性是超越的、形上的所以然之理，「性即理」，是「心所有之理」。

劉述先認為，朱子「心性情三分」、「心統性情」的思想格局，最終可歸結為「理氣二元不離不雜」的本體宇宙論，它是這一本體宇宙論在人性問題上的體現。他並從「理一分殊」的宏觀視野指出，朱子「理氣二元不離不雜」的本體宇宙論，可以體現在太極與二氣五行、道與器、體與用、天與人、形上與形下等關係之中：「理氣二元不離不雜」是「理一」，「心性情三分，心統性情」、太極與二氣五行、道與器、體與用、天與人、形上與形下等相互間的二元對峙、不離不雜則是「分殊」。

◨ 本然之性

宋孝宗乾道五年，朱熹 40 歲。是年春天，他跟蔡季通討論未發之旨，問辨之際，突然自疑，因而仔細比觀二程文集，尤其是伊川文書，並據此提出「中和新說」，而成為〈與湖南諸公論中和第一書〉的主要內容。在這篇重

要的文獻中，朱熹說道：

　　右，據此諸說，皆以思慮未萌、事物未至之時，為喜怒哀樂之未發。當此之時，即是此心體流行，寂然不動之處，而天命之性體段具焉，以其無過不及，不偏不倚，故謂之中。然已是就心體流行處見，故直謂之性不可。呂博士論此，大概得之。特以中即是性，赤子之心即是未發，則大失之。故程子正之。

　　蓋赤子之心動靜無常，非寂然不動之謂，故不可謂之中。然無營欲智巧之思，故為未遠乎中耳。未發之中，本體自然，不需窮索。但當此之時，敬以持之，使此氣象常存而不失，則自此而發者，其必中節矣。此日用之際本領工夫。其曰：「卻於已發之處（際）觀之」者，所以察其端倪之動，而致擴充之功也。一不中，則非性之本然，而心之道或幾於習矣。故程子於此，每以敬而無失為言。又曰：「入道莫如敬，未有致而不在敬者。」又曰：「涵養須用敬，進學則在致知。」以事言之，則有動有靜，以心言之，則周流貫澈，其工夫初無間斷也。但以靜為本爾。

　　……周子曰：「無極而太極。」程子又曰：「人生而靜以上不容說，才說時，便已不是性矣。」蓋聖賢論性，無不因心而發。若欲專言之，則是所謂無極而不容言者，亦無體段之可名矣。未審諸君子以為如何？

在「中和新說」中，朱子首度提出「本然之性」的概念。他說：「一不中，則非性之本然，而心之道或幾於習矣」。令人極感興趣的是，朱子發現「本然之性」的經過、他所發現的「本然之性」，以及他對「本然之性」的描述，都跟榮格發現「自性」的經過，以及他對「自性」的描述十分相像。

◙ 性知體段，天圓地方

在本書第五章中，我回顧榮格的自傳，指出他是在第一次世界大戰之後，才開始注意到精神病人繪畫的圖形，很像由方和圓構成的「曼陀羅」。他和衛禮賢交往後，受到中國道教的影響，經過長時間的探索和研究，才認定「自性」（the Self）就是西方人「未曾發現的自我」（the undiscovered Self）（Jung, 1957）。

朱熹引用周濂溪的說法：「無極而太極」，以及程明道所說的「人生而靜以上不容說，才說時，便已不是性矣」，用康德哲學或「實在論」的概念來說，「人生而靜以上不容說」的「無極」，其「本體」是超越的（transcendent），任何人都無法用語言來描述它，所以說：「才說時，便已不是性矣」。「性」的「本體」既然是超越的，以往儒家學者大多以為「思慮為萌、事物未至之時」，就是「喜怒哀樂之未發」。但朱子卻認為，這種「天體流行、寂然不動」的狀態，雖然具有「天命之性的體段」，但卻不能直接稱之為「性」。在該篇文章之前言部分，朱熹引用《程子文集》中的說法：「中即道也」、「道無不中，故以中形道」。但他卻認為「中即性」的說法極為不妥，因為「中也者，所以狀性之體段，如天圓地方」。用榮格心理學的概念來說，所謂「體段」，就是「先驗性形式架構」（transcendental formal structure），程伊川以「天圓地方」「狀性之體段」，跟榮格繪製的「曼陀羅」，可以說有異曲同工之妙！

◙ 仁說

然而，榮格繪製的「曼陀羅」是純粹形式的架構，程朱「狀性」的「天圓地方」卻已經引入中國大易的宇宙論。朱熹順著這條思路，不久之後，提出「仁說」，開始授徒講學，講授《大學》、《孟子》等書，並跟陳同甫、陸象山展開論辯。

朱子38歲前往潭洲晤黃南軒時，並不只是討論，也兼論中和問題。劉述

先（1982，頁 140）指出，這時候「中和問題站在前哨，仁的問題暫隱幕後」，及至朱子寫「中和舊說」序時，有關「仁說」之論辯已經如火如荼地展開了。用朱子自己的話來說：「某嘗說仁生乎愛，仁須用愛字說，被諸友四面改道不是。」朱子 43 歲時，曾為石子重寫〈克齋記〉一文，成為現行「仁說」的主要內容：

> 性情之德，無所不備，而一言足以盡其妙，曰仁而已。所以求仁者蓋亦多術，而一言足以舉其要，約克己復禮而已。蓋仁也者，天地所以生物之心，而人物之所得以為心者也。唯其得夫天地生物之心以為心，是以未發之前四德具焉，曰仁義理智，而仁無不統。已發之際，四端著焉，曰惻隱、羞惡、辭讓、是非，而惻隱之心無所不通。此仁之體用所以涵育渾全，周流貫澈，專一心之妙，而眾善之長也。然人有是身，則有耳目鼻口四肢之欲，而或不能無害夫任。人既不仁，則其所以滅天理而窮人欲者，將益無所不至。此君子之學所以汲汲於求仁，而求仁之要亦曰去其所以害仁者而已。蓋非禮而視，人欲之害仁也。非禮而聽，人欲之害仁也。非禮而言且動焉，人欲之害仁也。知人欲所以害仁者在是，於是乎有以拔其本塞其源，克之克之，而又克之，以至於一旦豁然欲盡而理純，則其胸中之所存者，豈不粹然天地生物之心，而藹然其若春陽之溫哉？默而成之，固無一理之不具，而無一物之不該也。感而通焉則無事之不得於理，而無物之不被其愛矣。嗚乎！此仁之為德所以一言而可以盡性情之妙，而其所以求之之要，則夫子之所以告顏淵者亦可謂一言而舉也與？《朱子語類‧卷七十七‧克齋記》

如果說朱子對於「理氣二元不離不雜」、「心性情三分，心統性情」的析論，是在探索儒家倫理與道德的形上學基礎，他在〈克齋記〉及今本「仁說」中所討論的問題，包括「四德」之間的關係，對「滅天理而窮人欲」的

批判，以及「克己復禮」的主張，都可以說是儒家倫理與道德的形而下展現，
都是儒家社會中的永恆問題，必須建構「含攝文化的理論」來加以把握（見
本書第五章）。在本章下列章節，我將以榮格心理學和本書第二部分所建
構的各項理論作為基礎，重新詮釋朱子晚年的思想，希望對他所提出的理論
能夠給予適恰的定位。

第三節　泛認知主義

《孟子・盡心上》一開始便說出一段名言：

> 孟子曰：「盡其心者，知其性也；知其性，則知天矣。存其
> 心，養其性，所以事天也。殀壽不貳，修身以俟之，所以立命
> 也。」

朱子對這一章的注釋是：

> 心者，人之神明，所以具眾理而應萬事者也。性則心之所具之
> 理，而天又理之所從以出者也。人有是心，莫非全體。然不窮理，
> 則有所蔽，而無以盡乎此心之量。故能極其心之全體而無不盡者，
> 必能窮夫理而無不知者也。既知其理，則其所從出亦不外是矣。以
> 大學之序言之，知性則物格之謂，盡心則知至之謂也。

這段注釋顯示出：朱熹有「泛認知主義」的傾向。榮格認為，「自性」
（the Self）是包含「意識」和「潛意識」在內的「整體人格」（whole per-
sonality），它的本體是「超越的」，各個不同文化的開創者可以對它做出
「先驗的」詮釋。朱熹不是精神病學家，他思考的對象不是精神病人，而是
儒家文化中的「士」。因此，他對「自性」所作的詮釋偏重於人的認知能力，

這種認知能力跟「自我的曼陀羅模型」（見本書第四章）中提及的皮亞傑認知學習歷程是相通的。在上述引文中，朱熹雖然說「人有是心，莫非全體」，可是他卻認為「能極其心之全體而無不盡者，必其能窮夫理而無不知者也」。可見他所謂的「心之全體」，僅及於意識的認知範圍，並不包括「潛意識」在內。所以朱子在他的〈大學章句補傳〉中說：

> 必使學者即凡天下之物，莫不因其已知之理而益窮之，以求至乎其極。至於用力之久，一旦豁然貫通，則眾物之表裡精粗無不到，吾心之全體大用無不明矣。

在他所著的〈盡心說〉中，朱熹進一步解釋：

> 盡其心者知其性也，知其性則知天矣。言人能盡其心，則是知其性，能知其性，則知天也。蓋天者理之自然，而人之所由以生者也。性者理之全體，而人之所得以生者也。心則人之所以主於身而具是理者也。天大無外，而性稟其全。故人之本心，其體廓然，亦無限量。惟其梏於形器之私，滯於見聞之小，是以有所蔽而不盡。人能即事即物窮究其理，至於一日會貫通徹，而無所遺焉，則有以全其本心廓然之體，而吾之所以為性，與天之所以為天者，皆不外乎此而一以貫之矣。《朱子語類・卷六十七・雜著》

◨ 性與天道

在這段引文中，值得特別說明的是：「蓋天者理之自然，而人之所由以生者也。性者理之全體，而人之所得以生者也」。這段說法，是對《論語》中，〈性與天道〉章的進一步詮釋。朱子對該章的「集註」是說：

性者，人所受之天理。天道者，天理自然之本體。其實一理也。

他曾經從不同的角度討論性與天道的關係：

性與天道，性是就人物上說，天道是陰陽五行。

吉甫問性與天道。曰：「譬如一條長連底物事，其流行者是天道，人得之者為性。乾之元亨利貞，天道也，人得之，則為仁義禮智之性。

至於性與天道，乃是此理之精微。蓋性者是人所受於天，有許多道理，為心之體者也。天道者，謂自然之本體所以流行而付與萬物，人物得之以為性者也。《朱子語類・卷二十八》

這種論述方式反映出儒家傳統的宇宙觀。天道流行，人得之以為性，天德和人的仁義禮智之性有一種互相對應的關係。性和天道的內容則又要通過理的觀念來規定，所以朱子對於「性」的先驗性詮釋稱為「理學」。

《朱子語類》中收錄了一段他晚年與徐富的對話，朱熹引述《易經》中的觀念，說明他對於「性」的看法：

問：「先生說太極有是性則有陰陽五行云云，此說性是如何？」曰：「想是某舊說，近思量又不然。此性字為稟於天者言。若太極，只當說理，自是移易不得。易言一陰一陽之謂道，繼之者則謂之善，至於成之者方謂之性。此謂天所賦於人物，人物所受於天者也。」《朱子語類・卷九十四》

◙ 「天地之性」與「氣質之性」

「性」是「天所賦於人物，人物所受於天者」，這個定義，很像榮格所說的「自性」。榮格認為，「自性」是包含「意識」和「潛意識」在內的「總體人格」，朱熹繼承了周敦頤對「天地之性」和「氣質之性」的區分，但在儒家宇宙觀的大前提下，又認為這兩者原本不可區分為二：

> 才說太極，便帶著陰陽；才說性，便帶著氣。不帶著陰陽與氣，太極與性那裡收附？然要得分明，又不可不拆開說。《朱子語類・卷九十四》

《老子・第四十二章》說：「萬物負陰而抱陽，沖氣以為和」，人既然身為宇宙間的萬物之一，所以朱熹在思想成熟之後的晚年，反覆闡釋他的這種見解：

> 氣質之性只是此性墮在氣質之中，故隨氣質而自為一性，正周子所謂各一其性者。向使元無本然之性，則此氣質之性又何從得來耶？《朱子語類・卷五十八・答徐子融四書之第三書》

依他的看法，性本無二，但我們又不能不在「本然之性」與「氣質之性」之間，作出必要的分殊：

> 氣質是陰陽五行所為，性則太極之全體。但論氣質之性，則此全體在氣質之中耳，非別有一性也。……人生而靜，是未發時，以上即是人物未生之時，不可謂性。才謂之性，便是人生以後，此理墮在形氣之中，不全是性之本體矣。然其本又未嘗外此。要人即此而見得其不雜於此者耳。易大傳言繼言，是指未生之前。孟子言性

善，是指已生以後。雖曰已生，然其本體初不相雜也。《朱子語類·卷六十一·答嚴時亨三書之第一書》

由此可見，朱子並不相信有獨立自存的「性之本體」，它是因氣質而見，卻又不與氣質相雜，與之形成一種不離不雜的微妙關係。朱熹對於「性」的詮釋構成了一邏輯上的弔詭：人物未生之時，根本談不上有「性」，人生以後，此理或「性」墮在形氣之中，已經不全是性之本體，因此，吾人無法從「氣質之性」抽離地談性之在其自身。

▣ 純善的「本然之性」

朱子很清楚地以這種弔詭的論述，解釋《中庸》所說的「天命之謂性」：

> 蓋性須是箇氣質，方說得箇性字。若人生而靜以上，只說箇天道，下性字不得。所以子貢曰：夫子之言性與天道，不可得而聞也，便是如此。所謂天命之謂性者，是就人身中指出這箇是天命之性，不雜氣稟者而言爾。若才說性時，則便是夾氣稟而言，所以說時，便已不是性也。《朱子語類·卷九十五》

《易經·繫辭上傳·第五章》說：「一陰一陽之謂道，繼之者，善也；成之者，性也。」朱熹承襲了這種想法，認為，「天命之性」是「不雜氣稟者」。但在現實生活中的「自性」卻又是「夾氣稟而言」。「本然之性」只是「至善」，可是從「氣質」的角度來看，它就可能有「昏明開塞剛柔強弱」的變化：

> 論性不論氣不備，論氣不論性不明。蓋本然之性，只是至善。然不以氣質而論之，則莫知其有昏明開塞剛柔強弱，故有所不備。

徒論氣質之性，而不自本原言之，則雖知有昏明開塞剛柔強弱之不同，而不知至善之源未嘗有異，故其論有所不明。須是合性與氣觀之然後盡。蓋性即氣，氣即性也。若孟子專於性善，則有些是論性不論氣；韓愈三品之說，則是論氣不論性。《朱子語類・卷五十九》

朱子說：

> 性只是理。萬理之總名。此理亦只是天地間公共之理，稟得來便為我所有。天之所命，如朝廷指揮差除人去做官，性如官職，官便有職事。《朱子語類・卷一百一十七》

這裡所謂的「性只是理」，是指「天命之性」。這種「天地間公共之理」，是與生俱來的，得自於遺傳，所以說「稟得來便為我所有」。由於它是「天之所命」本身沒有氣質的夾雜，所以它是純然至善的。「本然之性，只是至善」，可是如果不從氣質的角度來看，則「有所不備」。只看「氣質之性」而不論其「至善之源」，則其論「有所不明」。孟子專言行善，是「論性不論氣」；韓愈「性三品」的主張，則是「論氣不論性」，而兩者都有所偏頗。

◨「心」與「理」

至於「心」與「理」之間的關係，《朱子語類・卷五》有以下許多說法：

> 心者氣之精爽。
> 問：「靈處是心抑是性？」曰：「靈處只是心，不是性。性只是理。」
> 所覺者心之理也。能覺者氣之靈也。
> 性便是心所有之理，心便是理之所會之地。

> 心以性為體，心將性做餡子模樣。蓋心之所以具是理者，以有
> 性故也。

> 性猶太極也，心猶陰陽也。太極只在陰陽之中，非能離陰陽
> 也。

> 心之理是太極，心之動靜是陰陽。

朱子用太極與陰陽來比喻性與心的關係，太極不即是陰陽，卻又在陰陽之中，不能離開陰陽。用榮格的心理學來說，「理」儲存在個人潛意識之中，而心則是意識的作用。所以說：「心者氣之精爽」，「性便是心所有之理，心便是理之所會之地」。

心的本體雖然是虛靈不昧，純然至善具眾理而應萬事，但心的作用卻未必如是：

> 或問：「心有善惡否？」曰：「心是動底物事，自然有善惡。
> 且如惻隱是善也，見孺子入井而無惻隱之心，便是惡矣。離著善便
> 是惡。然心之本體未嘗不善，又卻不可說惡全不是心。若不是心，
> 是什麼做出來？……」

「心之本體」雖然未嘗不善，但心的作用卻可以為善，也可以為惡，這一點對於比較朱子和陽明的「心學」進路，有非常重要的意涵。

第四節　陽明的心學進路

對於朱陸異同的評價，牟宗三的態度是十分明確的。在《中國哲學的特質》中，牟宗三（2003）說：

> 在中國哲學史上，並存著重視主觀性原則與重視客觀性原則的

兩條思想路。後者源自《中庸》首句「天命之謂性」和《易傳》的全部思想，下至宋儒程朱一派；前者源自孟子，下自宋明儒陸王一派。《中庸》、《易傳》、程朱一路著重道的客觀性，如周子講「太極」，張子講「太和」，程朱講理、氣二元，並從此而論道德，……由於過分重視道之客觀性，在主觀性一面體悟不夠，難怪引起陸王一派的不滿，而作一重視主觀性的推進。

上一章提到，王陽明「龍場悟道」之後，體會到「聖人之道，吾性自足，向之求於事物者，誤也」，確立下「心即理」的基本立場，後來回憶這段經驗說：「吾良知二字，自龍場之後，便已不出此意」《王陽明全集·卷四十一》。

◙ 「心即理」

陽明學「心即理」之說，可以說是對朱子學的一項反動。他很清楚地告訴弟子：

> 夫物理不在吾心外，外吾心而求物理，無物理矣。遺物理而求吾心，吾心又何物邪？心之體，性也，性即理也。……夫外心以求物理，是以有闇而不達之處；此告子義外之說，孟子所以謂之不知義也。……不可心外求仁，不可心外求義，獨可外心以求理乎？外心以求理，此知行之所以二也。求理於吾心，此聖門知行合一之教，吾子又何疑乎？《傳習錄·答顧東橋書》

王陽明的主張，旨在以扭轉朱子心理二元論之論述，申明「心即理」的主張，無論是孝親之理、惻隱之理，乃至一切價值性的判斷，皆根源自吾心之良知，吾心之良知本具眾理；致良知，就是將本有之理推致到事事物物上，讓中性的事事物物遍潤於價值德性之中。對於「大學之道，在明明德」，

「在止於至善」，王陽明也有他自己的詮釋：

> 於事事物物上求至善，卻是義外也。至善是心之本體，只是明
> 明德到至精至一處便是。然亦未嘗離卻事物，所謂「盡夫天理之極
> 而無一毫人欲之私者」。《傳習錄・徐愛錄》

▣ 「致良知」

對於王陽明而言，「良知」是內在的道德意識，要使本心的良知朗現出來，有賴於「致良知」一詞中的「致」，是「向前推致」之意，即是孟子所說的「擴充」。所謂「致良知」，即是將良知所覺之是非善惡充分地呈現出來，不使它為私欲所蒙蔽，並見之於行事，「知行合一」以實現道德行為。王陽明說：

> 夫必有事焉，只是集義，集義只是致良知。說集義，則一時未
> 見頭腦。說致良知，即當下便有實地步可用功。故區區專說致良
> 知。隨時就是上致其良知，便是格物；著實去致良知，便是誠意；
> 著實致其良知，而無一毫意、必、固、我，便是正心；著實致良
> 知，則自無忘之病；無一毫意、必、固、我，則自無助之病。故說
> 格致誠正，則不必更說個忘助。《傳習錄・中卷》

王陽明所謂「必有事焉，只是集義」，這正是順著孟子的說法。孟子認為「仁義內在」，所以「集義」只是表現內心本有之義而已。這裡我們又可以看到陽明學和朱子學的不同。王陽明以「致良知」解釋大學之「致知」，將「格、致、誠、正」一起貫通，而最後的真切工夫只是「致良知」；對於朱子而言，「格、致、誠、正」可有內外之分，內是正心誠意，外則是格物致知，合此內外工夫，即為「窮理致知」。

▣ 「存天理，去人欲」

王陽明非常了解：「天理」和「人欲」兩種力量的對張，所以他認為，個人必須在心上用功，使內心純然無一毫人欲之私，使心能恢復其純然本體，方能展現本心至善之理。他跟朱子學最大的差異在於──道德之理，並不是在事物上顯發，而是由心上顯發：

> 心即理也。此心無私欲之蔽，即是天理。不須外面添一分。以此純乎天理之心，發之事父便是孝，發之事君便是忠，發之交友治民便是信與仁。只在此心去人欲存天理上用功便是。《傳習錄‧徐愛錄》

在「存天理，去人欲」上用功時，於此「良知」可以說是每個人心中的明師：

> 爾那一點「良知」，是爾自家的準則。爾意念著處，他是便知是，非便知非。更瞞他一些不得。爾只不要欺他，實實落落依他做去；善便存，惡便去。他這裡何等穩當快樂，此便是格物的真訣，致知的實功。《傳習錄‧下卷》

「良知」既為道德本心，王陽明良知之學的義理源流，在《孟子》書中已經有跡可尋，牟宗三（1968）說：

> 陽明言「良知」本於孟子「人之所不學而能者，其良能也，所不慮而知者，其良知也。孩提一童，無不知愛其親也。及其長也，無不知敬其兄也。親親仁也。敬長義也。無他，達之天下也」〈盡心篇〉。孟子這樣言良知只是就人之幼時與長時而指點，其真實的

意指，卻實是在言人之知仁知義之本心。本心能自發地知仁知義，此就是人之良知。推而廣之，不但是知仁知義是良知，知禮知是非（道德上的是非）亦是人之良知。陽明即依此義而把良知提升上來以之代表本心，以之綜括孟子所言的四端之心。（頁217-218）

◉ 「逆覺體證」

良知是以道德意義為其內涵。人透過「致良知」的實踐工夫，經過「存天理，滅人欲」的刮垢磨光，回復清明的道德本心，必然洞徹天人合德、物我無隔的理境。這就是孟子所說的：「萬物皆備於我矣，反身而誠，樂莫大焉。」

王陽明於49歲序《象山文集》云：「象山陸氏，直有以接孟子之傳」、「故吾嘗斷陸氏之學，孟氏之學也」。他推尊象山，認為他直承孟子之心學嫡傳。而他所主張的「心即理」，其實就是在闡明象山所說的「宇宙便是吾心，吾心便是宇宙」、「宇宙不曾限隔人，人自限隔宇宙耳」、「宇宙內事，即己分內事；己分內事，即宇宙內事」、「萬物森然於方寸之間，滿心而發，充塞宇宙，無非斯理」。

王陽明依「心即理」的義蘊，將「物」之意義轉化為行事，凡物皆屬於吾心良知之對象，故曰「心外無物」。格物成為自律道德之內指工夫，必須「直指本心」，內斂而回溯。而此逆覺又不能與人倫日用相隔絕，所以牟宗三稱之為「逆覺體證」。

第五節　朱子的心學進路

一般人在討論宋明理學的時候，通常是程朱並舉，認為他們的思想是屬於同一系統。事實上，朱子和王陽明對於「性」的觀點雖然不同，他們對於「人心、道心」的看法卻頗一致，反倒是程、朱對這一點有不同看法。

◙ 「人心」、「道心」同一

李明輝（2007）在〈朱子對「道心」、「人心」的詮釋〉一文中指出，二程所謂「人心，人欲；道心，天理」是探取理氣二元論的觀點；朱子卻認為，作為「氣之靈」的「心」只有一個，「道心」、「人心」只是「心」的兩種狀態。他很明白地說：

> 若說「道心，天理；人心，人欲」，卻是有兩個心。人只有一個心，但知覺得道理底是道心，知覺得聲色臭味底是人心。「人心，人欲也」，此語有病。雖上智，不能無此，豈可謂全不是？……非有兩個心，道心、人心，本只是一個物事，但所知覺不同。《朱子語類・卷七十八》

> 方伯謨云：「人心道心，伊川說，天理人欲便是。」曰：「固是。但此不是有兩物，如兩個石頭樣，相挨相打，只是一人之心，合道理底是天理，徇情欲底是人欲。正當於其分界處理會。《朱子語類・卷七十八》

> 人心只是一個。知覺從饑食渴飲，便是人心；知覺從君臣父子處，便是道心。……形骸上起底見識，便是人心；義理上起底見識，便是道心。心則一也。《朱子語類・卷七十八》

既然「人心、道心」只有一個，朱子認為，無論凡聖賢愚，人人同樣具有道心與人心：

> 道心是義理上發出來底，人心是人身上發出來底。雖聖人不能無人心，如饑食渴飲之類；雖小人不能無道心，如惻隱之心是。《朱子語類・卷七十八》

> 聖人時那人心也不能無，但聖人是常合著那道心，不教人心勝

了道心。道心便只是要安頓教是，莫隨那人心去。《朱子語類‧卷七十八》

這樣的論點，不僅跟王陽明對「心」的看法十分相近，而且同樣可以上溯到孟子的主張。清楚地說，朱子認為，「心之本體」雖然未嘗不善，但心的作用卻可以為善，也可以為惡，孟子曾經說過一個比喻：

牛山之木嘗美矣；以其郊於大國也，斧斤伐之，可以為美乎？是其日夜之所息，雨露之所潤，非無萌蘖之生焉，牛羊又從而牧之，是以若彼濯濯也；人見其濯濯也，以為未嘗有材焉，此豈山之性也哉？雖存乎人者，豈無仁義之心哉！其所以放其良心者，亦猶斧斤之於木也。旦旦而伐之，可以為美乎？故苟得其養，無物不長；苟失其養，無物不消。孔子曰：「操則存，舍則亡；出入無時，莫知其鄉。」惟心之謂與！《孟子‧告子上》

由於「本然之性」（或「天地之性」）和「氣質之性」之間存有一種不離不雜的弔詭關係，「良心」與「人心」之間的關係也類似於此：

心一也。操而存則義理明而謂之道心。舍而亡則物欲肆而謂之人心。（原注：亡不是無。只是走出逐物去了。）自人心而收回便是道心，自道心而放之便是人心。頃刻之間，恍惚萬狀，所謂出入無時，莫知其鄉也。《朱子語類‧卷三十九‧答許順之二十七書之第十九書》

人之本心無有不仁。但既汩於物欲而失之，便須用功親切，方可復得其本心之仁。來教謂不知自何而有人欲，此問甚緊切。熹竊以謂人欲云者，正天理之反耳。謂因天理而有人欲則可，謂人欲亦是天理則不可。蓋天理中本無人欲，惟其流之有差，遂生出人欲

來。《朱子語類・卷四十・答何叔京三十二書之第三十書》

◉ 「心統性情」

朱熹認為，「凡事莫非心之所為，雖放僻邪侈，亦是此心。善惡但如反覆手，翻一轉，便是惡。只安頓不著，亦便是不善」《朱子語類・卷十三》，所以他提出「心統性情」的主張：

　　心之全體、湛然虛明、萬理具足、無一毫私欲之間。其流行該遍、貫乎動靜、而妙用又無不在焉。故以其未發而全體者言之，則性也。以其已發而妙用者言之，則情也。然心統性情，只就渾淪一物之中，指其已發未發而為言爾，非是性是一箇地頭，心是一箇地頭，情又是一箇地頭，如此懸隔也。《朱子語類・卷五》

　　感於物者心也，其動者情也。情根乎性而宰乎心，心為之宰，則其動也無不中節矣，何人欲之有！惟心不宰而情自動，是以流於人欲而每不得其正也。然則天理人欲之判，中節不中節之分，特在乎心之宰與不宰，而非情能病之，亦以明矣。蓋雖曰中節，然是亦情也。但其所以中節者乃心耳。《朱子語類・卷三十二・答張敬夫十八書之第六書》

　　或問：「宰萬物是主宰之宰、宰制之宰？」曰：「主便是宰，宰便是制。」又問：「孟子集注言，心者具眾理而應萬事，此言妙眾理而宰萬物如何？」曰：「妙字便稍精彩，但只是不甚穩當，具字便平穩。」《朱子語類・卷十七》

《朱子語類》收錄了許多諸如此類的對話，顯示當年他試圖用各種角度，說明他對於「心統性情」的主張。本書第四章以「自我的曼陀羅模型」，以及第五章「儒家的庶人倫理」來解釋先秦儒家所謂的「四端」和

「五常」。用這些理論模型來看，朱子所謂的「妙眾理」是指：個人不論在與「不同關係的人」，或是與某一件事「有關係的人們」進行互動時，都有足夠的「智慧」，作出來的「行動」，符合其集體潛意識中對於「仁、義、禮」倫理體系的要求，而能夠達到「心理社會均衡」，這就是朱熹所謂的「具眾理」、「具字便平穩」。

▣ 「惟精性一」

古文《尚書》有「人心惟危，道心惟微，惟精惟一，允執厥中」之語，宋明理學家稱之為十六字傳心訣，朱子非常重視這個問題。在〈中庸章句序〉上，他說：

> 自上古聖神，繼天立極，而道統之傳，有自來矣。其見於經，則允執厥中者，堯之所以授舜也。人心惟危，道心惟微，惟精惟一，允執厥中者，舜之所以授禹也。……蓋嘗論之，心之虛靈知覺，一而已矣，而以為有人心道心之異者，則以其或生於形氣之私，或原於性命之子，而所以為知覺者不同，是以或危殆而不安，或微妙而難見耳。
>
> 人莫不有是形，故雖上智不能有是形，亦莫不有是性，故雖下愚不能無道心。二者雜於方寸之間，而不知所以治之，則危者愈危，而天理之公，卒無以勝乎人欲之私矣。

用「自我的曼陀羅模型」（如圖4-1所示）來說，不論是「上智」或「下愚」，在其生活世界裡，都經常處於人欲及其社會對於「做人」的要求（天理）兩種對反力量的拉扯之中。然則，什麼叫做「惟精惟一」呢？朱熹的解釋是：

> 精則察夫二者之間而不離也。一則守其本心之正而不離也。從

事於斯，無少閒斷，必使道心常為一身之主，而人心每聽命焉，則危者安，微者著，而動靜云為，自無過不及之差矣。夫堯舜禹，天下之大聖也，以天下相傳，天下之大事也。以天下之大聖，行天下之大事，而其授受之際，丁寧告戒，不過如此，則天下之理，豈有以加於此哉？《朱子語類‧卷七十六》

▣ 孟子的「求其放心」

朱熹認為，在「人心」與「道心」兩種力量的拉扯之下，「惟精惟一」就是要「察夫二者之間而不雜」，「守其本心之正而不離」，但他不贊同孟子「反身」或「求其放心」的說法：

孟子曰：「萬物皆備於我矣。反身而誠，樂莫大焉。強恕而行，求仁莫近焉。」

孟子曰：「求則得之，舍則失之，是求有益於得也，求在我者也。求之有道，得之有命，是求無益於得也，求在外者也。」

相反地，他經常把「求其放心」和「窮理致知」的問題放在一起討論：

學問之道無他，求其放心而已。舊看此只云但求其放心，心正則自定。近看儘有道理。須是看此心果如何。須是心中明盡萬理方可。不然，只是空守此心，如何用得？如平常一件事合放重，今乃放輕，此心不樂，放重則心樂，此可見此處乃與大學致知格守得？曰：然。又問：舊看放心一段，第一次看謂不過求放心而已？第二次看謂放心既求，儘當窮理，今聞此說，乃知前日第二說已是隔作兩段，須是窮理而後求得放心，不是求放心而後窮理。曰：然。《朱子語類‧卷五十九》

放置在本書的論述脈絡中來看，孟子似乎是採用榮格心理學的觀點，認為「良知」得自天賦，它儲存在集體潛意識裡，自我可以用其「意識」、「反身而誠」、「求其放心」，而且「求則得之」，「捨則失之」。

▣ 「窮理致知」

朱熹則像是個認知心理學家，他認為，人雖然具有認識「事物之理」的潛能，但這樣的「良知」、「良能」卻必須經過個人意識的整理，才能夠儲存在潛意識中，供作日後之用。《朱子語類・卷九》便收錄了朱子對於這個問題的許多看法：

> 器遠問：「窮事物之理，還當窮究箇總會處，如何？」曰：「不消說總會，凡是眼前底都是事物，只管恁地逐項窮，教到極至處。漸漸多，自貫通。然為之總會者，心也。」
> 窮理以虛心靜慮為本。
> 一心具萬理，能存心而後可以窮理。
> 心包萬理，萬理具於一心。不能存得心，不能窮得理。不能窮得理，不能存得心。
> 人生天地間都有許多道理，不是自家硬把與它，又不是自家鑿開它肚腸白放在裡面。
> 理不是在面前別為一物，即在吾心。人須是體察得此物誠實在我，方可。譬如修養家所謂鉛汞龍虎皆是我身內之物，非在外也。

如果我們從榮格心理學的立場，深入思考朱熹的主張，他的意思應當是說：個人藉由文字與符號而獲得的文化傳統，都儲藏在「集體潛意識」裡，所以說「心包萬理，萬理具於一心」。這些「理」都是一種先驗的存在，所以說，「能存心而後可以窮理」，「不能存得心，不能窮得理」。然而，「百姓日用而不知」，這些儲藏在「集體潛意識」中的「理」，可能是雜亂

無章的，用本書第四章「自我的曼陀羅模型」來說，作為一種文化智慧，它們可能指導個人在其生活世界中的行動。然而，如果個人都經過朱熹主張的「窮理致知」，將其轉化成為其「意識」之中的「知識」，它才更可能清晰地指引個人道德「實踐」，所以朱熹說：「不能窮得理，不能存得心。」牟宗三認為，孟子的「反身而誠」、「強恕而行」是自律倫理學。可是，用康德道德形上學的角度來看，個人經過主動學習之後所從事的道德實踐，難道不是「自律」的嗎？

▣ 「夜氣」與「平旦之氣」

以朱熹對於「性」與「天道」的探討和榮格心理學相互比較，我們可以看出兩者之間的明顯差別：朱熹是在儒家思想史的脈絡中探討這個問題，而榮格則是為了解決精神病的問題，才展開他對東方文化的研究，兩人的共同交集是人的「自性」。榮格心理學對潛意識作了深入的探討，本書第六章亦認為，在「中西會通」的工作上，我們要以西方的科學哲學為基礎，來整理「儒、釋、道」三教合一的華人文化傳統，必須建立「自性的心理動力模型」。以這個模型作為基礎，我們才能對儒家思想史上的一些難題提供較為合理的解釋。

孟子在討論「良心」議題時，曾經說過一段引起後人爭議的話：

> 雖存乎人者，豈無仁義之心哉！其所以放其良心者，亦猶斧斤之於木也。旦旦而伐之，可以為美乎？其日夜之所息，平旦之氣，其好惡與人相近也者幾希。則其旦晝之所為，有梏亡之矣。梏之反覆，則其夜氣不足以存；夜氣不足以存，則其違禽獸不遠矣。人見其禽獸也，而以為未嘗有才焉者，是豈人之情也哉？《孟子·告子上》

上述引文的關鍵詞為「夜氣」。「夜氣」到底是什麼樣的氣？「夜氣」

和「平旦之氣」又有何關聯？為什麼孟子說「夜氣不足以存，則其違禽獸不遠矣」，存夜氣和遠禽獸有什麼關係？

▣ 「夜氣」與潛意識

劉述先（1996）在他所寫的〈孟子心性論的再反思〉一文中也曾經討論過這些議題，但他仍然是在哲學的層次上作討論，而未涉及心理學。其實所謂的「夜氣」與潛意識的作用脫離不了關係，放置在「自性的心理動力模型」裡，便不難作出合理的解釋。

在孟子所說的這段話中，「夜氣」是和「平旦之氣」相提並論的。「平旦」是指清晨太陽剛露出地平線，曙光乍現的寅時，即三至五點之間。依照朱子的說法，「平旦之氣」是一種「清明自然之氣」，「只是夜間息得許多時節，不與事物接，才醒來便有得這些自然清明之氣，此心自恁地虛靜」《朱子語類》卷十九。因為這是一天的開始，個人必須恢復意識清醒的狀態，才能與生活世界中的他人進行交往。所以孟子說「其好惡與人相近也者幾希」。

至於「夜氣」的問題，《朱子語類·卷五十九》也記載了朱熹和門人的許多對話（以下三則）：

> 敬子問：「旦晝不梏亡，則養得夜氣清明？」曰：「不是靠氣為主，蓋要此氣去養那仁義之心。如水之養魚，水多則魚鮮，水涸則魚病。養得這氣，則仁義之心亦好，氣少則仁義之心亦微矣。」

朱子答仁父問「平旦之氣」：

> 又問：「『平旦之氣』，何故如此？」曰：「歇得這些時後，氣便清，良心便長。及旦晝，則氣便濁，良心便著不得。如日月何嘗不在天上？卻被些雲遮了，便不明。」

此即是說良心之呈現受氣影響。

> 曰：「夜氣靜。人心每日梏於事物，斲喪戕賊，所餘無幾，須
> 夜氣靜，庶可以少存耳。至夜氣之靜而猶不足以存，則去禽獸不
> 遠，言人理都喪也」。

▣ 「類比」與「理論」

不論是「水之養魚」也好，「日月被雲遮」也罷，和孟子所說的「牛山
之木」一樣，都是一種不精確的「類比」（analogy）。以「類比」來詮釋
「類比」，結果仍然是不清楚。因此李侗在與朱熹討論這個問題的時候，很
坦率地告訴朱熹：

> 來喻以為「人心之既放，如木之既伐。心雖既放，然夜氣所
> 息，而平旦之氣生焉，則其好惡猶與人相近。木雖既伐，然雨露所
> 滋，而萌蘖生焉，則猶有木之性也」。恐不用如此說。大凡人禮義
> 之心何嘗無，唯持守之即在爾。若於旦晝間不至梏亡，則夜氣存
> 矣；夜氣存則平旦之氣未與物接之時，湛然虛明，氣象自可見。此
> 孟子發此夜氣之說，於學者極有力。若欲涵養，須於此持守可爾。
> 恐不須說心既放、木既伐，恐又似隔截爾。如何如何。《延平答問
> ・戊寅十一月十三日》

朱熹引用孟子「牛山之木」的比喻，認為「人心之既放，如木之既
伐」、「木雖既伐，然雨露所滋，而萌蘖生焉，則猶有木之性也」。這種
「心既放，木既伐」的比喻，「恐又似隔截爾」。如果我們把李侗對孟子原
來文本的詮釋放在「自性的心理動力模型」中來進一步分析，我們應當更能
夠了解：孟子所說的「夜氣」究竟是什麼。李侗所謂「大凡人禮義之心何嘗

無」是指人的「自性」（包括意識與潛意識）中有一股朝向「至善」的力量。如果平日做事不違背「良心」、「唯持守之」、「若於旦晝間不至梏亡」，則在潛意識中不會形成難以化解的負面情緒，晚上睡覺可以睡得很安穩。這就是孟子所說的「夜氣存焉」。「夜氣存」則連「平旦之氣」都能保持「湛然虛明」。反過來說，如果個人違背「良心」，做了「傷天害理」的事，這樣的負面經驗留在他的「個人潛意識」裡，他的「夜氣」受到干擾，連他的「平旦之氣」都很難保持「湛然虛明」。

⊡ 「潛意識」中的整理

《朱子語類‧卷五十九》「廣」問「夜氣」一章中提到：

> 又曰：「今且看那平旦之氣，自別。」
> 廣云：「如童蒙誦書，到氣昏時，雖讀數百遍，愈念不得；及到明早，又卻自念得。此亦可見平旦之氣之清也。」

這個現象其實也是潛意識的作用。夜晚氣昏時讀書，「雖讀數百遍」，仍然不解其意，「愈念不得」。但在睡夢中，「個人潛意識」卻會自動將這些材料加以整理，「及到明早，又卻自念得」，讓人感受到「平旦之氣之清」。

本書第六章提到王陽明說過的一段話，也可以用來支持本文的的論點：

> 人一日間，古今世界都經過一番，只是人不見耳。夜氣清明時，無視無聽，無思無作，淡然平懷，就是羲皇世界。平旦時，神清氣朗，雍雍穆穆，就是堯、舜世界；日中以前，禮儀交會，氣象秩然，就是三代世界；日中以後，神氣漸昏，往來雜擾，就是春秋、戰國世界；漸漸昏夜，萬物寢息，景象寂寥，就是人消物盡世界。學者信得良知過，不為氣所亂，便常做個羲皇以上人。《傳習

錄・下卷・第四十七則》

　　這段引文中，最重要的一句話是「學者信得良知過」。做事情不違背良心，「不為氣所亂」，他的「個人潛意識」中沒有負面情結的干擾，「夜氣清明時，無視無聽，無思無作，淡然平懷」，就是王陽明所說的「羲皇以上人」！

本章小結

　　綜合以上的析論，我頗能夠認同林安梧（2008）在〈陽明《朱子晚年定論》與儒學的轉折〉一文中所下的結論：

　　　（朱子之）「格物補傳」雖強調對於事物之理的窮究，看似一橫攝的認知系統，但卻將歸於縱貫的創生系統；或者說此橫攝的認知系統之為一道德認知系統，必隱含一縱貫的創生系統以為基底，否則為不可能。若直接裁為橫攝的認知系統，那就會有所謂「歧出」之論。（頁4）

　　　朱子之理學乃是一「橫攝歸縱」的系統，此是宋代理學之「集大成」，是一儒學重要的轉折發展，但不是歧出，不是「繼別為宗」。相對而言，陸象山是一「縱貫創生」的系統，此的確有別於「理學」，而以心學直契孟子。（頁5）

　　林安梧（2008）認為，當我們說「存在之理」時，其實必然隱含著「道德之理」，「存在之理」與「道德之理」是通而為一的。其間差異在於，「存在之理」可以是一對象性探究的「對象之理」，亦可以是收歸自家身心的「道德之理」。朱子作「存在之理」的探索，目的是在於講明「道德之理」。從「存在之理」的探索到「道德之理」的講明，一歸於「太極之

理」，「物物一太極」、「統體一太極」，朱子格物窮理所窮的是「道德與存在一致性」原則之下的「太極之理」，所以可稱之為「理學」。

從這個角度來看，朱子學企圖對《論語》、《易傳》、《大學》、《中庸》、《孟子》等先秦儒家經典的「存在之理」作出一貫性的詮釋，它才是儒家的「正統」。然而，這樣的詮釋只是「人文學問層次之理」。它還要補上本書第二部分所提出的「自然或社會科學層次之理」，我們才能對儒家的「修養心理學」作出較為完整的詮釋。

更清楚地說，王陽明在講「心即理」的時候，他所說的「有善有惡意之動」和「為善去惡是格物」，可以用「自我的曼陀羅模型」來加以理解（如圖4-1所示）；「知善知惡是良知」，則是個人做反思時，整體的心理朝向，必須用圖6-3來加以說明。朱熹主張「性即理」，他所想的「喜怒哀樂未發前是何氣象？」，以及他所主張的「心統性情」，指涉的對象都是人格的整體；必須用圖6-2的「八面圖」來做說明。換言之，他們兩人的主張在字面上看起來雖然有所不同，它們所指涉的心理功能似乎也有所差異；可是，倘若我們對於儒家「心性論」能夠建構出一個客觀的「心理動力模型」，我們就不難整合他們兩人的不同觀點，進而了解儒家「關係論」的心理基礎。

第四部

形塑現代人的認同

第十章　「中西會通」中的「離根理性」

　　本書第三章引用葉啟政（2001）「三重理路」之說指出，從十九世紀末葉，西方文化入侵中國以來，華人在其生活世界裡，就一直處在多元文化相互競爭的情勢中，一般人對其生活中的所作所為，通常只有「實作理路」，必須在遇到危機時，才會進一步思索，將其提升為「論述理路」。但知識分子則不能僅止於此，他對於自己所做的研究的問題，必須要能夠提出「論述理路」，最好是能夠多方面思考，將其提升為一種「結構理路」，能夠以「文化系統」的方式應付各方面的挑戰，並順利解決相關問題。一個知識分子用心思考過的「結構理路」愈細緻、儲存在其「個人潛意識」中的「文化系統」愈多，他愈能夠以之作為創造的資源。該章的題目為「外王之道」，在該章中，我特別以牟宗三對康德知識論的理解為例，說明一個知識分子對西方的「文化系統」若不能有「相應的理解」，則他便很難以之作為創造的資糧。

第一節　本體論詮釋學　

　　然而，對於生長在華人生活世界中的知識分子而言，他要對源自於西方的「文化系統」產生「相應的理解」，甚至要使其成為一種融會貫通的「結構理路」，能夠以之作為自己在解決各種問題時的「論述理路」的基礎，並非容易之事。在本書第四部分的下列幾章中，我將根據本書對儒家文化系統的分析，以加拿大哲學家泰勒（Charles Taylor, 1948- ）所提出的本體論詮釋學（ontological hermeneutic）作為對話架構，一方面說明：建構「含攝文化

的理論」（culture-inclusive theories）對於發展本土社會科學的重要性，一方面說明儒家文化傳統中的「中庸理性」和「修養理論」為什麼能夠幫助華人知識分子吸納西方文明的菁華。

▣ 文化的詮釋

泰勒是加拿大麥吉爾大學榮譽退休教授，主要研究領域涉及：語言哲學、心靈哲學、西洋哲學史和自我理論。對他而言，所謂現代化的問題，基本上是一個文化理論的議題。他反對把現代化的過程看作是一種無涉於文化的中立理論，泰勒稱之為「去文化理論」（acultural theory），以單一的發展模式取代文化詮釋的面向，似乎所有的文化都能夠在這個模式之下，走入現代性的指標之內（Taylor, 1992, pp. 88-89）。這種去文化的現代性理論，採取一種線性的進步史觀，認為歷史將以理性的發展為軸線，帶領全體人類進入未來。任何的文化社群都必然要朝著這個方向前進，否則便是將自己排除在現代化之外。

泰勒的扛鼎之作《自我的諸根源：現代認同的形成》，有三個主要目的：首先，是擴大現代人業已窄化的倫理視野，主張在我們認為值得選取的生活方式中，其實有複雜且彼此衝突的「善」在交互作用。其次是從泰勒所架構的三個主軸來說明現代認同的形塑，它們分別為內在性（inwardness）的深度及其尊嚴的要求、對日常生活的肯定（the affirmation of ordinary life）與作為內在道德之根源的表現主義概念（the expressivist conception）（Taylor, 1989, p. ix）。這三個主軸各有其根源，又彼此互相作用，使現代的認同呈現出多種面貌。他據此反對去文化理論以化約方式去認識現代性，其中最重要的理論扣連，則是作為「人」在解決認同問題時，必然要面對的「強評價」（strong evaluation）。

▣ 認同自由的根源

泰勒將他對現代性的詮釋放置在當代西方文明裡，從其特有的倫理與精

神理念所推動的生活實踐，看到理解現代認同的可能根源。泰勒指出，啟蒙的自然主義並不是構成現代認同自由唯一的線索。認同自由的根源，其實遠比一般人想像的還要多元與豐富。除了有神論的視野之外，浪漫主義就是泰勒所要拉回的另一個重要思潮。在個體自由的詮釋上，啟蒙與浪漫相互影響，造就了西方現代人的形象（Taylor, 1989, p. 393）。

在當代，自由雖然是一種普遍認同的「善」，但自由本身並不具有單一的定義。當我們將自由作為認同的要件時，我們可能是在不同的道德根源下去找尋支持。它可能是基於實踐人的理性或自主尊嚴，也可能是追求人自我創造的能力。我們要尋求當代以個體作為核心的自由概念，我們就必須釐清自由認同複雜的根源。

泰勒是在西方文化中成長的哲學家，他對於自由認同根源的討論，主要集中在英美哲學及歐陸哲學，很少涉及東方哲學，遑論中國文化。在本書最後這五章中，我要引述他對西方文化中有關自由認同的論述，根據本書對於儒家文化傳統的分析，以文化對話的方式，說明其論述對於「中西會通」所具有的特殊意義。然後，我要用泰勒的本體論詮釋學，來說明儒家「道德地形學」（moral topography）中的「道德空間」（moral space）。最後，我要以他所主張的「真誠倫理」（the ethics of authenticity）和《中庸》理性對比，說明儒家文化傳統如何可能幫助中國知識分子吸納西方的「外王之道」，而有助於中國的現代化。

▣ 離根理性

「現代自由的開端大約是十七世紀。這個世紀，人開始拒絕古代宇宙秩序給予人的位置」（Taylor, 1989, p. 319）。由於基督宗教的轉化與科學的進展，不僅是神給予人一個新的位置，而且人也努力地由自己來點亮自身獨有的理性之光。

笛卡爾認為，「遵循德性就是持續有堅定的意志，為我們做出最好的判斷」（Taylor, 1989, p. 153）。意志的力量是德性的核心，道德的規範是來自

主體自身，這是離根性自由的道德基礎。過去人的尊嚴展現在公共生活中的各項美德，包括力量、勇敢、控制，審思等，笛卡爾將這些德性從外在秩序轉成內在的理由，認為人的尊嚴來自理性對於狂暴激情與心靈憎魅的有效支配與澄清。他以人的內在平和與寬大心胸（generosity）作為優先的道德價值。唯有循著此一道德價值，人才可能展現出理性對尊嚴及其實踐意義的正確理解。

值得關注的是，對笛卡爾來說，回到內在理性，最後還是證成了神的存在。笛卡爾始終擁有一種神意的秩序概念，神從未在他的視野中消失。理性和上帝的秩序是一致的、只要運用理性的建構程序，我們就能夠聯繫真理。「理性是主體思考的內在特質，感官觀察到的實體秩序，極有可能是魔鬼的耳語，使人迷惑而誤入歧途」。上帝早已經將完滿種植在人的理智中，人不能從缺陷而不完美的心靈祈求上帝賜福，「上帝的存在，是我經由見解清晰的程序，朝向科學進步的保證。上帝的存在，是我建構完美科學體系的一個定理」（Taylor, 1989, p. 157）。

◙ 挑戰「道德框架」

當時的啟蒙思潮允諾了現代人所追求的自由。在解魅（disenchantment）的進程中，伴隨著世俗化（secularization）的產生，西方道德的根源也作了重要的轉移。人們對於上帝的信仰逐漸弱化，上帝信仰無法繼續作為普遍共有的道德根源，而變成眾多道德根源的一個可能選項。人對於上帝的存在不再充滿信心，人開始以自我作為認同的起點，對一切道德框架提出挑戰。

從啟蒙的脈絡來看，自由的現代意義是：「離根理性」的發展，使人逐漸確認自我存在的內在完滿，道德根源也逐漸結合在人的理性之中。解魅的過程讓人掙脫迷亂的言語與情緒之世界，並以自身的離根理性，撥開古老世界加之於眼前的神秘迷霧，以理性之光照亮人的視野，用一種科學的眼光客觀地評估世界。

人變成了一個獨立的主體。只要透過理性的語言（如數學）與智慧，就

可以解析世界，甚至還可以解開過去宇宙秩序裡不可知的秘密。笛卡爾的理性是我們找出結構、認識外在世界的方法。離根理性變成一種技藝（art），讓我們將自我抽離出各種認同與意圖之外，並將欲望和情緒視為可被工具性掌控的對象（Taylor, 1988, p. 307, 1989, p. 150）。偉大靈魂的理性能力是如此強而有力，儘管人仍然保有激情，但是他們的理性始終都有最高的權威（Taylor, 1989, pp. 151-152）。

第二節　兩種理性的對比

「Disengaged」一詞在中文裡譯為「離根」，「disengaged reason」譯為「離根理性」，不僅貼切而且相當傳神。以笛卡爾的哲學和本書中「宋明儒者的『天』、『道』觀」以及「『心』與『性』：朱子學和陽明學的定位」兩章相互比較，我們不難看出西方「主／客對立」文化和中國「天人合一」思想的根本差異。

▣ 「心統性情」

號稱「理學大師」的朱熹可說是中國文化史上第一位「理性主義」者。然而，在中國「陰／陽」宇宙觀的影響下，他所發展出來的「理學」，和笛卡爾提倡以「主／客對立」作為基礎的「理性主義」，也有根本的不同。主張「懷疑主義」的笛卡爾要求人們「掙脫迷亂的語言和情緒世界」，「以自身的離根理性，撥開古老世界加諸在眼前的神秘迷霧」，用一種科學的眼光客觀的評估世界，「以理性之光，照亮人的視野」。

先秦儒家也非常重視知識的獲取。《中庸》第一章開宗明義地說：「故君子戒慎乎其所不睹，恐懼乎其所不聞。」對自己沒有親身見聞過之事，要特別戒慎恐懼，以免因為無知而犯錯。基於這樣的前提，先秦儒家非常重視情緒的控制。《中庸》第一章緊接著說：「喜怒哀樂之未發，謂之中；發而皆中節，謂之和。」朱子受到先師李侗的啟示，又承續了張載對於「天地之

性」和「氣質之性」的區分，也非常重視個人意志對於情緒之控制。他思想成熟之後，發展出「心統性情」之說，認為「已發者，心也；而未發者，皆其性也」。用本書第六章「自性的心理動力模型」來看，朱熹所謂的「性」，應當包含榮格心理學所說的意識及潛意識的全部內容。

▣ 理一分殊

「性即理也」，在這個語境下，朱熹所闡揚的「天理」和「天地之性」是相通的。朱熹是泛認知主義者，他主張「格物窮理」，知識分子要盡可能地擴大自己的知識基礎，這些知識儲存在「個人潛意識」中，成為其「自性」的一部分，而能夠作為他判斷各項事物的背景視域（horizon）。

朱熹主張「理一分殊，月映萬川」，「天理」只有一個，它會展現在個人生活世界中的各個不同情境裡。知識分子平日「格物窮理」的工夫下得愈透徹，他的知識底蘊愈是豐厚，則愈可能做到「發而皆中節」的境界。更清楚地說，這種境界並不是謹守住「喜怒哀樂未發」的狀態，而是因為「中也者，天下之大本也」，個人知識底蘊豐厚，其智慧又讓他能夠拿捏得宜，所以能夠「發而皆中節」、「和也者，天下之達道也」《中庸·第一章》。

本書第九章的析論指出，朱子主張的「天理」是源自於超越的「義理天」。這一點，跟笛卡爾的相信上帝似乎有異曲同工之妙。然而，在「陰／陽」宇宙觀的影響下，東方的「體用觀」使朱子不能像笛卡爾那樣的發展出「天／人對立」的哲學。「致中和」所追求的「天地位焉，萬物育焉」；雖然是一種有機生命生生不息的自然主義，但它卻不是啟蒙運動發生之後，西方科學家以「離根理性」所發展出來的「激進自然主義」（radical naturalism）。這是中、西文化的分歧點，必須特別予以注意。

▣ 儒家文化的問題情境

當代西方離根哲學（disengaged philosophy）的認識論模式，非常重視程序性思維，致使現代的道德哲學過於關注他律的義務，要求人們的行為應該

符合某些正當的原則與道德律令，希望透過一些普遍的原則與程序來削減人面對多元善的不確定感，像康德主義那樣，以純粹的形式將所有的諸善安置在幾個基本的原則之下（Taylor, 1985, pp. 233-234）。許多西方學者指出，自然科學並不否認倫理的生活，但是科學實在論的預設對人類多元價值的合理性卻會造成無可彌補的傷害。因為其中潛藏著一種道德懷疑論，排除了泰勒以經驗交會作為道德的基礎，而代之以其本體論中道德實在論的觀點。

　　泰勒反對康德主義將道德建構成形式化的原則或教條。從本書的論述脈絡來看，儒家文化的問題情境正好與此相反。在本書中，我將從各種不同的角度，反覆強調：如果儒家文化中的知識分子不能夠吸納西方文明之菁華，不懂得以西方科學哲學為基礎，建構「含攝文化的理論」，來說明儒家倫理與道德在其生活世界中各個不同情境中的運作，則他們不僅無法解決儒家社會中長久存在的「良知理性」分裂的難題，而且無法建立自主的社會科學學術傳統。

☐ 具體的普遍性

　　黃俊傑（2014）在其力作《儒家思想與中國歷史思維》一書中指出，傳統中國史家與儒家學者都主張：學術研究的目的在於淑世、經世乃至於救世。為了彰顯儒家價值的淑世作用，他們都非常強調：以具體的歷史「事實」來突顯儒家的「價值」，並在歷史「事實」的脈絡中說明儒家「價值」的意義。這就是所謂的「重變以顯常，述事以求理」，也就是章學誠所說的「述事而理以昭焉，言理而事以範焉」。浸潤在儒家文化氛圍中的傳統中國史家認為，價值理念的「普遍性」（universality）深深地根植於歷史與人物的「特殊性」（particularity）之中，而「抽象性」的「天道」或「理」，也可以從「具體性」的史實之中提煉或抽離而出，黃氏稱之為「具體的普遍性」（concrete universals）。

　　黃俊傑（2014）指出，傳統中國史學家重新建構具體而特殊之歷史事實的最高目標，是為了要從其中抽煉出普遍性的原理，作為經世之依據。正如

司馬遷在〈報任安書〉中所言：

> 僕竊不遜，近自託於無能之辭，網羅天下放失舊聞，考之行事，稽其成敗興壞之理，凡百三十篇，亦欲以究天人之際，通古今之變，成一家之言。

由於太史公著書立說的目的在於「究天人之際，通古今之變」，所以他「網羅天下放失舊聞，考之行事，稽其成敗興壞之理」，寫成本紀、世家、列傳的對象，泰半是王侯將相，殊少納入一般庶民百姓，形成中國史家「以史論經」的傳統。朱熹也有類似觀點：

> 若夫古今之變，極而必反，如晝夜之相生，寒暑之相代，乃理之當然，非人力之可為。是以三代相承，有相因襲而不得變者，有相損益而不可常者。然亦惟聖人為能察其理之所在而因革之，是以人綱人紀，得以傳之百世而無弊。不然，則亦將因其既極而橫潰四出，要以趨其勢之所便，而其所變之善惡，則有不可知者矣。〈古史餘論〉

朱子認為，三代相承之「理」，「有相因襲而不得變者，有相損益而不可常者」，但只有聖人之「心」才能夠「察其理之所在而因革之」，並將儒家所重視的「人綱人紀」一代一代地傳承下去。基於這樣的歷史觀，中國傳統史家傾向於將注意焦點集中在統治者身上。這就是朱子所說的：

> 天下之事其本在於一人，而一人之事其主在於一心，故人主之心一正，則天下之事無有不正，人主之心一邪，則天下之事無有不邪。〈己酉擬上封事〉

這樣的觀點當然不可能產生現代的社會科學理論，也不可能再適用於現代華人社會。因此，儒家文化第三次的現代化，必須充分吸納西方文明菁華的科學哲學，以「多重哲學典範」，建構「含攝文化的理論」。這樣建構出來的理論，必須適用於華人社會中的每一個「人」，而不僅止於「帝王將相」。

第三節　「精準自我」與「關係」

在笛卡爾之後，到了洛克時，對理性的完美與對人的信心更為高漲。洛克認為，離根性使人意識到：內在的思考活動構成了人的自身。知識是由自我的理性所形成的，「人必須負責自己建構有關世界的再現，否則世界仍然是無序而不科學的」（Taylor, 1989, pp. 174-175）。客觀化的機械世界要求人們重新凝視自我的欲望、加諸自身的習俗（custom）以及外在權威的教育，以便精確地了解自己。

▣ 離根的精準主體

新科學的推動就是要打破傳統的倫理規範，我們要毀棄任何禁錮心靈的習慣與教育，「掃除堆積在通往知識之路上的垃圾」（Taylor, 1989, p. 166），經過最徹底的反思，人才能夠避開自我之外的任何權威，將自己的思維抽離出來。更清楚地說：人對於事物的判斷是與最純粹的苦樂反應聯繫在一起的，必須避開不當的干預，以及我們不該擁有病態習慣與迷信，那些東西對我們的幸福與快樂毫無助益（Taylor, 1989, pp. 170-171）。主體經過一連串與世界之解離，理性能夠與外在世界的互動進行如機械般準確的反應。泰勒認為，這就是洛克「精準自我」（punctual self）的概念，亦即在獨立的思維中，堅持客體化的自我控制與自我重構，使理性能夠精準而清楚地與世界來往（Taylor, 1989, pp. 172-173）。

笛卡爾認為，理性是主體思維的內部屬性，而不是出自於外界的實在或

宇宙的秩序。人類的理性不是模仿宇宙秩序，而是從世界「離根」。人們可以把自己和所審視的事物分開，以工具理性來定義事物。這種工具性心態不僅可以針對外部事物，而且可以針對人們自己的屬性、欲望、感受與習慣來建構理論。

洛克進一步將理性從人的圖像中抽離出來，提出「精準」（punctual）主體的概念。經過笛卡爾和洛克的轉變，宇宙秩序從理性的支配視域中退出，而代之以離根之精準主體的工具性控制。

▣ 胡賽爾的自我觀

然而，究竟什麼叫做「離根之精準主體」呢？每一個思想家都會基於他自己特定的立場，而提出不同的答案。甚至同一個思想家也會在其理論發展的不同階段，而提出不同的答案。舉例言之，本書第二章提到，隨著胡賽爾現象學觀念的發展，他本人對「自我」的看法也曾經有三次重大的變化。

在現象學開始時，即在他撰寫《邏輯研究》（1913/1994）時期，他採取一種「無自我的意識論」（non-Ego theory of conciousness），認為，由於自我無法在意識之流中直接呈現出來，為了使現象學成為一種嚴格之學，他也無法接受「自我」的概念。在意識流中並沒有一個稱為「自我」的統合中心存在。

在著述《觀念論》時期，他認為，在變動不居的經驗族群「後面」，有一個「純粹自我」（true Ego），它可以把變動不居的經驗活動統合在同一主題（theme）之下，並用留阻（retain）的方法，將意識之流中眾多的意識活動，整合成一個「綜合性的意識」（synthetic consciousness），使其組合成為同一主題的不同相貌。這個「自我」是一個不變的「自我同一」（self-identical）的存在，是一種蘊藏在意識活動之中的「生命」，具有一種「自由的本質」，能夠自由自在地投向與其擇定之「主題」有關的對象，也能夠將他對於對象的印象自發地組合在一起。

在撰寫《笛卡爾式沉思錄》（1960/1992）中時，即在他哲學工作的末

期，胡賽爾又發展出一種「動態性自我」（dynamic Ego）的概念。意識流在意識對象的時候，一方面不斷地架構對象，另一方面也同時在進行「自我架構」（self-constituting），使「自我」具備「自我同一」的「不變」特質。「自我」因而展現出一種「恆在性的風格」（abiding style），架構成一種統一的不變體，成為一種「人格的特色」（personal character）。

「自我」與「關係」

在討論如何整合中華文化傳統與現代的心理學研究時，鍾年（2014）以葛兆光教授撰寫《中國思想史》時，面對浩如煙海的文獻所作的喟嘆為例，說明：「這種描述確實很困難，且不說資料有時多得難以細讀，有時少得不夠用來分析。」就是分析，有時也不免主觀，因為畢竟我們已經遠離了古人生活的環境，我們只能按照我們的理解加以敘述，有時顯得矛盾，因為生活世界本身就不那麼整齊劃一，可是思想史又不能一古腦兒把資料和盤托出而不加整理（葛兆光，1998，頁 24）。鍾年教授提出了一個關鍵性的概念：「要整理就得有標準和尺度，而且是人們認可的標準和尺度」。

古希臘諺語有一個說法：「人是萬物的尺度」，這個說法基本上是正確的。然而，本書第二章在討論「人類中心主義」的危機時，提到：胡賽爾晚年強調「生活世界」的重要性，海德格則強調「人」是一種「在世存有」（being-in-the-world），他不可能「遺世而孤立」，也不可能站在世界的對立面。因此，本書主張的研究策略認為，「人」必然有「自我」，「自我」離不開人際「關係」，代表「人」之「自我」及「關係」的普世性模型，是我們整理儒家文化傳統，使其成為「含攝儒家文化的心理學理論」之基本尺度。

形式性架構

本書第四章所提出的「自我的曼陀羅模型」（如圖 4-1 所示），則是我為了幫助非西方國家建立自主社會科學，而建構出來的一種「精準自我」，

它是一個空的「形式性架構」（formal structure），在時間上沒有延續性，是立體「曼陀羅模型」中「自我」的一個橫切面（如圖 6-2 所示）。佛教中有所謂「真空妙有」的說法，因為它是空的形式性架構，可以用來分析任何一種社會角色所面對的問題情境，藉此建構跟該問題情境有關的社會科學理論。

第四節　浪漫主義

　　浪漫主義是近代西方文化的一個重大轉折，浪漫主義肇端於十八世紀對啟蒙主流思想的質疑。十八世紀的浪漫主義與啟蒙思潮雖然都出自共同的時代精神，認為人必須回到內在，去尋找自我認同的道德根源，以自我的內在之聲（inner voice）來回答人自己的問題；可是，離根的主體將內在之聲放置在人普遍且完美的理性，以此發展自我認同的道德規則；而浪漫主義則將內在之聲放置在人的情感表現，以創造力的彰顯來表達自我。

▣ 內在的情感之聲

　　在康德之前，盧梭（Rousseau）是浪漫主義的重要肇始者，他肯定人的內在性，以自由作為道德判準。盧梭認為，「我之所以是自由的，是因為自我的準則為我所造。」自由是道德的核心價值，所以人應當追求自我決定（self-determination）的實踐。「惡」指的就是依靠他人，不能決定自己的目的。他的走向是推崇人自然本性之善，認為道德就是能夠聽到內在的情感之聲，人必須探索自我的良知（conscience），「用自然的語言對話」，以尋求指引（Taylor, 1989, p. 357）。

　　浪漫主義假定：我們並不知道我是誰，人要找回自己的認同，就必須對內在進行探索（Taylor, 1989, p. 182）。浪漫主義的內在之聲，不是科學中立的理性話語或道德律則，而是人內心之中各種思緒的混合，是情感的抒發，是想像力的狂飆，是自然的美學呼喚。他認為，人與自然的共感，可以感受與表達造物主的心思（Taylor, 1989, p. 369）。

　　要充分傾聽本性，人唯有表述自身在探索自性過程中的所有發現。人必須透過自我實現，藉由它所呈現的表現形式，來認肯自我。在實現自我之前，生命的內在不可能清晰。生命是潛能的顯現（manifest），「要實現我的本性，我必須藉由闡述（formulation），並實現這種闡述，賦予我生命確定的型態」（Taylor, 1989, p. 375）。人所顯現的是意義，是我生命的內涵與世界意義的聯結。透過我獨特的生命經驗與感受，展現出世界所隱藏的意義，就是泰勒所稱的表達主義（expressivism）（Taylor, 1989, pp. 374-375）。

▣ 生命統一的主題

　　人必須在一個完整的主題下展現生命的統一，「類似於藝術作品，其中每一部分或面向，唯有在與其他各部分的關係中才具有意義」。要探究表現主義與自我實現的自由認同，必須理解表現主義的一個核心觀念：創造性（creativity）。在表現主義的概念中，這是近於美學的活動，類似藝術家的創作，在完成之前沒有人知道結果，「藝術不是模仿，不是再現，而是表現」（Taylor, 1989, p. 379）。

　　浪漫主義主張：人對於自己的指令，不能理解成非理性的激情或欲望。它是一種集合在我自身上所有內在事物的湧現，有如藝術家的靈感，我以此決定我的生活模式。美學的經驗遠遠高於道德原則，只有美（beauty），「使我們成為一個整體，給予我們和諧與自由」。

　　我過著我的生活，我可以找到一種關於差異（difference）的道德意義，「每一個人的生命都有他所要說的故事，而且也應該要說出來，不必去迎合外在世界或理性的一致性要求。只有我才能開啟我的生活故事」，「每一個人都有其自身的尺度，人因此而異於他人」（Taylor, 1989, p. 375）。

▣ 離根理性的自我遮蔽

　　不論是啟蒙運動時期主張理性主義的思想家，或者是啟蒙運動之後，站在理性主義對立面的浪漫主義，都相信宇宙秩序是由神的意旨所決定的。然

而，伴隨著激進啟蒙運動（radical enlightenment）的發生，離根理性興起的後果，即使是在西方，對於上帝的信仰也逐漸淡化，甚至是完全給遺忘掉了。

在這種情況下，洛克賦予理性一種認識世界運行的能力，人必須以自我負責（self-responsibility）的態度，運用這種能力獨力控制思維，讓自己意識到：我要負責且科學地建構世界的秩序。這麼做的原因，是為了使理性的運作與上帝的秩序連結。神雖然不以固有概念的型態存在於心靈之中，但人卻可以藉由理性的能力，來透視上帝的計畫。泰勒認為，洛克的自由和自然法的道德約束相聯繫，其根源毫無疑問是上帝：

> 理性使人了解大家都是上帝的創造物，被賦予平等的能力，可以自由而互不侵犯地享有一切。具體地講，人在理性的普遍支配下，將可以尊重彼此的生命、自由、財產，並且在行有餘力時，幫助他人保全其自然權利。……由於這些權利的享有是在公民社會形成之前，彷彿它們是上天所賦予，因此洛克稱之為自然權利，是任何人都不可剝奪的資產。
>
> ……在自然狀態中，人的自由必須以自然法為準繩；在公民社會中自然必須受立法機構所制定的法律之約束。自然從來不是為所欲為的放縱，這個區別我們不可忽視。（江宜樺，2001，頁54-55）

◉ 以「人」作為中心

康德批評激進啟蒙者將理性僅作為工具理性，他們誤解了生活所應仰賴的精神，那些精神是理性本身、自由與道德。人的內在理性必須遵從普遍的道德律令，這些律令必須是形式（formal）的，「我的理性超越我所有行動的意圖」，行為的結果只是理性原則的產物，並不是我要尋找的目的。絕對的道德義務應當優先於一切偶然的經驗，它不能為特殊的結果而服務，因此也不能用趨樂避苦的計算來決定行為。自主的課題在於排除欲望與外在的他

律，道德行動是由自我立法的形式理性所推動，按照這些律令義務而行動，人就是自由的（Taylor, 1989, p. 363）。

康德的自由主義將人的目的轉化為抽離的道德理性，使人的內在擁有獨立的道德根源，成為當代義務論（deontological）自由主義的重要基礎，也使得正義（正當）原則能夠不依靠任何的善，獨立地被推導出來（Sandel, 1982, p. 2）。

泰勒指出，即使康德仍然是一個虔誠的基督徒，但他的概念「極端的以人為中心。決定意志的根源不是上帝，而是內在於我的理性主體」（Taylor, 1989, p. 366）。「理性的自然存在，就是它自身的目的」（rational nature exists as an end in itself），人及其理性的優越，來自於他發自內心的規則與普遍的正義（Taylor, 1989, p. 365）。

▣ 被降格的個人主義

在科學理性的進步中，人的自我責任是尋求更仔細的論證體系。這不可避免的要和信仰上帝的形上學說切斷關係，至少要說，神是不可知的，而應擱置不論（Taylor, 1989, p. 323）。在離根性的條件下，理性的程序與工具化的偏頗，使得自由的實踐失去實質的意義內涵，造成了一種「被降格的個人主義」（debased individualism）。

接續而來的激進啟蒙思潮，將人的離根性推展到極致。激進啟蒙者促成的功利主義（utilitarianism）與自然機械論，排擠掉形上學與神學的一切空間，讓世界變成單純由物質運轉的中立秩序。以洛克、彌爾（John Stuart Mill）為代表的古典自由主義傳統，反對以形上學來證立政治的自由。他們認為，一個人的行動是否受到他人的妨礙，基本上可憑經驗去判斷，不需要進入形上學的領域，因而主張經驗主義（empiricism）以及功利主義的道德。

人不再需要在行為背後做任何質的評價，唯一可辨識的動機，就是自利自愛。道德辭彙中的善與惡，被替換成快樂與苦痛。理性變成一種服務主體欲望的工具計算能力，也就是追求最大效益的能力。繼之而來的質變，使人

更加相信：自我可以改造物質世界來適應自己。理性變成工具式的技術性（technical）思維，因果的理性推理與物質計算架構了世界的秩序，取代掉神意或其他可能的價值意義（Taylor, 1989, p. 321）。

在離根主體的條件下，激進啟蒙者尋求欲望的解放，使人獲取肉體上更大的自由空間。他們主張：依循人的自然本性，才是真正的自由。人應當師法的是自然，而不是壓抑人性的道德，這才是徹底落實個體自主。邊沁（Jeremy Bentham）認為，人是自己利益的最佳裁判，面對真實的欲望，才是對自己負責。功利主義的主要敵人，就是任何的禁欲原則。在這方面，物質主義有更好的詮釋，它們以物質性的關係理解人類生活，認為自我保護、自我滿足是人的內在驅力，只要不受到虛假體系的干擾，人就會自然趨向自己的幸福，這才是道德的真實基礎。

◉ 縱欲與自我遮蔽

激進啟蒙者讓肉體欲望的滿足不再帶有罪的譴責，這是自然主義最有力的宣告。「縱欲（sensuality）被賦予新的價值，日常生活的提升從自然神論的追求幸福，轉變成對肉體欲望的推崇」（Taylor, 1989, p. 328）。他們相信每個人都可以理解這個簡單的道理：「在一個組織良好的世界，如果人們都能獲得最大的幸福，每一個人的幸福也同樣包含在全體幸福之中」（Taylor, 1989, p. 330）。

基於趨樂避苦，以及愛惜生命的自然法，人們組成了契約社群。在激進啟蒙者的改造下，他們對道德的理解化約掉本體論的道德動機，把道德所需要的強評價縮減成一種直覺。流動的欲望和刺激，將道德評價徹底矮化，除了肉體苦樂之外，人無法再為任何道德的善作出辯護。

自我負責的範疇只剩下苦樂的主體；日常生活的自愛被簡化為縱欲；普遍的仁慈與和諧，則被看作是物質性的利益安排。離根主體的道德失去了道德根源的支持，而流於空洞與弱化。人徹底的自由，卻也徹底的失去生活方向。除了活命與滿足各式欲望之外，人看不到任何更好或更高生活的可能

（Taylor, 1991, p. 5），泰勒因此稱之為「自我遮蔽」（concealing）的哲學。

第五節 「善」與「自由」的辯證

　　這種「自由」屬於英國政治思想家柏林（Isaiah Berlin, 1909-1997）所謂的「消極自由」（negative liberty），即「一個人能不受他人之阻礙而行動的範圍」。從本書對儒家所作的詮釋來看，「消極自由」固然很重要，但其成立必須預設另一種意義的自由，即柏林所謂的「積極自由」（positive liberty）。這是不依靠任何外在力量而自作主宰的自由，這種自由的證立往往必須涉入形上學的議題，譬如：意志自由的問題（Berlin, 1969）。

▣ 初始狀態

　　以羅爾斯（John Rawls, 1921-2002）為代表的新自由主義，用康德式的「義務論倫理學」（deontological ethics）為基礎，提出其正義理論，認為包括功利主義在內的「目的論倫理學」（teleological ethics），並不足以證立「正義即公平」（justice as fairness）的原則（Rawls, 1971）。

　　羅爾斯所主張的「正義即公平」，把每個社會成員都當作自由平等的人來對待，賦予人們社會中的公平地位和待遇，並且把他們之間的契約關係當作是正義的標準。符合正義原則的契約關係，是處於「初始狀態」（original position）中的人們作出理性選擇的結果。所謂「初始狀態」是羅爾斯理論中的一個純粹假設的建構，而不是歷史事實。它從盧梭「社會契約論」中「自然狀態」（the state of nature）的概念演變而來，但又和「自然狀態」有所不同。羅爾斯認為，人們在對有關正義的原則達成協議時，因為所要達到的原則涉及權益的分配，參加協商的各方必須處於完全平等的地位，才可能獲致一個普遍、有效和終極的原則。另一方面，他必須具有健全的理性，才能選擇可以保障自己最大限度之權益的原則。因此，他以「無知之紗」（veil of ignorance）和「最低的最大限度原則」（the maximum rule）作為處於「初始

狀態」中人之理性的兩個主要特徵。

◘ 互不關心的理性

所謂「無知之紗」是指：在「初始狀態」中，人們雖然處於不平等的地位，然而他們似乎都蒙上一層面紗，對自己實際所處的地位一無所知：他們不知道或者根本不想知道他在社會中的位置、階級地位、背景身分，以及與其智慧、能力、財富相關的一切事實。由於大家都處在相同的狀態，沒有人能夠因為本身的條件，而在選擇正義原則的過程中得益或受損，也沒有人能夠設計對其特有之條件特別有利的原則，因而公平協議或交易的結果，才可能符合正義的原則。

羅爾斯將初始狀態中之人的理性稱為「互不關心的理性」（mutually disinterested rationality）。這是一種完全從自己的立場，來謀求利益的思維和行動方式。在一個每人都為自己的利益精打細算的情境裡，損害他人必然會遭受到報復。因此，追求自己最大利益之最理智的方法，就是照顧自己的利益，而不要妨礙或損及他人的利益。換言之，在追求利益並實施其計畫的過程中，必須優先考慮最壞的情境，並且理性地考量：如何在此情境中追求自己最大限度的利益。此一原則，羅爾斯稱之為「最低的最大限度原則」。

羅爾斯採用了經濟學者所發展出來的「博奕矩陣」（game matrix），來說明他的論點。他的《正義論》也充分反映出西方的文化理想。西方個人主義文化最重視的是每個人的「獨立自我」，他們認為，個人在追求正義的時候，可以將社會視為由許多其他個人所組成的「概化他人」，雙方各自站在理想的「初始狀態」，彼此都蒙上「無知之紗」，互相談判，彼此協商，在不妨礙或損及他人利益的前提下，追求自己最大限度的利益。

◘ 道德空間的方向感

自由主義一貫強調：在一個理想的社會中，政府應保障所有公民均有平等的權利，而不宜獨厚特定的價值觀。依羅爾斯的構想，「正義即公平」的

原則不能預設任何特定的「善」，他因此主張「權利優先於善」（the priority of the right over the good），認為唯有這樣的「正義」原則，才能保證所有的公民受到平等的關注與尊重。

　　然而，主張社群主義的哲學家指出，無論在理論上還是實際上，自由主義者所宣稱的「中立性」都是不可能的。道德主觀主義（subjectivism）與相對主義（relativism）要求人要有自我決定的自由。平等的個體對於善的判斷，最終只取決我們每一個人。我們如何斷定何謂好的標準？在主觀的選擇理論上，當所有的善都擁有相等的價值時，是否有一個客觀的價值評判存在？沈岱爾（Sandel）在他所著的《自由主義與正義之界限》（Liberalism and the limits of justice）一書中，批判羅爾斯《正義論》所預設的「先行個體化的主體」（antecedently individuated subject），以及他在另一篇論文中所謂「無牽累的自我」（unencumbered self）（Sandel, 1992）。這種「主體」或「自我」不負載任何的善，對於自我的認同，只剩下志願式（voluntaristic）的選擇。但人的意志無法提供足夠的支持來說明選擇之間的差別，因而喪失了對於道德空間的方向感（Sandel, 1982）。避談實質善的消極自由觀，遮蔽掉深刻討論動機的重要性，離根自由走向重視消除外在障礙，結果是理性的原則無法照護人的實質處境，因此，沈岱爾認為，在理論上，「中立性」若要有規範性，就得對「善」或「自我」採取特定的立場，這必然會使政府在實際的政治事務中無法完全保持中立。

▣ 本真性的倫理

　　自從第二次世界大戰結束以來，西方社會中出現了「放任社會」（permissive society）、「個我一代」（me generation）、「自戀主義」（narcissism）等的頹廢現象。本書第二章指出，導致這些病徵的原因是西方現代文化中潛藏的人類中心主義。對這樣的文化型態，許多有識之士多抱持著悲觀的態度。他們之中有人向其他文化尋找出路，希望能解決自己的認同危機。有些自由派的學者對西方現代文明卻抱持樂觀的態度，他們深信道德相對主義，

認為西方文化的活力就在於尊重個人的自由選擇，任何價值選擇全憑個人的喜好決定。

　　泰勒完全反對道德相對主義的觀點。他認為現代西方人的自我實現有著深厚的哲學基礎，那就是浪漫主義傳統中的本真性觀念。這個觀念是在特定的文化背景中出現的，它兼有個人原創性和社會特殊性的意涵。自我實現是本真性理想的當代口號，道德相對主義卻把這個口號跟它的文化背景割裂開來，使它的意涵流於淺薄。泰勒認為，揭示本真性的文化底蘊，是解決自我實現淺薄化症狀的一劑藥方。

　　在《自我的諸根源》一書中，泰勒批判自由主義預設的自我「原子論」（atomism）。他又發表〈消極自由錯在哪裡？〉一文，提倡「積極自由」之說（Taylor, 1979）。依照泰勒的分析，如果我們採用柏林的概念，將「消極自由」界定為「外在障礙之消除」，則它只是一個「機會概念」（opportunity-concept），這種自由概念只考慮我們能做什麼，或者我們有多大空間可以選擇去做什麼，不論我們為了履行這種選擇是否有所作為。泰勒指出，這樣的「自由」概念必然無法涵蓋自由主義的核心目標，即個人的自我實現。一旦涉及自我實現的問題，「自由」就不能只是一個「機會概念」，而必須轉換成為一個「踐行概念」（exercise-concept），換句話說，一個人的自由取決於他是否能自作主宰，並且決定自己的生活形態。

第六節　新儒家與自由主義

　　在〈徐復觀與殷海光〉一文中，李明輝（1994）從新儒家的視野指出，對柏林而言，消極自由是指「行動者在何種限度以內應被允許不受他人干涉」，而積極自由則是涉及「行動者應如何做出選擇」。換言之，消極自由乃是「免於……的自由」（freedom from），而積極自由乃是「去做……的自由」（freedom to），這是兩種完全不同的議題（Berlin, 1969）。在後來的文獻討論中，這兩種自由觀通常被統稱為「免於受干涉」之消極自由，以及「追

求自我作主」（self-mastery）之積極自由。

▣ 《自由與人權》的爭議

　　基於這樣的區分，李明輝認為，五四以來，中國的自由主義者承襲英美傳統，基於經驗主義的觀點，而支持消極自由；相對地，「新儒家則認為，這種自由雖然很重要，但其成立必須預設另一種意義的自由，即以柏林所謂的『積極自由』，不依靠任何外在力量而自作主宰的自由」（李明輝，1994，頁 100）。在區分這兩種自由的前提下，李明輝認為，「新儒家與中國自由主義有關自由問題的爭論可以說是反映了德國理想主義傳統與英國經驗主義傳統間的爭論」（李明輝，1994，頁 100-101）。

　　李明輝（1994，頁 99）因此而以當代政治哲學的論述為基礎，重新區分新儒家與自由主義者論辯的兩個根本問題：

1. 中國傳統文化是否妨礙科學之發展與民主政治之建立？或者換個方式說，中國要現代化，是否必須先揚棄傳統文化？
2. 民主政治是否需要道德基礎？換言之，政治自由是否必須預設道德自由（意志自由）？

　　蕭高彥（2014）運用系譜學及脈絡主義的研究取向，分析張佛泉（1993）撰寫《自由與人權》一書的過程，闡釋 1950 年代臺灣自由主義者及新儒家對自由的不同觀念。張佛泉成書之前所發表的系列論文，顯示出他的原始計畫乃是一種經驗主義式的自由主義論述，將其論述「限縮」（delimit）在政治經濟的範圍之內，主張「諸權利即諸自由」，不談「自由意志」的問題。這個觀點引起了徐復觀的強烈批判，他認為，「人生而自由」的含義之一，應為「人即是自由」，所以會浸透人的一切生活之中，「反自由即是反人性」。如果僅將自由限縮在政治中的一部分，而將其他部分都切斷，則是「有如戚夫人被刑後的『人彘』」（雷震、殷海光、張佛泉、徐復觀，1954）。

▣ 傳統文化與現代化

張佛泉因此而修正其計畫，後來成書的《自由與人權》，區分了自由的兩個意義系統：人權保障與內心自由，並且運用英國觀念論的哲學，來闡釋內心自由。蕭高彥（2014）通過系譜學的爬梳，認為1950年代臺灣自由觀念的多樣面貌，並不能以「自由主義者主張消極自由、新儒家主張積極自由」的定見加以理解。張佛泉將他建構的自由的兩種指謂，以及他通過權利清單、憲法制訂的民主審議過程，作為社會與邦國間之聯結關口等理論，奠基在觀念論以道德主體作為權利之源的基礎上，乃是一種基於康德主義的自由主義政治哲學。蕭高彥（2014，頁418）因此認為，李明輝提出兩個理論議題的第二個：「民主政治是否需要道德基礎？換言之，政治自由是否必須預設道德自由？」實際上並不存在，因為張佛泉已經接受內心自由以及道德主體性的重要，並且依據觀念論修改其政治哲學論述，這顯示了「自由主義整合道德自由觀念並無窒礙」。

真正需要面對的是第一個議題：「中國傳統文化是否妨礙科學之發展與民主政治之建立？或者換個方式說，中國要現代化，是否必須先揚棄傳統文化」。蕭氏認為，這個議題有必要從另一角度加以考察：是否唯有立基於中華文化傳統（或更確切地說，儒家學說），方有可能建構中國人的道德自律，並在此基礎上在華人社會開創自由民主？

針對這個議題，蕭高彥（2014）的系譜學分析發現：在《自由與人權》成書之前，曾經對張佛泉提出批判的徐復觀，在該書出版後，並未提出任何進一步的評論。牟宗三除了作一些零星的譏諷之外，也沒有系統回應，反而在其1950年代的系列著作中，通過Hegel的歷史哲學，提出其「民主開出論」。

▣ 理性的「架構表現」與「運用表現」

在《政道與治道》一書中，牟宗三（2006）認為，儒家所講的德行修

養，是「理性的運用表現」；源自西方的科學與民主政治，則是「理性的架構表現」。什麼叫「理性的運用表現」呢？牟宗三說：「運用表現」（functional presentation）中之「運用」，亦曰「作用」或「功能」。在中文日常使用中，有時「運用」較順，有時「作用」較順，而「功能」一詞則不常用。「運用表現」即禪宗所謂的「作用見性」；宋明儒者所謂的「即用見體」；《易經》中的說法，則是「於變易中見不易」。「這些話實是偏重在見體」，「我今說『理性之運用表現』，則偏重在表現。表現是具體以成用，或承體之起用，這是在具體生活中牽連著『事』說的」（牟宗三，2006，頁46）。

而「架構表現」（constructive frame presentation），則是指理性「通過一個有結構的媒介」而表現出來，這個有結構的媒介本身並不具有價值或意義；它只是它所表現的實踐理性的一個工具。它是為「實踐理性」服務的，本身是以「觀解理性」（「理論理性」）為根據，不是「實踐理性」。

▣ 民主開出論

牟宗三認為，儒家所講的內聖之德行與科學民主有關係，但不是直接關係，科學民主有其獨立之特性。從「理性的運用表現」直接推不出「理性的架構表現」來，所以要從德性轉出科學與民主，「必不是直轉，而是曲轉」，不能「直通」而必須「曲通」。對這種「轉折的突變」，牟宗三（2006，頁57）的說明是：

> 德性，在其直接的道德意義中，在其作用表現中，雖不含有架構表現中的科學與民主，但道德理性，依其本性而言之，卻不能不要求代表知識的科學與表現正義公道的民主政治。而內在於科學與民主而言，成就這兩者的「理性之架構表現」其本性卻又與德性之道德意義與作用表現相違反，即觀解理性與實踐理性相違反。即在此違反上遂顯出一個「逆」的意義。它要求一個與其本性相違反的

東西。這顯然是一種矛盾。它所要求的東西必須由其自己之否定轉
而為逆其自性之反對物（即成為觀解理性）始成立。它要求一個與
其本性相違反的東西。這表面或平列地觀之，是矛盾；但若內在貫
通地觀之，則若必須在此一逆中始能滿足其要求，實現其要求，則
此表面之矛盾即在一實現或滿足中得消融。

從這段論述，我們已經可以看出：牟宗三哲學的困難所在。牟氏一再強
調：儒家的德行修養跟科學與民主的本性相違反，「觀解理性與實踐理性相
違反」，「理性的作用表現」與「理性的架構表現」相違反，然則儒家文化
要如何開出民主與科學？

▣ 「良知的自我坎陷」

牟宗三想出來的辦法是「曲通」，是「良知的自我坎陷」。在《現象與
物自身》一書中，牟宗三（1975，頁 122）對「良知的自我坎陷」這個概念
所作的說明是：

> 知體明覺不能永停在明覺之感應中，它必須自覺地自我否定
> （亦曰自我坎陷），轉而為「知性」；此知性與物為對，始能使物
> 成為「對象」，從而究知其曲折之相。它必須經由這一步自我坎
> 陷，它始能充分實現其自己，此即所謂辯證的開顯。它經由自我坎
> 陷轉為知性，它始能解決那屬於人的一切特殊問題，而其道德的心
> 願亦始能暢達無阻。

「知體明覺」必須「自我坎陷」始能轉為「知性」，始能充分實現其自
己。這是牟宗三一再強調的明確主張。這樣的主張使新儒家遭到來自各方面
的質疑與挑戰。蕭高彥（2014）認為牟宗三與新儒家的文化論述，是一種社
群主義（communitarianism）取向的歷史哲學。當代社群主義者如沈岱爾

（Sandel, 1982）與麥肯泰（MacIntyre, 1981）基於黑格爾及亞里斯多德的目的論實踐哲學，主張社群需要有一種構成性（constitutive）道德傳統，使群體得以教養並形塑個人認同，而不致流於原子式個人主義。

　　社群主義的歷史觀是一種對於過去歷史過程，就其根源及終極目的所提出之史論，並指向未來歷史實踐之應然。蕭氏指出，即使吾人接受此種歷史哲學，在新儒家的諸多論述中，仍然缺乏基於牟氏所稱的「理性的架構表現」，運用「分解的盡理精神」實質地分析在當代中國所應實施的民主制度具體內涵；彷彿在提出社群主義的歷史哲學，以及知識論層次的「良知的自我坎陷」理論前提後，此種理性架構表現「便能夠如其所應然的實踐」，「並發展出適合中國的民主制度」（蕭高彥，2014，頁 416-417）。

◙ 「學統」與「政統」

　　蕭高彥（2014）的這個問題，對新儒家提出了最嚴峻的挑戰。從牟宗三（1983）所主張的「三統並建」來看，新儒家未能基於「理性的架構表現」，運用「分解的盡理精神」，實質地分析「在當代中國所應實施的民主制度具體內涵」，已經是屬於「政統」層次的問題。從本書的論述脈絡來看，要建立「儒家人文主義」的「政統」，還得先建立華人自主社會科學的「學統」。本書的基本主張是：儒家的倫理與道德是支撐華人生活世界的先驗性形式架構，它會展現在華人社會生活的每一面向之中。如果華人學術界無法對源自西方的科學哲學產生「相應的理解」（牟宗三語），也不能運用「分解的盡理精神」建立「儒家人文主義」的自主學術傳統，整個社會科學界都是以「個人主義」作為預設的西方理論所盤據，「學統」不穩，何來「政統」？

◙ 康德主義的取徑

　　蕭高彥（2014）的論文除了作系譜學及歷史分析之外，也指向重構政治哲學的必要性。他說：

在《自由與人權》成書時，康德並不是政治哲學界的主要取向，但自上世紀 70 年代以來，在羅爾斯（John Rawls）以及德沃金（Ronald Dworkin）等自由主義者的理論建構中取得核心的地位，當代政治哲學也由個人尊嚴到基本自由等觀念，重新建構了完整的體系（錢永祥，2014，頁 51-68）。值得注意的是，新儒家後來的發展，也脫離了黑格爾歷史哲學的架構，走上康德主義的取徑（李明輝，1994，頁 61-71）。拉到當代的場景，是否有可能通過康德主義而再建立一個對話或學術討論的空間？（頁 418）

這是華人政治學者必須要回答的問題。放置在本書的論述脈絡中來看，本書第二部分所包含的四、五、六等三章，已經用「後實證主義」的「分解的盡理精神」，建構出一系列「含攝文化的理論」，它們不僅可以解決儒家發展史上許多懸而未解的難題（見本書第三部分），而且可以作為建立華人自主社會科學「學統」的基礎。上一章已經指出，我所採用的研究策略，包含「建構實在論」與「批判實在論」，都是追隨康德主義的取徑（如圖 3-1 及圖 3-2 所示）。在本書最後一部分的其餘各章，我將以泰勒的哲學作為基礎，進一步說明：如何以儒家「構成性」（constitutive）的道德傳統，形塑現代華人社會中的道德空間。

◨ 踐行概念

從自由主義的觀點來看，一旦我們承認我們的動機有真實與虛假之分，或目標有重要與不重要之別，因而承認價值的抉擇有其客觀判準，國家或社會就有可能以追求真實或重要的目標為藉口，來干涉個人的行動，因而對個人產生集體的壓迫。因此，自由主義必須固守「消極自由」的防線，以防範國家或社會對個人的可能壓迫。

但泰勒卻認為，我們就必須在自己的各種動機（或目標）之間區分真實與虛假的動機，或者重要與不重要的目標。更清楚地說，我們必須承認價值

抉擇不是純粹主觀的，而必須有其客觀判準。總而言之，一旦考慮到自我實現的問題，我們就必須採取「積極自由」的概念，將自由界定為「實現自身目標的能力」。

　　總而言之，泰勒與柏林同樣面對著浪漫主義遺留給現代人的價值多元處境。對柏林來說，由於人不可能再去接受任何一元的目的之掌控，消極自由便是現代人自由的保障，這種多元價值的衝突是無法化解的。但是對泰勒來說，我們必須找尋一個可以信靠的共同基礎，來化解最激烈的分化與對立。他一方面要開啟現代人在日常生活中對於善的肯認與表達；另一方面則要提供一種哲學上的基礎，為人類找尋出路與解決方案。在踐行概念下，內在動機受到重重檢驗，真實自我的呈現也不是那樣的理所當然。關於該作什麼選擇？什麼是個人真實的渴望？是否有一個更高的形上學原則與層次？真實的渴望是否有一個更寬廣的範圍？我現在所想的是不是和真實的我相違背？這是作為一個主體必須時時質疑的問題。這些問題暗示著，人的自我認識有錯誤的可能，個人不能作為判斷自我是否自由的最終權威（final authority）（Taylor, 1985, pp. 215-216）。

本章小結　

　　無論是善的對立，還是群體之間的對立，泰勒並不認為這樣的衝突是無可化解的。他希望努力創造一種條件，使兩種被珍視的善得以結合，或者至少在更高的價值水平上獲得平衡。並非公共利益永遠大於私人善，或者私人善必然優先於公共利益。我們必須權衡衝突之間的輕重，會隨著環境文化的變遷，對立的善會發生變動，正如民主、自由的內涵也會透過不斷的詮釋而獲得舒緩，我們需要一個新的文化秩序的活力，讓多元的善能夠被呈現出來，而且還要能夠被討論。

　　本章以加拿大哲學家泰勒所提出的本體論詮釋學作為切入點，強調西方近代「離根理性」和儒家「中庸理性」的對比。本書的基本立場是：儒家文

化必須吸納西方文化「離根理性」的思維方式，建構出有關「精準自我」與「關係」的普世性理論（見本書第四章），來說明其自身（見本書第五章），它才有可能在多元文化競爭的格局中，和西方文化展開「傳統與現代的鬥爭遊戲」（見本書第三章）。

　　針對西方思想家對於「善」和「自由」所展開的激烈辯證，本書完全贊同泰勒所主張的「積極自由」，把自由當作是一種「踐行概念」。然而，泰勒本人是反思西方文化的哲學家，他的著作幾乎完全不談儒家文化。本書認為，他的主張必須放置在本書第二部分所建構的心理學模型中，對儒家文化做心理學的對話，才能彰顯出儒家文化傳統的現代意義。基於這樣的立場，本書下列各章將以我對儒家文化的分析和泰勒的道德哲學展開對話。

第十一章　儒家的「道德空間」

　　泰勒認為，道德理論必須連結到人們真實的生活方式（the way people actually live their lives），而倫理的規範必須在實踐中獲得，任何關於人類行為的研究，都必須從人理解自己開始，「任何有意義的道德理論也同樣必須從人們道德生活的經歷開始」（Abbey, 2000, p. 40）。在他看來，道德的實在是無庸置疑的（unproblematic）：

　　　　這樣的道德實在正如同人的存在一般，為了日常生活的各種目的，人不得不訴諸強評價的善，來思考、沉澱感受與做決定，人們需要這些語彙來理解自己的行為。……什麼是實在的，就是你每天所必須面對的（what is real is what you have to deal with），不會因為你的偏見而消失。（Taylor, 1989, pp. 59-60）

第一節　道德實在論

　　在探討道德根源的本體時，泰勒的道德哲學蘊含著一種明顯的道德實在論（moral realism），主張以實在論為基礎，將自我詮釋的主體與道德理論加以結合，深入說明道德空間與其本體論的整體主義特徵。泰勒認為，當代道德理論所面臨的最大問題，就是所謂自然主義知識論的陰影，阻擋了對善之本體論的認識，將事實與價值分割，「化解／遮蔽」了善的實質衝突。

◙ 道德空間

　　泰勒認為，道德生活是人類生活的真實（reality），人的理解無法脫離這個超越性的背景條件。人類透過語言思想、實踐行動與文化遺產，來表述出道德的實在。它是一種前理論（pre-theorical）的實踐（practice）背景，人之所以要再現它，是因為受它所影響而必須詮釋它。泰勒認為，實在的機制「隱含在實踐的意義與規範中，它不只存在於行動者的內在心靈，同時也存在於實踐主體間的互動之中」（Taylor, 1985a, p. 36）。在社群的制度與實踐中，我們不需要深厚的理論思索來證明它的存在，實踐的維繫，是隱含在人際互動中的自我理解。

　　泰勒認為，人的自然本性並不只是欲望，而且還有「喜怒哀樂」和愛恨情仇的諸多感受，這些感受是人在真實生活中表達自我陳述（account of self-hood）時，有關道德價值（worth）的認同。泰勒關切的是，認識人類真實生活的主體處境。當我們在設想一個人的時候：

> 我們所指的不僅是一個有生命的有機體，而且是一個能思考、感受、下決定、被感動、有回應、能與他人建立關係的存有。這一切都必須運用語言來闡釋他經驗這個世界的感受，進而理解自身與他人，以及過去未來等關係。這是一個使自己處於（situates）文化世界之內的特殊方式，我們稱之為認同（identity）（Taylor, 1979, p. 87）。

　　泰勒認為，明白「我是誰」，是作為「人」的主體責任。認同則是人類以「自我」作為主體，在「自我」的選擇與行動中，表現出我所同意、熱愛、珍惜的事物。自我存在於一個問題空間中，他必須處理的問題包括：一個人應該是什麼樣的人？一個人應該如何衡量什麼是善？什麼是惡？什麼是對？什麼是真的值得做的事？他在這個空間中，能夠找到個人立場，形成一個視

角，由此而占有這個空間。這就是海德格的著名表述所指的意思：「親在」（Dasein）存在於「問題之中」（in question）（Taylor, 1988, p. 298）。

稍後他又說：「我的主要命題是：自我本質上存在於道德空間之中，這是以圖像或立體方式描繪的空間」（Taylor, 1988, p. 300）。

▣ 儒家倫理與道德的框架

德國社會學大師韋伯（Max Weber, 1864-1920）認為，西方的現代化發軔於基督新教倫理的價值理性，形成工具理性的蔓延。泰勒的這部著作則指出，價值理性不會因為現代化而消失。直到現在，自我觀念仍然是在價值理性之中建構的；自我和善，或者自我與道德，是緊密連結在一起的主題。自主性、人格或者自我的觀念，是由關於善的話語參與構成的。這些關涉價值的話語，是理解自我「無法逃避的框架」（inescapable framework）（Taylor, 1988）。

對於生活在儒家社會中的個人而言，儒家倫理與道德顯然是他生活世界中最重要的「無可逃避的框架」。孔子與弟子周遊列國十四年，終不為諸侯所用，回到魯國已 68 歲，開始整理六經，並與弟子合著《易傳·文言》。《易經》六十四卦依其次序可分為上經和下經，上經三十卦，說明天地自然之象，以乾坤開始，而以坎離為終。下經三十四卦，說明人物生化之形，以咸恆開始，而以既濟未濟為終。上下經所言都兼天道與人道，卻各有所重。「下經」〈序卦傳〉說：

> 有天地，然後有萬物。有萬物，然後有男女。有男女，然後有
> 夫婦。有夫婦，然後有父子。有父子，然後有君臣。有君臣，然後
> 有上下。有上下，然後禮義有所錯。

《易經·序卦傳》說明了先秦儒家「立人道於天道」的思維方式。先秦儒家在反思自己生命存在的意義時，雖然並不否認：個人來到世間，並非出自於自己有意志的抉擇；然而，當他反思自己的「在世存有」（being-in-the-world）時，他卻發現自己並非單獨存有的個體，而是活在與天地萬物相互依存的狀態裡。尤其是他跟父母及家族成員之間，更有無法切斷的關係。儒家所主張的「禮義」等所謂的「人道」，便是以此作為前提而建構出來的。

◉ 「道德空間」中的認同行動

對泰勒來說，自我認同是生命意義的指引，其內涵由道德的視野所定義。人異於動物之處，在於他有內在深度，能追求並沉思具有質性區辨的良善生活，藉此避免陷入淺薄的欲望之中，使自己生活的意義遭受扭曲。去除掉支持認同所做出的反思行動，主體就不再是具有完備能力的人。

道德哲學告訴我們什麼是「善」的，而不僅只是正當（right）而已。道德所構成的認同，應當是我們摯愛的、真誠的良善（Taylor, 1989, p. 3）。道德所定義的，應當是良善生活的本質，而不全是義務的內容。人對於「自我之道」（selfhood）的意識愈清晰充分，人就愈能夠踏實與順利地生活。認同是持續一生的課業，失去穩定的認同，人將陷入危機。他不只不快樂，而且會失去日常生活中應對的能力。

道德理論必須說明：自我詮釋的主體如何使自我認同成為個人「行動／實踐」的基礎。對泰勒來說，這直接關係到人類如何在道德空間（moral space）中形成獨特的行動主體（agency）。因此，泰勒以「道德根源」一詞來統整他所要表述的意義背景與框架。他認為，道德空間的存在，是人類真實的生活本體。我們所要探討的是道德空間與人類實踐活動之間的關係：

> 一個具有完備能力的行動者（full human agent），存在於日常生活（ordinary life）裡由某些價值區別所界定的空間之中（space defined by distinctions of worth）。自我概念肇始於各種價值問題……這不是關於人類主體的偶然事實，而是我們理解與認知它的基本要素……人是自我詮釋的存在，只能在價值區別的背景中被理解，不可能被追求中立的科學語言所捕捉。（Taylor, 1985a, p. 3）

⊡ 君子之教

　　儒家的「君子之教」，基本上就是要為儒家文化中的「君子」界定一種「道德空間」，幫助他在生命中的重要處境做出道德判斷。「君子」這個概念本來是指有貴族身分或家世的人，孔子則轉而借之，用以指稱有道德修養的人。《論語》記載的孔子語錄中，除少數例外，絕大多數都是第二種用法。由於孔子的教育目標，在培養能夠「學以致其道」的「君子」，他平日教導學生，便十分強調「君子」這個概念，例如：子夏投入孔子門下，孔子即告誡他：「汝為君子儒，無為小人儒」《論語‧雍也》。他自己平日更經常和弟子從各種不同角度，討論「君子」和「小人」之別：

　　　　子曰：「君子喻於義，小人喻於利。」《論語‧里仁》
　　　　子曰：「君子懷德，小人懷土；君子懷刑，小人懷惠。」《論語‧里仁》
　　　　子曰：「君子固窮，小人窮斯濫矣。」《論語‧衛靈公》
　　　　子曰：「君子有勇而無義為亂，小人有勇而無義為盜。」《論語‧陽貨》
　　　　子曰：「君子求諸己，小人求諸人。」《論語‧衛靈公》
　　　　子曰：「君子坦蕩蕩，小人長戚戚。」《論語‧述而》
　　　　子曰：「君子成人之美，不成人之惡；小人反是。」《論語‧顏淵》
　　　　子曰：「君子和而不同，小人同而不和。」《論語‧子路》
　　　　子曰：「君子固而不比，小人比而不固。」《論語‧為政》
　　　　子曰：「君子泰而不驕，小人驕而不泰。」《論語‧子路》

　　以上例子顯示：孔子非常重視「君子」和「小人」的不同，並試圖從各種不同角度來突顯兩者之間的差異，其目的則是希望弟子作為「君子」，毋

為「小人」。當然，以上所舉的例子並不能窮盡孔子對「君子」所作的描述，在儒家典籍中，我們還可以看到儒家對於「君子」的許多要求。然則，何謂「君子」？一個人要怎麼樣才能夠變成君子？先秦儒家的「君子之教」對於現代人具有什麼意義？

第二節　弱評價與強評價

　　孔子反覆叮嚀，希望弟子能夠成為「君子」，不要自甘墮落，異化成為「小人」，其中已經蘊含有「自我控制」或自律的概念。在西方，自我控制可以追溯到柏拉圖的思想：「善乃自己的主人」。柏拉圖所說的自我控制是：居「高位」的理性對居「低位」之欲望的控制。人們自己內部的理性控制，乃是模仿或者實現理念；整理事物，使之有序的方式。人們自己內部的控制是「理念」，宇宙秩序有關的道德圖像是「至善」，兩者因此而連結在一起。

◨ 弱評價

　　以「自我的曼陀羅模型」來描繪「精準自我」，我們就能夠進一步討論：作為主體的人類及其「自我控制」問題。在〈何謂人類主體〉（What is human agency）中（Taylor, 1985a, pp. 15-44），泰勒將欲望分為兩個層級。第一層級的欲望（first-order desires）是人類與動物共有的。整體而言，動物的本性主要是在生存的基本欲望上尋求溫飽、繁衍後代與避免生命危險，這是出自生物體的基本欲望。人類也有類似的趨向，但人類行為中，這樣的生物目的會以文化的型態表現出來，人類的欲望構成通常在社群中才會產生具體的意像。

　　第二層級的欲望（second-order desires），是「關於我們欲望的欲望」（desires we have about our own desires）。此一層級的欲望旨在將諸多第一層級的欲望做出排序、仲裁，使我們能夠為行動作出決定。如何對第一層級的

欲望進行衡量，泰勒認為有兩種辦法，第一種是以功利效益為起點，估量哪一個選擇行動能夠造成欲望最大的滿足。人在面臨抉擇時，對於欲望強度的評估來自我當下的感覺（just what I happen to feel），這種感覺的基礎是欲望在量（quantitative）上的累積。其選擇只是偶然地隨興而為，情意的流動全憑即時喜好的強度，沒有太多的道理。這種欲望的評價方式，泰勒稱之為弱評價（weak evaluation）。舉例來說，當我考慮要運動還是要讀書時，因為無法同時進行，只能在兩者之間選擇其一。這時弱評價所衡量的，是兩個選項產出的結果，何者能夠提供最大的滿足。泰勒認為，這是較低層級的衡量方式，對於行為的評價和排序，只憑即時欲望的印象，不必以認知仔細思索（inarticulate）選擇的其他意義（Taylor, 1985a, p. 23）。

▣ 「克己復禮」

用「自我的曼陀羅模型」（如圖 4-1 所示）來說，作為自然生物體的「個體」，天生而有各種不同的欲望，必須從外在環境中獲取不同的資源，來滿足一己的欲望。在先秦儒家中，荀子最強調人的這個層面：

> 夫好利而欲得者，此人之情性也。
>
> 今人之性，生而有好利焉……生而有疾惡焉……生而有耳目之欲、有好聲色焉。
>
> 若夫目好色，耳好聽，口好味，心好利，骨體膚理好愉佚，是皆生於人之情性者也。
>
> 凡人有所一同：飢而欲食，寒而欲煖，勞而欲息，好利而惡害，是人之所生而有也，是無待而然者也，是禹桀之所同也。目辨黑白美惡，耳辨音聲清濁，口辨酸鹹甘苦，鼻辨芬芳腥臊，骨體膚理辨寒暑疾癢，是又人之所常生而有也，是無待而然者也，是禹桀之所同也。《荀子·榮辱篇》

主張「性善論」的孟子也認為，「飽食煖衣，逸居而無教，則近於禽獸」《孟子‧滕文公上》。換言之，不論是主張「性善論」的孟子，或是主張「性惡論」的荀子，都一致同意：作為生物之個體（individual）具有各種欲望，是「自我」的啟動者（activator），它會促使「自我」運用其知識作為工具，向外在世界獲取種種資源，來滿足自己的欲望。

用「自我的曼陀羅模型」來看，個人的欲望和儒家在社會學層次上的倫理要求，往往存有一種相當緊張的關係。因此儒家要求個人「克己復禮」，克制自己的欲望，並依照禮儀規範，來和他人進行社會互動，務期使個人的言行舉止符合「禮」的要求。用泰勒的「道德地形學」（moral topography）來說，這就是所謂的「弱評價」。

▣ 強評價

對於第一層級欲望的另一種評價方式，則是以價值（worth）作為評價基礎，在感覺及情緒間區辨出質的差異。此時，偏好與欲望並不是考量的重點，而是以選項間的良善對錯來作為判準。抉擇的產生不只是反映個人的偏好，選項本身也具有自己的意義。藉由語言作質的評價，使選擇能夠更為精練地表述出其間的差別，這就是泰勒所謂的強評價（strong evaluation）。孟子曾經說過一段名言：

> 魚，我所欲也；熊掌，亦我所欲也；二者不可得兼，舍魚而取熊掌者也。生，亦我所欲也；義，亦我所欲也；二者不可得兼，舍生而取義者也。生亦我所欲，所欲有甚於生者，故不為苟得也；死亦我所惡，所惡有甚於死者，故患有所不辟也。

「魚」與「熊掌」之間的抉擇，是在兩個第一層級的欲望之間的抉擇。「舍魚而取熊掌者也」，出自於個人的偏好，屬於泰勒所謂的「弱評價」。「生」是屬於生物體的個人必然會有的強烈欲望；「義」則是儒家文化中，

高度讚許的價值。「生」與「義」之間的抉擇，取決於「第二層級的欲望」，亦即泰勒所謂「關於我們欲望的欲望」。孟子主張「二者不可得兼，舍生而取義者也」，這是他在面臨價值衝突情境時所做出的「強評價」（Taylor, 1985a, pp. 15-45, 1989, pp. 25-52）。

▣ 「求其放心」

在上述引文中，孟子接著說：

> 如使人之所欲莫甚於生，則凡可以得生者，何不用也？使人之所惡莫甚於死者，則凡可以辟患者，何不為也？由是則生，而有不用也；由是則可以辟患，而有不為也。是故所欲有甚於生者，所惡有甚於死者，非獨賢者有是心也，人皆有之，賢者能勿喪耳。

孟子認為「所欲有甚於生者，所惡有甚於死者」，這是每個人都有的「良心」，「非獨賢者有是心也」。然而，為什麼唯有「賢者能勿喪」其本心呢？

> 一簞食，一豆羹，得之則生，弗得則死。呼爾而與之，行道之人弗受；蹴爾而與之，乞人不屑也。萬鍾則不辨禮義而受之，萬鍾於我何加焉？為宮室之美，妻妾之奉，所識窮乏者得我與？鄉為身死而不受，今為宮室之美為之；鄉為身死而不受，今為妻妾之奉為之；鄉為身死而不受，今為所識窮乏者得我而為之；是亦不可以已乎？此之謂失其本心。

孟子先敘說一個「行道」之「乞人」「不食嗟來食」的故事，然後再提出一個當時知識分子常見的現象「萬鍾則不辨禮義而受之」。他強烈地譴責「鄉為身死而不受，今為宮室之美為之；鄉為身死而不受，今為妻妾之奉為

之；鄉為身死而不受，今為所識窮乏者得我而為之」，認為諸如此類的現象，都是出自於「失其本心」。因此，他很堅定地主張：

> 仁，人心也；義，人路也。舍其路而弗由，放其心而不知求，哀哉！人有雞犬放，則知求之；有放心，而不知求。學問之道無他，求其放心而已矣。

◙ 「先立乎其大」

儒家教育的目標就是要「求其放心」，希望儒者在面臨生命重大抉擇的情境，能夠以儒家價值觀作為判準，來作強評價。孟子和公都子曾經作過一次精彩的對話：

> 公都子問曰：「鈞是人也，或為大人，或為小人，何也？」孟子曰：「從其大體為大人；從其小體為小人」。曰：「鈞是人也，或從其大體，或從其小體，何也？」曰：「耳目之官不思，而蔽於物；物交物，則引之而已矣。心之官則思，思則得之，不思則不得也。此天之所與我者。先立乎其大者，則其小者不能奪也。此為大人而已矣。」《孟子‧告子章句上》

用「自我的曼陀羅模型」（如圖 4-1 所示）來說，這段對話中，孟子所說的：「耳目之官不思，而蔽於物」就是「個體」在第一層級的欲望引導下，只作「弱評價」，他的行動主要受到外物的驅引，跟其他的生物體並沒有什麼兩樣，所以說「物交物，則引之而已矣」。

孟子認為，「良知」是「天之所與我者」，「心」作為「自我」的意識，它最重要的功能就是反思（心之官則思），在生命重大抉擇關頭，只要作強評價，自己的良知就一定會產生作用，所以說「思則得之，不思則不得

也」。孟子認為「從其大體為大人；從其小體為小人」，以「自我的曼陀羅模型」來說，所謂「大體」，就是儒家認為作為「人」（person）必須遵循的價值判準；所謂「小體」，就是作為生物體必然會有的「第一層級的欲望」。孟子相信只要「先立乎其大者」，在作為「人」的道德判斷和「個體」欲望發生衝突的時候，「則其小者不能奪也」，這就是儒家所謂的「大人」。陸九淵承繼了孟子的心學，所以要求弟子們「先立乎其大」。

第三節　優位善與「論述理路」的鬥爭

　　泰勒認為，自我必須安身立命於某些值得信靠的價值當中。強評價所產生的感覺，只是評價者將其先於反思之生活（pre-reflective life）的價值明確地表述出來。更清楚地說，每一個人的認同都是鑲嵌在一個文化社群的意義框架之中。這些框架不只是提供個人生活方向指引與修正，更重要的是它使個人的生活有變得更好的可能性。個人會感受到他的生活為善的實在所引導，泰勒將這些框架稱為道德空間或道德根源。

▣ 歷史性的探索與生活善

　　如果自我認同是自我詮釋的必要條件，則歷史性的自我構成就是人無法避免的存在型態。唯有經過歷史性的探索與敘事的自我統一，人才能夠凝聚自我的意識，對於當前個體自由的理解才不會陷入空洞的處境。唯有把自己放在歷史敘事中，透過實踐理性（practical reason），審思如何在道德空間中移動，才能在生活世界中順利地應對進退。更清楚地說，人們的道德生活總是由許多生活善（life goods）所構成，這些生活善使個人選擇的評價具有內在的價值意義，也使我們在生活中讓自己的生命有更好的視野。

　　價值選擇所面臨的艱困課題，往往是善之間的衝突，尤其是身為一個現代人更是經常面臨著多元善的競逐，這些善所表達的不同生活方式，常常被理解為是無法共量的（incommensurable）。因此，善的權衡成為生活實踐的

重要課題。自我敘事的組織是實踐理性對各種善之評價的排序，讓人能夠理解生命的認同。人必須透過實踐理性，在生活處境裡審度生命中的優位善（hypergoods），在諸多善之間找出高於其他生活善，且足以支配多數生活實踐的善，才能夠在道德衝突中找到心安理得的最佳出路（Taylor, 1985b, p. 63）。

◨ 文化社群與優位善

優位善並不是一個抽離而能統馭其他諸善的優勢原則，它是個人與文化社群間雙向性的肯認。在一個特定文化中之個人，一方面可能遵循一些優位善對於自我的強烈要求；另一方面優位善又必須超越個人，顯示出時代與文化的道德重心。不同的時空場域，對於文化中所提倡的優位善常會有不同的理解。人們對於優位的支持與移轉，通常會隨著文化社群的歷史實踐，而獲得重新評價。個人與社群雖然不一定有強制性的聯繫，但是兩者卻又是相互構成的必然關係。整體而言，生活善與優位善的根源，是使其成為良善的「構成善」（constitutive goods）（Taylor, 1989），也是本文所說的道德根源。構成善是隱含在道德空間的本體，在文化社群中提供人們生活廣泛的道德意義，並且培植人們實踐善的能力，當我們連結並表述道德根源時，我們能夠獲得行為的增能。

構成善是作為「人」所不能逃避的道德框架，自我認同的構成一方面是由實踐理性明白此一空間的形貌，並形成自我的敘事，另一方面則是以強評價的連結讓生命的意義能夠完整的呈現。構成善能夠說明：為什麼諸善成為我們認同中所珍惜的價值。在文化中不能對構成善進行表述的人，並不意味著他們的道德直覺是無所追求與無所信靠的（Taylor, 1989, pp. 307-308）。

第四節　傳統與現代的鬥爭遊戲

放置在本書的論述脈絡中來看，泰勒所說的「生活善、優位善、構成

善」，和葉啟政（2001）所說的「實作理路、論述理路、結構理路」是相互對應的。其間差別是泰勒將其論述範疇限制在「道德反思」的面向，而葉氏「三重理路」之說的應用範圍則較為寬廣。

▣ 「現代性」的「總體陣地戰」

在〈傳統與現代的鬥爭遊戲〉一文中，葉啟政（2001）從社會學的角度指出，從啟蒙運動發生之後，西方工業文明的諸多面向，包括器用造成和功能、社會制度、思考和認知模式、價值和信仰體系，乃至生活形式等，均呈現出主導優勢性，而成為亞洲社會人們競相模仿的對象。「現代化」原本是一種以西方理性為主軸所建構出來的歷史形式，其內含有一定的文化構成理路，極具邏輯一致性（logical consistency），因而在相當程度上具有有機體的「體系性」（systemness），其特質必須以論述（discourse）為優位，並以「實作」（practice）為手段來加以貫徹。中國經過鴉片戰爭的「百年羞辱」，以及五四運動的洗禮，許多知識分子不再仔細追溯「現代化」思想體系的起源及可能的負面後果，反倒把它看作是「救亡圖存」與「富國強兵」的希望所在。

葉啟政（2001）指出，中國社會中主張「現代化」的知識菁英，通常是以「論述」帶動「政策」，並以集體成就作為目標，而推動「現代化」的實踐活動，他們打的是對整個社會規範理路進行全盤轉化和顛覆的「總體陣地戰」。「菁英們挾持著種種足以支配別人、且具正當性的社會資源，以有整體系統之『理性』考量為戰略，在社會中各個重要據點布陣，採取嚴陣以待、蓄勢待發的方式進行攻擊戰。這種攻擊戰的目標在於摧毀舊有體制，進而重建秩序」（頁62）。

他們通常會以「我們」作為中心，而以諸如國家、社會、區域或人民為考量的「整體」意識，來推動「現代化」。相反地，一般社會大眾通常只是環繞著自己的身軀，來建構以「我」為中心的世界觀，或是以「我」中心，而依親疏遠近向外擴散之人際網絡，或以利益或情感作為分殊基礎，建構區

域聯防性的「區域」世界觀。

◩ 本土傳統的游擊戰

面對知識菁英所發動的「現代化」大規模總體陣地戰，社會大眾並無力發動另一種以本土傳統作為論述理路的總體陣地戰，而只能以其有限的生活場域危機地，利用空隙，靠種種掩飾手法，在被「現代化」所征服的大地上，進行小規模、零星、片面、不定時、不定點，但卻也是隨時隨地推動的游擊戰。這種游擊戰基本上沒有戰略，有的只是以個體或有限數量之個體聯防，並強調視機而動的戰術（tactic）（葉啟政，2001，頁 63）。

用泰勒的哲學來說，本書主張以科學哲學為基礎，建構「含攝文化的理論」，來和西方理論進行競爭，基本上便是要以中國文化中所欠缺的「離根理性」，對儒家文化傳統進行「激進反思」，將其轉化成為「構成善」的「結構理路」，讓它在對「現代化」理論進行反擊的時候，能夠從「游擊戰」的層次，提升為「總體陣地戰」；在和各種「個人主義」道德競爭的時候，有較大獲勝的可能，而成為所謂的「優位善」。

本書所採取的策略，並不僅是「師夷長技以制夷」，而是基於人類普遍的心智，以牟宗三所謂的「一心開二門」，或傅偉勳所謂的「一心開多門」，來吸納西方文明的菁華。對於中華文化未來的開展而言，這種「中西會通」的過程是絕對必要的。

在儒家文化中，本書第五章所說的「四端」、「五常」都是人們在其生活世界中的「實作理路」或「生活善」。本書第五章以「自我的曼陀羅模型」（如圖 4-1 所示）和「儒家的庶人倫理」（如圖 5-2 所示）作為基礎，對於儒家「仁、義、禮、智、信」等「五常」所做的分析，可以說是儒家倫理與道德的「構成善」或「結構理路」。孟子講「本心」、「良心」、「良知良能」，王陽明講「致良知」，朱熹講「理一分殊，月印萬川」，在這個「結構理路」中，他們所謂的「本心」、「良心」、「良知良能」、「天理」，可以說是居於較高位的「優位善」（如圖 6-3 所示），可以統攝展現在各個不

同情境中的「三綱」、「四端」或「五常」。

▣ 「儒家關係主義」的研究綱領

　　儒家的倫理與道德是支撐住華人生活世界的先驗性形式架構（transcendental formal structure），它會展現在華人生活世界的各個不同面向之中。基於這樣的認識，在執行「華人本土心理學追求卓越計畫」的八年期間，我不斷殫精竭慮，一面思考跟心理學本土化有關的各項問題，一面從事研究，撰寫論文，在國內、外學術期刊上發表。該項計畫於 2008 年初結束之後，我又以將近一年的時間，整合相關的研究成果，撰成《儒家關係主義：哲學反思、理論建構與實徵研究》（黃光國，2009）一書。三年之後，該書之英譯本改以 *Foundations of Chinese Psychology: Confucian Social Relations* 之名出版（Hwang, 2012）。

　　這本書是以「後實證主義」的科學哲學作為基礎，強調：本土心理學的知識論目標，是要建立由一系列理論所構成的科學微世界，既能代表人類共有的心智，又能反映文化特有的心態。基於這樣的前提，我一面說明我如何建構「人情與面子的理論模型」，並以之作為架構分析儒家思想的內在結構，再對以往有關華人道德思維的研究後設理論分析，然後從倫理學的觀點，判定儒家倫理的屬性，接著以「關係主義」的預設為前提，建構出一系列微型理論，說明儒家社會中的社會交換、臉面概念、成就動機、組織行為、衝突策略，並用以整合相關的實徵研究。從科學哲學的角度來看，這樣建構出來的一系列理論，構成了「儒家關係主義」的「科學研究綱領」（scientific research programme）（Lakatos, 1978/1990）或 研 究 傳 統（Laudan, 1977/1992）。

▣ 儒家文化系統的主體策略

　　《儒家關係主義》出版之後，最近我又出版了《儒家文化系統的主體辯證》（黃光國，2017）一書，從科學哲學的角度，全面回顧過去三十年間，

臺灣心理學本土化運動中所出現過的五種「文化主體策略」。從該書的析論中，可以看出：本土心理學者所追求的主體，具有四層不同的涵義。第一是「儒家文化系統」的主體；第二是作為儒家文化傳統之「研究者」的個別主體；第三則是儒家社會中之「學術社群」所構成的「知識論主體」。第四則是心理學研究對象或「案主」之主體。

該書將學者的研究型態分為「安土型」與「游牧型」兩類：所謂「游牧型」的研究，大多是指導教授指導研究生所完成的博士或碩士論文。對於掛名的教授而言，這類論文對他所要探討的學術議題通常是「淺嘗輒止」，由另一個議題換到另一個議題，這種「出版取向」是以累積實徵研究資料作為目的，不探討文化的深層結構，所以美其名曰：「游牧型」研究。

這樣長久累積的實徵研究資料，最後必然是支離破碎，看不出研究者的「個別主體」。相反地，如果我們把儒家文化傳統看成是一種「文化系統」，「儒家仁、義、禮」倫理體系可以說是支撐住華人生活世界的「先驗性形式架構」（transcendental formal structure），不管從哪個面向切入，最後都可以針對該面向所涉及的問題，以「關係主義」作為預設，建構出「含攝文化的理論」，並解答相關的問題。這種研究策略，我稱之為「問題解決取向」，唯有達到這種境界，華人本土學者才有了真正的「個別主體」，他才能彰顯出其「文化主體」，他的研究對象或「案主」，也因此而有了「主體性」（subjectivity）。

▣ 「總體陣地戰」的反攻

「問題解決」的研究取向，一旦達到「理論建構」的目的，必然經得起學術社群的反覆辯證。任何一種學術傳統都是在「批判與辯證」中發展的，尤其像「本土心理學」這樣新興的領域，既要了解西方心理學的研究，又要了解自身的文化傳統對於相關的議題，必須經得起有不同學術背景的學者從不同的角度，反覆論證，直到雙方「視域融合」為止。

從 2010 年起，我開始在臺灣多所大學組織研究團隊，鼓勵研究生及年輕

教師一方面對我的研究成果提出批判，由我負責答覆；另一方面用我所發展出來的研究策略建構理論，從事研究。這個研究團隊目前已在高雄醫學大學、高雄師範大學、彰化師範大學、臺灣師範大學、宜蘭大學、中山大學等學校建立據點，目前還在不斷擴大中。

為了增加本研究團隊的國際能見度，我們替影響指數較高的國際電子期刊《心理學前沿》（*Frontiers in Psychology*）編了一個專刊，並以「東亞哲學與心理學」（East Asian Philosophy and Psychology）為題，向國際學術社群公開徵稿，共募得十七篇論文。依據該刊既定的程序嚴密審查過後，接受刊登的論文有十一篇，並由該刊收錄，出版為《亞洲哲學與心理學：邁向修養心理學》這本電子專書（Shiah, Hwang, & Yit, 2017），希望能藉此彰顯臺灣學術社群的主體性。唯有如此，本土理論才有可能對西方理論展開「總體陣地戰」。

▣ 本體論詮釋學

英國社會學者吉登斯（Giddens, 1991）將詮釋學分為科學的詮釋和日常的詮釋，個人在生活世界中對自身行為所做的解釋是「第一序」（first order）的；社會科學家所作的解釋則是「第二序」（second order）的，兩者相互滲透，並將這兩種詮釋之間的相互作用稱為「雙重詮釋學」（double hermeneutic）。

泰勒（Taylor, 1985a）的「本體論詮釋學」（ontological hermeneutic）則在這兩層詮釋之間，再加入一層「文化語言」的詮釋。在日常實踐中，一般人會使用文化語言作自我詮釋，人們在使用文化語言的時候，又受到這些語言的影響。不僅如此，每個人在自我詮釋的時候，會發掘自己內心深處難以用既有語言表達的感受，並創造出新的語言來表達它們，使文化語言在詮釋性的實踐中不斷發展。在這三層詮釋中，日常的詮釋是第一層，文化語言的詮釋是第二層，科學的詮釋是第三層。第一層的「日常的詮釋」是原初的（proto-），也是科學的源頭。它固然有因人而異之處，但是因為有第二層

「文化語言」的詮釋，使生活於相同文化中的人們異中有同。第三層詮釋必須以前兩層的整體作為闡釋對象，在文化之異中尋求普遍真理。這三層詮釋形成了一種「詮釋學的迴圈」（hermeneutical circle）。

以道德實在論為基礎所建構的道德理論具有增強、削弱，或形構實踐的雙向功能。這些理論跟實踐本身有關，是構成自我理解的一種詮釋。它跟自然科學理論不同，後者是外在的自然機制，而道德理論則是內含於實踐之中。

順此而言，道德理論的作用是讓隱含在「實作理路」之內的意義能夠更為清楚而有系統地表達出來，使人能夠更為貼切地了解行為的真實根源。因此，要證明一個道德理論的有效性，必須在實踐中測試該理論是否能提供一個最佳的詮釋（best account），讓我們擁有更好的行為視野與指引，使人在應對生活世界中的問題時，能夠更為得心應手（Taylor, 1989, p. 74）。

◳ 心理學的第三波

西方心理學的發展經歷過三次大的典範轉移：第一波的行為主義，其哲學基礎是「實證主義」；第二波的認知心理學是「後實證主義」；第三波則是本土心理學。臺灣地區的本土心理學經過三十幾年的發展，已經清楚認識到：在全球化時代，發展本土心理學的目的，是要依照文化心理學「一種心智，多種心態」的原則（Shweder et al., 1998），運用「多重哲學典範」，整合西方三大學術傳統常用的哲學典範，包括「後實證主義」（心理學）、「詮釋學」和「批判理論」（社會學），以及「結構主義」（人類學），建構既能說明人類普世心智，又能說明特定文化中之心態的「含攝文化的理論」，克服現代心理學之父馮特（Wilhelm Wundt）未能以科學方法研究文化的難題，並整合維果斯基（Vygotsky）所主張的「意圖心理學」和「科學心理學」。

西方學術傳統將有關「人」的研究切割成心理學、社會學和人類學三大塊。以西方的科學哲學為基礎研究中華文化傳統，建構包含有許多「含攝文化的理論」之「科學微世界」，不僅只是解決了本土心理學的難題，而且也

解決了西方心理學、社會學和人類學三大學科「能分而不能合」的難題。更清楚地說，這種研究取向，不只是代表這三門學科之間的「科際整合」（interdisciplinary integration），而且是三者間建立在其哲學基礎之上的「跨學門整合」（transdisciplinary integration）。

用泰勒的三層詮釋來看我對本土心理學的主張（Taylor, 1985a），我們更可以了解「心理學第三波發展」的重要意義。以「批判實在論」的科學哲學作為基礎，建構有關「自我」和「關係」的普世性理論，這是「科學的詮釋」。用「自我的曼陀羅模型」和「人情與面子的理論模型」作為框架，分析先秦儒家思想，建構「含攝文化的理論」，這是「文化語言的詮釋」。以「含攝文化的理論」作為基礎，從事量化或質化的實徵研究，這是在探討參與者對其第一層日常實踐的詮釋。在我看來，這樣的研究取徑便可以整合「意圖心理學」和「科學心理學」（Vygotsky, 1927/1997），並濟助「科學心理學」之困窮。

第五節　本體論的範疇：實在、眞實與事實

用我的文化分析策略所建構出來的「含攝文化的理論」，不管是儒家的「庶人倫理」或是「三綱」、「五常」，都是在「文化系統」的層次上作分析。倘若我們要以之作為基礎，從事實徵研究，我們必須在「社會—文化互動」的層次上作進一步的分析。巴斯卡的批判實在論則認為，人類對於「自然」或「實在」的知識，是有結構且是可區分的（structured and differentiated）（Bhaskar, 2008, pp. 162-163）。作為知識對象之實體層次（entity level），它可區分為「機制」（mechanisms）、「事件」（events）和「經驗」（empirical）三層；在本體論的範疇（ontological domains）則可以區分為「實在」（the real）、「真實」（the actual）和「事實」（the empirical）（Bhasker, 2008, p. 56），我將本體論範疇三個向度的英文改為 reality、actuality 和 factuality，「經驗」（empirical）一詞則改為「實徵經驗」（empirical exper-ience），如表 11-1 所示。

表 11-1　Bhaskar 的三種本體論範疇

本體論的範疇　實體的層次	實在的範疇	真實的範疇	事實的範疇
機制	✓		
事件	✓	✓	
實徵經驗	✓	✓	✓

資料來源：修改自 Bhaskar（2008, p. 13）

▣ 實在（reality）的範疇

　　批判實在論也採取科學實在論的立場，認為，實在自身（reality in itself）獨立於我們對它的知識之外（Sayer, 2000, p. 10）。這一點，跟建構實在論的立場一致（Wallner, 1994），跟康德的本體論主張也是一致的，他認為，物自身（thing-in-itself）並不可知，人類所能知道的僅是現象（phenomenon）而已。

　　科學實在論認為，科學家所建構的理論機制或模型必然指涉某些實在的對象。實在之範疇所涉及的客體，可以是物質的，也可以是社會的，客體的存在跟我們對其性質是否有足夠的知識完全無關。

　　不論哪一種客體都有某些結構和力量（powers）。在社會科學的領域，結構是由一組內部彼此關聯的客體或實踐所界定的，它可以是個人層次的，如我所建構的「自我的曼陀羅模型」（黃光國，2011；Hwang, 2011）；或是人際層次的，如「人情與面子的理論模型」（黃光國，2009；Hwang, 2012）；也可以是更大的社會機構，如一般的社會學理論。當然它也可以是神經學層次（neurological level）的非社會性結構。這些理論所涉及的對象都

是實在的，這樣的主張稱為「本體論的實在論」（ontological realism）。

▣ 真實（actuality）的範疇

柯莉爾（Collier, 1994, p. 62）認為，「力量」是「非技術性的名詞，它指稱『發生性機制』能作那些事情」，而「發生性機制」（generative mechanism）則是「技術性的名詞，它指稱獨立並超越於事件模式（patterns of events）之上的某些實在之物」。在我看來，我所建構的「自我的曼陀羅模型」和「人情與面子的理論模型」都可以說是「發生性機制」，它們的存在是發生事件的根源性力量（causal powers）（Bhaskar, 2008, p. 50）。

我們可以用各種不同的方法來檢視產生力量之機制的結構，我們也可以預測：在某些條件或有某種投入（input）的情況下，客體的結構會開始運作，並產出某種變化或「事件」（event）。

客體的力量被激發後所發生的事件，即屬於「真實」的範疇。在社會科學的領域，當社會結構或個人使用其力量（社會學家稱之為「施為」）時，這些力量所要作的事，以及隨之而發生的事件，亦屬於「真實」的範疇（Sayer, 2000, p. 12）。

在《儒家關係主義》第五章中（黃光國，2009；Hwang, 2012），我說明我如何以「人情與面子的理論模型」作為概念架構，分析儒家思想的內在結構。我所分析的文本是先秦儒家諸子所說的話語。《盡己與天良：破解韋伯的迷陣》則是以「自我的曼陀羅模型」和「人情與面子的理論模型」作為概念架構，從心理學的角度，分析先秦儒家關於修養的文本。這是在文化系統的層次上檢視：當先秦儒家諸子身上的這些「發生性機制」被激發出來之後，他們所說的話語或「語言行動」（speech act）。用前述「科學微世界／生活世界」的區分來看，這樣分析所得到的「儒家的庶人倫理」，成為我所說的「含攝文化的心理學理論」，是屬於「科學微世界」的範疇。「人情與面子的理論模型」及「自我的曼陀羅模型」是普世且客觀的（objectivist）；據此而建構的「儒家的庶人倫理」或其他「含攝文化的理論」，則是文化特殊且

「可錯的」（fallibilist）。因此，我的研究工作可作為實例，用來說明批判實在論的哲學主張關於「本體論的實在論」及「知識論的相對主義」（epistemological relativism）。

▣ 事實（factuality）的範疇

以這種「含攝文化的心理學理論」作為基礎，我們可以在文化─社會互動的層次上檢視：當華人社會中某一行動者之「發生性機制」的力量被激發出來後，他們所說出的話語，或採取的語言行動。用前述「科學微世界／生活世界」的區分來看，這是發生在華人「生活世界」中的「事件」，是社會科學中質化研究（qualitative research）的材料。

同樣地，以「含攝文化的心理學理論」作為基礎，我們也可以考量華人社會中的現實情況，導衍出各種不同的假設，從事實徵研究。這樣蒐集到的實徵資料，是用「主／客」二元對立的方法可以直接或間接經驗到的，屬於傳統社會科學量化研究（quantitative research）中所謂「事實」的範疇。

在《儒家關係主義：哲學反思、理論建構與實徵研究》一書中（黃光國，2009；Hwang, 2012），我以普世性的「人情與面子的理論模型」作為基礎，分析儒家思想的內在結構，並從西方倫理學的觀點，探討儒家倫理的屬性。在這本書的其他章節中，又以關係主義作為預設，針對儒家社會中的社會交換、面子概念、成就動機、組織行為、衝突解決，建構了一系列「含攝文化」的理論，來整合相關的實徵研究成果。從以上的分析來看，只要本土心理學者致力於建構含攝文化的心理學理論，量化和質化研究應當是可以互補的。

▣ 反實證主義

批判實在論的本體論主張一種「層疊化的實在」（stratified reality），它跟實證主義對於「實在」的預設有著根本性的不同。批判實在論主張：經驗「事實」的範疇含攝在「真實」的範疇之內；這兩者又含攝在「實在」的範

疇之內，即 dr≧da≧df（如表 11-1 所示）。而實證主義的本體論主張則是：感官所能觸及的「事實」是唯一的「實在」，即 dr＝da＝df（Bhaskar, 2008, p. 56）。

　　對於非西方國家的心理學者而言，批判實在論和實證主義對於本體論的不同主張，具有十分重要的意涵。由於大多數的心理學者都採取了實證主義的立場，他們在從事研究的時候，大多假設：人是「既有事實的被動接受者」（passive recipients of given facts）及「其常態性結合的紀錄者」（recorders of their constant conjunctions）（Bhaskar, 2008, p. 16），他們既不會將這三個不同層次的範疇加以區分，也不懂得如何在「實在」的層次上建構「含攝文化的理論」。結果非西方國家的心理學研究大多是在套用西方國家的研究典範，一方面造成非西方國家學術研究水準的低落，另一方面也導致其文化主體性的喪失。這是非西方國家的本土心理學者必須以批判實在論作為借鏡的主要理由。

本章小結

　　任何一個學術運動，一旦找到了自己的哲學基礎，便是找到了自己的「道」，這個學術運動便已邁向成熟階段，而逐漸脫離其「運動」的性格，除非有人能找出更強而有力的哲學來取代它。

　　華人心理學本土化運動邁向成熟之後，下一個目標就是總結其成功經驗，繼續推展社會科學本土化運動。目前主流社會科學中絕大多數的理論都是建立在「個人主義」的預設之上，而非西方的文化，大多不是「個人主義」，而是關係主義的。倘若我們懂得如何以「關係主義」作為預設，建構理論，我們便可以建構出一系列的「科學微世界」來和西方「個人主義」的理論競爭。其最終目標則是以儒家文化作為基底，吸納西方近代文明的菁華，「中學為體，西學為用」，擺脫西方學術的宰制，建立「儒家人文主義」的自主學術傳統。

☑ 文化視盲

發展華人自主社會科學的學術傳統的主要目的之一，是要讓華人所作的社會科學研究戴上「文化中國」的眼鏡。我可以舉一個實際的例子，來說明這種努力的重要性。

我曾經長期擔任《中華輔導與諮商學報》編輯委員，經常為該刊審稿，因而注意到一個現象：由於對素樸實證主義式量化研究的支離破碎感到不滿，諮商輔導領域裡的質化研究有日益增加的趨勢。語言是文化的承載者，而目前的臺灣文化是「儒、釋、道」三種文化傳統，再加上西方外來文化的混合體。在人們的生活世界裡，各種不同文化傳統藉由語言學習，進入人們的潛意識之中，不知不覺地影響人們的思想與行動。社會科學理論則是學者觀看世界的眼鏡，由於臺灣社會科學界業已「全盤西化」，心理學者普遍戴上了西方理論的眼鏡，也因而普遍患有「文化視盲」（culture blind），不知道自己文化的特色是什麼。由於西方社會科學的傳統訓練根本不知道如何建構「含攝文化的理論」，許多臺灣學者在本土文化中進行質化研究時，即使蒐集到許多蘊涵高度文化意涵的「事件」，對於其中的文化意義也可能視而不見。

由於《中華輔導與諮商學報》積累了許多待出版的稿件，為了消化積稿，編輯委員會決定出版專刊。我因而自告奮勇由我從積稿中挑出將近十篇的論文，用我所建構的「含攝文化的理論」重新加以詮釋，藉以說明「儒家倫理療癒」的理論和實踐方法（黃光國，2013）。

☑ 觀看世界的眼鏡

這些論文都是套用西方理論及其研究典範，而且已經通過審查程序的文章。這些文章跟我的重新詮釋在同一本專刊中出版之後，許多人看了都覺得很驚訝。有一個作者問我：「奇怪，我當初怎麼不會這樣想？」

我的回答是：「理論是觀看世界的眼鏡。你當初沒有戴上『文化中國』的眼鏡，所以你當然不會這樣想。」

第十二章 「自我」與「自性」：認同的形塑

　　《中庸》第一章開宗明義地說：「天命之為性，率性之謂道，修道之謂教。道者也，不可須臾離也；可離，非道也。」用現代的話語來說，所謂：「不可須臾離也」的「道」，就是個人的自我認同。泰勒的扛鼎之作《自我的諸根源》，其副標題是「現代認同的形成」（Taylor, 1989）。本書的標題是「內聖與外王：儒家思想的完成與開展」，而本書關注的焦點是：先秦儒家諸子精心建構的文化型態，對於現代華人自我認同的形成，具有什麼樣的意義？

▣ 自我認同的形塑

　　在本章中，我要以泰勒哲學作為思考架構，用「自我的曼陀羅模型」所描述的「精準自我」作為基礎，分析先秦儒家思想中與修養有關的論述，以之與泰勒哲學互相對話，說明儒家修養對於現代華人的意義。泰勒在其扛鼎之作《自我的諸根源：現代認同的形成》一書中，指出，

　　　　我所注意的焦點是認同的三個維度：首先，自我反思的內向性，即作為具有內部深度之生命體對於自身的感覺；其次，由現代早期發展而來的對日常生活的肯定，以及我們是「我們自己」（ourselves）的連結性；再次，將自然作為內部根源的表達主義（expressivisit）觀念。在第一個維度中，我將以奧古斯丁（Aurelius Augustine）、笛卡爾和蒙田（Montaigne）的思想談起，延伸到對當今這個時代的探索；在第二個維度，我的論述以宗教改革為開端，探討

啟蒙運動及其當代形成；在第三個維度，我要談的是在十八世紀晚
期它的緣起、在十九世紀經歷演變、與在二十世紀文獻中的表現形
式。（Taylor, 1989, p. x）

在上述引文中，泰勒非常明確的表示：他是在西方的歷史進程中思考這
個問題，完全不談非西方文化所面對的問題情境。然而，從儒家文化發展的
角度來看，這三個維度卻有完全不同的意義，必須放置在儒家的「道德地形
學」中，分別加以討論。

🔲 三個維度的文化考量

奧古斯丁（Aurelius Augustine, 354-430）的內向性反思，最容易幫助我
們了解西方文化所追求的「外在超越」。相對於西方文化的追求外在超越，
儒家文化傳統一向重視內向性的自我反思，孔子說：「見賢思齊焉，見不賢
而內自省也」《倫語・里仁》，我們在思考這個維度的時候，必須針對儒家
文化的特點，引入適當的行動理論，藉以說明儒家未來可能的發展方向。

關於泰勒所說的第二個維度，儒家文化傳統中最為重視的「道」是「仁
道」。可是，對於現代社會中華人的知識分子（士）而言，所謂「不可須臾
或離」的「道」，既包括「自我認同」的「道」，又包含「社會認同」的
「仁道」。針對這個維度，我們必須強調的是：在吸納西方文化的過程中，
華人知識分子必須區辨的「忠」和「孝」這兩種「社會認同」（Hwang,
1999），我們將在下一章仔細析論。

本書第十章的析論顯示：泰勒重視的第三維度的「表達主義」（expres-
sivism）或「浪漫主義」是西方文化式對「離根式理性主義」的反動而產生
出來的。儒家思想一向是以自然作為內部根源，它所提倡的「仁道」，本來
就包含有「表達主義」的成分。「表達主義」所重視的「真誠」（authenti-
city），在先秦儒家思想中，也是非常重要的核心價值，在子思所作的《中
庸》裡，有極其細緻的描述。它對於儒家「內聖、外王」理想的達成，有極

其重要的意涵。因此，本書第十四章將另闢專章，做深入的討論。

第一節 激進反思與自我認同

泰勒提出的第一個維度「內向性」與基督教的精神性有關，這個維度同時還有其他思想根源。柏拉圖的自我控制（self-mastery）是這個維度的古代源頭，笛卡爾的「離根理性」則是它的近代源頭。如果把這些思想串連起來，這個維度的意涵就變的十分豐富。泰勒十分重視作為古代神學傳統的奧古斯丁，稱他為「激進反思」（radical reflexivity）的先驅。

▣ 奧古斯丁的激進反思

在「自我的曼陀羅模型」裡，「person」這個字在西方文化中有「人」和「位格」兩種不同用法。依照哈里斯（Harris, 1989, p. 599）的說法，在西方的社會科學裡，「人」這個概念指的是「社會學將人類概念化的模式」（sociologist modes of conceptualizing human beings）。然而，在基督教神學裡，「位格」指的是「三位一體」（Trinity）。不論是「人」或「位格」，對了解西方文化都是重要的核心概念。

為西方教會定義「三位一體」學說的拉丁神學家奧古斯丁在他所著的《懺悔錄》（Confessions）中，曾經對自己發現神的過程，作了清晰而充滿熱情的陳述（Augustinus, 1968）。奧古斯丁對於追求「與神同在」的狂熱，使他在五世紀早期撰寫《論三位一體說》（De Trinitate）的論文時，便從心理角度解析他所理解的三位一體（Augustinus, 1943）。因為神以祂自己的形象造了我們，我們便應該能夠在心靈深處分辨出這三位一體。我們在內心中所體驗到的三位一體，並不是神本身，而是神留在我們靈魂深處的一個影像。奧古斯丁相信，心中的三位一體會引導我們朝向神，但我們該如何超越這個在靈魂深處反映出來的神的形象，而直接與神接觸？

▣ 信仰的三位一體

　　神與人類間無垠的距離，不可能只靠人的努力來穿越。正因為神在降臨世間的道上和我們相會，我們才能在我們自身內恢復神的形象，但這肖像已經被原罪所破壞而汙損。我們朝向神聖的活動，必須用三重修養鍛鍊來加以改造，這就是奧古斯丁所謂「信仰的三位一體」（the trinity of faith）：堅信（retineo，亦即在我們心中堅定相信道成肉身的真理）、沉思（contemplatio，亦即沉思冥想這些真理）、喜樂（dilectio，亦即在這些道理中產生喜樂）。以這種方式培養持續不斷的出神感覺，則三位一體的真理便會逐漸展露出來。這種知識並不只是大腦對資訊的取得，而是在自我的深處顯現神聖的統一，由外而內轉化自身的一種創造性鍛鍊。

　　這個包括知與不可知之弔詭（paradoxical）過程所引發的震撼，可以把我們從世俗的世界提升到不可言喻的真實。因此讀《聖經》並不是要找出有關神的事實，而是將「宣道」轉化成「信理」的反覆訓練。這個方法便是通神術（theurgy），使我們既能夠上升到神本身，又能夠神聖化我們自己。這是一種停止思維的方法，我們必須把所有對神的概念拋諸腦後，暫時停住理性的活動，把對神的否定也放在一邊。唯有如此，我們才能達到「與神合一」的出神境地。

　　奧古斯丁的激進反思是通向上帝的途徑。蒙田則把第一人稱的激進反思作為個人認同的方式。蒙田並未放棄傳統觀念，他認為，通過反思可以與人們內心的穩定價值建立關係，在穩定的核心價值與不斷變動的外部經驗之間達成平衡。假設人們並不知道自己是誰的思想，開啟了西方現代人向內尋找自我的先河，這是西方現代道德地形學的重要轉變，自古人們認為，個人的稟賦、氣質是道德行動的重要條件，但是現代觀念卻認為，人們可以在自己的存在中發現自己的本質。

第二節　自我反思與內聖之學

由奧古斯丁所奠基的西方文明，本質上是在追求「外在超越」，因此泰勒在討論西方現代人如何形塑其自我認同時，特別重視「內向性」。然而，儒家思想是一種「內聖」之學，本來就有「內向反思」的傳統，這樣的文化傳統跟西方文明正好成為鮮明的對比。

◙ 反思的「六步驟」

孔子晚年註釋《易經》，然而孔子本人並沒有把「天道」和「人道」之間的關係講清楚，因此當時子貢說：「夫子之文章，可得而聞也。夫子之言性與天道，不可得而聞也」《論語・公冶長》。孔子逝世後，儒分為八，各派弟子針對性與天道的關係，作出了不同的詮釋。曾參作《大學》，子思作《中庸》，孟子則與告子針對這個議題進行反覆辯論。

在孔門弟子中，曾參寫《大學》，子思作《中庸》，都是想解答儒家思想中有關「性」與「天道」的問題。曾參是孔子最年輕的弟子之一，他比孔子小 46 歲，孔子死時，他只有 27 歲，但平日跟從孔子學習，能夠領會孔子論述中的「一貫之道」。孔子死後，他所寫的《大學》雖然只有五百多字，卻包含了儒家修養中最重要的「三綱領」、「八條目」和「六步驟」，可以說是先秦儒家思想中最重要的入門經典。

所謂「三綱領」是指：大學之道，「在明明德，在新民，在止於至善」，八條目是「正心、誠意、格物、致知、修身、齊家、治國、平天下」，六步驟則是「知止而後有定、定而後能靜、靜而後能安、安而後能慮、慮而後能得」。儒家修養工夫的六個步驟和佛家的「修行」以及道家的「修煉」十分相似，但其「三綱領」和「八條目」則是儒家所獨有，可以用來區辨「儒佛之分」，或「儒道之別」，所以成為儒家學子入門必讀的經典。

更清楚地說，儒家修養的「六步驟」本身就是在作一種「內向反思」，至於反思的內容究竟是什麼？則會因為不同時代而有不同的要求，必須再作進一步的解析。

▣ 世界取向的反思

儒家在作「世界取向的反思」時，個人反思的方向可能朝向外界，也可能朝向自己。朝向外界時，他思考的是自己在生活世界中的處境；朝向自己時，他思考的是如何將自己呈現在世人面前。在《論語》中，曾子說過一段廣為人知的話：「吾日三省吾身：為人謀而不忠乎？與朋友交而不信乎？傳不習乎？」

在這段引文中，曾子是用「吾」字指稱自己。用艾肯斯伯格（Eckensberger, 1996, 2002）的行動理論（action theory）來看，曾子所說的「三省」，包含了三種不同層次的自我反思：「為人謀而不忠乎？」「與朋友交而不信乎？」是從「世界取向」（world-oriented）的反思，朝向「行動取向」（action-oriented）的反思。「傳不習乎？」則是「主體取向」（agency-oriented）的反思。換言之，先秦儒家鼓勵門下弟子每天都要作「自我反思」，實踐儒家修養的工夫。

先秦儒家經典中「吾」、「己」、「我」三個字各有不同用法，分別反映出三種不同層次的反思。「吾」字上部是「五」，下部是「口」，「五口」是指人的臉部有兩個眼睛，兩個鼻孔，以及一個嘴巴；代表人如何將自己呈現在他人之前。曾子上述引文的意涵為：個人在為他人作事，而作「世界取向」的反思時，最重要的價值是「忠」；與朋友交往，最重要的價值則是「信」。

在各種不同的社會互動脈絡中，孔子將自己呈現在他人面前時，也是用「吾」來指稱自己。譬如在《論語‧學而》中，我們可以看到孔子這樣說他自己：「吾少也賤，故多能鄙事」，「德之不修，學之不講，聞義不能徙，不善不能改，是吾憂也」，「自行束脩以上，吾未嘗無悔也」，「文，莫吾

猶人也，躬行君子，則吾未之有得」，「若聖與仁，則吾豈敢？抑為之不厭，誨人不倦，則可謂云爾已矣」。

▣ 盡己：行動取向的反思

用艾肯斯伯格（Eckensberger, 1996, 2002）的「行動理論」來說，當個人作「世界取向」的反思，並發現他從文化中習得的知識，不足以克服外在世界中的障礙時，他就必須進一步作「行動取向」的反思，思考採取什麼樣的行動，可以恢復行動主體和外在世界之間的平衡。「行動取向」的反思必然是未來取向的（future-oriented），有一種基本的目的論結構（basic teleological structure），並且包含決策以及後果的評估，可能導致個人的正式行動。這就是《大學》所說的：「事有本末，物有始終，知其先後，則近道矣。」

本書第四章提到有一次，孔子主動向曾子強調說：「吾道一以貫之。」曾子說：「是。」孔子離開後，其他的弟子問曾子：老師所說的「一貫之道」究竟是什麼？曾子的回答是：夫子之道，就是「忠」跟「恕」兩個字罷了！

這一段對話反映出孔子的核心價值。朱熹對於「忠恕」所做的註釋是：「盡己之謂忠，推己及人之謂恕。」更清楚地說：在孔子平日對弟子所講述的「仁道」中，只有「忠」跟「恕」兩個字可以「一以貫之」，對待任何人都適用的普遍性倫理原則。

> 子曰：「君子求諸己，小人求諸人。」《論語·衛靈公》
> 孟子曰：「仁者如射；射者正己而後發；發而不中，不怨勝己者，反求諸己而已矣。」《孟子·公孫丑上》

▣ 反求諸己

孔子以「求諸己」或「求諸人」作為「君子」和「小人」的分際。孟子

則是以「射箭」作為比喻，認為，一個真正的「仁者」在生活世界中不論追求什麼樣的目標，都會「正己而後發」，作慎密的「籌劃」後，再採取行動。當他「發而不中」，遭遇到挫折時，他也「不怨勝己者」，不會為負面情緒所淹沒，而會「反求諸己」，作「行動取向」的反思，在自己「行動的脈絡」（action context）中反思障礙的意義，並尋思：用何種方式來克服障礙較為合適。這時候，行動主體經由文化習得的某些信念、道德或法律，會成為其「規範性的認知基圖」（normative schemata），而成為其規約系統（regulatory system），引導其反思的方向。

「行有不得，反求諸己」是儒家修養最基本的行為原則，也是儒家區分「君子」和「小人」的重要判準。不論是在一般的人際互動（禮人）、情感表達（愛人）、組織管理（治人）或人際競爭（射）的場合，當自己已經盡力做出合宜的行為，而沒有得到預期的效果，都應當「反求諸己」，而不是「怨天尤人」或「求諸人」，這就是儒家所說的「永言配命，自求多福」。

孔子宣稱：孔門之教是「為己之學」，而不是「為人之學」《論語·憲問》，其目的在培養個人的德性，而不在贏取他人虛浮的讚賞。先秦儒家用「己」字來指稱自我修養的對象，例如：「己所不欲，勿施於人」《論語·顏淵》、「己欲立而立人，己欲達而達人」《論語·庸也》，都是「行動取向的反思」，其目的在要求自己，同時也兼顧生活世界中的其他人。

◉ 以仁存心

用海德格的概念來說，當個人和生活世界中的重要他人發生衝突，並產生嚴重的情緒困擾時，他會陷入「非本真」存在狀態，其時間觀是以「現在」作為核心：「過去」的創傷經驗留存到「現在」，「自我」未能予以妥善處理，他的「時間觀」就會變成「現在」—「現在」—「現在」，他也因而不知道如何「籌劃」未來。因此，不論是在哪一種文化中，挫折經驗的處理都是一門重要的課題。

孟子非常了解：對於障礙或挫折的不同詮釋同時也蘊涵著不同的情緒類

型：他對障礙來源的詮釋，會決定他所使用的情緒概念；他對障礙或挫折經驗的詮釋，也可能「遮蔽」住某類情緒經驗的產生。在《孟子·離婁下》的同一段話中，他進一步解釋之所以主張「反求諸己」的理由：

> 孟子曰：「君子所以異於人者，以其存心也。君子以仁存心，以禮存心；仁者愛人，有禮者敬人。愛人者，人恆愛之；敬人者，人恆敬之。」
>
> 有人於此，其待我以橫逆，則君子必自反也：「我必不仁也？必無禮也，此物奚宜至哉？」其自反而仁矣，自反而有禮矣，其橫逆由是也；君子必自反也：「我必不忠。」自反而忠矣，其橫逆由是也；君子曰：「此亦妄人也已矣！如此，則與禽獸奚擇哉？於禽獸又何難焉？」

孟子主張：「君子以仁存心，以禮存心；仁者愛人，有禮者敬人。愛人者，人恆愛之；敬人者，人恆敬之。」當有人「待我們以橫逆」時，有修養的君子就會依這種「規範性的認知基圖」，來進行反思：從社會互動層次的「仁」、「禮」反省到內心是否已經做到「盡己」的「忠」。如果他認為，自己的作為並沒有違反任何道德或規範的要求，而對方又仍然「待我以橫逆」，「自我」便可以作出認知判斷：「此亦妄人也已矣！」「這種人跟禽獸有什麼差別？跟禽獸又何必計較？」這樣的認知方式可以「遮蔽」住負向情緒經驗的產生。

第三節　人之道：主體取向的反思

然而，儒家教育的目的，並不僅只是教弟子「懲忿窒欲」而已。在前述引文中，孟子提出遮蔽負向情緒的建議後，緊接著又說：

是故，君子有終身之憂，無一朝之患也。乃若所憂則有之。舜人也，我亦人也；舜為法於天下，可傳於後世，我由未免為鄉人也！是則可憂也。憂之如何？如舜而已矣。《孟子・離婁下》

▣ 終身之憂

用艾肯斯伯格的「行動理論」來說，這不僅只是要弟子們針對自己的置身處境作「行動取向」的自我反思，而且是要大家從更長遠的觀點，作「主體取向」的自我反思（Eckensberger, 1996, 2002）。他認為，人類最重要的特徵之一，是他會進行不斷的自我反思。當「行動取向」的反思又遭遇到挫折時，他會更進一步追問：「我真正的目的是什麼？」「我個人堅持的品格與信念對我有多重要？」最後，他可能還會問：「我是誰？」「我存在的意義是什麼？」

這種第三層次的反思，艾肯斯伯格稱為「主體取向」的反思（Eckensberger, 1996, 2002）。用「自我的曼陀羅模型」來看，個人在進行此一層次的反思時，必然會受到其文化中「人觀」（personhood）的影響，認為符合什麼樣的角色期待，才配稱作一個「人」，從而發展出「自我認同」，並決定以什麼樣的姿態，將自我展現於外在世界面前。

孟子所說的：「君子有終身之憂，無一朝之患」，便是希望門下弟子將日常生活中的挫折和「橫逆」看作是自我磨練的「修道場」，並以舜作為榜樣，在時間向度上，作長程取向的考量。「舜為法於天下，可傳於後世」、「舜人也，我亦人也」、「如舜而已矣」，是每個人都應當有的「終身之憂」。相反地，如果為負向情緒所淹沒，陷入於「非本真」的存在狀態，那就會有孟子所謂的「一朝之患」。

▣ 動心忍性，增益不能

然而，要達到「聖人」的境界，卻必須經過一段漫長的修養歷程。由於

儒家相信：他們所主張的「仁道」是與「天道」相通的，一個人在認同儒家的「仁道」之後，必須要「擇善而固執之」，接受各種「橫逆」的考驗。孟子有一段十分出名的論述表達出類似的觀點：

> 故天將降大任於是人也，必先苦其心志，勞其筋骨，餓其體膚，空乏其身，行拂亂其所為，所以動心忍性，增益其所不能。人恆過，然後能改；困於心，衡於慮，而後作；徵於色，發於聲，而後喻。入則無法家拂士，出則無敵國外患者，國恆亡。然後知生於憂患而死於安樂也。《孟子‧告子下》

一個存在於「本真」狀態的人，將他的生活世界當作是磨練自我的道場，並會將生命中的負面經驗當作是上天對他的考驗。他會反思自己的挫敗經驗，從中汲取教訓，作為未來行動的指針；即使犯了過錯，也勇於自我改正。國家跟個人一樣，受到了「敵國外患」的挑戰，必須要有「法家拂士」的輔佐，不斷糾正領導人的錯失，才能免於危亡。孟子因此特別強調「生於憂患，死於安樂」。

先秦儒家通常會用「我」字來表達「道德主體」反思後所採取的行動。以孔子為例，他在《論語‧述而》中說：「我非生而知之者，好古，敏以求之者也」；「述而不作，信而好古，竊比於我老彭」；「默而識之，學而不厭，誨人不倦，何有於我哉」；「飯疏食飲水，曲肱而枕之，樂亦在其中矣。不義而富且貴，於我如浮雲」；「仁遠乎哉？我欲仁，斯仁至矣！」

在上述引文中，孔子都用「我」來描述作為「主體我」（agential self）的「自我」。這些引文顯示：孔子終其一生是選擇成為「道德主體」來塑造其人格。這個「我」字演變成為現代漢語中的第一人稱代名詞，它通常用來指稱「主體我」，但卻不一定有「道德主體」的意味。

第四節　自我探索與探索「自性」

　　從以上的析論中，我們可以看出儒家「自我反思」的特色。泰勒認為，西方現代的自我控制概念和離根的自由觀念互相聯繫，認為人的尊嚴存在於離根的理性力量之中。當人們充分發揮這種理性力量的時候，他們就充分實現了自己的價值。這是在道德地形學中形成的觀念，但因為它追求一種中立，中立於理性所「離根」的事物，結果這個觀念卻遮蔽了自己的道德視域。這種現代自然主義的觀點，試圖把所有事物客觀化，包含人類生活本身。為了維繫這個解釋原則，它把「離根」的主體看做是自然之物，而不是衍生於道德地形學中。

▣ 認同的自我探索

　　自我控制的觀念一定會涉及內部問題。柏拉圖認為人的能力在自己之內，但是柏拉圖認為道德根源卻都是在人的外部；笛卡爾描繪了頭腦中理念排列的圖像。可是西方古代的靈魂學說並沒有特別重視第一人稱的視角，笛卡爾和洛克突出了這個視角，但是「離根」的理性和精準的主體既中立於外部事物，也中立於內部欲望和感受，他們並不想向心靈內部深處尋找道德根源。泰勒指出，在西方道德地形學的演變中，以第一人稱的視角向內部尋找道德觀念，始於奧古斯丁的激進反思。泰勒本人則追隨在奧古斯丁和蒙田之後，討論自我探索的主題。

　　他認為，認同的問題不能從道德考量中抽離出來。人們的認同必然是參照一定道德標準建立的，而且認同本身就構成道德問題的核心。一個人是否真的忠於自己的認同，絕對不是一個中立的問題。

　　雖然弗洛依德的古典心理分析，以及他女兒安娜（Anna）發展的理論都認為自我（ego）是中立的掌舵機制，近幾十年來，認同問題在心理分析中的重要性不斷提高。埃里克森（Erik Erikson）是心理分析轉向自我理論（self theory）的先鋒。「自我」（self）這個概念對西方現代人的重要性，不亞於心理分析學派的「自我」（ego）一詞。泰勒指出，西方現代人使用「自我」（self）這個術語，是指它能發揮作為人類主體的本質力量。在西方現代的自我概念中，這些力量與第一人稱立場的反思性有關。後者則是在西方現代道德地形學的演變中出現的。針對這一點，泰勒用自我控制（self-control）和自我探索（self-exploration）這兩個主題，說明它們都涉及《自我的諸根源》所說的內向性維度，它們形成的時期不同，涉及內部深度的程度也不同。

▣ 探索「自性」

心理分析學派所說的「自我」（ego）和認知心理學的「自我」（self），在中文裡雖然翻譯成同一個詞，但在本書的論述脈絡裡，仍然必須對這兩個概念作理論上的區分。本書第四章指出，當社會科學家採用「認知心理學」的取徑，致力於建構由「含攝文化的理論」所構成的科學微世界時，他通常會使用「self」；相反地，如果心理諮商師或臨床心理師考量「整體的人」在生活世界中所遭遇到的問題，則傾向於使用受潛意識影響的「ego」。

從這個角度來看，本書第八、九兩章指出，宋、明儒者之中，朱熹對孔子未曾言明的「性與天道」問題探討最為深入；但他是個「泛認知主義者」，在他所處的時空中，他很少探討「潛意識」的問題。陸王一系講究的是「尊德行」的道德實踐，他們討論到的許多現象，反倒可以用榮格心理學來加以解釋。只要把握住這個區別，我們便可以解決本書第一章所談的「良知理性」分裂的問題。

本書第六章指出，榮格窮一生之力探討人類的潛意識，到他晚年，才發現：所謂「自性」（the Self），包括意識與個人潛意識及集體潛意識在內的整體人格（Jung, 1965）。陸九淵講「宇宙便是吾心，吾心便是宇宙」，這個「吾心」，顯然是能夠深入探索潛意識的「自我」（ego）意識，也是慧能所說「能生萬法」的「自性」。

◙ 儒家的「構成善」

　　這一點從王陽明的事蹟中，可以看得最為清楚。王陽明 28 歲時，考中進士，觀考工部，歷任刑部主事、兵部主事。明武宗正德元年，宦官劉瑾專權，陷害忠良，王陽明抗疏營救，結果被施廷杖四十，並貶至貴州龍場當驛丞。

　　王陽明被貶到龍場驛之後，「日夜端居澄默，以求靜一；久之，胸中灑灑」。「自計得失榮辱皆能超脫，唯生死一念尚未覺化」，他時刻自問：「聖人處此，更有何道？」而在 37 歲那年的某天夜裡，「寤寐中若有人語之」，「不覺呼躍」，而「大悟格物致知之旨」，他拿自己的領會與舊日所讀的《五經》相互驗證，發現兩者「莫不吻合」，他也因此而更加肯定「聖人之道」，「自計得失榮辱皆能超脫」，同時也勘破了生死一關。

　　陳復（2016）以王陽明「龍場悟道」的故事來說明：人如何可能藉由「致良知」的工夫，來獲得「天人合一」的體會。他認為，王陽明是「首度領會出『自性』這個本體的存在，後來才使用『良知』來稱謂自己的體會」。他引用王陽明自己的說法：「良知是造化的精靈。這些精靈，生天生地，成鬼成帝，皆從此出，真是與物無對。人若復得他完完全全，無少虧欠，自不覺手舞足蹈，不知天地間更有何樂可代」《傳習錄‧下卷‧第六十一條》。

　　用本書第六章「自性的心理動力模型」來說，「良知」是督促「自性」（the Self）朝向「至善」（the good）的力量。當個人面對生命中重大的問題情境而必須做價值選擇的「強評價」時，如果「良知」能夠充分發揮作用，他會感覺自己的意志能夠調動包括「意識」及「潛意識」在內的所有資源，來幫助自己解決問題。所以王陽明說「良知是造化的精靈」，他能夠「生天生地，成鬼成帝，皆從此出」。

　　以王陽明自己的經驗來說，他年輕時，「氾濫辭章」，「遍讀考亭（朱熹）之書」又「出入佛、老之門」，「欣然有會於心」。他被貶到龍場驛之後，遭遇到人生中最為艱難的問題情境，而不斷自問：「聖人處此，更有何道？」

在悟道那天晚上，「寤寐中若有人語之」，這可說是其潛意識的作用，使他「不覺呼躍」；他拿自己的領會與舊日所讀的《五經》相互驗證，發現兩者「莫不吻合」。用泰勒「強評價」的理論來說，這是發現自己的「生活善」和儒家的「構成善」互相契合，因而肯定了儒家整體的地位。

▣ 「致良知」的論述理路

然而，當時儒家的心性之學尚未成熟，王陽明對「良知」的論述也不夠精準。他在「龍場悟道」一年後開始講「知行合一」：「知是行的主意，行是知的工夫。知是行之始，行是知之成」。這裡所謂的「知」，其實是指「良知」，一個人是否有「良知」，必然會表現在他的行動之上。「知行合一」的主張是針對「後世學者」將知與行「分作兩截用功」而提出的。

平定寧王之亂後，王陽明非但沒有得到朝廷的嘉獎，反倒因為宦官的讒害，連明武宗也一度懷疑他曾參與寧王的叛亂。王陽明只好避居九華山的道觀，每天到南昌贛江邊看浪起浪落。有一天忽然悟得「致良知」這門觀念工夫，他繼承了孟子的說法，認為「良知」是人與生俱來的「仁、義、禮、智」等道德觀念，是人心中判斷是非善惡的唯一標準。從此他進入到思想成熟期，自50歲起，開始大講「良知」，徹底擺脫朱熹格物致知觀點的牽絆，使他成為原創性的思想家：

> 「吾良知二字，自龍場以後，便已不出此意，只是點此二字不出，於學者言，費卻多少辭說。今幸見出此意，一語之下，洞見全體，真是痛快，不覺手舞足蹈。學者聞之，亦省卻多少尋討工夫。學問頭腦，至此已是說得十分下落，但恐學者不肯直下承當耳。」又曰：「某於良知之說，從百死千難中得來，非是容易見得到此。此本是學者究竟話頭，可惜此理淪埋已久，學者苦於聞見障蔽，無入頭處，不得已與人口一說盡。但恐學者得之容易，只把作一種光景玩弄，辜負此知耳。」《傳習錄拾遺·第十條》

⊡ 四句教

從上段論述來看，王陽明即使是在思想成熟之後，仍然經常感到理論論述語言不足的困擾。他自龍場悟道之後，便認為，「良知二字」、「一語之下，洞見全體，真是痛快」，可是他也十分了解：「古人言語，俱是自家經歷過來，所以說得親切。遺之後世，典當人情。若非自家經過，如何得他許多苦心處？」

王陽明在洞見「心之本體」之後，知道這是「學者究竟話頭」，他擔心弟子們「苦於聞見障蔽，無入頭處，不得已與人一口說盡」，但他非常了解：一般人不可能有像他那樣的生命歷練，反倒可把它當作「一種光景玩弄，辜負此知」，所以他55歲那一年，在「天泉證道」時，特別以「四句教」交付弟子：「無善無惡心之體，有善有惡意之動，知善知惡是良知，為善去惡是格物。」這一段話講得非常清楚：「心」的「本體」是「超越的」，所以它「無善無惡」。王陽明「悟」到的「先驗的」「良知」雖然「知善知惡」，王陽明卻告誡弟子：「人心自有知識以來，已為習俗所染」，「有善有惡意之動」，所以必須「格物」，「在良知上實用為善去惡工夫」。如果「只去懸空想個本體，一切事為俱不著實，此病痛不是小小，不可不早說破」。

第六節　日本與中國：陽明學的影響

「四句教」顯示：王陽明本人非常了解「本體」和「良知」的區別。但是他又認為「良知」二字，可以「洞見全體」。他一方面擔心弟子們「只去懸空想個本體」，一方面又要教弟子們「在良知上實用為善去惡工夫」，在論述語言不足的情況下，要在這兩者之間取得平衡，只能靠「師父領進門，修行在個人」了。

陸九淵所創的「心學」經其弟子的發揮，在王陽明時集其大成，成為中

國哲學史上著名的「陸王學派」。《盡己與天良：破解韋伯的迷陣》一書第十五章提到，1650 年，明儒朱舜水東渡日本，將陽明學傳授給日本人。當時在日本提倡陽明學的主要人物之一，是被奉為「泰山北斗」的佐藤一齋（1772-1859）。

▣ 陽明學到日本

佐藤一齋的高徒佐久間象山（1811-1864），原名啟之助，因為崇拜陸象山，改名象山。他從 1839 年起，在江戶開設「象山書院」。門下有兩位高徒，一位是輔佐幕府，後來在倒幕軍圍攻江戶時，同意「無血開城」的勝海舟（1823-1899）。另一位吉田松陰（1830-1859），22 歲時，拜在佐久間象山門下。兩年後的 1854 年，培里（M. C. Perry）率領美艦，再次來到日本。吉田和金子重輔兩人違反幕府禁令，登上美艦，希望能夠前往美國汲取西學。培里將兩人送回岸上，他們立即向幕府自首。

吉田被押返原籍，關押在囚禁武士的野山監獄。他在獄中寫下《幽囚錄》，成為日後日本發展軍國主義的藍圖。同時又向同囚的十一個人講授《孟子》，宣揚他「尊王攘夷，開國倒幕」的主張。1855 年，吉田獲准出獄，開設「松下村塾」，大量講授中國經典，也培養出高杉晉作、木戶孝允、山縣友朋、伊藤博文等一大批倒幕維新的志士。

安政五年（1858 年），幕府大老井伊直弼未經天皇批准，締結「日米修好通商條約」，國內輿論沸騰，井伊派老中間部詮勝入京都逮捕倒幕派志士。吉田企圖說服長州藩主政者，刺殺間部，結果長州藩反倒將他逮捕。他對幕府坦白招供自己的暗殺計畫，以及「尊王討幕」的主張。江戶奉行本來要判他流放外島，他卻認為，判「死罪」比較妥當。安政六年 10 月 27 日，吉田被處斬刑。臨刑前，留下辭世詩〈留魂錄〉：「縱使身朽武藏野，生生不息大和魂」，時年 29 歲。他的學生繼承了他的遺志，奮鬥不懈，最後終於達成他「倒幕維新」的心願。

王陽明思想傳入日本之後，廣泛流傳，形成了積蘊深厚的日本陽明學

統，並成為武士道精神、大和魂的重要部分。很多學者都指出，日本近代以來能「立國維新」，建立一個強大的現代國家，主要就是因為陽明學所提供的精神支柱。

◙ 陽明學在中國

明代之後，陸王心學大盛於華夏，並出現諸多流派。黃宗羲所著的《明儒學案》以地域分類，將王門後學分為浙中王門、江右王門、南中王門、楚中王門、北方王門、粵閩王門、泰州王門七大體系。後來的陽明學研究者認為這種劃分太過簡單，牟宗三仍以地域區分為：陽明家鄉的「浙中派」（以王龍溪、錢德洪為代表），江蘇的「泰州派」（以王艮、羅汝芳為代表），江西的「江右派」（以聶雙江、羅念庵為代表）。日本學者島田虔次（1970）則將陽明學分為左、右兩派。「左派」王學指的是王龍溪和泰州學派，岡田武彥（1970）稱之為「現成派」，他們認為，良知是現成的，我心率直、自然的流露即為本體，強調直下承當，排斥漸修的工夫論，並主張在本體上下工夫，甚至認為本體即工夫。其中有些人主張放任自我性情之自然，終致於蔑視人倫道德與人間綱紀。明末社會道德頹廢，此派難辭其咎。

「右派」王學認為，陽明學說區別「虛寂之體」和「感發之用」，因而主張「歸寂立體」而以之為達用，岡田武彥（1970）稱之為「歸寂派」。此派思想雖然開始時能免於偏靜，但因為致力於體證動靜一體的虛寂之真體，結果是遠離陽明充滿生命動能的心學，而接近宋儒以敬肅為主的理學。

◙ 「空言」與「實學」

岡田認為，除此之外，還有「修正派」，他們充分體認良知是天理、道德法則，企圖矯正「現成派」的流蕩和「歸寂派」的靜偏。然而，這一派的努力並不能挽救明朝的覆亡。明朝滅亡後，黃宗羲甚至認為，明朝的覆亡是儒生空談誤國的結果。他指責王學末流「言心言性，舍多學以求一貫之方，置四海之困不言，而終日講危微精一之說」，「以明心見性之空言，代修己

治人之實學，股肱惰而萬事荒，爪牙亡而四國亂，神州盪覆，宗社丘墟」（《日知錄》卷七）。他批評晚明王學末流提倡的心學，其實是「內釋外儒」，違背了孔孟旨意，其罪「深於桀紂」。

　　日本學者高瀨武次郎在《日本之陽明學》一書中因此指出，「大凡陽明學含有二元素，一曰事業的，一曰枯禪的。得枯禪元素者，可以亡國。得事業元素者，可以興國。中日兩國，各得其一，可以為事例之證明。」對於這個問題，我最擔心的是：如果我們不能建構客觀的理論來說明儒家的「修養工夫」，我們便很可能重蹈明末「王學末流」的覆轍，「得枯禪元素者，可以亡國」！

本章小結

　　本章以奧古斯丁的激進反思作為切入點，介紹泰勒哲學析論現代人之自我認同的「內向性」。然後借用德國心理學家艾肯斯伯格（Eckensberger, 2002）的行動理論，分析先秦儒家「內向反思」的基本型態。結果顯示：先秦儒家提倡的「內向反思」，涉及「主體取向」、「行動取向」及「世界取向」方面，他們所重視的是「社會世界」（social world），而不是「物理世界」（physical world）。這是儒家重視「內聖之學」的不足之處，必須藉由西方的「外王之道」來加以補強（見本書第三章）。

　　接著，本章再以泰勒區辨西方主流心理學的「自我控制」和心理分析學派的「自我」（ego）作為架構，析論王陽明的「自我探索」。本書第九章指出，朱熹一生中耗用極長的時間，探索「自性」的問題，最後才發展出「心統性情」的理論。王陽明雖然主張「心學」，但他所作的「自我探索」，其實也涉及到「自性」的層面。這一點，必須藉由本書第六章「自性的心理動力模型」，才能看得最為清楚。換言之，「人是萬物的尺度」，如果沒有本書第二部分所提出的理論，其實我們既無法整合人文及社會科學，也無法破解儒家思想發展史所留下的諸多難題。

　　陽明學對於日本明治維新發揮了極大的作用。然而，由於明治維新的領導人物主張「和魂洋才」，他們對於西方文化的吸收比中國早一步，結果他們不僅在十九世紀末期以中國作為征服對象，後來他們的知識分子反倒批評中國的陽明學導致「空談誤國」！此一事實更清楚顯示：吸納西方的「外王之學」，是儒家文化的唯一出路。

第十三章 忠與孝:「仁道」中的 兩種社會認同

泰勒認為,人是「自我詮釋的動物」(self-interpreting animals)(Taylor, 1985b),每個人都會從不同的角度,來詮釋其日常語言中與自身有關的重大問題。但自我詮釋的過程並不是獨立完成的,而是呈現在與他人的對話之中:

> 藉由獲得豐富的語言,我們成為完整的行動者,能夠理解自己並且定義自我認同……我們經由和他人的交流互動,而吸納這些語言表達方式。沒有人可以僅僅依靠自己就獲得自我定義所需要的語言。引導我們的語言使用的是,那些對我們重要的他人(others who matter to us)。在上述的意義,人類心靈的真正起源不是「獨白的」(monological),不是每一個人自立完成的,而是依靠於對話。(Taylor, 1985a, p. 33)

▣ 無法逃避的視域

在主體存在的意義世界中,自我認同是在對話之中經由他人的認肯(recognition)而形成的(Taylor, 1985c, p. 233)。泰勒非常重視生活世界中「重要他人」對於形塑「自我認同」的影響。在他看來,實踐本身就蘊含著一種持續開放參與的進程。社群內每天人際間的交流互動都不斷進行。依照視域融合(fusion of horizon)的觀點,藉由溝通的互動滲透,我在理解他人的同時,自己的觀念與自我的理解也隨之轉變。即便自己最後並未接受他人的意

見，但是自我的視野與對他人的了解卻變得更為深厚。只要生命持續發展，自我的理解就會在共享的語言之網裡不斷進行。

　　自我的問題之所以能夠在歷史性的對話中被理解，是因為自我本身是在社會互動中形成的。在生活世界裡，這個維度的對話性質，是歷史對話的一個前提條件。泰勒借用米德（George Herbert Mead）的概念說，自我是在與「重要他人」（significant others）的互動中形成的，人類心靈的起源不是獨白而是對話。人們在使用語言進行自我對話的時候，進而會受到文化語言的形塑。相關的文化語言，構成人們進行自我對話時「無法逃避的視域」（inescapable horizon）。

　　個人的生命與關切不斷地流轉，他所處的道德空間也不是一成不變的。生命故事的發展有過去、現在，也有未來。回到個人的層次來說，在他所處的道德空間中，人要有自我敘事（narrative）的能力，「確立我在道德空間中與諸多善的關係」，因為「我將成為什麼的意義，只能在故事裡彰顯出來」（Taylor, 1989, p. 48-9）。

　　這裡我必須指出的是：泰勒是在「個人主義」文化脈絡下，論述形塑「自我認同」的第二個維度。在儒家「關係主義」文化的脈絡下，我們在思考這個維度時，最值得吾人注意是：「忠」與「孝」之間的區辨。

▣ 表達的成分

　　儒家文化從其內部極不可能產生西方式的「離根理性」；在儒家文化的發展史上，也沒有因為「離根理性」的勃興，而產生出與其相對立的「浪漫主義」或「表達主義」（expressivism）。然而，儒家文化卻一向很重視情緒之表達，這就是所謂的（喜怒哀樂）「發而皆中節」。

　　在西方強調「自由」的「個人主義」文化衝擊下，受過西式教育的華人也可能重視跟「重要他人」之間的對話。然而，這樣的「對話」卻跟參與對話者雙方之間的「關係」不同，而有明顯的差別。更清楚地說，在「儒家的庶人倫理」中（如圖5-1所示），人與人之間的「關係」是由「情感性成分」

和「工具性成分」組成。「情感性成分」的英文名稱叫做：「表達性成分」（expressive component），其意思為：儒家文化中所謂的「修養」的重要意涵之一，就是人與人之間關係中的「情感性成分」愈濃，關係在時間上的持續性愈長，交往雙方就愈要重視彼此之間情緒的適度表達。

第一節　反思與行動

　　本書第九章引用榮格心理學的概念，認為儒家所說的「自性」，是包涵意識和潛意識在內的整體人格（whole personality）；宋明理學家將「性」分為「本然之性」和「氣質之性」。把這些概念放置在「自性的心理動力模型」中來看，《大學》「三綱領」的意思就是說：「自我」只要堅持「自性」中的這種「自明之德」，它包含「意識」和「潛意識」在內的一切作為，都會朝向「至善」的目標，作出「苟日新，日日新，又日新」的行動，讓「自我」覺得每天的生命充滿了意義感。

▣ 止於至善

　　要了解這一點，必須對「三綱領」的意義，做更進一步的詮釋。「止於至善」一詞中的「止」字，意指「止息」。《大學‧傳三章》中記載：孔子看到一隻呢喃黃鳥停息在山丘一隅，他說：「於止，知其所止，可以人而不如鳥乎？」接著又說：「詩云：『穆穆文王，於緝熙敬止。為人君，止於仁；為人臣，止於敬；為人子，止於孝；為人父，止於慈；與國人交，止於信。』」

　　在上述引文中，「止」均為「止息」之意。仁、敬、孝、慈、信，則是自我在扮演不同社會角色時，應當遵循的「明德」。朱熹窮畢生之力，跟師友們反覆論辯，發展出儒家的「道德形上學」，則認為，「天地之性」和「氣質之性」既不一又不二，兩者之間具有一種「不離不雜」的弔詭關係，它跟「天道」是相通的。這種受之於天的「理」，他稱之為「天理」。前文

引到《詩經》中所強調的「仁、敬、慈、孝、信」等，都是「天理」在各種人際關係中的朗現，這就是宋明理學家所謂「理一分殊，月印萬川」：「天理」只有一個，但它在不同的人際關係中，就會有不同的朗現，正如月亮照映在無數的河川中，就會呈現出不同的樣貌。

▣ 兩個修道場

孔子說：「於止，知其所止」，一個有智慧的人必須知道自己所處的社會情境（於止），並實踐最適合於該情境的價值目標。在社會互動情境中扮演「君、臣、父、子」等不同角色的人，都應當依循「天理」，分別以「仁、敬、慈、孝、信」作為「自我」行動的定向。

然而，儒家教育的目標，並不僅只是希望把弟子培養成有德性的「君子」，依照《大學》中的八條目，儒家更希望能培養一批「志於道」的「士」，能夠在「修身、齊家」之外還能夠達成儒家「治國、平天下」的理想。從 1905 年清廷廢除科舉，改行西式教育體制後，受過新式教育的知識分子（士），不一定出仕為官，並實現「治國、平天下」的理想，而可能進入各種不同類型的組織中工作。換言之，現代華人社會中的知識分子，其生活世界中有兩個主要「修道場」，一是家庭，一是職場。《詩經》上說：「邦畿千里，維民所止」，身為國家的領導者，一切作為都必須以人民為考量的依歸。同樣地，將來要進入不同職場工作的人，一切作為也必須以自己將來在職場中所扮演的角色為依歸。

《中庸‧第十二章》在論述「君子之道」時，說過一段很重要的話：

　　君子之道，費而隱。夫婦之愚，可以與知焉；及其至也，雖聖人亦有所不知焉。夫婦之不肖，可以能行焉；及其至也，雖聖人亦有所不能焉。天地之大也，人猶有所憾。故君子語大，天下莫能載焉；語小，天下莫能破焉。詩云：「鳶飛戾天，魚躍于淵。」言其上下察也。君子之道，造端乎夫婦，及其至也，察乎天地。

　　孔子也說過：「可與言而不與之言，失人；不可與言而與之言，失言；知者不失人，亦不失言」《論語・衛靈公》。為了要做到「不失言，亦不失人」的境界，儒家非常重視一個人在各種生命情境中的語言行動：

▣ 生命處境的擘劃行動

　　「故君子語大，天下莫能載焉；語小，天下莫能破焉」，君子對他所論述的大小事情，不論是「鳶飛戾天」也好，「魚躍于淵」也好，都不會發生差錯。要做到這一點，說難很難，說容易也很容易，「夫婦之愚，可以與知焉；及其至也，雖聖人亦有所不知焉。夫婦之不肖，可以能行焉；及其至也，雖聖人亦有所不能焉」，其關鍵是做好個人在其生命處境中所作的「擘劃」行動。用「戲劇理論」的概念來說，不論是在家庭或職場中，每一個人對自己「登上前臺」後的言行，都必須在「後臺」預作準備：

　　　　凡事豫則立，不豫則廢。言前定，則不跲；事前定，則不困；
　　行前定，則不疚；道前定，則不窮。《中庸・第二十章》

　　朱子註：「跲，躓也。」《中庸》以為：凡事先用心準備，才有可能做成功。發言前，先把所要講話的內容想好，就不會說錯話；做事情之前，先把步驟細節想清楚，就不會陷入困難；採取行動之前，先想到可能的後果，就不會愧疚悔恨；對於自己的人生之道，預先做好規劃，就不會陷入困窮。

第二節　「家人一體」與「孝道」

　　儒家之所以會作出此主張，跟儒家的生命觀有十分緊密的關聯。儒家在反思「自我」生命的起源時，並不像基督教那樣，設想出一位獨立於世界之外的「造物主」。相反地，他們從自己的宇宙觀出發，認識到一項簡單且明確的事實：自己的生命是父母親肉體生命的延續。儒家有關「孝道」的觀念，

都是從這一個不容置辯的事實衍生出來的。《禮記》中很清楚地述說出這樣的觀點：

> 曾子曰：「身也者，父母之遺體也。行父母之遺體，敢不敬乎？」樂正子春曰：「吾聞諸曾子，曾子聞諸夫子曰：『天之所生，地之所養，無人為大。父母全而生之，子全而歸之，可謂孝矣。不虧其體，不辱其身，可謂全矣。……不敢以先父母之遺體行殆。壹出言而不敢忘父母。是故惡言不出於口，忿言不反於身，不辱其身，不親其親，可謂孝矣。』」

◉ 家人一體

從樂正子春的敘述中，我們可以很清楚地看出：孔子有關「孝」的觀念，都是建立在自己的身體是「父母全而生之」這一概念之上。事實上，儒家從此一概念還導衍出其他許許多多關於「孝道」的概念，由於這不是本文主要討論的焦點，此處不作細述（有興趣的讀者，可參考：葉光輝、楊國樞，2008）。此處所要強調的是：基於這樣的「理路」，儒家提出家人「一體」的概念。最先提出這個概念是《儀禮·喪服傳》：

> 父子一體也，夫妻一體也，昆弟一體也。故父子首足也，夫妻胖合也，昆弟四體也。

賈公彥對這段話的注疏是：「凡言體者，如人之四體，故傳解父子夫妻兄弟，還比人四體而言也。」換句話說，儒家以人體來比喻家庭，家庭中的每個角色分別是人體的不同部位，共同構成一個人體。儒家對於家庭中的倫理安排，和他們對於人體的意象也彼此互相對應。胡培翬對〈喪服傳〉中前段引文所作的《正義》是：

> 父子首足三句，則又申言一體之實。父尊子卑，其一體如首
> 足；夫陽妻陰，其一體如爿合；昆弟同氣連枝，各得父之體以為
> 體，如四體之本為一體也。

對胡培翬而言，家人一體是簡單明白的「事實」。由於家庭中的每個角色分別構成人體的不同部分，家中各個成員相對待的倫理關係，也應當根據這樣的「理路」來加以安排。賈公彥的注疏很清楚地說明這一點：「人身首足為上下，父子亦是尊卑之上下，故父子比於首足。」夫妻是陰陽兩種對反而又相成的「兩半」之結合，依照漢儒董仲舒所建立的陽尊陰卑之傳統，夫妻之間的關係應當是「夫尊而妻卑」。至於兄弟關係，他們雖然是「同氣連枝」，「各得父體以為體」，猶如「四體之本為一體」，可是，「二手二足在身之旁，昆弟亦在父之旁」，他們各自成為分體，將來會各自成家，各有其子，昆弟之子將各自私朝其父，因此兄弟應有長幼之分。

▣ 存天理，去人欲

根據這樣的「論述理路」，儒家以「尊尊法則」與「親親法則」為基礎，建構出繁複而嚴密的倫理體系。在圖 5-1 中，由於儒家把家人當作「一體」，在未分家之前，同一家庭中的成員有「同居共財」之義，資源支配者必須努力滿足對方的需要。因此，他們所遵循的「交換法則」是「需求法則」。朋友之間互相為獨立的個體，他們之間的交往必須信守自己所作的承諾，並表現出自己對於對方的「仁」或「情」，因此他們的互動必須遵循「人情法則」。至於個人為了獲取某項特殊資源，而和扮演某種社會角色之陌生人所建立的「工具性關係」，則是儒家倫理未曾規約的範疇，在這種關係中，互動雙方很可能根據「精打細算」的「工具理性」來和對方進行互動，因此其交往法則為「公平法則」。

我們可以用歐洲心理學者所提出的「社會認同理論」（social identity theory）重新解釋宋儒所謂的「存天理，去人欲」。「社會認同理論」的主要概

念，可以用圖 13-1 的同心圓表示出來。同心圓的中心是個人的「自我」，外面的圓圈表示他所認同的社會團體。由於美國人通常把每一個人看作是獨立的個體，他們通常把各種不同的社會認同（social identities）看作是個人自我概念的某些層面（aspects）。歐洲學者則不然，他們傾向於把社會認同看作是自我超出個人層次的擴張（extension）（Hwang, 1999）。

圖 13-1 中的同心圓表示：個人在某一特定範疇（domain）之內，以融入程度（levels of inclusiveness）不同的社會團體來界定自己。在同心圓的中心，「個人認同」（personal identity）是指「個體化的自我」（individuated self），是在某一特定脈絡之下，將個人和他人區辨開來的那些特徵。「社會認同」則是將自我分類成某些更有包容性的社會單元，並將自我概念中的個人屬性去除掉，使「我」變成為「我們」。社會認同使個人不再將其「自我」看作是獨特的人（unique person），而是某些社會類別（social category）中可以替換的一個成員（Turner, Hogg, Oakes, Reicher, & Wetherell, 1987）。

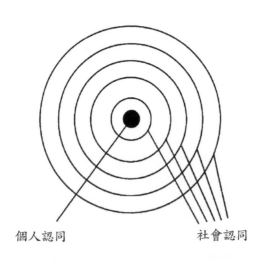

個人認同   社會認同

圖 13-1　個人認同與社會認同

用「社會認同理論」來看，儒家實踐其「修身」方法的主要目標，便是要使個人和屬於「五倫」關係中的其他人進行互動時，儘量壓抑其「個人欲望」（去人欲），並遵循儒家所主張的「仁道」（存天理）：他們必須依照「尊尊法則」，由占有較高社會地位的「資源支配者」來做出決策；「資源支配者」則必須「以仁居心」，儘量設法滿足對方的需要。在互動的過程中，「我」變成了「我們」，他們之間的「社會認同」也會因此而增強。

▣ 生態的界域

不論是集體主義或個人主義，一種意識型態之所以會被某一文化中的人們廣為接受，往往和他們在其生態環境下的生活方式有密切的關聯。在中國長久的歷史上，儒家的「庶人倫理」之所以會對華人的社會行為產生深遠的影響，一方面是因為官方的刻意提倡，一方面則是因為它和大多數華人的生活方式互相契合。以色列希伯萊大學教授埃森斯塔德（Eisenstadt, 1981, 1982）的現代化理論將人們生活的界域分為兩種：賦予或生態的界域（ascriptive or ecological contours）是指親族、種族或部落等各種與生俱來的初級團體；機構的界域（institutional contours）則包括：學校、政治群體、市場等次級團體，它具有法人的性格，有一定的權力結構，參與的成員也有一定的甄選標準（引自 Metzger, 1984）。我們不難看出，儒家「庶人倫理」主要的適用範圍是在「賦予或生態的界域」中；而下一節所要談的「士之倫理」，則適用於「機構的界域」之中。

在傳統中國的農業社會裡，農民居住在一定的土地之上，並生活在固定的社會網絡裡。從個體出生到這個世界上來，他已經生活在一定的社會網絡裡。他的雙親和眾人（尤其是他的母親）會視他為家族生命的延續，以無微不至的愛心（仁）照顧他，滿足他的各種需要。等到他長到 5、6 歲階段，他的雙親認為他已經「懂事」，會開始教他「做人」的適當規範（義），要求他對長輩有禮貌（禮）。年齡再大，家中長輩更會教他各種「社會智慧」（智），特別是要他信守他自己所作的承諾（信）。在這樣的文化氛圍之下

成長，即使他沒有受過正式的儒家教育，他和社會關係網內其他人的互動方式，也會和儒家倫理互相「合模」。

第三節　「忠」與「士之倫理」

傳統中國「差序格局」的社會結構，可以說是華人依循儒家「庶人倫理」的道德秩序而生活的一個結果。然而，倘若我們仔細考察儒家思想的內容，我們當可發現：除了「庶人倫理」之外，儒家對於作為知識分子的「士」，還有更高一層的倫理要求。依照儒家的文化理想，由於「士」可能在政府組織中占有某種主要的職位，因此他們必須在自己能力所及的範圍之內施行「仁道」。施行「仁道」的範圍愈廣，個人的道德成就也愈高。這就是所謂的「修身、齊家、治國、平天下」。

▣ 士志於道

　　子曰：「士志於道，而恥惡衣惡食者，未足與議也。」《論語・里仁》

　　孟子曰：「無恒產而有恒心者，惟士為能。若民，則無恒產，因無恒心。」《孟子・梁惠王上》

儒家最為推崇的「道」，是「仁道」。先秦儒家認為，一位有志於以施行「仁道」作為自己終身志業的「士」，不會計較自己生活中的物質條件，雖然沒有恆產，對於自己的志業也會有恆心，而矢志不移。

我們可以再用「社會認同理論」來說明儒家的「士之倫理」。前節說過，在傳統中國社會裡，個人是生活在一個同心圓式的社會網絡裡。在社會上占有高地位的「士」，不能僅只在家庭內施行「仁道」，而必須將其「仁心」儘量往外擴充。擴充的方式就是「公而忘私」，儘量克制個人的欲望，

來為更大的社會團體服務，藉以突顯其社會認同。在踐行「仁道」的過程中，他服務的團體愈大，他付出的代價愈高，他的道德成就也愈高。如果他在這樣的過程中「殺身成仁」，犧牲掉自己的生命，他便很可能被自己所屬的團體奉為英雄人物。

◪ 以道事君不可則止

士必須奉行的最主要道德原則是「忠」。然而，儒家卻曾經在「忠於君」和「忠於道」之間做出明顯的區分；他們賦予士一種「實踐仁道」的使命感，而不是無條件地忠於君王（Hwang, 1998）。更清楚地說，儒家對於「忠」的概念和他們對於「孝」的概念是截然不同的（徐復觀，1983），我們必須在此做更詳細的論述。

在戰國時代，作為國家統治者的君王掌握有最大的權力。依照儒家的「尊尊法則」，居上位的人擁有較大的決策權力；因此，依照儒家的構想，「士」一旦出仕之後，他實踐儒家文化理想的最重要途徑便是「以道事君」。儒家認為「君仁莫不仁，君義莫不義，君正莫不正」，只要「一正君，而國定矣」《孟子・離婁》，因此，做臣子的人，最重要的職責便是「格君心之非」，引君於正途：

> 君子之事君也，務引其君以當道，志於仁而已。《孟子・告子》

用儒家的概念來說，「以道事君」就是所謂的「忠」。「君仁／臣忠」固然是儒家的理想，然而，當擁有決策權的君王企圖作出違反「仁道」的決定時，作為臣下的人，又該如何呢？

儒家雖然強調「尊尊法則」，主張「父慈／子孝」，「君仁／臣忠」，然而，如果居上位者所作的決定背棄了「仁」的原則，儒家卻主張「當不義則爭之」：

　　曰：「天子有爭臣七人，雖無道，不失其天下。……父有爭子，則身不陷於不義。故當不義，則子不可以不爭於父，臣不可以不爭於君，故當不義則爭之。從父之令，又焉得為孝乎？」《孝經・諫諍》

　　值得強調的是：在先秦儒家的概念裡，「君臣」和「父子」是兩種截然不同的關係。在這兩種關係裡，居於優勢地位者犯了不義之行，居於卑下地位者經過反覆諍諫後，居上位者如果不願聽從，居下位的反應也應當有所不同。在儒家看來，父母親是自己生命的根源，是「己身所從出」之人，親子之間的關係是永遠無法切斷的血緣關係。在「孝」的大前提之下，父母有過，做子女的人只能「下氣怡色，柔聲以諫」，「諫而不逆」。縱然「父母怒，不悅，而撻之流血」，表現出極端「不慈」的行為，子女也只能忍耐，「號泣而隨之」，「又敬不違」《禮記》。

　　然而，君臣之間並沒有這種不可割裂的血緣關係。有一次，孟子在和齊宣王對話時，便將君臣之間的關係區分為「貴戚之卿」和「異姓之卿」。貴戚之卿與國君關係密切，反覆規勸他而不聽，則可能危及國家。在「民為貴，社稷次之，君為輕」的原則下，應該易置之。異姓之卿與國君關係疏遠，反覆勸諫而不聽，便應當離開職位他去，不必留情。如果君王暴虐無道，有勢力的諸侯更應當挺身而出，弔民伐罪。孟子在討論「湯放桀」和「武王伐紂」的案例時，說過一段很出名的話：

　　賊仁者謂之賊，賊義者謂之賊，殘賊之人，謂之一夫。聞諸一夫紂矣，未聞弒君也。《孟子・梁惠王下》

▣ 適恰特色理論

　　我們可以再用由「社會認同理論」所衍生出來「適恰特色理論」（optimal distinctiveness theory）來說明儒家的「士之倫理」。布里爾（Brewer, 1991）指出，個人的社會認同並不等同於其團體成員的資格。團體成員的資格可能是自願的，也可能是外加的，但社會認同卻是自己選擇的。個人可能認識到：他同時屬於許許多多不同的團體，但他並不一定會採用某種分類作為其社會認同的對象。他在某一時間會選擇某種「自我分類」（self-categorization）作為認同對象，在另一時間可能不再如此做。

個人在某一特定時間為什麼會以某一群體作為社會認同的對象呢？Brewer（1991）所提出的「適恰特色理論」認為，每一個人都有追求獨特性和個體化的需要，同時也有追求相似性並融入於他人的需求。個人由某種社會認同所產生的自我特色感是隨脈絡而定的：當自我認同於圖 13-1 中的某一點時，他會以外部次一層圓圈中其他可能的社會認同作為區辨和社會比較的參考座標（frame of reference）。如果他所認同的社會團體或類別能夠解開這兩種需求之間的衝突，並讓他的自我突顯出最適恰的特色，他對該一團體的社會認同感將變得最強。

儒家思想基本上是一種道德倫理體系，它期望每個人都能夠成就「道德自我」。用「適恰特色理論」來看，儒家期望：「士」出仕之後，在服務公職期間，能夠在其各項行動中儘量突顯出其「道德自我」的特色。如果君王對他言聽計從，讓他突顯出個人獨特的「道德自我」，他對該團體會產生強烈的社會認同感，並表現出極高的忠誠度。相反地，假如君王對他言不聽、計不從，在天下四分五裂的戰國時代，他便可能掛冠求去，另謀發展。如果君王暴虐無道，所作所為違反了「仁道」，他為了忠於其所屬的團體，在勸誡無效之後，甚至可能發動革命，推翻暴君，表現出「道德自我」的特性。

第四節　儒家倫理的現代轉化

話雖然是這麼說，可是「弔民伐罪」畢竟只是儒家的文化理想，在現實生活裡，這樣的案例畢竟不多。在團體內表現自己的才能，突顯出自我的特

色，而為團體所接納，在東方社會中反倒屢見不鮮。事實上，學者（Hinkle & Brown, 1990, p. 66）指出，自我認同理論最適用於集體主義文化中的團體，因為這種團體的成員「一方面關懷他們的社群和內團體，一方面又會以其團體的成就為榮」（Triandis, Bontempo, Villareal, Asai, & Lucca, 1988, p. 325, 335）。相反地，個人主義者認為「做自己想做的事」是十分理性的；他們可以「不管其社區、家庭或工作團體的需求，而以自己的成就以及在人際競爭中獲勝為榮」（Triandis et al., 1988, p. 325, 335）。值得強調的是：在西方文化衝擊之下，東方社會中也會出現許多有個人主義傾向的人。在副文化的層次上，不同的社會群體可能具有不同的傾向（如：軍隊或銷售業務員）；在個人的層次上，柴安迪斯等人（Triandis et al., 1988）分別稱之為集體中心傾向與個人中心傾向。在現代的東方社會裡，個人所要突顯的自我，並不一定是儒家所強調的「道德自我」，而可能是某人在某一方面的才能。這一點，跟本書的主標題「內聖與外王」有十分密切的關係，必須再作進一步的申論。

▣ 現代社會的「士」與「道」

《孟子‧盡心上》有一段著名的對話：

> 王子墊問曰：「士何事？」
> 孟子曰：「尚志。」
> 曰：「何謂尚志？」
> 曰：「仁義而已矣。殺一無罪，非仁也；非其有而取之，非義也；居惡在？仁是也；路惡在？義是也。居仁由義，大人之事備矣。」

在華人社會已經普遍採用西方教育體制的今天，如果有學生問大學教師：「士何事？」大概很少有教師會回答：「仁義而已矣。」相反地，他們大多會問學生的性向和興趣，再跟學生討論相關的學業問題。從本書的論述

脈絡來看，科學哲學並不是儒家文化的產品，華人很難用泰勒所謂的「離根理性」來建構客觀知識體系，但這不意味著，華人不能學會西方人已經發展出來的知識體系。本書第三章有關「外王之道」的析論指出，一個知識分子學會的知識體系愈多，他愈可能用它們來從事學術創造工作。在這種情況下，他所認同的「道」，已經不再是儒家所提倡的「仁道」，而是源自西方的某種知識體系。

在西方文化衝擊之下，目前東亞地區的儒家社會正在經歷著快速的文化變遷。尤其是位在太平洋邊緣（Pacific rim）地帶的日本、韓國、香港、臺灣和中國大陸沿海地區，其變遷尤為快速。由於資本主義生產方式的急劇擴張，各種不同類型的工商企業組織在這些地區不斷地湧現，工業化和都市化的結果，使得愈來愈多的人口必須脫離傳統的農業生活方式，而改營都市生活。在工業文明和都市文明的衝擊之下，許多嶄新的「人觀」和價值體系不斷地被創造出來，並在東方社會中快速傳播。在這種情況下，東亞人民對其自我與社會關係的安排，將展現出什麼樣的特色？

▣ 孝與權威式道德主義

由於本章的主題是「『忠』與『孝』：『仁道』中的兩種社會認同」，這裡我要回顧一些重要的研究發現，來呼應本書第五章對於「三綱」的析論。

「孝」是衍生自儒家文化的一種本土性概念，世界上其他文化中很難找到類似的概念，許多心理學者曾經從不同的角度，試圖探討孝道對華人社會行為的影響（Ho, 1996），例如：李（Lee, 1974）曾經發展出一個孝道認知發展的五階段模式；葉光輝與楊國樞（Yeh & Yang, 1989）也曾經提出一個概念架構，從六個成分分析孝順行為的發展；何有暉與李（Ho & Lee, 1974）則發展出一份「孝道量表」（Filial Piety Scale）測量儒家的孝道態度，並做了一系列實徵研究。在這林林總總的研究中，最引人深思的問題是：在傳統中國農業社會中，對親長行孝固然是維持個人心理社會均衡的一種重要方法，當華人社會的主要生產方式由農業轉變為工商業社會之後，人們是否還堅持

傳統的孝道觀念？什麼樣的人會堅持孝道觀念？人們所堅持的孝道觀念又可能發生什麼樣的改變？

何有暉（Ho, 1993）認為，在孝道觀念影響之下，華人社會化的主要特色是「威權式道德主義」（authoritarian moralism）。此一構念包含儒家社會的兩大特色：第一是在家庭、教育、政治機構中重視差序性的權威層級，第二是廣泛使用道德觀點作為評斷他人的主要標準。他以自編的「孝道量表」所從事的系列性實徵研究顯示：和個人對孝道態度有關的父母教養方式包括傳統式的過度控制、過度保護，以及嚴格要求子女表現出適當行為，父母傾向於忽略子女的創造性和獨立性，並抑制子女表達出自己的意見（Ho, 1987, 1994）。持有孝道態度的人傾向於採取一種被動的、迷信的和刻板的信念；並且具有威權主義、犬儒主義和順從者的性格。這種認知保守主義（cognitive conservatism）的特徵和傳統主義（traditionalism）與文化中心主義（culturocentrism）有強烈的關聯：前者使個人在文化上及心理上傾向於追隨祖先的腳步，他們喜歡緬懷過去而不是面對未來；後者則是一種世界觀，他們相信：自己的文化比其他文化重要、優越且具有持久性（Ho, 1994, 1996）。

然而，什麼樣的人會堅持這種孝道態度？何友暉（Ho, 1993）的研究顯示：在臺灣和香港，不論其年齡為何，社經地位較低的人傾向於擁有較強的孝道觀念。教育程度和孝道態度之間有顯著的負相關。和男性、年輕人、接受西方基督教影響較大的香港居民相較之下，女性、老年人、臺灣居民有較強的孝道態度。永（Yeung, 1989）的實徵研究則指出，孝道態度較強的老年人通常傾向於期望從其家人處獲取較多的支持，他們的生活滿意度也比較低。整體而言，許多證據顯示：隨著華人社會的現代化，威權式道德主義和孝道觀念都會跟著逐漸式微。

▣ 家族主義與情感依賴

值得注意的是：何友暉的「孝道量表」似乎太偏重「權威式道德主義」的層面。「孝」的內涵是不是只包括「權威式道德主義」？這個問題的答案

顯然是否定的。根據本文的分析，「孝」的內涵除了強調「權威式道德主義」的「尊尊法則」之外，還有強調親子間情感的「親親法則」。1994 年中央研究院所作「臺灣地區社會變遷基本調查研究」，曾經以另一份「孝道量表」針對 1,863 位 20 至 64 歲的民眾進行訪問；葉光輝（Yeh, 1997）以及朱瑞玲（Chu, 1997）兩人曾經對同一份資料分別作因素分析，結果很清楚地顯示：強調「尊尊」的「被動式孝道」，包括「抑己順親」和「護親榮親」等層面，其重要性已大為降低；但強調「親親」的「主動式孝道」，包括「尊親懇親」和「奉養觀念」，仍然受到民眾普遍的重視。

這樣的研究發現可以放在一個更寬廣的視域來加以理解。在一篇題為「家庭與發展」的論文中，楊中芳非常仔細地回顧以往學者在中國大陸、香港和臺灣三地區所作有關家庭之研究（Yang, 1988），她從父子軸（father/son axis）、階層式的權力結構（hierarchical power structure）、相互依賴性（mutual dependence），以及家庭互動的優勢性（dominance of family interaction）等四個層面來檢討家庭在這三個地區的變化。她回顧的結果顯示：雖然華人家族主義的內涵已經有所變化，但他們對於家庭的文化理想卻是相當強韌而難以改變。由於子女受過較高教育後，到外面工作有了自己的收入；父母對家庭開支和子女選擇配偶等事項的決定權隨之減少，傳統中國文化中最講究服從的「父子軸」也因而發生鬆動。不僅如此，由於子女分居、女性外出工作，以及法律對女性的保護，家庭中男尊女卑以及其他階層式的權力結構也因而弱化。值得一提的是：家人散居四處雖然會減少家庭成員互動的機會，但是他們因為住得太近而引起摩擦的可能性也會減少，這反倒有助於華人維護其家族主義的文化理想。在這三個地區，家族主義未曾改變的重要層面之一，是家人間彼此的相互依賴性。父母親不僅會竭盡所能的養育並照顧子女，子女們也會視孝敬父母為一種不容推卸的義務，願意在父母年老時奉養並照顧他們。當某一家庭成員遭遇到困難時，其他家人也會樂於伸出援手。

▣ 儒家倫理的現代轉化

在另一項研究裡，黃光國（Hwang, 1995）要求居住在臺北地區的 633 名知識分子，在一份包含有許多傳統價值項目的量表上，評定各價值項目對受試者自身，以及受試者上一代的重要性，然後再將他們的反應分別作因素分析。結果顯示：受試者認為，他們比上一代不重視有關「強調家庭而壓抑自我」的各項價值，包括「賢妻良母」、「子女成器」、「貞潔」、「安分守己」、「長幼有序」、「香火傳承」等，這反映出他們不再像上一代那樣重視家庭中以「父子軸」為中心的階層式的權力結構；但是，他們對「家庭幸福」、「婚姻美滿」、「和諧」等價值的重視程度，卻和上一代相去無幾。這一事實顯示：他們仍然十分重視以親密感情作為基礎的家族主義。這種以情感作為基礎的家族主義，正是家人間彼此相互依賴的心理根源。或許他們變得只重視家庭感情的實質而不重視其互動的形式，因此對「孝順」、「有禮貌」、「禮儀」的重視程度也有弱化的趨勢。

從儒家的「庶人倫理」來看，這些研究的結果顯示：由於家庭中掌握生活資源之權力中心的「去中心化」（de-centralization），對於生活在儒家社會中的個人而言，他們日常生活中在和家人進行社會互動的時候，已經不太重視「尊尊法則」，可是「親親法則」卻仍然有相當堅強的韌性，較不會因時代的改變而改變。

▣ 組織人的忠誠

在東亞傳統的宇宙觀和生命觀影響之下，許多亞洲人並不認為他的自我是和世界對立的獨立個體；相反地，在他的意識裡，他是生活在一種人際關係的網絡裡。他跟網絡中其他人的關係不僅有「上／下」之分，而且有「親／疏」之別：他的自我位居於這張網絡的中央，環繞在他身旁的，是和他生活在一起的家人，構成何友暉所謂的「優勢關係」（dominant relationships）（Ho, 1998）。以個人身體作為範疇而界定的自我認同，華人稱之為「小

我」，以與其有血緣關係之家人所界定的社會認同，華人稱之為「大我」。由於血緣關係有親有疏，「大我」的範疇也可以不斷地往外擴張。華人經常用一種「擬似親族關係」的稱謂來稱呼其熟人，主要動機便是想將對方包容入自己的關係網之中。

　　以血緣關係為基礎所建立起來的人際關係網是非選擇性的。個人和這種關係網中其他人的互動，往往必須受到源自儒家倫理之道德義務的規約。在東亞社會由農業轉變為工商業社會之後，父母親可能仍然會以具有其文化特色的方式來教育子女，其子女在成長過程中也可能以傳統「好學、力行、知恥」的修身方法，來學習某種專業知識或技能（Hwang, 1993）。長大成人之後，他更可能選擇性地參與各種不同性質的社會群體，由「家中人」（home body）變成組織人（organization man）（Hsu, 1971），並且和他人建立「工具性關係」或「混合性關係」。這種團體所強調的價值，並不一定是儒家「士之倫理」所強調的「仁道」，而很可能以某種專業知識作為基礎的「成就」；在這種團體裡，個人是否會產生強烈的「群體認同」，其判斷基準也很可能不是在實踐個人的「道德自我」，而很可能是個人實踐其專業知識的表現（performance），能否讓他解開突顯個人成就和融入社會群體之間的衝突，並感受到個人最適恰的特色。

本章小結

　　從本文以上各節的論述中，我們可以很清楚地看出：儒家對於「忠」和「孝」的概念有極其明顯的不同。儒家認為，父母親和祖先是自身生命的根源，是「己身所從出」之處，因此個人對父母親的「孝」應當是無條件的。然而，儒家對於「忠」的概念卻含有「自由主義」的色彩（de Bary, 1983），它所主張的是忠於自己所認同的「道」，而不是忠於君王個人。我們可以從西方心理學的觀點，來說明這種「忠誠」行為的意義。Hirschman（1970）指出，當組織開始衰退時，員工可能表現出的忠誠行為可區分為三種：第一種

「無意識的忠誠行為」（unconscious loyal behavior），員工由於選擇性的主義而完全無視於組織的衰退。第二種「被動的忠誠」（passive loyalty）是耐心地等待，給予組織公開或私下的支持，相信組織終究會做出正確的事。第三種是「暫時不離開但主動發言」（holds exit at bay and activates voice）。

◙ 「公忠」與「私忠」

當員工對組織的衰退感到不滿時，「忠誠」究竟會促進個人的發言行動？還是會抑制發言行動？這是西方學者一直爭論不休的問題（Graham & Keeley, 1992），先秦儒家的立場顯然是主張前者，也就是「暫時不離開但主動發言」。然而，作為新儒家主要人物之一的徐復觀（1983）指出，秦、漢之後，在統治者的授意之下，許多學者刻意竄改儒家經典，將「忠」、「孝」混為一談，強調臣屬對君王個人之忠，扭曲了先秦儒家的原始精神。劉紀曜（Liu, 1982）因此在這兩者之間作了清楚的劃分：先秦儒家所強調的對社稷之「忠」，稱之為「公忠」；秦漢之後，中國的政治型態轉為「家天下」，「君臣」關係主變為「主僕關係」，「忠」的意涵轉變成為對君王私人利益的效忠，他稱之為「私忠」。

作者認為，在西方資本主義文化的影響之下，當世界各地的華人社會由農業轉變為工商業社會之後，對於華人社會行為的研究而言，對「忠」作這種概念上的區分是十分必要的。更清楚地說，先秦儒家所強調的忠於自己所認同的「道」，跟忠於組織的領導者，可能有完全不同的心理意涵。一個受過西方教育的年輕學者更可能以學術作為志業（Weber, 1948），只忠於自己的專業。有些關於華人組織行為的研究一再顯示：華人企業家非常重視員工的「忠誠」（Cheng, 1991; Cheng, 1996; Chou, 1984; Silin, 1976），並以之作為應徵員工的基礎。作者認為，任何組織的領導者都應當區辨儒家文化中的這兩種社會認同，才能順利走出他自己的「道」。

第十四章　「中庸」理性：行道天涯

　　本書第二部分建構了一系列「含攝文化的理論」，用以解決儒家思想發展史上有關「心性論」的「千古難題」（第三部分）；本書第四部分引入加拿大哲學家泰勒有關「道德空間」的理論，以及葉啟政有關「三重理路」的觀點，說明以西方科學哲學重新建構儒家文化傳統的意義。上一章從當代社會科學實徵研究的發現，說明儒家文化傳統對於現代人之「自我認同」的意義；本章將沿著本書的思路，反思先秦儒家的精神，藉以說明其未來開展的方向。

　　啟蒙與浪漫主義交織成泰勒所說的現代真誠倫理。從啟蒙的個人主義興起，到浪漫主義的自我實現，真誠倫理要求人們貼近自我的內在之聲（Taylor, 1992）。當人不再拘束於古老的秩序，而企圖找出我是誰的答案，對人徹底開放，使得人們感到一種倫理上的急迫性，要求我們對自己真誠。

第一節　重塑「士」的角色

　　孔子聚徒講學之目的，是要培養出一批有德行的「君子」，希望他們能夠出仕為「士」，推行「仁道」於天下。對於有機會出仕的弟子，孔子對他們都抱有十分殷切的期望。前文說過，在西周封建時代，「士」本是封建制度中地位最低一級的貴族。當時，「國之大事，惟祀與戎」，他們平常時候學習禮樂、演練射御，有些人還必須下田耕作，從事農業生產。一旦發生戰事，他們便必須「執干戈以衛社稷」，甚至「斷頸裂腹」，報效國家。到了春秋末期，舊有的封建社會秩序瀕臨解組，庶人經過私學而晉入士之階層者，日益增多，士的角色也發生了轉變，而孔子便是導致此種轉變的關鍵性人物。

他用「本天道以立人道」的方法，發展出以「仁」為核心的「仁、義、禮」倫理體系，他相信這套倫理體系是「天經地義」之「道」，足以用來挽救崩潰中的封建社會制度。因此，他擴大了傳統教育的內容，不僅教導學生六藝，而且授之以「道」，希望他們「志於道」，如果有機會出仕，能夠承擔起實踐儒家理想並傳播文化理念的使命。

⊡ 君子之教

　　由於孔子的教育目標，主要在培養能夠「學以致其道」的「君子」，是故他平日教導學生，十分強調「君子」這個概念，例如：子夏投入孔子門下，孔子即告誡他：「汝為君子之儒，無為小人儒」《論語・雍也》。他自己平日更經常和弟子從各種不同角度討論「君子」和「小人」之別：

> 子曰：「君子喻於義，小人喻於利。」《論語・里仁》
> 子曰：「君子懷德，小人懷土；君子懷刑，小人懷惠。」《論語・里仁》
> 子曰：「君子求諸己，小人求諸人。」《論語・衛靈公》
> 子曰：「君子坦蕩蕩，小人長戚戚。」《論語・述而》

　　用「自我的曼陀羅模型」來看（Hwang, 2011, 2018），孔子說這些話，是希望弟子在面對「個體」（individual）慾望和做「人」（person）的要求之衝突時，能夠在自己認知的「道德空間」（moral space）中（見圖4-1），清楚地區辨「君子」和「小人」的不同，並有意識地選擇作為「君子」。對於先秦儒家而言，「君子」是作「人」的普遍性要求，每一個人都必須選擇作為「君子」，但並不是每一個人都必須選擇成為「士」。

⊡ 「士」的條件

> 子貢問曰：「何如斯可謂之士矣？」子曰：「行己有恥，使於

四方，不辱君命，可謂士矣。」曰：「敢問其次？」曰：「宗族稱孝焉，鄉黨稱弟焉。」曰：「敢問其次？」曰：「言必信，行必果，硜硜然，小人哉！抑亦可以為次矣。」曰：「今之從政者何如？」子曰：「噫！斗筲之人，何足算也！」《論語‧子路》

在孔子弟子中，子貢是最富有的一位。有一次，他問孔子作為「士」必須具備的條件。孔子的回答是：「行己有恥，使於四方，不辱君命」，但子貢對孔子的回答不滿意，又一次次地追問，孔子才又一步步地回答。整體而言，孔子對於教導弟子如何扮演「士」的角色，其態度是比較被動的。

　　子曰：「士志於道，而恥惡衣惡食者，未足與議也。」《論語‧里仁》

「恥惡衣惡食」是用以批評某些人不足以稱為「士」的「消極條件」，而不是積極條件。在《論語》中，還有這樣的一段對話：

　　子張學干祿。子曰：「多聞闕疑，慎言其餘，則寡尤。多見闕殆，慎行其餘，則寡悔。言寡尤，行寡悔，祿在其中矣！」《論語‧為政》

「多聞闕疑」、「多見闕殆」，孔子告訴弟子：要想做官，不僅要有「德性之知」，還要有張載所說的「聞見之知」。用「自我的曼陀羅模型」來說（見圖 4-1），他不僅要有「知識」（聞見之知），而且要有「智慧」（德性之知），更必須「言寡尤，行寡悔」，官位才能坐得穩。然而，「言寡尤，行寡悔」也是「士」的「消極條件」，而不是「積極條件」。

第二節　「成己」與「成物」

本書前面提到，曾子是能夠繼承孔子精神而加以發揚光大的弟子，他很明確地界定了「士」的角色：

> 曾子曰：「士不可以不弘毅，任重而道遠。仁以為己任，不亦重乎？死而後已，不亦遠乎？」

《論語》記載了許多孔子跟弟子的對話，曾子則試圖從這些對話中歸納出幾條重要的原則，來說明先秦儒家的主張，因此寫了《大學》。這雖然是一篇僅有五百多字的文章，卻包含了先秦儒家所主張的「三綱領」、「六步驟」、「八條目」。子思是孔子的孫子，他師承曾子，試圖以「誠」來連貫「天道」與儒家所主張的「仁道」，而成為《中庸》的主要內容。從今天的角度來看，這種主張仍然有其重要意義。本書第十一章提到，相對於西方文化中所謂的「真誠倫理」，先秦儒家則是認為，不論是要落實「仁道」，或是要實踐自己的「人生之道」，「君子」都必須重視「誠」的價值。《大學‧傳六章》對「誠」的定義是：

> 所謂「誠其意」者，勿自欺也。如惡惡臭，如好好色，此之謂自謙。故君子必慎其獨也。

「自謙」是「真誠地面對自己」，正如「好好色，惡惡臭」一樣。如何走出個人的「人生之道」，完全是一己之事，與他人毫不相干。所以《大學》主張「君子慎獨」。

▣ 「道」的認同

《中庸・第二十章》說：

> 誠者，天之道也，誠之者，人之道也。誠者，不勉而中，不思
> 而得，從容中道，聖人也；誠之者，擇善而固執之者也。

聖人實踐仁道，「不勉而中，不思而得，從容中道」，就是「誠」的表現。要達到像聖人那樣的境界，不僅要自我選擇成為道德主體，而且要擇善固執，忠於自己所認同的「道」。這是一種永無休止的歷程，這也是孟子所謂君子的「終身之憂」。

《中庸・第二十一章》中，對「誠」的意義，作了更深一層的解釋：「自誠明，謂之性；自明誠，謂之教。誠則明矣，明則誠矣。」《中庸》在此處特別註明：「右第二十一章，子思承上章，夫子天道人道之意，而立言也。自此以下十二章，皆子思之言，以反覆推明此章之意。」用朱熹晚年成熟之後的哲學來看，「自誠明，謂之性」一詞中的「性」，是指「天地之性」或「本然之性」，而不是「氣質之性」。這句話的意思是說：自然而然、毫不做作地做出符合「明德」的行動，就是「天地之性」；「自明誠，謂之教」則是指：使一個人自己懂得「正心誠意」的工夫，就是儒家教育的目的。

基於這樣的前提，儒家所謂的「誠」，並不僅只是對待自己的一種態度：

> 誠者，非自成己而已也，所以成物也。成己，仁也；成物，知
> 也；性之德也，合外內之道也，故時措之宜也。《中庸・第八章》

這段話必須放置在皮亞傑「發生認識論」的脈絡中，來加以解釋。先秦儒家認為，他們之所以會提出「誠」的哲學，不僅是要「成己」，而且是要

「成物」。所謂「成己」，是要求「行動的自我」實踐「仁道」，所以說：「成己，仁也。」所謂「成物」，是「反求諸己」，以自己作為認識主體，去認識外在世界中客觀事物的變化，所以說：「成物，知也。」

◙ 「學習」與「反思」

這裡我要特別指出的是：從本書第三章主張「一心開多門」的立場來看，儒家特有的「陰／陽」宇宙觀，固然無法從其自身中發展出「主／客對立」的客觀知識系統，但在西方文化大量入侵的情況下，中國知識分子仍然可能用傳統「格物」的方法，學習源自於西方的任何客觀知識體系。《中庸·第二十章》提到：

> 博學之，審問之，慎思之，明辨之，篤行之。有弗學，學之弗能弗措也；有弗問，問之弗知弗措也；有弗思，思之弗得弗措也；有弗辨，辨之弗明弗措也；有弗行，行之弗篤弗措也。人一能之，己百之；人十能之，己千之。苟能此道矣，雖愚必明，雖柔必強。

「措」的意思是放手不為。儒家要學生用「博學、審問、慎思、明辨、篤行」的方法來追求學問，如果有「學之弗能」、「問之弗知」、「思之弗得」、「辨之弗明」或「行之弗篤」的現象，都不可以輕言放手，一定要拿出「人一能之，己百之；人十能之，己千之」的精神，再接再厲，鍥而不捨，直到問題完全研究清楚為止。

◙ 新四大發明

我們可以舉一個實際的例子來說明：在「體用觀」傳統宇宙論的影響之下，中國人雖然很難用「離根理性」建構出西方式的「科學理論」，但對於西方已經開發出來的知識系統，中國人卻可以用儒家傳統的學習方法和「中庸理性」加以吸收、消化，甚至弘揚光大。

不久前，大陸一間大學針對外國留學生做的一項調查顯示，他們認定高鐵、網購、支付寶和共享單車是中國的「新四大發明」。針對外國留學生的這一看法，陸媒也做了一個調查，84%的大陸網友不認同外國留學生的看法。他們認為，所謂的「新四大發明」並不是全部起源於中國。以網購為例，世界上第一個購物網站是 1995 年創立的美國 eBay。高鐵也不是最早由中國創造，世界上第一條真正的高速鐵路是 1964 年通車的日本東海道新幹線。至於共享單車的概念，最早也是出自歐洲國家。「新四大發明」中唯一可以算是大陸本土創造的，只有馬雲創立的「支付寶」。在大陸網友看來，高鐵、網購和共享單車都不是中國的發明，只能說是應用，而這些應用只不過是普及率較高而已。航空航天、軍工、生物科技、人工智慧，這些高新技術領域取得的成就才算發明。

▣ 有機論的科學

其實大陸網友所引以為自豪的「中國人在高新技術領域取的成就」，仍然只是西方科技的應用而已，並不是中國人的「發明」。英國人李約瑟（Joseph Needham）在他所著的《中國科學文明史》中，根據非常詳實的史料指出，直到十五至十六世紀之前，中國的科學一直比西方發達，世界上許多重大的關鍵性發明，都是由中國人所完成的。而且這些發明在傳入歐洲之前，早已經在中國使用了幾百年。比如，中國人在魏晉時期發明的「護肩輓馬法」，在西元十世紀傳到歐洲，使得交通運輸大為便利，農村式商業因之興盛，並促進中世紀以後的都市發展。中國人在秦漢時代發明了羅盤和船的尾舵，中世紀傳入歐洲之後，使其航海事業大為發達，不僅能夠環航非洲，而且還發現了新大陸。唐代發明的火藥，十四世紀傳入歐洲，轟平了許多王國的碉堡，並促成了歐洲的貴族封建政治。宋代發明的印刷術傳到歐洲之後，更有助於歐洲文藝復興運動的發生。除此之外，中國人在醫學、天文學、機械學、動力學方面，都有十分輝煌的建樹（Needham, 1969/1978）。然而，為什麼這些發明對中國社會的結構沒有造成重大的影響？

　　李約瑟認為，中國的科學是以其傳統宇宙觀為基礎所發展出來的「有機論的科學」（organic science），和西方近代所發展出來的「機械論的科學」（mechanic science）在性質上並不相同。在他看來，西方文藝復興之後，最偉大的發明就是發現了發明的方法（Needham, 1970/1978）。在他看來，這是把數學和邏輯應用在自然科學之上；在本書的脈絡中，所謂「發明的方法」應當是科學哲學。用本書第三章「一心開多門」的論點來看，如果我們把科學哲學當作是代表西方文明的文化系統，並對其中的各個副系統能夠有「相應的理解」，我們便可以用儒家傳統的學習精神來加以吸納，並用它來從事文化創造的工作。

▣ 至誠盡性，至曲能化

　　《中庸・第二十二章》說：

　　唯天下至誠，為能盡其性；能盡其性，則能盡人之性；能盡人之性，則能盡物之性；能盡物之性，則可以贊天地之化育；可以贊天地之化育，則可以與天地參矣。

　　這段引文第一句話「唯天下至誠，為能盡其性」中的「性」，是指包含「天地之性」或「本然之性」在內的「自性」。所謂「天下至誠」，是指已經達到儒家修養最高境界的「聖人」，唯有聖人才能完全發揮他的「自性」，才有可能「贊天地之化育」，「與天地參」。

　　至於尚未達到聖人境界的一般人，又該如何？《中庸・第二十三章》說：

　　其次致曲，曲能有誠。誠則形，形則著，著則明，明則動，動則變，變則化，唯天下至誠為能化。

　　朱子對於「致曲」一詞的註釋是：「致推致也，曲一偏也。」這個註釋

可以溯源至《易經・繫辭上傳・第六章》的最後一段話：「範圍天地之化而不過，曲成萬物而不遺，通乎晝夜之道而知，故神無方而易無體。」這段引文前兩句話的意思是：易理能夠規範天地的變化，不會有絲毫過錯；它能以「偏致」的方式成就世間萬物，而不會有所遺憾。順著這個文意來看，「其次致曲，曲能有誠」是接著《中庸・第二十二章》的「唯天下至誠」而講的。它的意思是說：還沒有達到「天下至誠」的聖人境界之前，一般人認識某一件事物，一定要從某一特定的偏至立場切入，這樣才能專心致意（曲能有誠）。然而，「誠則形，形則著，著則明，明則動，動則變，變則化」，最後仍然可以達到「唯天下至誠為能化」。

第三節　致知：認知圖式的轉換

由於儒家所主張的「博學、審問、慎思、明辨、篤行」的學習方法，是一種「學至乎沒而後止」的工夫，它不僅可以用在「仁道」的學習和實踐之上，也可以用在其他客觀知識的學習和應用之上。《中庸》在提出：「成己，仁也；成物，知也；性之德也，合內外之道也，故時措之宜也。」之後，又緊接著說：

> 故至誠無息。不息則久，久則微，微則悠遠，悠遠則博厚，博厚則高明。博厚，所以載物也；高明所以覆物也；。悠久所以成物也。博厚配地，高明配天，悠久無疆。《中庸・第二十六章》

這一段話完全是在談客觀「知識」的學習。「載物」是指知識廣博，足以承載相關的事物。「覆物」是指見解高明，可以覆控相關事物。「成物」是指知識淵博，能夠說明事物的演變過程。「載物」和「覆物」是指對於客體物存在於空間的「共時性知識」，「成物」則是指其在時間向度上變化的「歷時性知識」，三者合在一起則是指在特定空間和時間所展現出來的屬性。

⊡ 格物

　　這裡特別值得注意的是「物」的意義。王陽明說：「物者，事也。凡意之所發，必有其事。意所在之事，謂之物。」「如意在於事親，即事親便是一物。意在於事君，即事君便是一物。意在於仁民愛物，即仁民愛物便是一物。意在於視聽言動，即視聽言動便是一物。所以某說無心外之理，無心外之物。」

　　「物」是指「自我」在其生活世界中所遭遇的「事物」。用艾肯斯伯格（Eckensberger, 1996, 2002）的行動理論來看，儒家的修養論雖然也要求個人作「世界取向」的反思，但其反思的焦點卻是生活世界中的社會事務，而不是物理世界中的客觀事務。個人認識客體的方法，正如皮亞傑發生認識論所主張的，必須藉由主體和客體的交互作用，這就是所謂的「合內外之道」。然而，先秦儒家關注的焦點並不是客觀知識，而是「人道」的合理安排，所以王陽明說：「格者，正也；正其不正以歸於正之謂也。正其不正者，去惡之謂也；歸於正者，為善之謂也。夫是之謂格。」

⊡ 窮理致知

　　用泰勒哲學來說，王陽明所謂的「格物」，其實就是泰勒所說的「強評價」。從心理學的角度來看，朱子對於客觀事物的學習的認識，要比王陽明深刻許多。在他所編的《四書集註》中，附有一篇著名的〈朱子格物致知補述〉：

　　　　所謂致知在格物者，言欲致吾之知，在即物而窮其理也。蓋人心之靈，莫不有知；而天下之物，莫不有理；惟於理有未窮，故知其有不盡也。是以大學始教，必使學者即凡天下之物，莫不因其已知之理而益窮之，以求至乎其極。至於用力之久，而一旦豁然貫通焉，則眾物之表裡精粗無不到，而吾心之全體大用無不明矣。此謂

格物，此謂知之至也。

朱熹主張「即物而窮其理」，找出每一件事物的道理，因為「天下之物，莫不有理」，如果「理有未窮」，則必「知有不盡」。然而，個人該如何「窮其理」呢？他提出的對策是「誠意」：唯有冷靜認識外在世界中客觀事物的變化，才能知道該一事物的來龍去脈，以及自身處理方式的是非對錯（性之德），所以說「誠者，物之始終，不誠無物」。作出對於該一事物的客觀判斷，才能夠在特定時空中，採取正確的行動，來對待外在世界中的事物，這就是所謂的「時措之宜」。

☑ 心統性情

朱熹一生都在思考一個根本的問題：「喜怒哀樂未發前是何氣象」。他先後提出「中和舊說」和「中和新說」，最後才發展出「心統性情」的修養理論，認為「自我」應當以自己的「理性」（心）探索一己的本性，並主導情緒的表現，以走出自己的人生之「道」。因此他認為，「大學之道，在明明德，在親民，在止於至善」三綱領中的「親民」一詞，應當改為「新民」。

朱子「心統性情」的修養理論，使宋明之後的儒家學者對於儒家修養的工夫，分成兩支：程朱一系，主張以「道問學」為宗旨的「窮理致知」；陸王一系則是主張以「尊德性」為主的「涵養居敬」。他們對於「格物致知」的見解有明顯的不同，但對於「正心誠意」的觀點卻差異不大。

在〈答江德功書〉中，朱子更清楚地說明了他的立場：

> 格物之說，程子論之詳矣。而其所謂格至也，格物而至於物，則物理盡者，意句俱到，不可移易。熹之謬說，實本其意，然亦非苟同之也。
>
> 蓋自十五、六歲時，讀是書，而不曉格物之義，往來於心三十餘年。近歲就實用功處求之，而參以他經傳記，內外本末，反覆證

驗，乃知此說之的當，恐未易以一朝卒然立說破也。

夫，天生蒸民，有物有則。物者，形也；則者，理也。形者，所謂形而下者也。理者，所謂形而上者也。人之生也，固不能無是物矣。而不明其物之理，則無以順性命之正。而處事物之當，故必即是物以求之。知求其理矣，而不至夫物之極，則物之理有未窮，而吾之知亦未盡。故必至其極而後已。此所謂格物而至於物，則物理盡者也。物理皆盡，則吾之知識廓然貫通，無有蔽礙。而意無不誠，心無不正矣。

◉ 「心學」與「理學」

從這封信中，我們可以很清楚地看出：王陽明的「心學」和朱熹的「理學」對於「格物」的不同看法。王陽明的「心學」在意的是人際事物，為了要維持個人在其生活世界中的「心理社會均衡」。陽明學的修養「工夫論」主張對於心內的每一個「物」都要「正其不正以歸於正」，務期做到「心外無理，心內無物」的境界。所以他重視「正心」的每一步驟。

朱子的「理學」則不能僅止於此。在思索「喜怒哀樂未發前是何氣象」時，朱熹想的不只是作為「意識」之主體的「心」，而且還包括「意識」與「潛意識」在內的整體人格。他認為，「天生烝民，有物有則」，「物者形也，則者理也」。為了要了解「格物之義」，他的感受是：「求其理矣，而不至夫物之極，則物之理有未窮，而吾之知亦未盡。」因此，他從「人之生也，固不能無是物矣」的「形而下之物」，進而求索其「形而上之理」，希望能做到「順性命之正，處事物之理」。這樣「內外本末，反覆驗證」，「往來於心三十餘年」，最後形成他的「格物之說」讓他感受到「物理皆盡」，「吾之知識廓然貫通，無有蔽礙」。在這個漫長的過程裡，朱子很像是一個「實在論」的哲學家，他最後達到的境界是「意無不誠，心無不正」，不再斤斤計較於「正心」的細節步驟。

▣ 解蔽

　　我們可以再用荀子在其〈解蔽篇〉中所描述的「大清明」來描述這種「知識」學習過程中的認知轉換：

> 　　凡以知，人之性也；可以知，物之理也。以可以知人之性，求可以知物之理。
> 　　凡人之患，蔽於一曲，而闇大理。
> 　　故為蔽：欲為蔽，惡為蔽；始為蔽，終為蔽；遠為蔽，近為蔽；博為蔽，淺為蔽；古為蔽，今為蔽。凡萬物異，則莫不相為蔽，此心術之公患也。

　　荀子認為，人生而有認知的能力，而人所存在的世界也有可以為人所認知的「物之理」。個人在認知每一件事物時，其發生各有始終，發生的時間或在古、或在今；距離個人的空間或在近，或在遠；認知主體對各事件有欲、惡之分，其見解又有博、淺之別：「凡萬物異，則莫不相為蔽」。因此他便很容易「蔽於一曲，而闇大理」。蔽，既然是「心術之公患」，然則個人應當如何解蔽？

> 　　聖人知心術之患，見蔽塞之禍，故無欲無惡，無始無終，無近無遠，無博無淺，無古無今，兼陳萬物，而中懸衡焉；是故眾異不得相蔽以亂其倫也。何謂衡？曰：道。故心不可以不知道。

　　在這段引文中，最值得注意的是「兼陳萬物，而中懸衡」這句話。荀子在討論人心之蔽時，指出：「夫道者，體常而盡變，一隅不足以舉之。曲知之人，觀於道之一隅而未之能識也。」

▣ 「道」與大清明

為了避免這種「一隅之見」式的「曲知」，荀子主張：個人應當排除各種主觀（無欲無惡、無博無淺）和客觀（無始無終、無近無遠、無古無今）因素的干擾，以「虛壹而靜」的純粹認知心，來體驗每一件事物（兼陳萬物），並在心中建立起一套「道」的標準（而中懸衡），以之衡量萬事萬物。這時候，新的經驗不但不會使他原先的知識體系失效，反倒會使它擴充成為更為完整的參考架構。所以說：

> 未得道而求道者，謂之虛壹而靜……知道察、知道行，體道者也。虛壹而靜，謂之大清明。萬物莫形而不見，莫見而不論，莫論而失位。坐於室而見四海，處於今而論久遠。

在荀子看來，「虛壹而靜」既是求道必備的工夫，又是得道之後澄明的存在狀態，這種狀態便是他所謂的「大清明」。因此，他認為，對於未得道而求道的人，必須教他「虛壹而靜」的工夫，用明察事理的方法來「知道」，用親身經驗的方法來「體道」。一旦他悟道而達到「大清明」的境界，他便能突破時間和空間的限制，「坐於室而見四海，處於今而論久遠」，對於他所感受到的萬物，凡有形者莫不能見知，凡見知者莫不能加以論說，凡加以論說，莫不恰如其分而不失其位。

▣ 認知基圖的轉換

荀子所說的「大清明」，其實就是《大學》所說的「致知」，也是朱子主張的「即物而窮其理」：

> 是以大學始教，必使學者即凡天下之物，莫不因其已知之理而益窮之，以求至乎其極。至於用力之久，而一旦豁然貫通焉，則眾

物之表裡精粗無不到，而吾心之全體大用無不明矣。此謂物格，此謂知之至也。《大學・傳五章》

　　我們可以用皮亞傑的發生認識論，來說明這種學習過程中知識轉換的歷程（Piaget, 1977）。本章第一節說過，任何一個人對他生活中經歷過的事物，都會產生一定的「圖式」，這種「基圖」通常都有一定的結構，而處於平衡狀態之中。當一個科學家針對某一特定領域中的對象，透過「內斂致知」的方法，從事愈來愈深入的研究，他對於該一對象的認知「基圖」也會不斷發生變化；他或者能夠將新進來的訊息「同化」到既有基圖的結構之中；或者必須改變既有的圖式結構，以「順化」於新進來的訊息。這些訊息可能彼此並不一致，而使他陷入高度的緊張之中。經過長期的深思熟慮之後，他可能突然經歷到「現象學的移轉」，許多不一致的訊息終於融貫在一起，使他獲得「更高層次的基圖」（higher- order schema），使他長期感到困惑的問題忽然豁然開朗！

　　當他對自己長年苦思的問題獲得「更高層次的基圖」，整個基圖的結構處於平衡的狀態，跟基圖有關的各個部分都能在結構中找到適當的地位，他的感受便很像是荀子所說的「大清明」：「萬物莫形而不見，莫見而不論，莫論而失位」。

第四節　「知言」與「養氣」

　　了解先秦儒家「格物致知」之主張的現代意義後，便可以回過頭來說明：先秦儒家諸子中，一生行誼最能彰顯儒家精神的人是孟子。

▣ 「居仁由義」

　　《孟子》中有一段著名的對話：

> 王子墊問曰：「士何事？」孟子曰：「尚志。」曰：「何謂尚
> 志？」曰：「仁義而已矣。殺一無罪，非仁也；非其有而取之，非
> 義也。居惡在？仁是也；路惡在？義是也。居仁由義，大人之事備
> 矣。」《孟子·盡心上》

「墊」是當時齊王之子的名字。有一次他問孟子：對於「士」而言，什
麼是最重要的事？孟子的回答是：「尚志」。當他進一步追問：「尚志」是
什麼意思？孟子立刻長篇大論說出了一番道理。不僅如此，在不同的情境脈
絡下，他也經常從不同的角度，說明「居仁由義」就是他理想中的「為士之
道」：

> 孟子謂宋句踐曰：「……故士窮不失義，達不離道。窮不失
> 義，故士得己焉；達不離道，故民不失望焉。古之人，得志，澤加
> 於民，不得志，修身見於世。窮則獨善其身，達則兼善天下。」
> 《孟子·盡心上》
> 孟子曰：「……居天下之廣居，立天下之正位，行天下之大
> 道。得志與民由之，不得志獨行其道。富貴不能淫，貧賤不能移，
> 威武不能屈。此之謂大丈夫！」《孟子·滕文公下》

▣ 「出疆必載質」

從孟子的這些論述可以看出，整體而言，孟子對於「士」的角色要求不
僅明確，而且比孔子成熟得多。我們可以從孔子和孟子兩人一生的遭遇，說
明他們對於「為士之道」的觀點，為什麼會有如此的差異。

孔子周遊列國十四年，希望有諸侯能夠重用他。在《孟子》中，有一段
很有趣的對話：

　　周霄問曰：「古之君子仕乎？」孟子曰：「仕。傳曰：『孔子三月無君，則皇皇如也，出疆必載質。』公明儀曰：『古之人，三月無君則弔。』」

　　「三月無君則弔，不以急乎？」曰：「士之失位也，猶諸侯之失國家也。禮曰：『諸侯耕助，以供粢盛；夫人蠶繅，以為衣服。犧牲不成，粢盛不潔，衣服不備，不敢以祭。惟士無田，則亦不祭。』牲殺、器皿、衣服不備，不敢以祭，則不敢以宴，亦不足弔乎？」

　　「出疆必載質，何也？」曰：「士之仕也，猶農夫之耕也，農夫豈為出疆舍其耒耜哉？」曰：「晉國亦仕國也，未嘗聞仕如此其急；仕如此其急也，君子之難仕何也？」曰：「丈夫生而願為之有室；女子生而願為之有家；父母之心，人皆有之。不待父母之命，媒妁之言，鑽穴隙相窺，踰牆相從，則父母國人皆賤之。古之人未嘗不欲仕也，又惡不由其道；不由其道而往者，與鑽穴隙之類也。」《孟子·滕文公下》

　　孟子說：孔子「三月無君，則皇皇如也」，「出疆必載質」，每次出國，一定攜帶贄見諸侯的禮物。他又引公明儀的話說：「古之人，三月無君則弔。」周霄問他：三月無君則「弔」，未免太過性急了吧？孟子的解釋是：「士之失位」，「猶諸侯之失國家」。諸侯平時有百姓幫他耕種收成，提供祭品；夫人替他養蠶繅絲，織作衣服。一旦失國，牲禮、祭品、衣服不夠完備，他就不敢舉行祭祀。同樣的，「士失其位」，失業之後，沒有收入來源，既不敢祭祖，又不敢宴客，這豈「不足弔乎？」

　　周霄又問：出國一定要攜帶贄見之禮，這是什麼道理？孟子說：「士之仕」，「猶農夫之耕」，農夫不可以「舍其耒耜」，士往見諸侯，怎麼可以不帶禮物？古之人「欲仕」，一定要「由其道而往」，若是致仕「不由其道」，正如女兒養大「不待父母之命、媒妁之言」，便迫不及待「鑽穴隙相

窺，踰牆相從」！換句話說，在孟子看來，「出疆必載質」，才是致仕的「正道」！

▣「知言養氣章」

孟子的說法顯然是為了護衛孔子「出疆必載質」而提出的一套說辭，但他自己有沒有「出疆必載質」，我們就不得而知。然而，《孟子》一書記載了許多他跟王侯之間的對話。在「遊說諸侯」一事上，他的經驗顯然比孔子更為豐富，也更為成功，但他並不認為「出疆必載質」是他能夠遊說諸侯的必要條件。《孟子‧公孫丑下》中的「知言養氣章」記載了一段很重要的對話。公孫丑問：

> 「敢問夫子惡乎長？」
> 曰：「我知言，我善養吾浩然之氣。」
> 「敢問何謂浩然之氣？」
> 曰：「難言也。其為氣也，至大至剛，以直養而無害，則塞於天地之間。其為氣也，配義與道；無是，餒也。是集義所生者，非義襲而取之也；行有不慊於心，則餒矣。我故曰告子未嘗知義，以其外之也。必有事焉而勿正，心勿忘，勿助長也。無若宋人然：宋人有閔其苗之不長而揠之者，芒芒然歸，謂其人曰：『今日病矣！予助苗長矣！』其子趨而往視之，苗則槁矣！天下之不助苗長者寡矣。以為無益而舍之者，不耘苗者也。助之長者，揠苗者也；非徒無益，而又害之。」
> 「何謂知言？」
> 曰：「詖辭，知其所蔽；淫辭，知其所陷；邪辭，知其所離；遁辭，知其所窮。生於其心，害於其政；發於其政，害於其事。聖人復起，必從吾言矣。」

孟子雖然認為「出疆必載質」是「致仕之道」，但他卻認為：自己的人格特質是「知言」和「善養浩然正氣」。

◙ 「知言」

這兩點各有其重要的意涵，必須分別加以析論：在「說諸侯」的時候，「知言」是非常重要的能力，先秦儒家一向非常重視這種能力。前文提到，子張學干祿，孔子要他「多聞闕疑，慎言其餘」、「多見闕殆，慎行其餘」，他一再告誡弟子：

> 孔子曰：「侍於君子有三愆：言未及之而言，為之躁；言及之而不言，謂之隱；未見顏色而言，謂之瞽。」《論語・季氏》
>
> 子貢曰：「君子一言以為知，一言以為不知，言不可不慎也。」《論語・子張》

孔子本人是「聖之時者」，有「審時度勢」的高度「智慧」，他的弟子們稱讚他：「夫子時然後言，人不厭其言；樂然後笑，人不厭其笑；義然後取，人不厭其取」《論語・憲問》，能夠達到《中庸》上所謂「致中和」的境界：

> 「喜怒哀樂之未發謂之中，發而皆中節謂之和。中也者，天下之大本也；和也者，天下之達道也。致中和，天地位焉，萬物育焉。」《中庸・第一章》

「中」是個人內心處於《大學》中所說的「正心」狀態：「身有所忿懥則不得其正；有所恐懼則不得其正；有所好樂則不得其正；有所憂患則不得其正。」當「心不得正」的時候，就會顯得「心不在焉，視而不見，聽而不聞，食而不知其味」，所以「中庸之道」的首要修養是要讓自己維持在「喜

怒哀樂之未發」的「正心」狀態。

▣ 豫則立，不豫則廢

孔子說過一段話：「可與言而不與之言，失人；不可與言而與之言，失言。知者不失人，亦不失言」《論語・衛靈公》。《中庸》認為，以「格物致知」和「正心誠意」作為基礎的修養，就可以使人在任何場所的言行都「發而皆中節」，「不失言，亦不失人」，而能夠保持團體內的和諧，達到「致中和」的境界。

用「戲劇理論」的概念來說，每一個人對自己「登上前臺」後的言行都必須在「後臺」預作準備：

> 「凡事豫則立，不豫則廢。言前定，則不跲；事前定，則不困；行前定，則不疚；道前定，則不窮」《中庸・第二十章》

朱註：「跲，躓也。」《中庸》以為：凡事先用心準備，才有可能做成功。發言前，先把所要講話的內容想好，就不會說錯話；做事情之前，先把步驟細節想清楚，就不會陷入困難；採取行動之前，先想到可能的後果，就不會愧疚悔恨；對於自己的人生之道，預先做好規劃，就不會陷入困窮。

▣ 「仁者如射」

到了孟子所處的戰國時代，要想說服諸侯，不僅止要在「後臺」預作準備，他更像是要進入競技場，與人比武格鬥。此處特別值得一提的是：在春秋戰國時代，文人也必然是武士，例如：孔子畫像通常是身配長劍，而先秦儒家也經常使用「必也射乎」、「射有失乎正鵠」、「仁者如射」之類的語言，來說明人生的不同處境。

> 子曰：「君子無所爭，必也射乎！揖讓而升，下而飲，其爭也

君子。」《論語‧八佾》

　　子曰：「射有似乎君子。失諸正鵠，反求諸其身。」《中庸‧
第十四章》

　　孟子曰：「仁者如射，射者正己而後發，發而不中，不怨勝己
者，反求諸己而已矣。」《孟子‧公孫丑上》

　　要做到孟子所說的「知言養氣」，平日就要用「格物致知」的工夫，努
力擴充自己「知識」的範圍（見圖 4-1），然後以「正心誠意」的修養，用
儒家「仁、義」的「智慧」來判斷一件事的是非。在「說諸侯」的場合，他
不僅要能夠知道對方的話到底是「詖辭」、「淫辭」、「邪辭」或是「遁
辭」，而且自己所說的話要能夠「仁者如射」，做到「發而皆中節」，達到
「致中和」的境界。

　　要達到這種境界，平常一定要作「集義」的工夫，用「義」與「道」來
審查自己對每一件事的「知識」。所以孟子說：「其為氣也，配義與道，無
是餒也。是集義所生者，非義襲而取之也。」因為儒家主張「仁義內在」，
所以孟子用「揠苗助長」的故事，來說明他所強調的「必有事焉而勿正，心
勿忘，勿助長也」。這時候，他的發言就已經不止是「自我的曼陀羅模型」
之「語言行動」而已，而是儒家道德的「實踐」；這是以「自性的心理動力
模型」中的「意識」和「潛意識」整體人格所作的自動反應（見圖 6-2），
所以能表現出「浩然之氣」。

▢ 決鬥巖流島

　　這種「知言養氣」的工夫，很像是武士在長期練武之後的上陣與人格
鬥。我在中學時代（大約 14 歲左右吧），曾經在臺北的第一劇場看過一部三
船敏郎主演的電影，片名叫「宮本武藏：決鬥巖流島」，事隔半個世紀，至
今對電影情節記憶猶新。劇中主角，後來人稱「劍聖」的宮本武藏，自幼立
志決心要成為日本第一的武士，而摒棄世俗情緣，勤練劍道，未嘗有片刻鬆

懈。成年之後，他跟佐佐木小次郎都被公認為「舉世無雙」的劍客。然則，誰才是真正的「天下第一」呢？

在那個時代的日本，回答這個問題的唯一方法，就是安排一場生死對決，這就是「決鬥巖流島」的由來。那一年，武藏 29 歲，小次郎 26 歲，兩個人都屬於武士生命的顛峰狀態。武藏以善使雙刀聞名於世，小次郎則使用一把較普通武士刀更長的劍，一般人根本無法近身。武藏在前往巖流島的小船上，一心不亂的將一支船櫓慢慢削成一柄極長的木劍；在約定決鬥的時刻，又故意遲到，讓小次郎心浮氣躁。兩人持劍對峙時，以穩定的碎步移向背光的位置，然後趁朝陽射向小次郎眼睛的剎那，縱身一躍，他高舉手中的木劍，劈向小次郎。在兩人刀劍交鋒之際，他立刻捨棄木劍，以迅雷不及掩耳之勢，拔出雙刀，劈殺小次郎。

從武士道的角度來看，武藏拔刀劈殺小次郎的一擊，就是《中庸》所謂的「發而中節」。武藏長期修練劍道，其目的即在於關鍵時刻能夠做出這一擊。這一擊，成就武藏「天下第一」的地位，也讓他贏得「劍聖」的稱謂。這是武藏長年修練劍道所要達成之目的，可以說是日本武士的自我實現。

第五節　「明道」與「行道」

先秦儒家修養的目的，當然不是要成就武士。「四書」是儒家最為人所熟知的四本經典，其中的《大學》和《中庸》是講「修養」之兩本書，其意義必須放置在儒家思想的脈絡中來加以理解。《中庸》開宗明義（第一章）便說：

> 「天命之謂性，率性之謂道，修道之謂教。道也者，不可須臾離也；可離非道也。」

「修道」是儒家教育的目的。「道」包含「格物致知」所要通曉的「天

道」或「自然之道」，以及儒家最重視的「仁道」。在《中庸》中，「中庸」則是儒家修養的最高境界，這跟日本武士追求「天下無雙」的境界倒是毫無二致。

☐ 極高明而道中庸

孔子認為，儒家理想中的「君子」，必須時時刻刻以實踐「中庸」為念：

> 仲尼曰：「君子中庸，小人反中庸。君子之中庸也，君子而時中；小人之（反）中庸也，小人而無忌憚也。」《中庸・第二章》

「喜怒哀樂之未發，謂之中」，「時中」就是隨時處於「喜怒哀樂之未發」的狀態，依照本書的論述脈絡來看，「喜怒哀樂之未發，謂之中」，這句話所描述的是純粹理性的「明道」境界，「發而皆中節，謂之和」則是描述實踐理性的「行道」境界，能用中和之道，無過不及之患。「無忌憚」就是膽大妄為，無所禁忌。孔子認為，「中庸」是一種至高道德修養，一般人很難做到，最主要的原因便是他們很難做到「時中」。

對於先秦儒家而言，唯有「明道」的人才能夠「行道」，並表現出「中庸」的具體行動。達到「中庸」修養境界的君子，「行道」時所表現出來的特色是：

> 故君子尊德性而道問學，致廣大而盡精微，極高明而道中庸。溫故而知新，敦厚以崇禮。《中庸・第二十八章》

所謂「中庸」的修養境界，是以雄厚的學問作為基礎的。用葉啟政（2001）三重理路的概念來說，君子在跟別人討論問題時，能夠展現出清晰的「論述理路」，這種「論述理路」是以他的「結構理路」作為基礎，而這樣「結構理路」卻融攝了好幾套的知識系統。

以孔子為例來說，孔子的祖先本是殷商的貴族，武王伐紂之後，被封在宋國。後來宋國發生戰亂，他的第四代先人才逃到魯國。魯國本是周公舊封，雖然居於東夷之地，卻「猶秉周禮」，孔子在這樣一個多元文化的環境中成長，所以他說：

> 吾說夏禮，杞不足徵也。吾學殷禮，有宋存焉。吾學周禮，今用之。吾從周。《中庸・第二十八章》

▣ 「知識」與「智慧」

孔子晚年回顧自己的一生，說：「吾十有五而志於學，三十而立，四十而不惑，五十而知天命，六十而耳順，七十而從心所欲，不踰矩」《論語・為政》。用本書第六章的「立體的曼陀羅模型」來看（如圖 6-2 所示），孔子 30 多歲時，開始講他融合夏、殷、周各朝而成的「禮文化」；40 多歲時發展出以「仁」作為中心的思想體系，開始收徒弟講學，能夠做到「致廣大而盡精微，極高明而道中庸」的境界；50 歲以後對推廣「仁學」有了強烈的使命感，開始周遊列國；60 耳順之年能夠「溫故而知新」；70 歲時「從心所欲不踰矩」，弟子們因此稱讚他：「仲尼祖述堯舜，憲章文武。上律天時，下襲水土。辟如天地之無不持載，無不覆幬。辟如四時之錯行，如日月之代明。萬物並育而不相害。道並行而不相悖。小德川流，大德敦化。此天地之所以為大也。」

用「自我的曼陀羅模型」來看，「仲尼祖述堯舜，憲章文武。上律天時，下襲水土。辟如天地之無不持載，無不覆幬」，這是說他的「知識」淵博。「辟如四時之錯行，如日月之代明。萬物並育而不相害。道並行而不相悖」，這是說他能適當地使用「智慧」，「小德川流，大德敦化」，對生活世界中的大小事作「強評價」之後，都能提出合理的「論述理路」，所以弟子們稱讚他：「此天地之所以為大也。」

▣ 「中庸」的艱難

依照儒家的文化理想，倘若政府內的決策者都有「中庸」的修養，他所作出的決策符合「仁道」的原則，讓相關的人都能夠維持「心理社會均衡」，整個組織的運作便能夠達到「致中和」的境界，所以說：「致中和，天地位焉，萬物育焉。」從組織運作的原理來看，這是一種「由上而下」的歷程，在權力階序上愈是居於高位的「聖君」、「賢相」，他們所作出的決策，愈可能受到「關係中之人們」的正向評價：

> 子曰：「舜其大知也與！舜好問而好察邇言，隱惡而揚善。執其兩端，用其中於民，其斯以為舜乎！」《中庸·第六章》

正因為像舜這樣的「聖君」、「賢相」在現實政治中難得一見，所以孔子才會不只一次地感嘆實踐「中庸」的艱難：

> 子曰：「中庸其至矣乎！民鮮能久矣。」《中庸·第三章》
> 子曰：「天下國家可均也，爵祿可辭也，白刃可蹈也，中庸不可能也。」《中庸·第九章》
> 子曰：「人皆曰『予知』，擇乎中庸而不能期月守也。」《中庸·第七章》
> 子曰：「道之不行也，我知之矣。知者過之，愚者不及也。道之不明也，我知之矣。賢者過之，不肖者不及也。人莫不飲食也，鮮能知味也。」《中庸·第四章》

第六節 「中庸」的智慧

孔子知道實踐「中庸」的艱難，他所提倡的其實是一種「中庸」的生活

態度：

> 君子素其位而行，不願乎其外。素富貴，行乎富貴；素貧賤，
> 行乎貧賤；素夷狄，行乎夷狄；素患難，行乎患難。君子無入而不
> 自得焉。
> 在上位，不陵下；在下位，不援上。正己而不求於人則無怨。
> 上不怨天，下不尤人。
> 故君子居易以俟命，小人行險以徼幸。
> 子曰：「射有似乎君子，失諸正鵠，反求諸其身。」

「素」是「依其當前處境」之意。「君子居易以俟命，小人行險以徼
幸」，所謂「居易」，是以《易經》的啟示作為修養方法，等待天時的到
來，而不願意冒險鑽營，僥倖求進。儒家主張：君子不管是處在「富貴」、
「貧賤」、「夷狄」、「患難」，或其他任何處境，都應該遵行該位置的角
色要求盡到自己的角色義務，「正己而不求於人」。當他居上位的時候，不
欺凌居下位的人；當他居下位的時候，也不會去奉承居上位者。他有所求而
求之不得的時候，就像射箭射不到靶心（正鵠），不會怨天尤人，而是「反
求諸己」。這是儒家所稱讚的「強者」的性格：

> 故君子和而不流，強哉矯！中立而不倚，強哉矯！國有道，不
> 變塞焉，強哉矯！國無道，至死不變，強哉矯！《中庸·第十章》

▣ 窮不失義，達不離道

是故居上不驕，為下不背。國有道，其言足以興；國無道，其默足以
容。《詩》曰：「既明且哲，以保其身」《中庸·第二十八章》。
《中庸·第二十八章》對君子的描述，「尊德性而道問學，極高明而道

中庸，致廣大而盡精緻」，這是君子對於自己修養的要求，可以用皮亞傑「認知基圖」的概念來加以理解（Piaget, 1977）。《中庸》認為，一個「君子」不僅要重視自己的品德，更要致力於知識的增長，他的「理論智慧」不僅淵博且極盡精緻，所以才能表現出高度的「實踐智慧」，言談內容非常高明且符合中庸之道，所以顯得性格敦厚而待人有禮。他居上位，既不驕傲；在下位，也不作違禮之事。國家有道的時候，他發表的言論足以振興國家；國家無道的時候，他沉默不言而能使自己有容身之處，這就是所謂的「明哲保身」。

儒家所主張的這種「中庸」心態，在《孟子・盡心上》記載孟子和宋句踐的一段對話中，講得最清楚：

> 孟子謂宋句踐曰：「子好遊乎？吾語子遊。人知之，亦囂囂；人不知，亦囂囂。」
> 曰：「何如斯可以囂囂矣？」
> 曰：「尊德樂義，則可以囂囂矣。故士窮不失義，達不離道。窮不失義，故士得己焉；達不離道，故民不失望焉。古之人，得志，澤加於民；不得志，修身見於世。窮則獨善其身，達則兼善天下。」

「囂囂」是「自得」之意，這不是泰勒所批評的「自由」，而是「自在」。「遊」是戰國時代，士人流行的「遊說諸侯」，希望自己能夠為諸侯所用。孟子教宋句踐的「遊說諸侯」之道，是「尊德樂義」，「窮不失義」，「達不離道」，認為只要「窮不失義」，作為儒家的士，就可以過得很「自在」（得己）。他因此而說出兩句千古名言：「得志，澤加於民；不得志，修身見於世。窮則獨善其身，達則兼善天下。」

▣ 聖人配天

孔子對於自己「進德修業」的要求是非常高的：

> 故君子之道，本諸身，徵諸庶民，考諸三王而不繆，建諸天地
> 而不悖，質諸鬼神而無疑，百世以俟聖人而不惑。質諸鬼神而無
> 疑，知天也；百世以俟聖人而不惑，知人也。是故，君子動而世為
> 天下道，行而世為天下法，言而世為天下則；遠之則有望，近之則
> 不厭。詩曰：「在彼無惡，在此無射；庶幾夙夜，以永終譽。」君
> 子未有不如此，而蚤有譽於天下者也。《中庸·第二十九章》

「動而世為天下道，行而世為天下法，言而世為天下則」，這裡所說的
「君子」，顯然不是作為一般「庶人」的「君子」，他已經達到了「聖人」的
境界，他對自己的所知所行能夠「建諸天地而不悖，質諸鬼神而無疑，百世
以俟聖人而不惑」。在孔門弟子看來，只有孔子達到了這樣的境界：

> 唯天下至聖，為能聰明睿知。足以有臨也；寬裕溫柔，足以有
> 容也；發強剛毅，足以有執也；齋莊中正，足有敬也；文理密察，
> 足以有別也。溥博淵泉，而時出之；溥博如天，淵泉如淵。見而民
> 莫不敬，言而民莫不信，行而民莫不說。是以聲名洋溢乎中國，施
> 及蠻貊，舟車所至，人力所通，天之所覆，地之所載，日月所照，
> 霜露所隊，凡有血氣者，莫不尊親，故曰配天。《中庸·第三十一
> 章》

▣ 遯世不見知而不悔

在孔門弟子看來，孔子這個人「見而民莫不敬，言而民莫不信，行而民

莫不說」，所以許多弟子願意跟著他周遊列國，他們看到：孔子「是以聲名洋溢乎中國，施及蠻貊，舟車所至，人力所通」，「凡有血氣者，莫不尊親」。即使如此，他周遊列國十四年，終究還是不為諸侯所用，所以孔子安慰弟子們：

> 子曰：「君子依乎中庸，遯世不見知而不悔，唯聖者能之。」《中庸‧第十一章》

先秦儒家相信：

> 至誠之道，可以前知：國家將興，必有禎祥；國家將亡，必有妖孽；見乎蓍龜，動乎四體。禍福將至，善必先知之，不善，必先知之。故至誠如神。《中庸‧第二十四章》

然而，他們也充分了解「中庸理性」的侷限。即使是像孔子這樣的「固聰明聖知，達天德者」能夠「天下至誠」，「為能經綸天下之大經，立天下之大本，知天地之化育」《中庸‧第三十二章》，「語大，天下莫能載焉，語小，天下莫能破焉」《中庸‧第十二章》。他仍然不得不承認：「天地之大也，人猶有所憾」，「君子之道，費而隱。夫婦之愚，可以與之焉，及其至也，雖聖人亦有所不知焉。夫婦之不肖，可以能行焉，及其至也，雖聖人亦有所不能焉」。因為生活世界中的事情太過於複雜，影響因素太多，許多事情的發展不是個人意志所能決定的。

本章小結

孔子本人不論是在教導學生或在周遊列國時，他在公共場域中的行動，都是很嚴肅的「行道」。所以弟子們會覺得他「溫而厲，威而不猛」《論語

・述而》，「望之儼然，即之也溫，聽其言也厲」《論語・子張》。孟子因此稱讚他：

> 孔子，聖之時者也。孔子之謂集大成。集大成也者，金聲而玉振之也。金聲也者，始條理也；玉振之也者，終條理也。始條理者，智之事也；終條理者，聖之事也。智，譬則巧也；聖，譬則力也。由射於百步之外也，其至，爾力也；其中，非爾力也。《孟子・萬章下》

　　孟子稱讚孔子是「聖之時者」，因為孔子整理當時的文化，能做到「金聲玉振」的「集大成」的程度。所謂「金聲」，是能夠提出有條理的「論述理路」；所謂「玉振」，是這樣的論述能獲得廣大的迴響。前者出自於孔子自身的「智」、「巧」；後者則是取決於外在的時勢。孟子認為，這就像是站在百步外射箭一樣，「其至，爾力也；其中，非爾力也。」

　　孟子的說法，反映出儒家「義命分立」和「盡己」的人生觀。對於先秦儒家而言，「天」是人間「義理」的道德根源。然而，「天」是「超越」而不可知的；人唯一能做的事，就是「盡心知性以知天」，在射箭之前，盡心把射箭的技藝練好；射箭時，盡力把箭射出去。至於它是否能夠命中目標，只有訴諸於天了。

總結

　　近百年來，海峽兩岸都有一些思想家窮一生心力，在思索中華文化的前途。這裡值得一提的兩位代表人物，一位是在大陸的社會學家費孝通；另一位是在台灣的人文學者韋政通。費孝通（1910-2005）是江蘇吳江人，是最早揚名於國際的第一代華人社會學家。他早年到英國留學時，受教於著名的波蘭裔人類學家馬林諾斯基（B. Malinowski, 1884-1942）。馬氏是功能學派的

大師，要求學生進入田野從事民族誌（ethnography）的研究工作時，必須採取實證主義「主／客對立」的態度，考慮社會及文化的建制具有滿足個人的基本需求的哪些功能，不必探討文化理念的實質意義。

這種觀點跟另一位人類學家Redcliffe-Brown所主張的「結構功能主義」（structural functionalism）正好相反，後者強調：必須考量社會建制跟整體社會運作之間的關係。馬林諾斯基的研究策略或許可以用來研究原始社會，但要用它來研究底蘊深厚的華人文化，就顯得有所不足。

🔲 從「知識牢獄」到「文化自覺」

在文化大革命期間，費孝通曾經被打入牛棚，不能繼續從事學術研究工作。1979年中共採取「改革開放」政策，費孝通受到重用，一度出任政協主席，在大陸致力發展經濟的時代，他宣稱自己所作的學術工作是「志在富民」，晚年則一再提醒中國社會學者必須要有「文化自覺」。他逝世之後，周飛舟（2017，頁147）寫的一篇文章，很清楚地指出費孝通晚年思想的轉向。1984年，費孝通寫過一篇〈武夷曲〉，稱自己對理學和朱子「自幼即沒有好感」。在1989年的另一篇散文〈秦淮風味小吃〉中，費孝通還語帶諷刺地說：

> 試想程朱理學極盛時代，那種道貌岸然的儒巾怎能咫尺之間就毫不躊著跨入金粉天地？……時過境遷，最高學府成了百貨商場。言義不言利的儒家傳統，在這裡受到了歷史的嘲笑。……我倒很願意當前的知識份子有機會的都去看一看，這個曾一度封鎖我們民族的知識牢獄。（費孝通，2009，頁271-274）

1989年是在「改革開放」之後十年。在那個時代，費孝通還保有本書第一章所說的「五四意識形態」，認為「言義不言利」的「儒家傳統」是「曾一度封鎖我們民族的知識牢獄」，也因此為傳統書院改成「百貨商場」喝采

叫好。可是，到了 2003 年，他對儒家文化傳統的態度，卻有了一百八十度的大轉變。

▣ 社會學的「機制」和「結構」

在〈試談擴展社會學的傳統界限〉一文中，宋明理學反倒成為費孝通心中社會學擴展界限的關鍵：

> 　　理學堪稱中國文化的精華和集大成者，實際上是探索中國人精神、心理和行為的一把不可多得的鑰匙。……理學的東西，說穿了就是直接談怎樣和人交往、如何對待人、如何治理人、如何塑造人的道理，這些東西，其實就是今天社會學所謂的「機制」和「結構」，它直接決定著社會運行機制和社會結構。我們今天的社會學，還沒有找到一種跟「理學」進行交流的手段。
>
> 　　理學講的「修身」、「推己及人」、「格物致知」等，就含有一種完全不同於西方實證主義、科學主義的特殊的方法論的意義，它是通過人的深層心靈的感知和覺悟，直接獲得某些認識，這種認知方式，我們的祖先實踐了幾千年，但和今天人們的思想方法銜接，差不多失傳了。（費孝通，2003，頁 461-463）

費孝通講得一點不錯。儒家思想發展到宋明理學，確實已經成為「中國文化的精華和集大成者，它也是探索中國人精神、心理和行為的一把鑰匙」。理學所講的「關係論」，就是在談「怎樣和人交往、如何對待人、如何治理人、如何塑造人的過程」，這就是中國人在其生活世界中所談的「仁、義、禮、智、信」，「這些東西，其實就是今天社會學所講的『機制』和『結構』，它直接決定著社會運行機制和社會結構」。

▣ 「中西會通」

　　費孝通早年受到「五四意識形態」的影響，迷信「實證主義」式的「科學主義」；改革開放後「復出」，仍然認為，儒家文化傳統是「封鎖我們民族的知識牢獄」。到了晚年，才清楚看出：儒家文化傳統的重要性，而呼籲中國知識份子要有「文化自覺」。他同時了解到：要找出中國社會運行的「機制」和社會「結構」，必須要有「一種完全不同於西方實證主義、科學主義的方法論」。他沒有說清楚的是：這兩種之間的差異，其實已經涉及社會科學研究背後的典範移轉的複雜問題。

　　本書第三章「文化分析的知識論策略」指出，五四時期，西方流行的科學哲學確實是「實證主義」（邏輯實證論）或「科學主義」。然而，西方科學和科學哲學的進展並沒有就此停下腳步。當中國陷入對日抗戰、國共內戰，以及文化大革命的時代，西方科學哲學已經由「實證主義」轉化成為「後實證主義」（見圖 3-2）。從「批判實在論」的角度來看，科學研究的目的，確實是要找到費孝通所說的「機制」或「結構」（即「創生性機制」，generative mechanism）。當時鼓吹「新文化運動」的知識分子認為，要請入「賽先生」這尊洋菩薩，一定要先打倒「孔老二」，其實是用一種自己並不懂的新「信仰」，在打一種舊信仰；「三綱革命」會演變成為「全盤反傳統主義」，可以說是鴉片戰爭後「百年羞辱」的時勢所必然。

　　痛定思痛之後，未來文化中國發展的大方向，必然是「中、西會通」，以中華文化作為主體，吸納西方文化的菁華，再回過頭來整理自己的文化傳統。我們可以再用人文學者韋政通畢生努力的方向，來說明這一點。

▣ 「雙輪並轉，兩翼其飛」

　　韋政通（1927-2018）是江蘇新豐人，高中畢業後，因為不願意聽從父命經商而離家，並於 1949 年隻身來台。在顛沛流離的歲月裡，他以賣稿維生。五年後，在勞思光的介紹下，認識牟宗三，加入「人文友會」，即隱居在大

屯山麓，刻苦自學，後來又不滿牟宗三的治學方式，脫離牟門。並在中年後加入澄社，秉持自由主義的精神，論政而不參政。

　　韋政通最重要的學術貢獻，是以二十五年的功夫，撰成《中國哲學辭典》，詳細說明中國哲學裡主要詞彙的意義及其歷史演變，成為研究中國哲學主要的工具書。韋政通思想成熟後，即在中國大陸各地高校巡迴講學。他的著作廣為改革開放後的中國大陸學術界所歡迎，他並因此而能夠頒授「政通學者」的頭銜給門下弟子，對中華文化在中國大陸的發展產生了重大的影響。

　　90多歲時，《湖南科技學報》出版《韋政通先生學術思想研究專集》。在〈活化人格教育：儒學未來發展之可能〉一文中（李世陽，2017），韋政通借用朱熹「一輪轉，一輪不轉」的比喻，認為牟宗三側重於學術研究，用西方的哲學觀念硬套在中國傳統上，使儒學變成凡人難懂的純粹哲學，與現實社會完全脫節。

　　韋政通認為，就儒家整體的發展而言，儒學不但應賦予儒家傳統以學術生命，而且應當透過人格教育的活化，使儒學的核心價值落實在社會大眾的日常生活中，實現「尊德性」與「道問學」雙輪並轉，兩翼其飛。

▣ 積極自由

　　韋政通的生活起居極有規律，居家飲食一絲不苟，晚年勤練氣功，身體健康，一如恆常。他的老友藝術名家何懷碩說他的生活「像機械人」。2018年，韋政通過世，他的一位門下弟子在追思會上說：韋先生因為「高度自由」，所以獲得他「一生追求的自由」。這可以說是孔子所謂的「從心所欲，不逾矩」，也是泰勒所推崇的「積極自由」，為他所謂的「雙輪並轉，兩翼其飛」作了最好的註腳！

參考文獻

第一章

牟宗三（1982）：〈儒家學術之發展及其使命〉。《道德的理想主義》。臺北：臺灣學生書局。

林鴻信（2014）：《基督宗教思想史（下）》。臺北：國立臺灣大學出版中心。

高懷民（1986）：《先秦易學史》。臺北：東吳大學中國學術著作獎助委員會。

陳復（2016）：〈黃光國難題：如何替中華文化解開戈迪安繩結〉。《本土心理學研究》，第 46 期，頁 73-110。

黃仁宇（1988）：《放寬歷史的視界》。臺北：允晨文化實業公司。

黃光國（2014）：〈兩種傳統的整合〉。《本土心理學研究》，第 41 期，頁 121-162。

黃光國（2015）：《盡己與天良：破解韋伯的迷陣》。新北：心理出版社。

翟學偉（2014）：〈中國與西方：兩種不同的心理學傳統〉。《本土心理學研究》，第 41 期，頁 3-50。

潘菽（1987）：〈中國古代心理學思想芻議〉。《潘菽心理學文選》。南京：江蘇教育出版社。

韓毓海（2013）：《五百年來的中國與世界》。臺北：如果出版社。

Hwang, K. K. (2015a). Cultural system vs. pan-cultural dimensions: Philosophical reflection on approaches for indigenous psychology. *Journal for the Theory of Social Behaviour, 45*(1), 1-24.

Hwang, K. K. (2015b). Culture-inclusive theories of self and social interaction: The approach of multiple philosophical paradigms. *Journal for the Theory of Social Behaviour, 45*(1), 39-62.

Vygotsky, L. S. (1927/1978). *The historical meaning of the crisis in psychology: A methodological investigation.* NY: Plenum Press.

Wundt, W. (1916). *Elements of folk psychology*. New York, NY: Macmillan.

Wundt, W. M. (1874/1904). *Principles of physiological psychology* (Trans. by E. B. Titchner). Cambridge, MA: Harvard University Press.

第二章

陳方正（2009）：《繼承與叛逆：現代科學為何出現於西方》。北京：三聯書店。

陳榮華（1992）：《海德格哲學：思考與存有》。臺北。輔仁大學。

曾慶豹（2008）：《上帝、關係與言說：批判神學與神學的批判》。上海：華東師範大學出版社。

黃光國（2011）：《心理學的科學革命方案》。臺北：心理出版社。

Bianco, S., Barilaro, P., & Palmieri, A., (2016). Traditional meditation, mindfulness-based interventions and psychodynamic approach: An integrative perspective. *Frontiers in Psychology*. doi: http://dx.doi.org/10.3389/fpsyg.2016.00552

Hayes, S. C., Strosahl, K. D., & Wilson, K. G. (1999). *Acceptance and commitment therapy: An experimental approach to behavior change*. New York, NY: The Guilford Press.

Hall, A. R. (1996). *Isaac Newton: Adventurer in thought* (Vol. 4). Cambridge, UK: Cambridge University Press.

Harris, G. G. (1989). Concepts of individual, self, and person in description and analysis. *American Anthropologist, 91*, 599-612.

Husserl, E. (1936/1992). *Die Krisis der europäischen Wissenschaften und die transzendentale Phänomenologie: Eine Einleitung in die phänomenologische Philosophie*. Harausgegeben von Walter Biemel (Husserliana, Band VI). The Hague, The Nederlands: Martinus Nijhoff.

Hwang, K. K. (2011). The Mandala model of self. *Psychological Studies, 56*(4), 329-334.

Hwang, K. K. (2015). Cultural system vs. pan-cultural dimensions: Philosophical reflection on approaches for indigenous psychology. *Journal for the Theory of Social Behaviour, 45*(1), 1-24.

Kabat-Zinn, J. (2006). *Healing ourselves and the world through mindfulness*. New York,

NY: Hyperion Books.

Kabat-Zinn, J., & Hanh, T. N. (1990). *Full catastrophe living: Using the wisdom of your body and mind to face stress, pain, and illness*. New York, NY: Delta.

Kant, I. (1781/1965). *Critique of pure reason* (Trans. by N. K. Smith). New York, NY: St Martin's Press.

Kant, I. (1788/1963). *The critique of practical reason* (Trans. by T. K. Abbott). London, UK: Longmans.

Linehan, M. (1993). *Cognitive behavioral treatment of borderline personality disorder*. New York, NY: The Guilford Press.

Mruk, C. J. (2008). The psychology of self-esteem: A potential common ground for humanistic positive psychology and positivistic positive psychology. *The Humanistic Psychologist, 36*(2), 143-158.

Neff, K. (2011). *Self-compassion: The proven power of being kind to yourself*. New York, NY: HarperCollins.

Newton, I. (1833). *Philosophiae naturalis principia mathematica* (Vol. 1). UK: G. Brookman.

Nietzsche, F. W. (1883). *Thus spake Zarathustra: A book for all and none* (Trans. by T. Common). London, UK: H. Henry.

Segal, Z. V., Williams, J. M., & Teasdale, J. D. (2002). *Mindfulness-based cognitive therapy for depression: A new approach to preventing relapse*. New York, NY: The Guilford Press.

Seligman, M. E. P. (1990). *Learned optimism: How to change your mind and your life*. New York, NY: Pocket.

Wallner, F. (1994). *Constructive realism: Aspects of a new epistemological movement*. Wien, Austria: W. Braumuller.

Waterman, A. S., Schwartz, S. J., & Conti, R., (2008). The implications of two conceptions of happiness (hedonic enjoyment and eudaimonia) for the understanding of intrinsic motivation. *Journal of Happiness Studies, 9*(1), 41-79.

Westfall, R. S. (1994). *The life of Isaac Newton*. Cambridge, UK: Cambridge University Press.

第三章

牟宗三（1975）：《現象與物自身》。臺北：臺灣學生書局。

余英時（1982）：〈試論中國文化的重建問題〉。《史學與傳統》。臺北：時報出版公司。

余英時（1984）：《中國近代思想史上的胡適》。臺北：聯經出版事業公司。

杜維明（1989）：《儒學第三期發展的前景問題：大陸講學，問難和討論》（Vol. 4）。臺北：聯經出版事業公司。

林毓生（1989）：〈什麼是「創造性轉化」？〉。《政治秩序與多元社會》。臺北：聯經出版事業公司。

金觀濤、劉青峰（1993）：《開放中的變遷：再論中國社會超穩定結構》（Vol. 1）。香港：香港中文大學出版社。

俞宣孟（2005）：《本體論研究》。上海：上海人民出版社。

袁保新（2008）：《從海德格、老子、孟子到當代新儒學》。臺北：臺灣學生書局。

陳復（2016）：〈黃光國難題：如何替中華文化解開戈迪安繩結〉。《本土心理學研究》，第 46 期，頁 73-110。

傅偉勳（1996）：〈佛學、西學與當代新儒家〉。《二十一世紀》（香港），第 38 期，頁 68-79。

彭明、程歌（主編）（1999）：《近代中國的思想歷程：1840-1949》。北京：中國人民大學出版社。

費孝通（2002）：〈重建社會學與人類學經過的回顧與體會〉。《師承・補謀・・治學》。北京：三聯書店。

費孝通（2007）：《論文化與文化自覺》。北京：科學出版社。

黃光國（2000）：〈現代性的不連續假說與建構實在論：論本土心理學的哲學基礎〉。《香港社會科學學報》，第 18 期，頁 1-32。

黃光國（2009）：《儒家關係主義：哲學反思、理論建構與實徵研究》。臺北：心理出版社。

黃光國（2011）：《心理學的科學革命方案》。臺北：心理出版社。

黃光國（2013）：《社會科學的理路》（第三版）。臺北：心理出版社。

黃光國（2015）：《盡己與天良：破解韋伯的迷陣》。新北：心理出版社。

黃光國（2017）：《儒家文化系統的主體辯證》。臺北：五南圖書公司。

葉啟政（1991）：〈「創造性轉化」的社會學解析〉。《制度化的社會邏輯》。臺北：東大圖書公司。

葉啟政（2001a）：《傳統與現代鬥爭遊戲》。臺北：巨流圖書公司。

葉啟政（2001b）：〈社會理路和歷史建構：一個社會學詮釋架構的探索〉（頁155-189）。《傳統與現代的鬥爭遊戲》。臺北：巨流圖書公司。

劉述先（1982）：《朱子哲學思想的發展與完成》。臺北：東大圖書公司。

劉述先（1986）：《新時代哲學的信念與方法》。臺北：商務印書館。

劉述先（1991）：〈論儒家理想與中國現實的互動關係〉。《當代新儒學論文集，外王篇》。臺北：文津出版社。

劉述先（1993）：《理想與現實的糾結》。臺北：臺灣學生書局。

戴景賢（2015）：〈論朱子之學術史地位與其影響〉。《文與哲》，第 26 期，頁277-333。

Bhaskar, R. A. (1975/1979). *A realist theory of science.* London, UK: Verso.

Brubaker, R. (1984). *The limits of rationality: An essay on the social and moral thought of Max Weber.* London, UK: George Allen & Unwin.

Cohen, P. A. (1984). *Discovering history in China: American historical writing on the recent Chinese pas*t. New York, NY: Columbia University Press.

Heidegger, M. (1966). *Discourse on thinking.* NY: Harper and Row.

Husserl, E. (1936/1970). *The crisis of European sciences and transcendental phenomenology: An introduction to phenomenological philosophy* (Trans. by E. Husserl). Evanston, IL: Northwestern University Press.

Hwang, K. K. (1987). Face and favor: The Chinese power game. *American Journal of Sociology, 92*, 944-974.

Hwang, K. K. (2005). A philosophical reflection on the epistemology and methodology of indigenous psychologies. *Asian Journal of Social Psychology, 8*, 5-17.

Hwang, K. K. (2011). Reification of culture in indigenous psychologies: Merit or mistake? *Social Epistemology, 25*(2), 125-131.

Hwang, K. K. (2012). *Foundations of Chinese psychology: Confucian social relations*. New York, NY: Springer.

Hwang, K. K. (2017). Intellectual intuition and Kant's epistemology. *Asian Journal of Social Psychology, 20*(2), 150-154.

Kuhn, T. (1987). What are scientific revolutions? In L. Krüger, L. J. Datson, & M. Heidelberger (Eds.), *The probabilistic revolution* (pp. 7-22). Cambridge, MA: The MIT Press.

Lakatos, I. (1971). History of science and its rational reconstructions. In *PSA 1970* (pp. 91-136). Dordrecht, The Nederlands: Springer.

Levy-Bruhl, L. (1910/1966). *How natives think* (Trans. by L. A. Clare). New York, NY: Washington Square Press.

Merton, R. K. (1968). *Social theory and social structure*. NY: Simon & Schuster.

Popper. K. (1963/1986). *Conjectures and refutations: The growth of scientific knowledge*. London, UK: Routledge & Kegan Paul.

Schlick, M. (1936). Meaning and verification. *The Philosophical Review, 45*, 339-369.

Shen, V. (1994). *Confucianism, Taoism and constructive realism*. Bruck: WUV-Universitäsverlag.

Shweder, R. A. (2000). The psychology of practice and the practice of the three psychologies. *Asian Journal of Social Psychology, 3*, 207-222.

Shweder, R. A., Goodnow, J., Hatano, G., Le Vine, R., Markus, H., & Miller, P. (1998). The cultural psychology of development: One mind, many mentalities. In W. Damon (Ed.), *Handbook of child psychology (Vol. 1): Theoretical models of human development* (pp. 865-937). New York, NY: John Wiley & Sons.

Taylor, C. (1989). *Sources of the self: The making of the modern identity*. Cambridge, MA: Harvard University Press.

Taylor, E. B. (1871). *Primitive culture*. London, UK: Harper and Torch Books.

Wallner, F. (1994). *Constructive realism: Aspects of a new epistemological movement*. Wien, Austria: W. Braumuller.

Walsh, B. J., & Middleton, J. R. (1984). *The transforming vision: Shaping a Christian world view*. Downers Grove, IL: Inter-Varsity Press.

Wittgenstein, L. (1945/1953). *Philosophical investigations* (Trans. by G. E. M. An-scombe & R. Rhees). Oxford, UK: Basil Blackwell.

第四章

牟宗三（1955）：《歷史哲學》。高雄：強生出版社。

程石泉（1981）：〈中國哲學起源與神話〉。《哲學、文化與時代》。臺北：國立臺灣師範大學。

黃光國（2009）：〈從「儒家關係主義」評「華人孝道雙元模型」〉。《本土心理學研究》，第 32 期，頁 163-185。

黃光國（2010）：《反求諸己：現代社會中的修養》。臺北：洪葉出版社。

黃光國（2011）：《心理學的科學革命方案》。臺北：心理出版社。

黃光國（2015）：《盡己與天良：破解韋伯的迷陣》。新北：心理出版社。

黃光國（2017）：《儒家文化系統的主體辯證》。臺北：五南圖書公司。

楊國樞（1993）：〈我們為什麼要建立中國人的本土心理學？〉。《本土心理學研究》，第 1 期，頁 6-88。

Allport, G. (1968). The historical background of modern social psychology. In G. Lindzey & E. Aronson (Eds.), *Handbook of social psychology* (2nd ed.) (Vol. 1) (pp. 1-80). Reading, MA: Addison-Wesley.

Allwood, C. M., & Berry. J. W. (2006). Origins and development of indigenous psychologies: An international analysis. *International Journal of Psychology, 41*(4), 243-268.

Berry, J. W., & Kim, U. (1993). The way ahead: From indigenous psychologies to a universal psychology. In U. Kim & J. W. Berry (Eds.), *Indigenous psychologies: Research and experience in cultural context* (pp. 277-280). Newbury Park, CA: Sage.

Bhaskar, R. A. (1975). *A realist theory of science.* London, UK: Verso.

Bhaskar, R. A. (1979). *The possibility of naturalism.* New York, NY: Harvester Press.

Bourdieu, P. (1990). *In other words: Essays towards a reflexive sociology* (Trans. by A. Mattew). Stanford, CA: Stanford University Press.

Durkheim, E. (1895/1938). *The rules of sociological method*. Glencoe, IL: The Free Press.

Enriquez, V. (1993). Developing a Filipino psychology. In U. Kim & J. Berry (Eds.), *Indigenous psychologies: Research and experience in cultural context* (pp. 152-169). Newbury Park, CA: Sage.

Fiske, A. P. (1991). *Structures of social life: The four elementary forms of human relations*. NY: The Free Press.

Foa, E. B., & Foa, U. G. (1980). Resource theory: Interpersonal behavior in exchange. In K. J. Gerger, M. S. Greenberg, & R. H. Willis (Eds.), *Social exchange: Advances in theory and research* (pp. 77-94). NY: Plenum.

Foa, U. G., & Foa, E. B. (1974). *Societal structures of the mind*. Springfield, IL: Charles C. Thomas.

Foa, U. G., & Foa, E. B. (1976). Resource theory of social exchange. In J. W. Thibaut, J. T. Spence, & R. C. Carson (Eds.), *Contemporary topics in social psychology* (pp. 15-32). Morristown, NJ: General Learning Press.

Gergen, K. (2009). *Relational being: Beyond self and community*. Oxford, UK: Oxford University Press.

Giddens, A. (1993). *New rules of sociological method: A positive critique of interpretative sociologies* (2nd ed.). Stanford, CA: Stanford University Press.

Greenfield, P. M. (2000). Three approaches to the psychology of culture: Where do they come from? Where can they go? *Asian Journal of Social Psychology, 3*(3), 223-240.

Harris, G. G. (1989). Concepts of individual, self, and person in description and analysis. *American Anthropologist, 91*, 599-612.

Ho, D. Y. F. (1988). Asian psychology: A dialogue on indigenization and beyond. In A. C. Paranjpe, D. Y. F. Ho, & R. W. Rieber (Eds.), *Asian contributions to psychology* (pp. 53-77). New York, NY: Praeger.

Ho, D. Y. F. (1991). Relational orientation and methodological relationalism. *Bulletin of the Hong Kong Psychological Society, 26*(27), 81-95.

Ho, D. Y. F. (1998a). Indigenous psychologies Asian perspectives. *Journal of Cross-Cul-*

tural Psychology, 29(1), 88-103.

Ho, D. Y. F. (1998b). Interpersonal relationships and relationship dominance: An analysis based on methodological relationism. *Asian Journal of Social Psychology, 1*(1), 1-16.

Ho, D. Y. F., & Chiu, C. Y. (1998). Collective representations as a metaconstruct: An analysis based on methodological relationalism. *Culture and Psychology, 4*, 349-369.

Hwang K. K. (2012). *Social exchange and face dynamism in Confucian society.* In M. Bond & H. Xu (Eds.), *The handbook of Chinese organizational behavior: Integrating theory, research, and practice* (pp. 480-501). New York, NY: Edward Elgar.

Hwang, K. K. (1987). Face and favor: The Chinese power game. *American Journal of Sociology, 92*, 944-974.

Hwang, K. K. (2011). The Mandala model of self. *Psychological Studies, 56*(4), 329-334.

Hwang, K. K. (2015a). Cultural system vs. pan-cultural dimensions: Philosophical reflection on approaches for indigenous psychology. *Journal for the Theory of Social Behaviour, 45*(1), 1-24.

Hwang, K. K. (2015b). Culture-inclusive theories of self and social interaction: The approach of multiple philosophical paradigms. *Journal for the Theory of Social Behaviour, 45*(1), 39-62.

Jung, C. G. (1964). *Man and his symbols.* New York, NY: Anchor Press.

Kim, U., & Berry, J. W. (1993). *Indigenous psychologies: Research and experience in cultural context.* Newbury Park, CA: Sage.

Piaget, J. (1977). *The development of thought: Equilibration of cognitive structures.* New York, NY: Viking Press.

Poortinga, Y. H. (1999). Do differences in behavior imply a need for different psychologies? *Applied Psychology: An International Review, 48*(4), 419-432.

Shweder, R. A. (2000). The psychology of practice and the practice of the three psychologies. *Asian Journal of Social Psychology, 3*, 207-222

Shweder, R. A., Goodnow, J., Hatano, G., LeVine, R. A., Markus, H., & Miller, P. (1998).

The cultural psychology of development: One mind, many mentalities. In W. Damon & R. M. Lerner (Eds.), *Handbook of child psychology: Theoretical models of human development* (pp. 865-937). Hoboken, NJ: John Wiley & Sons.

Soekmono, R. (1976). *Chandi Borobudur: A monument of mankind.* Paris, France: The Unesco Press.

Sundararajan, L. (2015). Indigenous psychology: Grounding science in culture, why and how? *Journal for the Theory of Social Behaviour, 45*(1), 63-80. Retrieved from http:// onlinelibrary.wiley.com/doi/10.1111/jtsb.12054/epdf

Taylor, C. (1989). *Sources of the self: The making of the modern identity.* Cambridge, MA: Harvard University Press.

Wittgenstein, L. (1945/1953). *Philosophical Investigations* (Trans. by G. E. M. Anscombe & R. Rhees). Oxford, UK: Basil Blackwell.

第五章

李明輝（1990）：〈孟子與康德的自律倫理學〉。《儒家與康德》。臺北：聯經出版事業公司。

程石泉（1981）：《中國哲學起源與神話。哲學、文化與時代》。臺北：國立臺灣師範大學。

費孝通（1948）：《鄉土中國》。上海：觀察社。

黃光國（1995）：《知識與行動：中華文化傳統的社會心理詮釋》。臺北：心理出版社。

黃光國（2009）：《儒家關係主義：哲學反思、理論建構與實徵研究》。臺北：心理出版社。

黃光國（2014）：《倫理療癒與德性領導的後現代智慧》。臺北：心理出版社。

黃光國（2015）：《盡己與天良：破解韋伯的迷陣》。新北：心理出版社。

黃俊傑（1997）：《孟學思想史論（卷二）》。臺北：中央研究院中國文哲研究所。

Archer, M. S. (1995). *Realist social theory: The morphogenetic approach.* Cambridge, UK: Cambridge University Press.

Archer, M. S. (1996). *Culture and agency: The place of culture in social theory* (Revised ed.). Cambridge, MA: Cambridge University Press.

Archer, M. S. (1998). Addressing the cultural system. In M. Archer, R. Bhaskar, A. Collier, T. Lawson, & A. Norrie (Eds.), *CR: Essential readings* (pp. 503-543). London, UK: Routledge.

Archer, M. S. (2005). Structure, culture and agency. In M. D. Jacobs & N.W. Hanrahan (Eds.), *The Blackwell companion to the sociology of culture* (pp. 17-34). UK: Blackwell.

Archer, M. S. (2012). *The reflexive imperative in late modernity.* Cambridge, MA: Cambridge University Press.

Archer, M. S., & Elder-Vass, D. (2012). Cultural system or norm circles? An exchange. *European Journal of Social Theory, 15*, 93-115.

Dworkin, R. (1977). *Taking rights seriously.* Cambridge, MA: Harvard University Press.

Gergen, K. (2009). *Relational being: Beyond self and community.* Oxford, UK: Oxford University Press.

Hsu, F. L. K. (1971). A hypotheses on kinship and culture. In F. L. K. Hsu (Ed.), *Kinship and culture* (pp. 3-29). Chicago, IL: Aldine.

Hsu, F. L. K. (1985). The self in cross-cultural perspective. In A. J. Marsella, G. DeVos, & F. L. K. Hsu (Eds.), *Culture and self: Asian and western perspectives* (pp. 24-55). New York, NY: Tavistock.

Hwang, K. K. (1987). Face and favor: The Chinese power game. *American Journal of Sociology, 92*, 944-974.

Hwang, K. K. (2012). *Foundations of Chinese psychology: Confucian social relations.* New York, NY: Springer.

Hwang, K. K., Yit, K. T., & Shiah, Y. J. (2017). Editorial: Eastern philosophies and psychology: Towards psychology of self-cultivation. *Frontiers in Psychology, 29.* doi: 10.3389/fpsyg.2017.01083

Kant, I. (1797/1963). *Groundwork of the metaphysic of morals* (Trans. by H. J. Paton). NY: Harper & Row.

Lakatos, I. (1978/1990). History of science and its rational reconstructions. *The Methodology of Scientific Research Programmes.* Cambridge, MA: Cambridge University Press.

Leventhal, G. S. (1980). What should be done with equality theory? In K. J. Gergen, M. S. Greenberg, & R. H. Willis (Eds.), *Social exchange: Advance in theory and research* (pp. 27-55). NY: Plenum Press.

Nunner-Winkler, G. (1984). Two moralities? A critical discussion of an ethic of care and responsibility of Kohlberg's theory. *Human Development, 23,* 77-140.

Shweder, R. A., Mahapatra, M., & Miller, J. G. (1990). Culture and moral development. In J. Stiger, R. A. Sweder, & G. Herdt (Eds.), *Cultural psychology: Essays on comparative human development* (pp. 130-204). Cambridge, MA: Cambridge University Press.

Weber, M. (1920/1964). *The religion of China: Confucianism and Taoism* (Trans. by H. H. Gerth). New York, NY: The Free Press.

Weber, M. (1949). *The methodology of the social sciences.* New York, NY: The Free Press.

Whetten, D. A. (2009). An examination of the interface between context and theory applied to the study of Chinese organizations. *Management and Organization Review, 5*(1), 29-56.

第六章

林耀盛（2015）：《「榮進」之後：黃光國難題，我們的難題》。心理學第三波：黃光國教授「榮進」學術研討會。臺北：國立臺灣大學心理學系。

林耀盛（2016）：〈坦塔洛斯的困題：思「反」心理學，批判社群革「心」〉。《本土心理學研究》，未出版。

常若松（2000）：《人類心靈的神話：榮格的分析心理學》。臺北：貓頭鷹出版社。

張其成（2004）：《太乙金華宗旨新解》。臺北：中國通。

張蘭石（2016）：〈自我修養的曼陀羅模型：華人天鬼神雙重信仰機制的分析架

構〉。未出版手稿。

梁恆豪（2014）：《信仰的精神性進路：榮格的宗教心理學觀》。上海：社會科學文獻出版社。

陳復（2016）：〈儒家心理學：黃光國難題正面臨的迷陣與突破〉。《2016本土諮商心理學國際學術研討會：含攝文化的諮商心理學論文集》（頁193-194）。南投：台灣輔導與諮商學會。

勞思光（1981）：《中國哲學史（一）》。臺北：三民書局。

黃光國（1972）：《禪之分析》。臺北：莘莘出版事業有限公司。

黃光國（1995）：《知識與行動：中華文化傳統的社會心理詮釋》。臺北：心理出版社。

黃光國（2011）：《心理學的科學革命方案》。臺北：心理出版社。

楊儒賓（1993）：《東洋冥想的心理學：從易經到禪》。臺北：商鼎文化圖書公司。

Baltes, P. B., & Kunzmann, U. (2004). Two faces of wisdom: Wisdom as a general theory of knowledge and judgment about excellence in in mind and virtue vs. wisdom as everyday realization in people and products. *Human Development, 47*, 290-299.

Baltes, P. B., & Smith, J. (1990). Toward a psychology of wisdom and its ontogenesis. In R. J. Sternberg (Ed.), *Wisdom: Its nature, origins, and development* (pp. 87-120). New York, NY: Cambridge University Press.

Baltes, P. B., Dittmann-Kohli, F., & Dixon, R. A. (1984). New perspectives on the development of intelligence in adulthood: Toward a dual-process conception and a model of selective optimization with compensation. *Life-span Development and Behavior, 6*, 33-76.

Baltes, P. B., Staudinger, U. M., Maercker, A., & Smith, J. (1995). People nominate as wise: A comparative study of wisdom-related knowledge. *Psychology and Aging, 10*, 155-166.

Clayton, V. P. (1982). Wisdom and intelligence: The nature and function of knowledge in the later years. *International Journal of Aging and Human Development, 15*, 315-321.

Cole, M. (1996). Interacting minds in a lifespan perspective: A cultural/historical approach to culture and cognitive development. In P. B. Baltes & U. M. Staudinger (Eds.), *Interactive minds: Life-span perspectives on the social foundation of cognition* (pp. 59-87). New York, NY: Cambridge University Press.

Freud, S. (1899). *The interpretation of dreams* (3rd ed.) (Trans. by A. A. Brill). New York, NY: The Macmillan Company, 1913; Bartleby.com, 2010.

Gergen, K. (2009). *Relational being: Beyond self and community*. Oxford, UK: Oxford University Press.

Giddens, A. (1993). *New rules of sociological method: A positive critique of interpretative sociologies* (2nd ed.). Stanford, CA: Stanford University Press.

Harris, G. G. (1989). Concepts of individual, self, and person in description and analysis. *American Anthropologist, 91*, 599-612.

Heidegger, M. (1927). *Sein und Zeit, 15*. Tübingen: Max Niemeyer. *Being and time*. (Trans. by J. Macquire & E. Robinson). Oxford, UK: Basil Blackwell.

Hwang, K. K. (2011). The Mandala model of self. *Psychological Studies, 56*(4), 329-334.

Hyde, M. (1992). *Jung and astrology*. London, UK: Aquarian Press/Thorsons.

Jullien, F. (2014). *Un sage est sans idée. Ou l'autre de la philosophie*. Paris, France: Editors du Seuil.

Jung, C. G. (1902). *On the psychology and pathology of so-called occult phenomena*. Collected Works of C. G. Jung (Volume 1). Princeton, NJ: Princeton University Press.

Jung, C. G. (1904). *Studies in word association*. London, UK: Routledge & K. Paul.

Jung, C. G. (1928). *The relations between the ego and the unconsious*. Collected Works of C. G. Jung (Volume 7). Princeton, NJ: Princeton University Press.

Jung, C. G. (1936). *The psychology of dementia praecox (1906)* (Trans. by A. A. Brill). New York, NY: Nervous & Mental Disease Publishing Co.

Jung, C. G. (1939/1994). Psychological commentary on the Tibetan book of the great liberation. In D. J. Meckel & R. L. Moore (Eds.), *Selfarid Liberatiori: The /icrig/Birddhisiii Dialqyrtc*. New York, NY: Paulist Press.

Jung, C. G. (1942). A psychological approach to the dogma of the trinity. *CW, 11*(1958), 169-295.

Jung, C. G. (1952/1993). S*ynchronicity: An acausal connecting principle.* Bollingen, Switzerland: Bollingen Foundation.

Jung, C. G. (1954). *On the nature of the psyche.* London, UK: Ark Paperbacks.

Jung, C. G. (1957). *The undiscovered self (present and future).* Collected Works of C. G. Jung (Volume 10). Princeton, NJ: Princeton University Press.

Jung, C. G. (1965). *Memories, dreams, reflections.* New York, NY: Vintage Books.

Jung, C. G. (1967). *Symbols of transformation.* Collected Works of C. G. Jung (Volume 5). Princeton, NJ: Princeton University Press.

Jung, C. G. (1968). *Commentary on the secret of the golden flower.* Collected Works of C. G. Jung (Volume 13). Princeton, NJ: Princeton University Press.

Jung, C. G. (1969). *Aion (1951)* (2nd ed.) (Trans. by R. F. C. Hull). Princeton, NJ: Princeton University Press.

Kramer, D. A. (1990). Conceptualizing wisdom: The primacy of affect-cognition relations. In R. J. Sternberg (Ed.), *Wisdom: Its nature, origins, and development* (pp. 279-323). New York, NY: Cambridge University Press.

Kramer, D. A. (2000). Wisdom as a classical source of human strength: Conceptualization and empirical inquiry. *Journal of Social and Clinical Psychology, 19*, 83-101.

Popper, K. (1972/1989). *Objective knowledge: An evolutionary approach.* Oxford, UK: Oxford University Press.

Popper, K., & Eccles, J. C. (1977). *The self and its brain.* London, UK: Routledge & Kegan Paul.

Stein, M. (1998). *Jung's map of the soul.* NH: Carus Publishing Company.

Sternberg, R. J. (2000). Intelligence and wisdom. In R. J. Sternberg (Ed.), *Handbook of intelligence* (pp. 629- 647). New York, NY: Cambridge University Press.

Taylor, C. (1989). *Sources of the self: The making of the modern identity.* Cambridge, MA: Harvard University Press.

Vygotsky, L. S. (1927/1978). *The historical meaning of the crisis in psychology: A meth-*

odological investigation. NY: Plenum Press.

Wallner, F. G. (1994). *Constructive realism: Aspects of new epistemological movement.* Wien, Austria: W. Braumuller.

Wilhelm, R. (1931). *The secret of the golden flower: A Chinese book of life.* New York, NY: Harcourt Brace Jovanovich.

第七章

牟宗三（1968a）：《心體與性體（一）》。臺北：正中書局。

牟宗三（1968b）：《心體與性體（二）》。臺北：正中書局。

牟宗三（1969）：《心體與性體（三）》。臺北：正中書局。

李明輝（2007a）：〈朱子對「道心」、「人心」的詮釋〉（上）。《鵝湖月刊》，第 387 期，頁 11-21。

李明輝（2007b）：〈朱子對「道心」、「人心」的詮釋〉（下）。《鵝湖月刊》，第 388 期，頁 11-21。

李炳南（2015）：〈李黃與《六祖壇經》的對話〉。《「中國文化復興論壇」會議論文集》。北京大學，2015 年 11 月 11-13 日。

姜長蘇（譯）（1997）：《功利主義儒家：陳亮對朱熹的挑戰》。南京：江蘇人民出版社。

陳郁夫（1990）：《周敦頤》。臺北：東大圖書公司。

曾春海（1988）：《陸象山》。臺北：東大圖書公司。

黃秀璣（1987）：《張載》。臺北：東大圖書公司。

楊中芳（2001）：《如何研究中國人：心理學研究本土化論文集》。臺北：遠流出版公司。

韓毓海（2013）：《五百年來的中國與世界》。臺北：如果出版社。

Archer, M. S. (1995). *Realist social theory: The morphogenetic approach.* Cambridge, UK: Cambridge University Press.

Cole, M. (1996). Interacting minds in a lifespan perspective: A cultural/historical approach to culture and cognitive development. In P. B. Baltes & U. M. Staudinger (Eds.), *Interactive minds: Life-span perspectives on the social foundation of cogni-*

tion (pp. 59-87). New York, NY: Cambridge University Press.

Taylor, C. (1989). *Sources of the self: The making of the modern identity.* Cambridge, MA: Harvard University Press.

第八章

尹元鉉（1997）：〈朱子學中「天人」架構之意義與特色〉。《鵝湖學誌》，第 18 期，頁 111-116。

束景南（1988）：〈周敦頤《太極圖》新考〉。《中國社會科學》，第 2 期，頁 87-98。

俞宣孟（2005）：《本體論研究》。上海：上海人民出版社。

秦家懿（1987）：《王陽明》。臺北：東大圖書公司。

陳復（2009）：〈陽明子的冥契主義〉。《陽明學刊》，第 4 輯，頁 55-99。

陸達誠（1992）：《馬賽爾》。臺北：東大圖書公司。

曾春海（1988）：《陸象山》。臺北：東大圖書公司。

黃光國（2011）：《心理學的科學革命方案》。臺北：心理出版社。

黃光國（2015）：《盡己與天良：破解韋伯的迷陣》。新北：心理出版社。

劉述先（1982）：〈朱陸異同的一重公案：宋代儒家內部的分疏問題之省察〉。《朱子哲學思想的發展與完成》（頁 427-470）。臺北：東大圖書公司。

鄭吉雄（2002）：〈周敦頤《太極圖》及其相關詮釋問題〉。《易圖象與易詮釋》（頁 229-303）。臺北：臺灣大學出版中心。

戴景賢（1976）：〈周濂溪之《太極圖說》〉。《孔孟月刊》，第 15 輯第 3 期，頁 26-28。

藤井倫明（2008）：〈朱子學的諸相（下）：以「理」之解釋為考察中心〉。《鵝湖月刊》，第 33 期，頁 20-28。

Eckensberger, L. H. (2012). Culture-inclusive action theory: Action theory in dialectics and dialectics in action theory. In J. Valsiner (Ed.), *The Oxford handbook of culture and psychology* (pp. 357-402). New York, NY: Oxford University Press.

Hwang, K. K. (2011). Reification of culture in indigenous psychologies: Merit or mistake? *Social Epistemology, 25*(2), 125-131.

Hwang, K. K. (2014). Dual belief in heaven and spirits: Metaphysical foundations of Confucian morality. In B. Turner & O. Salemink (Eds.), *Handbook of Asian religions*. New York, NY: Routledge.

James, W. (1902/1985). *The varieties of religious experience*. Cambridge, MA: Harvard University Press.

Levenson, J. R. (1965). The problem of historical significance. In J. R. Leveson (Ed.), *Confucian China and its modern fate* (vol. 3). Berkeley, CA: University of California Press.

Stace, W. T. (1960/1998). *Mysticism and philosophy*. London, UK: Macmillan.

第九章

牟宗三（1968）：《心體與性體（一）》。臺北：正中書局。

牟宗三（2003）：《中國哲學的特質》。臺北：聯經出版事業公司。

李明輝（2007）：〈朱子對「道心」、「人心」的詮釋〉。《鵝湖月刊》，第 387 期，頁 11-21。

林安梧（2008）：〈陽明《朱子晚年定論》與儒學的轉折〉。《鵝湖月刊》，第 392 期，頁 1-7。

劉述先（1982）：《朱子哲學思想的發展與完成》。臺北：臺灣學生書局。

劉述先（1996）：〈孟子心性論的再反思〉。《當代中國哲學論：問題篇》（頁 139-158）。臺北：八方文化企業。

劉述先（2006）：〈對於「全球對話的時代」的回應〉。《鵝湖月刊》，第 377 期，頁 1-12。

Jung, C. G. (1957). *The undiscovered self*. New York, NY: Routledge.

第十章

江宜樺（2001）：《自由民主的理路》。臺北：聯經出版事業公司。

牟宗三（1975）：《現象與物自身》。臺北：臺灣學生書局。

牟宗三（1983）：《中國哲學十九講》。臺北：臺灣學生書局。

牟宗三（2006）：《政道與治道》。廣西：廣西師範大學出版社。

李明輝（1994）：〈徐復觀與殷海光〉。《當代儒學之自我轉化》。臺北：中央研究院中國文哲研究所。

張佛泉（1993）：《自由與人權》。臺北：商務印書館。

黃俊傑（2014）：《儒家思想與中國歷史思維》。臺北：臺灣大學出版中心。

葉啟政（2001）：〈社會科學理路和歷史建構：一個社會學詮釋架構的探索〉。《傳統與現代的鬥爭遊戲》。臺北：巨流圖書公司。

葛兆光（1998）：《七世紀前中國的知識、思想與信仰世界》（《中國思想史》第一卷）。上海：復旦大學出版社。

雷震、殷海光、張佛泉、徐復觀（1954）：〈自由的討論〉。《民主評論》，第5卷第6期，頁14-18。

蕭高彥（2014）：〈五〇年代臺灣自由觀念的系譜：張佛泉、《自由中國》與新儒家〉。《人文及社會科學集刊》，第26卷第3期，387-425。

錢永祥（2014）：《動情的理性：政治哲學作為道德實踐》。臺北：聯經出版事業公司。

鍾年（2014）：〈能否跳出「心理學」的魔咒？評翟學偉「中國與西方：兩種不同的心理學傳統」〉。《本土心理學研究》，第41期，頁61-72。

Berlin, I. (1969). *Four essays on liberty*. Oxford, UK: Oxford University Press.

MacIntyre, A. (1981). *After virtue*. Notre Dame, IN: Notre Dame University Press.

Rawls, J. (1971). *A theory of justice*. Cambridge, MA: Belknap Press of Harvard University Press.

Sandel, M. J. (1982). *Liberalism and the limits of justice*. Cambridge, MA: Cambridge University Press.

Sandel, M. (1992). The procedural republic and the unencumbered self. In S. Avineri & A. de-Shalit (Eds.), *Communitarianism and individualism* (pp. 12-28). NY: Oxford University Press.

Taylor, C. (1979). *Hegel and modern society*. Cambridge, MA: Cambridge University Press.

Taylor, C. (1985). Interpretation and the sciences of man. In C. Taylor, *Philosophy and human sciences: Philosophical papers II* (pp. 15-57). Cambridge, MA: Cambridge

University Press.

Taylor, C. (1988). The moral topography of the self. In S. B. Messer, L. A. Sass, & R. L. Woolfolk (Eds.), *Hermeneutics and psychological theory: Interpretive perspectives on personality, psychotherapy, and psychopathology* (pp. 298-320). New Brunswick, NJ: Rutgers University Press.

Taylor, C. (1989). *Sources of the self: The making of the modern identity.* Cambridge, MA: Harvard University Press.

Taylor, C. (1991). *The malaise of modernity.* Toronto, Canada: House of Anansi Press.

Taylor, C. (1992). Modernity and the rise of the public sphere. *The Tanner Lectures on Human Values, 14*, 203-260.

第十一章

黃光國（2009）：《儒家關係主義：哲學反思、理論建構與實徵研究》。臺北：心理出版社。

黃光國（2011）：《心理學的科學革命方案》。臺北：心理出版社。

黃光國（2013）：〈儒家文化中的倫理療癒〉。《中華輔導與諮商學報》，第 37 期，頁 1-54。

黃光國（2017）：《儒家文化系統的主體辯證》。臺北：五南圖書公司。

葉啟政（2001）：《傳統與現代鬥爭遊戲》。臺北：巨流圖書公司。

Abbey, R. (2000). *Charles Taylor.* Princeton, NJ: Princeton University Press.

Bhaskar, R. (2008). *A realist theory of science.* New York, NY: Routledge.

Collier, A. (1994). *Critical realism: an introduction to Roy Bhaskar's philosophy.* London, UK: Verso

Giddens, A. (1991). *The constitution of society: Outline of the theory of structuration.* Oakland, CA: University of California Press.

Hwang, K. K. (2011). Reification of culture in indigenous psychologies: Merit or mistake? *Social Epistemology, 25*(2), 125-131.

Hwang, K. K. (2012). *Foundations of Chinese psychology: Confucian social relations.* New York, NY: Springer.

Lakatos, I. (1978/1990). History of science and its rational reconstructions. *The methodology of scientific research programmes.* Cambridge, MA: Cambridge University Press.

Laudan, L. (1977/1992). *Progress and its problems: Toward a theory of scientific growth.* London, UK: Routledge & Kegan Paul.

Sayer, A. (2000). *Realism and social science.* London, UK: Sage.

Shiah, Y. J., Hwang, K. K., & Yit, K. T. (2017). Editorial: Eastern philosophies and psychology: Towards psychology of self-cultivation. *Frontiers in Psychology.* doi: 10.3389/fpsyg.2017.01083

Shweder, R. A., Goodnow, J., Hatano, G., LeVine, R., Markus, H., & Miller, P. (1998). The cultural psychology of development: One mind, many mentalities. In W. Damon (Ed.), *Handbook of child psychology (Vol. 1): Theoretical models of human development* (pp. 865-937). New York, NY: John Wiley & Sons.

Taylor, C. (1979). *Hegel and modern society.* Cambridge, MA: Cambridge University Press.

Taylor, C. (1985a). Introduction. In C. Taylor (Ed.), *Human agency and language: Philosophical papers I* (pp. 1-12). Cambridge, MA: Cambridge University Press.

Taylor, C. (1985b). Peaceful coexistence in psychology. In C. Taylor (Ed.), *Human agency and language: Philosophical papers I* (pp. 117-138). Cambridge, MA: Cambridge University Press.

Taylor, C. (1988). The moral topography of the self. In S. B. Messer, L. A. Sass, & R. L. Woolfolk (Eds.), *Hermeneutics and psychological theory: Interpretative perspectives on personality, psychology and psychopathology* (pp. 298-320). London, UK: Rutgers University Press.

Taylor, C. (1989). *Sources of the self: The making of the modern identity.* Cambridge, MA: Harvard University Press.

Vygotsky, L. S. (1927/1997). The historical meaning of the crisis in psychology: A methodological investigation. In R. W. Rieber & J. Wollock (Eds.), *The collected works of L. S. Vygotsky* (Vol. 3) (pp. 233-343). New York, NY: Plenum Press.

Wallner, F. (1994). *Constructive realism: Aspects of a new epistemological movement.* Wien, Austria: W. Braumuller.

第十二章

陳復（2016）：〈黃光國難題：如何替中華文化解開戈迪安繩結〉。《本土心理學研究》，第 46 期，頁 74-110。

岡田武彥（1970）：《王陽明と明末の儒学》。東京：明德出版社。

島田虔次（1970）：《中國における近代思維の挫折》。東京：筑摩書房。

Augustinus, A. (1943). *The soliloquies of Saint Augustine.* New York, NY: Cosmopolitan Science & Art.

Augustinus, A. (1968). De trinitate libri XV, ed. *WJ Mountain, Turnhout.*

Eckensberger, L. H. (1996). Agency, action and culture: Three basic concepts for cross-cultural psychology. In J. Pandey, D. Sinha, & D. P. S. Bhawuk (Eds.), *Asian contributions to cross-cultural psychology* (pp. 72-102). New Delhi, India: Sage.

Eckensberger, L. H. (2002). Paradigms revisited: From incommensurability to respected complementarity. In H. Keller, Y. H. Poortinga, & A. Scholmerich (Eds.), *Biology, culture, and development: Integrating diverse perspectives* (pp. 341-383). Cambridge, MA: Cambridge University Press.

Harris, G. G. (1989). Concepts of individual, self, and person in description and analysis. *American Anthropologist, 91,* 599-612.

Hwang, K. K. (1999). Filial piety and loyalty: Two types of social identification in Confucianism. *Asian Journal of Social Psychology, 2,* 163-183.

Jung, C. G. (1965). *Memories, dreams, reflections.* New York, NY: Vintage Books.

Taylor, C. (1989). *Sources of the self: The making of the modern identity.* Cambridge, MA: Harvard University Press.

第十三章

徐復觀（1983）：《中國思想史論集》。臺北：臺灣學生書局。

Brewer, M. B. (1991). The social self: On being the same and different at the same time. *Personality and Social Psychology Bulletin, 17*, 475-482.

Cheng, B. S. (1991). Familism and leadership behavior. In H. S. R. Kao & C. F. Yang (Eds.), *Chinese people and Chinese mind: Personality and society* (in Chinese) (pp. 365-407). Taipei, Taiwan: Yuan Liu Publisher.

Cheng, C. Y. (1996). *Organizational loyalty in Chinese business: Structure and process.* Unpublished Master's thesis, National Taiwan University, Taipei, Taiwan.

Chou, Y. H. (1984). *A study on Chinese value system and management behaviors in large-scale Taiwanese enterprises.* Unpublished doctoral dissertation, National Cheng-Chi University, Taipei, Taiwan.

Chu, R. L. (1997). *Changes of family ethics in Taiwanese society.* Paper presented at Social International Conference of Chinese Psychologists, Chinese University of Hong Kong, Hong Kong.

de Bary, W. T. (1983). *The liberal tradition of China* (in Chinese) (Trans. by H. C. Lee). Hong Kong: Chinese University of Hong Kong Press.

Eisenstadt, S. M. (1981). Cultural traditions and political dynamics: The origins and modes of ideological politics. *British Journal of Sociology, 32*, 155-181.

Eisenstadt, S. M. (1982). The axial age: The emergence of transcendental visions and the rise of clerics. *European Journal of Sociology, 23*(2), 294-314.

Graham, J. W., & Keeley, M. (1992). Hirschman's loyalty construct. *Employee Responsibilities and Right Journal, 5-2*, 191-200.

Hinkle, S., & Brown, R. J. (1990). Intergroup comparisons and social identity: Some links and lacunae. In D. Abates & M. A. Hogg (Eds.), *Social identity theory: Constructive and critical advances* (pp. 48-70). New York, NY: Springer-Verlag.

Hirschman, A. O. (1970). *Exit, voice, and loyalty.* Cambridge, MA: Harvard University Press.

Ho, D. (1997). Interpersonal relationship and relationship dominance: An analysis based on methodological relationalism. *Asian Journal of Social Psychology, 1*(1), 1-16.

Ho, D. Y. F. (1987). Fatherhood in Chinese culture. In M. E. Lamb (Ed.), *The father's role: Cross-cultural perspectives* (pp. 227-245). Hillsdale, NJ: Lawrence Erlbaum Associates.

Ho, D. Y. F. (1993). Relational orientation in Asian social psychology. In U. Kim & J. W. Berry (Eds.), *Indigenous psychologies: Research and experience in cultural context* (pp. 240-259). Newbury Park, CA: Sage.

Ho, D. Y. F. (1994). Filial piety, authoritarian moralism, and cognitive conservatism in Chinese societies. *Genetic, Social, and General Psychology Monographs, 120,* 347-365.

Ho, D. Y. F. (1998). Interpersonal relationships and relationship dominance: An analysis based on methodological relationism. *Asian Journal of Social Psychology, 1*(1), 1-16.

Ho, D. Y. F., & Lee, L. Y. (1974). Authoritarianism and attitude toward filial piety in Chinese teacher. *The Journal of Social Psychology, 92,* 305-306.

Ho, D. Y. H. (1996). Filial piety and its psychological consequences. In M. H. Bond (Ed.), *The handbook of Chinese psychology* (pp. 155-165). Hong Kong: Oxford University Press.

Hsu, F. L. K. (1971). Psychological homeostasis and Jen: Conceptual tools for advancing psychological anthropology. *American Anthropologist, 73,* 23-44.

Hwang, K. K. (1993). Dao and the transformative power of Confucianism: A theory East Asian Modernization. In W. M. Tu (Ed.), *The Triadic chord: Confucian ethics, industrial east Asia, and Max Weber* (pp. 229-278). Singapore: Institute of East Asian Philosophies.

Hwang, K. K. (1995). *Knowledge and action: A social psychological interpretation of Chinese cultural tradition* (in Chinese). Taipei, Taiwan: Psychological Publishing Co.

Hwang, K. K. (1998). Two moralities: Reinterpreting the finding of empirical research on moral reasoning in Taiwan. *Asian Journal of Social Psychology, 1,* 211-238.

Hwang, K. K. (1999). Filial piety and loyalty: Two types of social identification in Confucianism. *Asian Journal of Social Psychology, 2*, 163-183.

Lee, B. (1974). *A cognitive developmental approach to filiality development*. Unpublished Master's thesis, University of Chicago, Chicago, IL.

Liu, C. Y. (1982). Public and private: Ethical implications of loyalty. In C. J. Huang (Ed.), *The way of heaven and the way of humanity*. Taipei, Taiwan: Lien-Jin Publisher.

Metzger, T. A. (1984). Eisenstadt's analysis of the relation between modernization and tradition in China. *Bulletin of History. National Taiwan Normal University, 12*, 346-418.

Silin, R. H. (1976). *Leadership and values: The organization of large-scale Taiwanese enterprises*. Cambridge, MA: Harvard University Press.

Taylor, C. (1985a). Self-interpreting animals. *Human agency and language: Philosophical papers I* (pp. 45-76). Cambridge, MA: Cambridge University Press.

Taylor, C. (1985b). What is human agency? *Human agency and language: Philosophy papers I* (pp. 15-44). Cambridge, MA: Cambridge University Press.

Taylor, C. (1985c). Language and human nature. *Human agency and language: Philosophy papers I* (pp. 215-247). Cambridge, MA: Cambridge University Press.

Taylor, C. (1989). *Sources of the self: The making of the modern identity*. Cambridge, MA: Harvard University Press.

Triandis, H. C., Bontempo, R., Villareal, M. J., Asai, M., & Lucca, N. (1988). Individualism and collectivism: Cross-culture perspectives on self-in-group relationships. *Journal of Personality and Social Psychology, 54*, 353-338.

Turner, J. C., Hogg, M. A., Oakes, P. J., Reicher, S. D., & Wetherell, M. S. (1987). *Rediscovering the social group: A self-categorization theory*. New York, NY: Basil Blackwell.

Weber, M. (1948). Science as a vocation. In H. H. Gerth & C. W. Mills (Eds.), *From Max Weber: Essays in sociology* (pp. 129-156). London, UK: Routledge & Kegan Paul.

Yang, C. F. (1988). Familism and development: An examination of the role of family in contemporary China Mainland, Hong Kong, and Taiwan. In D. Sinha & S. R. Kao

(Eds.), *Social values and development: Asian perspectives* (pp. 93-123). New Delhi, India: Sage.

Yeh, S. K. (1997). *An appraisal of Kohlberg's moral developmental theory from different cultural perspectives*. Paper presented at the 2nd conference of the Asian Association of Social Psychology, Kyoto, Japan.

Yeh, K. H., & Yang, K. S. (1989). Cognitive structure and development of filial piety: Concepts and measurement (in Chinese). *Bulletin of the Institute of Ethnology, 56*, 131-169.

Yeung, S. (1989). *The dynamic of family care for the elderly in Hong Kong*. Unpublished doctoral dissertation, University of Hong Kong, Hong Kong.

第十四章

李世陽（2017）：〈活化人格教育：儒學未來發展之可能〉。《湖南科技學院學報》（哲學社會科學版），第 38 期第 11 輯，頁 11-15。

周飛舟（2017）：〈「志在富民」到「文化自覺」：費孝通先生晚年的思想轉向〉。《社會》，第 37 期第 4 輯，頁 143-187。

費孝通（2003）：〈試談擴展社會學的傳統界限〉。《北京大學學報》（哲學社會科學版），第 40 期第 3 輯，頁 5-16。

費孝通（2009）：〈秦淮風味小吃〉。《費孝通全集》（第 13 卷）。呼和浩特：內蒙古人民出版社。

Eckensberger, L. H. (1996). Agency, action and culture: Three basic concepts for cross-cultural psychology. In J. Pandey, D. Sinha, & D. P. S. Bhawuk (Eds.), *Asian contributions to cross-cultural psychology* (pp. 72-102). New Delhi, India: Sage.

Eckensberger, L. H. (2012). Culture-inclusive action theory: Action theory in dialectics and dialectics in action theory. In J. Valsiner (Ed.), *The Oxford handbook of culture and psychology* (pp. 357-402). New York, NY: Oxford University Press.

Needham, J. (1969/1978). *Grand titration: Science and society in east and west*. Toronto, Canada: University of Toronto Press.

Needham, J. (1970/1978). *Clerks and craftsman: China and the west: Lectures and ad-

dresses on the history of science and technology. Cambridge, MA: Cambridge University Press.

Piaget, J. (1977). *The development of thought: Equilibration of cognitive structures.* New York, NY: Viking Press.

Taylor, C. (1989). *Sources of the self: The making of the modern identity.* Cambridge, MA: Harvard University Press.

Taylor, C. (1992). Modernity and the rise of the public sphere. *The Tanner Lectures on Human Values, 14,* 203-260.

國家圖書館出版品預行編目（CIP）資料

內聖與外王：儒家思想的完成與開展／黃光國著.
--初版.-- 新北市：心理, 2018.11
面； 公分.--（名家講座系列；71011）
ISBN 978-986-191-848-8（平裝）

1.儒家 2.科學哲學 3.文集

121.27 107019252

名家講座系列71011

內聖與外王：儒家思想的完成與開展

作　　者：黃光國
責任編輯：郭佳玲
總　編　輯：林敬堯
發　行　人：洪有義
出　版　者：心理出版社股份有限公司
地　　址：231 新北市新店區光明街 288 號 7 樓
電　　話：(02) 29150566
傳　　真：(02) 29152928
郵撥帳號：19293172　心理出版社股份有限公司
網　　址：http://www.psy.com.tw
電子信箱：psychoco@ms15.hinet.net
駐美代表：Lisa Wu（lisawu99@optonline.net）
排　版　者：辰皓國際出版製作有限公司
印　刷　者：辰皓國際出版製作有限公司
初版一刷：2018 年 11 月
I S B N：978-986-191-848-8
定　　價：新台幣 550 元